중국 신노동자의 미래

중국 신노동자의 미래

변화하는 농민공의 문화와 운명

려도 지음 ― 정규식 연광석 정성조 박다짐 옮김

나름북스

일러두기

1. 이 책에 등장하는 인명과 지명 등의 고유명사는 한자음을 기본으로 표기했다. 다만, 인명의 경우 첫 등장 시 국립국어원 외래어표기법에 따라 괄호 안에 음역을 병기했다.
예) 北京 → 북경, 呂途 → 려도(呂途, 뤼투)

2. 이 책에 등장하는 중국의 행정구역 체계는 아래를 참조.

기본적으로 성省급(한국의 도道급), 현縣급(한국의 시市·군郡급), 향鄉급(한국의 읍邑·면面·동洞급)으로 분류된다.

① 성급 : 가장 큰 행정 단위로, 한국의 도에 해당한다.
－직할시(4) : 북경北京, 천진天津, 중경重慶, 상해上海
－성(23) : 하남河南, 광동廣東, 사천四川 등
－소수민족 자치구(5) : 신강新疆 위구르, 광서廣西 장족壯族, 영하寧夏 회족回族, 내몽고內蒙古, 티베트
－특별행정구(2) : 홍콩, 마카오

② 현급 : 성 아래의 시, 현, 구 등이 여기에 속한다. 구는 직할시나 규모가 큰 시의 하위 행정 단위다.

③ 향급 : 진鎭, 향鄕, 가도街道 등이 있다. 진과 향은 농촌 지역의 기본 행정 단위로, 향 가운데 관내 비농업 인구가 일정 수 이상이 되는 경우 진이 될 수 있으며, 이는 한국의 읍·면과 유사하다. 가도는 도시 지역의 말단 행정 단위로, 한국의 동에 해당한다.

④ 촌村, 사구社區 : 농촌과 도시의 진, 향, 가도 안에 있는 최소 단위로, 중국에서는 이를 기층군중자치조직基層群衆自治制度이라 한다. 농촌 지역의 경우, 촌민위원회村民委員會가 관할하는 범위를 촌으로, 도시 지역에서는 사구주민위원회居民委員會가 관할하는 범위를 사구로 지칭한다.

목차

구瞿 사부 이야기

왕효명(王曉明, 왕샤오밍) ㅣ 상해대학교 문화연구학과 교수

　　이 책을 절반 정도 읽었을 때, 문득 구 사부가 떠올랐다. 나는 40년 전 상해의 한 카펫 제조 공장에서 일한 적이 있다. 수습공 시절을 거쳐 공장을 떠나 공부를 다시 시작할 때까지 꼬박 5년 정도 일했다. 그곳에서 스패너와 펜치 등을 들고 구 사부를 따라다니며 기술을 연마했다. 구 사부는 절강浙江성 구주衢州시 출신으로 체격이 왜소한 편이었다. 나를 제자로 받아들였을 때 막 마흔을 넘겼는데, 그때 이미 8급 기술자였다. 공장에서 그의 실력은 최고였으며, 월급도 가장 많았다. 당시 당 서기나 공장장의 월급이 60~70위안이었는데, 그의 월급은 86위안이었다. 그는 당원도, 작업반장도 아니었지만 공장 내에서 신망이 매우 두터웠다. 청년 남성 노동자 중에서 대체로 자부심이 강하고 관직에 뜻이 없는 사람들은 모두 당 서기보다 그를 모범으로 여겼다.

　　돌이켜 보면 구 사부는 처음으로 내게 노동이 무엇인지를 명확하게 깨우쳐 준 사람이다. 많은 사람이 '노동이 가치를 창조한다'는 말을 자주 하는데, 구 사부의 급여 명세서가 이 말이 사실임을 입증한다. 그는 당원 자격이나 관직, 학력, 재력, 연줄이 아닌 오로지 탁월한 기술력과 매일의 육체노동을 통해 공장 전체에서 가장 많은 월급을 받게 되었다. 물론 모든 육체 노동자가 그처럼 많은 월급을 받을 수 있는 것은 아니다. 그 공장의 조장이었던 땅딸막한 체구의 손 사부는 당원인 데다 매우 열

심히 일했지만 기술 수준이 높지 않아서 구 사부보다 월급이 훨씬 적었다. 비록 당시는 '문화대혁명'의 시기였고, 또 노동계급이 주인으로 여겨지던 지역인 상해였지만, 최소한 내가 일했던 공장에서만큼은 임금 수준이 여전히 기술 수준에 정비례하여 결정되었다.

구 사부는 혼자서 충분히 방직 기계를 제작할 수 있었다. 내가 처음 3년간 그의 도제로 있었을 때, 그와 주로 했던 일이 새 방직 기계를 시험 제작하는 것이었다. 여기에는 매우 복잡한 노동 과정이 필요한데, 설계도를 그리는 일부터 마스크를 쓰고 부품을 용접하는 일까지 모두 할 수 있어야 한다. 또한 이 일은 전동축을 어떻게 조립할지, 길이가 2cm도 안 되는 특수한 나사를 어떻게 가공할지 등을 명확히 파악하고 있어야 하는 매우 종합적인 노동이다. 이것은 자주적인 노동이기도 하다. 즉 공정 목표와 완공 시기만 대략 확정되면, 이후 전 과정은 모두 자기가 결정해 진행한다. 더욱이 이 일은 창조적 노동 과정으로, 거대한 새 기계가 조금씩 완성되면, 그간의 피로와 고통이 사라지고 남을 만큼 큰 성취감을 얻을 수 있다. 나는 구 사부와 함께 이 일을 하며 수없이 밤을 지새웠고, 피곤함과 서투름 때문에 산업재해를 한 차례 당하기도 했다.

구 사부의 노동 방식으로부터 노동의 다층적 함의를 절감할 수 있었다. 구 사부는 다양한 물건을 만들곤 했는데, 이는 '가치 창조'라 불러야 할 정도로 동료들의 필요를 충분히 만족시키는 것이었다. 노동은 일종의 교육이기도 하다. 노동은 '스스로 땀 흘려 먹고사는' 성실하고 건강한 생활을 지향하도록 고취할 뿐만 아니라 자신감과 자존감을 느끼게 한다. 무엇이 노동을 영예롭게 하는가? 왜 노동이 영예롭다고 하는가? 그것은 노동이 사용가치가 있는 물건을 만들어 낼 뿐만 아니라 삶의 의미를 풍성하게 하여 노동자를 변화시키기 때문이다.

물론 이러한 생각은 모두 현재의 회고일 뿐이다. 구 사부와 함께 일했던 당시에는 노동이 무엇인지 생각할 겨를도 없었고, 이해할 수도 없었다. 그러나 5년간의 공장 경험은 내 기억에 뚜렷이 남아 있었고, 오늘에서야 비로소 그런 노동의 세례가 큰 행운이었음을 확신하게 되었다.

그러나 큰 틀에서 최근 반세기 동안 고용 노동의 전반적인 추세를 보면, 소위 '구 사부 방식의 노동'은 세계 각지에서 소멸하고 있다. 이러한 소멸은 주로 기술 발전을 통해 이루어졌다. 즉 종합적이고 복잡한 노동 과정을 세밀하고 단순한 노동 절차로 분해하는 방식이다. 1900년대 포드자동차에서 고안한 '컨베이어 생산 라인'이 바로 이러한 기술 발전의 첫 산물이다.

'컨베이어 생산 라인'의 위력은 실로 엄청났고, 모든 방면에서 구 사부 방식의 노동과는 상반되었다. 노동은 더 이상 복잡한 성질의 것이 아니게 되었고, 그저 단순한 동작에 불과해졌다. 노동자들도 전체 노동 과정을 이해할 필요가 없어졌으며, 이제 눈앞의 작은 공간만 응시하면 충분하다. '자주성'은 더 말할 것도 없다. 작업반장이 생산 라인의 속도를 1초 빠르게 하는 것만으로도 노동자들은 긴장해서 쩔쩔매게 되었다. '창조적인 것'과도 아무런 상관이 없다. 동일한 부품의 동일한 나사들을 수천 번씩 반복적으로 조이다 보면, 얼마 지나지 않아 자신이 살아 있는 인간인 것조차 느끼지 못하게 된다.

구 사부 방식과 비교했을 때, 컨베이어 생산 라인은 생산 효율성을 대폭 상승시켰다. 따라서 원가를 절감해 이윤을 늘리는 것이 목적인 모든 기업과 단체는 이를 당연히 환영했다. 그러나 비좁은 생산 라인에 빽빽

이 심어진 노동자들에게는 결코 좋은 일이 아니었다. 더구나 이 노동 방식으로 인해 임금 수준도 하락했다. 오늘날 생산 라인의 조립공은 공장장이나 사장은 말할 것도 없고, 작업장 주임보다 결코 더 많은 임금을 받지 못한다. 더욱 심각한 것은 생산 라인이 일종의 '좌절감'을 주입하는 학교로 기능한다는 것이다. 즉 생산 라인의 규칙적이고 고정적인 소음은 "너는 아무 특색 없는 단순한 기계일 뿐이며, 여기저기 쌓인 먼지와 같아서 언제든 교체될 수 있다"고 노동자들을 지속해서 훈육한다. 젊고 혈기왕성한 청년들도 생산 라인에서 이렇게 일하다 보면, 마치 선생님에게 수차례 혼이 난 초등학생처럼 저도 모르게 의기소침해지고 자신을 멸시하게 된다.

오늘날 중국에서 어느 정도 규모가 있고 '현대화'된 공업 단지의 공장에는 거의 컨베이어 생산 라인이 들어섰다. 몇 년 전 구 사부를 만나러 갔을 때 퇴직 후에 그가 만든 목제 가구들 사이에 앉아 예전 동료들의 근황을 들을 수 있었다. 그들은 현재 일을 그만두고 집안에만 틀어박혀 있다고 했다.

공장만 그런 것이 아니다. 서양식 패스트푸드 가게의 햄버거 생산 과정부터 중식 프랜차이즈 호텔의 최고급 주방까지 포드 자동차 생산 방식으로 음식을 만들어 내는 추세는 이제 막지 못할 것처럼 보인다. 학교도 점점 더 단순한 노동력 양성소로 변하고 있으며, 교육 과정도 분할되고 있다. 심지어 강의와 평가, 교재 편집이 완전히 분리된 분업 방식이 크게 성행한다. 더욱이 인류 정신의 최후 보루로 여겨지던 문학 창작 분야도 '창조 산업'에 의해 대부분 점령당했다. 각종 집단 방식의 '분업-융합' 저작 모델이 대학 강의실에 진입하기 시작했으며, 이 방식을 간절히 원하는 문학청년들에게 적극적으로 추천되고 있다. 이처럼 정신노동의 세계 곳곳에도 컨베이어 생산 라인이 깔렸다. 이제 구 사부와 같은 노동자들은 그저 방구석에 틀어박힐 수밖에 없게 된 것이다.

컨베이어 생산 라인이 천지를 뒤덮을수록 노동 기술의 가치도 점점 균형을 잃고 있다. 구 사부와 일했을 당시에는 나처럼 손발이 둔한 수습공도 매일 자기 기술의 진보를 느낄 수 있었다. 그러나 컨베이어 생산 라인이 지배하는 작업장에서는 육체 노동자와 기술 사이에 아무런 연관이 없다. 기술은 이제 화이트칼라 기술자들의 전유물이 되었다. 컴퓨터 시스템이 발달하면서 기술 노동자 수요는 더욱 감소하고, 수많은 '단순 노동자'가 손쉽게 기계로 대체되고 있다. 그러니 고용주는 "이제 너희는 생산 과정에서 대수롭지 않은 존재다. 그런데 왜 여전히 임금 인상을 요구하느냐"며 당당하게 떠들어 댄다.

이 측면에서 보면 복잡한 노동 과정을 수많은 단순 노동으로 분해하는 기술과 갈수록 규모가 커지고 구조도 복잡해지는 관리 시스템, 그리고 이러한 기술과 관리 시스템이 환상적으로 체현된 컨베이어 생산 라인이야말로 노동과 노동자의 가장 큰 적이라 할 수 있다. 바로 이 속에서 노동자의 상황은 지속해서 악화한다. 이는 비단 블루칼라에게만 해당하는 일이 아니다. 최근 10년 동안 대거 설립되고 있는 수많은 '클라우드 컴퓨팅', '클라우드 관리' 관련 회사는 모두 이러한 기술과 관리 시스템을 이용하는데, 이곳의 노동 조건은 블루칼라 작업장보다 훨씬 심각하다. 이 회사들은 최소한 수백만 명의 임시직 노동자를 고용하고 있으며(그중 대다수가 미성년자다), 인터넷상에서 24시간 연중무휴로 서비스를 제공한다. 여기서 일하는 노동자들은 모두 말끔하게 차려입고 앉아 키보드를 두드리는 화이트칼라 노동자다.

오늘날 중국은 세계에서 공업용 컨베이어 생산 라인이 가장 많은 국가이며, 각종 비공업용 컨베이어 생산 라인의 확장 추세도 가장 극렬하다. 또한 분업이 곧 진보이며, 효율이 곧 생명이라는 신념을 가장 요란하게 떠들어 대는 국가 중 하나다. 바로 이러한 상황에서 저자가 말한 기업의 야만적 관리와 정부 직무유기와 같은 '상층부'의 사회적 폐단이 더욱 극심해지고 있다. 그리고 이것이 노동자의 심신과 문화에 심각하고 장기적인 위해를 가하고 있다. 저자는 이 책에서 컨베이어 생산 라인 방식의 노동, 위협과 회유를 동반한 초과 근무 제도, 강압에 의한 잦은 이직 등의 세 요소가 결합해 노동자 간의 연대 의식을 가로막는다고 말한다. 즉 이러한 기업의 관리 방식은 오랜 기간 한 공간에서 함께 생활한 노동자들에게 실리를 따지지 않는 진정한 교류를 어렵게 하며, 서로를 동료로 여기지 않게 만든다. 따라서 려도가 간절히 바라는 건강하고 활력 넘치는 '신노동자 문화'의 창조와 발전을 위해 다양한 차원에서의 동시적인 노력이 필요하다. 노동성과의 분배 측면에서 착취와 불공평을 단호히 축소해야 하며, 정치, 문화, 교육의 영역에서 민주, 평등, 해방 등의 진보적 의식을 지속적으로 촉진해야 한다. 더욱이 사회 저변에서 '근대화'의 미신을 타파하고, 지속가능한 노동 기술의 보편적 발전과 노동 형식의 다양화를 추진하여 궁극적으로 노동의 긍정적인 교육 기능을 다시금 활성화해야 한다. 나는 한 사회의 기본적인 노동 형태가 그 사회의 미래를 결정하는 매우 중요한 요소 중 하나라고 확신한다.

그렇기에 특히 이 책의 후반부를 자세히 읽어볼 것을 독자들에게 권하고 싶다. 현재 북경 교외의 '피촌皮村'이라는 시골벽적한 마을에서 '코뮌公

社' 공동체가 천천히 성장하고 있다. 이 공동체의 중요한 면은 일종의 종합적이고 자주적인 새로운 집단 노동을 발전시켜 나가고 있다는 것이다. 지난 200~300년간 수많은 국내외 사상가가 오전에는 낚시나 페인트칠을 하고, 오후에는 사색하거나 글을 쓰는 자유로운 삶을 동경해 왔다. 또한 전 세계 수많은 뜻있는 사람이 이러한 이상을 실현하기 위해 실천하고 있다. 이러한 현실에서 학교 교장이면서 운전기사이기도 하고, 수납원이면서 지도자이거나 작사가이면서 청소부이기도 한 피촌 코뮌 구성원들의 이야기를 읽으며 어찌 흥분하지 않을 수 있겠는가?

100년 전 강유위(康有爲, 강유웨이)라는 학자가 "유토피아는 결코 공상이 아니며, 현실의 일부분"이라고 말했다. 이 책에 나오는 피촌 이야기를 읽고 나는 이 말이 진실임을 알게 되었다.

2014년 9월 상해

신노동자 집단의 '죄와 벌'

전계영(全桂榮, 취안구이룽) | 소주 노동자의 집[1]

이 책에 대한 추천의 글을 쓰면서 문득 '죄와 벌'이라는 단어가 떠올랐다. 물론 이 단어는 신노동자 집단에 대한 혐오가 담긴 일종의 '오명화汚名化'다. 하지만 아이러니하게도 이 표현이 아니고서는 현재 신노동자 집단의 현황과 미래에 관한 견해를 정확히 드러낼 수 없다.

신노동자 집단은 1980년대 초 전국으로 확산한 개혁·개방의 큰 물결에서 탄생했다. 그러나 여기에서만 그 근원을 찾으면, 신노동자 집단이 여전히 농촌을 고향으로 여기는 복잡한 감정의 응어리, 그리고 도시 호구를 가진 사람들의 오만함과 자기 우월감을 이해하기가 어렵다.

1953년 당시 정무원政務院이 발표한 〈농민의 맹목적 도시 유입 제지에 관한 지시關於勸阻農民盲目流入城市的指示〉부터 1958년에 발표되어 중국 특유의 도시─농촌 이원 구조를 생성한 〈중화인민공화국 호구등기조례中華人民共和國戶口登記條例〉, 그리고 1982년에 반포된 〈도시 방랑자 및 걸인의 수용 송환 방법城市流浪乞討人員收容遣送辦法〉부터 1989년의 〈민공 유출의 엄격한 통제에 관한 긴급 통지關於嚴格控制民工外出的緊急通知〉 등에 이르기까지 모두 국가 기관의 신노동자 집단에 대한 '과분한 관심'이 투영되어 있다. 그

---

1   소주시 목독木瀆진 심항沈巷촌에 위치한 '소주 노동자의 집蘇州工友家園'은 품팔이 노동자들에게 문화교육 서비스를 제공하는 민간 기구다.

리고 2014년 9월 현재에도 중국의 도시-농촌 이원 구조의 삼엄한 장벽은 여전히 건재하다. 예컨대 북경에서 신노동자 및 그 자녀들에 대한 각종 '강제 퇴거'가 여전히 폭력적으로 자행되고 있다. 중국 신노동자 집단의 호적지와 일/생활 장소 간의 이주는 세계적으로 발생하는 국가 간 이주보다 훨씬 험난하고 엄혹하다. 나의 삶 자체가 이를 잘 보여 준다. 도시에 와 생활한 지 30여 년이 지났지만, 여전히 '농민공' 신분이며, 기껏해야 '신新시민' 혹은 '신○○인'이라는 칭호를 얻을 수 있을 뿐이다. 그것도 아니면 이름만 그럴듯한 '거주증居住證'이 제공되거나, 그야말로 황당무계한 '점수 적립 호구 부여積分入戶' 제도[2]가 시행될 뿐이다. 신노동자 집단 형성의 역사와 근원에 관한 제도적 이해가 없으면, 오늘날 신노동자 집단이 왜 이러한 상황에 부닥치게 됐는지 알기 어렵다. 더욱이 우리는 반드시 신노동자 집단이 '만들어진' 과정과 제도 변천을 이해해야 하며, 우리 집단의 대응과 저항 전략도 잘 파악해야 한다. 그렇지 않으면 이 책에서 언급되었듯이 중국의 품팔이는 제3세대 품팔이가 출현한 이후에도 나아갈 방향을 제대로 이해할 수 없을 것이다. 그리고 이렇게 된다면 앞으로 신노동자 집단이 받아야 할 '죄와 벌'이 더욱 많아질 것이다.

어떤 노동자는 항상 남들 앞에서 자신은 '소주蘇州 사람'이라고 거들먹거린다. 1982년에 강소성 북부의 모 지역에서 소주로 왔으니 그의 말은 사실이다. 하지만 실상은 어떠한가? 지난 30년간 가끔 고향에 내려간 것

---

2 [역주] 중앙 정부가 2013년부터 호적 제도 개혁을 중점 사업으로 선정하면서 각 지방 정부 차원에서 '농민공의 시민화' 전략으로 시행되고 있다. 관할 구역 내 취업 인구 중 해당 지역 비도시 호구 주민을 대상으로 호구 변경 신청의 각종 자질 및 실적(취업 연한, 거주 기간, 사회보험료 납부 기간, 교육 수준 및 출신 대학 등)을 점수로 환산해 그 총점에 따라 도시 호구로 변경해 주는 제도다.

외에, 그는 소주에서 20여 년간 건축일을 했다. 소주에 있는 많은 아파트를 그가 짓고, 또 철거했다. 이 일을 하며 그는 6~10여 명이 한방을 쓰는 공사 현장의 임시 숙소에서 살았고, 그야말로 일거리를 따라 수시로 '집'을 옮겨 다녔다. 부인은 아들을 낳고 얼마 후 고향으로 내려갔다. 이토록 오랜 세월 세 식구가 줄곧 떨어져 사는데, 이런 비극이 또 어디 있을까? 그는 현재 집도, 차도, 사회보험도 없다. 늙어서 일자리도 못 구하고, 고향에 돌아가는 것도 힘들고, 조그만 장사도 여의치 않으면, 그때는 어떻게 할 것인가?

이와 비슷한 사례는 비일비재하다. 나의 예전 회사 동료 부부는 아이가 한 살쯤 됐을 때 고향 집을 떠나왔는데, 여비를 아끼려고 6년 동안 한 번도 집에 가지 않았다. 또 어떤 이는 자신의 아버지와 마찬가지로 '품팔이' 대열에 합류했지만, 아버지가 오랫동안 집에 오지 않아 20년 동안 '아빠'라는 말을 해 본 적이 없다. 그리고 어떤 노동자의 딸은 오랫동안 아버지를 보지 못해 심각한 우울증을 앓고 있다. 이 책에는 젊은 노동자 왕복유(王福維, 왕푸웨이)와 왕가(王佳, 왕자)가 나오는데, 고향을 떠난 지 비교적 오래됐지만 같은 문제를 겪고 있다. 그리고 왕미려(王美麗, 왕메이리)는 사람 살 곳이 못 되는 이곳을 떠나고 싶어 한다. 하지만 과연 어디가 사람 살 만한 곳일까? 자본이 왕이 되어 버린 오늘날 우리는 도대체 어디로 탈출할 수 있을까? 그리고 이러한 문제를 해결하는 데 탈출이 과연 최선일까?

제1세대 신노동자가 여전히 고향과 복잡한 관계로 얽혀 있다고 한다면, 2세대와 3세대, 심지어 4세대 신노동자는 어떠한가? 1997년 소주에서 태어난 청년과 고향에 관해 토론한 적이 있는데, 그는 "제가 정말 사천四川 사람인지 잘 모르겠어요"라고 말했다. 그는 소주에서 일하고 있고, 본적지인 사천에는 몇 번 가봤을 뿐이다. 그와 함께 '아무것도 배운 게 없었던' 중등전문학교中專[3]에서 집단 퇴학한 동창들도 소주의 공장에 잇따라 취직해 노련한 노동자가 되었다. 이러한 젊은이들의 고향에 대한 감정은 단지 사회 주류 문화에 의해 주입된 것일 뿐이다.

이 책 9장에 소개된 장맹(張萌. 장멍)의 사례도 매우 흥미로운데, 일정 부분 신노동자의 전형을 보여 준다. 장맹은 어릴 때 비인간적인 고난을 겪었으며(지면의 한계로 이 책에서는 인터뷰의 많은 부분이 생략되었다), 청소년기의 경험을 통해 정의를 지키고 사회를 구제하는 데 강렬한 사명감을 느끼게 되었다. 그래서 그녀는 인민을 위해 봉사하는 사람이 되고 싶어 했다. 하지만 자본주의의 강력한 공세로 그녀의 꿈은 순식간에 무너졌고, 그저 '양심에 거리낌만 없으면 그만'이라는 태도로 전환한다. 그리고 이때의 '양심'이라는 것도 매우 모호해졌다. 하지만 분명한 것은 물질이 성공의 가장 중요한 지표가 되자 그녀의 원래 꿈과 이상은 퇴색해 버렸고, 도덕의 마지막 보루로서의 최저선도 점차 근거를 잃었다는 점이다.

이처럼 강대한 사회 주류 혹은 권력과 귀족 계층이 주도하는 자본주의로 인해 신노동자는 집단 '방향 상실'을 겪고 있다. 그러나 다른 한편으로 이것이 신노동자 집단이 현재 자신들의 '문화와 운명'을 사유하고 탐색하고 실천해야 하는 이유이기도 하다.

이 책의 전편인 《중국 신노동자의 형성》에서 우리는 무수한 신노동자

3　[역주] 중국의 직업전문학교 체계는 크게 중등전문학교中專와 고등전문학교(大專 혹은 專科)로 구분된다. 중등전문학교는 한국의 실업계 고등학교와 유사하고, 고등전문학교는 한국의 전문대학과 유사하다.

가 도시와 농촌 사이를 바쁘게 오가며 혹사당하는, 일종의 집단적 방향 상실 상태에 놓였음을 볼 수 있었다. 그러나 불행 중 다행으로 우리는 '사람'이다. 외부에서 제아무리 수많은 '고상'한 명칭, 예컨대 맹목적 유동 인구盲流, 농민공農民工, 공돌이打工仔, 공순이打工妹 등을 갖다 붙여도 결국 우리는 사람이다. 사람이기에 우리는 자신의 운명을 사고할 수 있으며, 사회의 공평과 정의를 토론할 수 있고, 사회 발전부터 인류 진보에 이르기까지 모두 지켜볼 수 있다. 이처럼 신노동자는 본질적으로 주체적인 존재이기에 자신들의 '문화와 운명'을 점차 분명하게 사유하고 토론하며 실천할 수 있다. 그리고 바로 이러한 객관적이고 진실한 신노동자의 존재에 근거해 이 책도 존재할 수 있다.

려도는 내게 늘 집필 진행 상황을 알려줬고, 책 속 등장인물도 대부분 내가 잘 아는 사람들이다. 그래서 독자들은 다음과 같이 사유하면 이 책을 훨씬 더 잘 이해할 수 있을 것이다.

첫째, 신노동자 집단이 직면한 도전과 문제는 개인이나 그 집단만의 문제가 아니라 정책과 제도적 요인으로 조성된 사회 문제다. 이를 먼저 언급하는 이유는 많은 사람이 신노동자 문제를 낮은 교육 수준과 능력 부족 등의 문제로 취급하면서 사회 문제를 개인화해 자신과 상관없는 일로 여기기 때문이다. 그러나 신노동자 문제는 최근 정부에서 적극적으로 추진하는 '사회 공작社會工作'⁴의 시각에서 바라볼 필요가 있다. 한 가

---

4   [역주] 영어로 'social work'에 해당하며, 한국에서는 주로 '사회 복지'로 번역된다. 중국의 '사회 공작'은 구미나 홍콩의 영향을 많이 받았지만, 현재는 당-정부가 긴밀한 관계를 맺고 다양한 사회 정책을 추진하고 있다. 따라서 주로 정부 바깥의 독립적, 전문적 서비스 영역으로 인식되는 '사회 복지'와는 차이가 있다.

정에 강도가 들어 빈털터리가 되고, 구타를 당해 장애인이 됐을 뿐 아니라 정신적으로도 큰 상처를 입었다고 가정해 보자. 일반인은 그들에게 성금과 물품을 지원하고, 사랑과 관심을 줄 수 있을 뿐이다. 그러나 '사회 공작'은 이와 다르다. 사회 공작 전문 요원은 긴급 의료 서비스와 물질적 지원에 주의를 기울이는 것 외에도, 가족의 정신적 상처나 장애인이 된 사람의 취업과 학업 문제에도 관심을 가질 수 있다. 또한 그 가정과 마을 공동체의 사회적 관계를 회복하여 사회적 위험에 대처할 수 있는 능력을 키우는 것에도 관심을 기울일 것이다. 더 훌륭한 사회 공작 요원은 이와 유사한 상황에 처한 가정 및 사회 정책 개선 등에도 관심을 가질 것이며, 왜 범죄를 저지를 수밖에 없었는지에 주목함으로써 더 많은 사회 문제를 발견할 수 있을 것이다.

이러한 인식의 차이는 서로 다른 계층에서뿐만 아니라 신노동자 집단 내부에서도 다양하게 나타난다. 특히 《중국 신노동자의 형성》의 공평에 관한 토론에서 이러한 측면이 잘 드러난다. 비록 이 책에서는 제도에 관한 토론이 많지 않지만, 사실상 개인의 운명은 무소불위의 제도적 영향과 제약을 받지 않을 수 없다.

둘째, 도덕적 기준이라는 색안경을 쓰고 노동자의 언행을 판단해서는 안 된다. 우리는 흔히 일상생활에서 특정한 구체적 사안을 통해 한 사람의 도덕적 자질을 함부로 판단한다. 그러나 우리가 보고 듣는 것이 결코 그 사건의 전부는 아닐 것이다. 예컨대 어떤 사람들은 노동자들이 가래 뱉기를 좋아하는 것 같다고 말하는데, 일부는 확실히 그렇다. 내 지인인 한 건설 노동자는 아무 데나 가래를 함부로 뱉는다. 그의 행동을 오랫동안 참던 나는 더는 두고 볼 수 없어 주의를 준 적이 있다. 그러자 그는 매우 부끄러워하면서도 "나도 가래를 뱉고 싶진 않지만, 목구멍이 너무 가려워 어쩔 수가 없어. 공사장에 먼지가 너무 많아서 뱉지 않으면 갑갑해서 견딜 수가 없어"라고 말했다. 사연을 들으니 오히려 그가 진폐증에 걸린 게 아닌지 걱정이 됐고, 아무 데나 가래를 뱉는 그의 습관도 좀 더 용인하게 되었다. 그래도 그의 행동에 찬성하지는 않는다.

또한 '도덕적 낙인화'는 사물의 본질을 볼 수 없도록 한다. 예전에 한 현지인이 내게 농촌에서 올라온 노동자들은 기본 소양이 부족하다고 불평한 적이 있다. 그가 이 말의 명백한 근거로 제시한 것은 그들이 비위생적이고, 쓰레기를 함부로 버린다는 것이다. 당시에는 이를 반박하기 곤란한 상황이어서 그냥 넘어갔지만, 항상 이 말을 마음에 두고 있었다. 이번 기회에 이러한 인식을 가진 친구들에게 다음과 같이 대답하고 싶다. 농촌에서 올라온 대부분 노동자는 현지의 직업 중개소와 노무 파견 업체에 수차례의 사기를 당한 끝에 겨우 일자리를 구한다. 그렇게 얻은 일자리도 노동 강도가 매우 세며, 저임금에 욕을 들어먹기 일쑤다. 또 대부분 주거 환경도 매우 열악하며, 도시에서 '이등 시민' 신분이라는 사회적 차별도 받고 있다. 이러한 상황에서 신노동자들이 어떻게 도시에 소속감을 느낄 수 있으며, 더구나 잠시 머물다 떠날 뿐인 곳을 삶의 터전으로 생각할 수 있겠는가?

덧붙이자면, 사회적 풍조가 이러한데 어떻게 생존을 위해 분투하는 노동자들에게 도덕적인 성자가 되라고 요구할 수 있단 말인가? 이틀 전 나는 한 노동자와 함께 그가 느끼는 양심의 가책을 조금이라도 더는 방법에 관해 이야기를 나누었다. 그는 연일 터져 나오는 수많은 부패 사건과 최근 읽은 《식량전쟁》[5]에 나오는 각종 정치 세력들의 식량을 둘러싼 투쟁의 흑막을 보면서 자신도 소위 '바닥을 향한 경주'와 같이 직업을 구하게 되었다고 말했다. 그는 일전에 공장을 그만두고 어렵게 노무 파견 업체에 취직해 밑바닥 인생들에 인력 중개를 하며 생계를 유지했다고 한다. 그 일을 하면서 노동자들의 이익을 조금씩 갉아먹으며 생존하는 것이 부끄럽게 느껴졌고, 또 노동자들에게 정말 미안하다고 했다. '혁대를 훔치는 좀도둑은 사형을 당하지만, 나라를 훔치면 왕이 된다'는 정글의 법칙이 그동안 그가 양심의 가책을 못 느끼게 한 합리화 도구였던 것이다. 이는 파울루 프레이리Paulo Freire가 《페다고지》에서 언급했던 "피억압자는 오랫동안 억압받았기 때문에 그들 스스로 억압자가 만든 규칙들을 믿게 된다"는 말이 사실임을 보여 준다.[6] 이 책 제10장에 나오는 소호민(蘇浩民, 쑤하오민)도 동생에게 속아 다단계에 빠질 뻔했는데, 다단계 규칙도 이와 상당히 유사하다.

셋째, 신노동자의 문화와 이론은 현실 가능성에 비해 낙후되어 있다. 몇 년 전부터 려도는 이와 유사한 책을 쓰려고 생각했었지만, 이러한 생각은 집필 과정에서 끊임없이 바뀌었다. 왜냐하면 신노동자들의 행동과 실천은 이들 집단 안에 이미 오랫동안 존재했지만, 새로운 행동과 실천도 계속해서 발생하며 만들어지고 있기 때문이다. 이 책의 최종 원고를 작성하던 1년 동안에도 수많은 새로운 사건과 변화가 있었다. 예컨대 심천深圳 소재의 신발회사 GCL에 다니던 여성 노동자 주건용이 권익 수호를 위한 투쟁 과정에서 자살한 사건도 있었고, 강소성 곤산시의 중영금

---

5   [역주] 한국어판은 라즈 파텔, 《식량전쟁》, 영림카디널, 2008 참조.
6   [역주] 한국어판은 파울루 프레이리, 《페다고지》, 그린비, 2009 참조.

속제품유한회사 공장에서 안전 관리 소홀로 폭발 사고가 발생해 많은 노동자가 죽거나 다친 사건도 있었다. 그리고 심천시의 적위신(迪威信, 디웨이신)이라는 회사의 노동자 대표였던 오귀군(吳貴軍, 오구이쥔)이 투쟁 과정에서 체포되어 9개월의 징역과 손해배상을 선고받은 사건도 있었으며, 주강 삼각주 지역 일대에서 맹렬한 기세로 연이어 단체협상이 성공한 사례들도 있었다.

려도의 《중국 신노동자의 형성》과 《중국 신노동자의 미래》를 통해 신노동자들의 주체성이 확립되고 있으며, 나아가 자신들에게 강압적으로 부여된 '죄와 벌'을 해결해 나가는 과정에 있음을 알 수 있다. 이러한 일상생활에서 사회적으로 형성된 '죄와 벌'의 전후 맥락을 잘 정리하고 명확하게 인식해야만 다음 목표뿐 아니라 어떻게 행동할 것인지도 알 수 있다.

신노동자 집단은 앞서 말한 다양한 '죄와 벌'에 자의 반 타의 반으로 묶여 있기 때문에 문제 해결 과정도 매우 복잡하고 험난하다. 그러나 이미 역사와 현실이 신노동자 집단을 일깨우고 있다. 만약 신노동자들이 계속해서 '죄와 벌' 혹은 '칭찬과 상'을 수동적으로 받아들인다면, 영원히 운명의 굴레를 벗어날 수 없고, 사회적 조롱도 피할 수 없을 것이다. 이 책 제4부인 '신노동자 문화의 실천'을 통해 '북경 노동자의 집' 구성원들의 강렬한 주체 의식을 확인할 수 있다. 그들은 집단적 시각과 입장에서 출발해 신노동자 집단의 문화 체계 구축, 다양한 교육 활동, 공동체 경제 및 상호협력적인 연합체의 가능성 등을 모색하고 있다. 그리고 이러한 시도는 신노동자 집단의 상호협력적이고 자족적인 삶의 또 다른 가능성을 보여 준다. 이러한 가능성은 공허한 이론과 구호가 아니며, 장기적인 실천과 경험의 응축에 기반을 둔다. 물론 이 과정이 절대 순탄하지는 않으며, 오히려 막막함과 좌절, 고민과 행동이 뒤엉켜 있다. 이들에게 다음과 같은 유사한 특징이 발견된다. 즉 '청소년기의 꿈과 이상 → 일과 사회생활에서의 곤혹 → 막막함과 좌절 → 고민과 행동 및 투쟁 → 자아 주체성 및 집단적 주체성의 구축 → 적극적인 사회 활동가 및 개혁가'라는 일련의 과정을 거쳤다. 물론 신노동자 집단 가운데 이처럼 적극적인 사회 개혁가들이 아직 많지는 않다. 그러나 우리는 이들을 통해 '죄와 벌' 종결의 희망을 본다. 점점 더 많은 신노동자가 적극적인 사회 개혁가로 성장한다면, 신노동자 집단의 '죄와 벌'은 마침내 소멸할 것이다. 이 과업을 이루기 위해서는 신노동자 집단이 끊임없이 성찰하고 행동해야 하며, 그래야만 비로소 우리의 '문화와 운명'을 명확하게 인식하고 변혁할 수 있다.

물론 이 책에 신노동자 집단 수억 명의 사상과 행동이 전부 집약된 것은 아니다. 한 권의 책에 거대한 사회 집단의 사상과 행동을 모두 담기란 불가능하기 때문이다. 신노동자 집단의 현황과 미래에 관해 알고 싶은 독자들은 이 책을 기초로 신노동자 집단에 더욱 관심을 둔다면 훨씬 이해가 쉬울 것이다. 독자들이 이 책과 신노동자 집단을 이해하는 데 조금이나마 도움이 되기를 희망하며 두서없고 부족한 글을 마친다.

2014년 9월 10일

정신적 딜레마

곽정(郭靖, 궈징) | 북경에서 취직한 대학 졸업생

이 책의 초고를 읽은 것은 1년 전이다. 그 후 최종 원고를 두세 번 더 읽었는데, 매번 새로운 깨달음이 있었다. 처음에는 새벽부터 읽기 시작해 정오까지 시간 가는 줄 몰랐다. 특히 노동자 의식 변화가 고무적이었고, 내게도 새로운 힘이 솟았다. 충만한 희망으로 살아가는 사람들을 보는 것 자체가 희망의 근거가 되었다. 이 책에 나오는 노동자들처럼 우리는 노동을 통해 가족을 부양하고, 삶을 통해 에너지를 공급하며, 사유를 통해 행동하고, 실천을 통해 나아갈 방향을 제시해야 한다. 이는 사회적 인간이 갖춰야 할 기본 요소다.

이 책을 두 번째 읽을 때는 마치 저자가 내 고통을 위로하는 것 같았다. 노동자들의 사례는 고통의 원인을 깊이 사유하도록 이끌었다. 이 책은 '우리의 노동', '우리의 생활', '어떤 사람이 될 것인가', '신노동자 문화의 실천'으로 구성되어 있으며, 오늘날 신노동자 집단의 문화적 상태를 잘 드러낸다. 그런 점에서 이 책은 노동자만을 위한 책이 아니다. 문화와 운명은 오늘을 살아가는 모든 사람이 반드시 사유해야 할 명제이기 때문이다.

나는 2008년 북경의 한 대학에 입학해 신문방송학을 전공했다. 그리고 순조롭게 북경시 우수 졸업생 자격으로 북경 방송사에서 실습도 했다. 한 프로그램의 연출을 담당했고, 졸업 한 달 전 원만하게 실습을 완수했다. 당시 모든 주위 사람이 전망 좋은 그 회사에 내가 계속 남을 것으로 여겼지만, 나는 북경시 대흥大興구의 촌관이 되기로 했다. 이 결정을 내리기 전날, 2주 동안의 야근과 부실한 식사로 위장병이 났다. 자정 무렵, 회사 화장실에서 심하게 토한 뒤 기진맥진해 있는데, 동료들이 하나둘 퇴근하는 소리가 들렸다. 그들은 내게 "편집 빨리 끝내, 내일이 심사야"라는 말만 남긴 채 떠났다. 새벽에 학교로 돌아가면서 도대체 무엇 때문에 이렇게 목숨 바쳐 일하는 걸까 하는 생각이 들었다. 하늘에도 땅에도 닿지 않은 채 공중에 매달린 것 같았고, 인간으로서의 감각은 완전히 잃어버렸다. 떠나고 싶었다. 선생님과 친구들은 "젊어 고생은 사서도 하는 거야. 이 기회를 소중히 여기고 감사해야지"라며 만류했다. 내 결정이 올바른지 확신할 수 없었지만, 어쨌든 그곳을 떠났다.

'촌관' 면접을 보기 위해 대흥구의 한 마을에 갔다. 경치도 좋고, 사람들도 여유 있어 보였다. 그 모습에 매료되어 3년 계약을 맺고 이곳에 머물기로 했다. 마을 주민에게 봉사하는 과정에서 나의 가치를 찾을 수 있을 것 같았다. 하지만 막상 거기서 일해 보니 상상과는 전혀 달랐다. 마을이 곧 철거될 예정이라 유동 인구가 많았고, 대다수 농민이 농사로 생계를 유지하지 않은 지 오래였다. 그들은 외지인에게 집을 임대하고 약간의 임대료를 받으며, 집이 빨리 철거되기만 기다렸다. 그래서 다양한 문제가 속출했다. 나의 주요 업무는 농민들을 도와 고소장을 쓰는 것이었는데, 대부분 양로와 집 문제였다. 집 때문에 가족이 반목하고 비방했고, 부모 부양책임도 미루거나 다툼을 벌였다. 이는 내가 해결할 수 없는 문제였다. 그저 쌍방 진술을 컴퓨터에 입력하고 관련 기관에서 중재받도록 했는데, 때로 법정까지 가는 경우도 있었다.

한번은 촌민대표대회에서 "마을 발전을 위해 좋은 의견이 있으면 말씀해 주세요. 함께 논의해 보고, 저도 최선을 다할게요"라고 발언했다. 그런데 촌장이 "그런 얘긴 그만하고, 대학 나왔으니 인터넷에서 불로소득얻는 방법이나 좀 찾아봐"라는 게 아닌가. 다른 촌민 대표들도 이 말에 호응했다. 나중에서야 이 말의 의미를 이해할 수 있었다. 그들은 이웃 농촌에서 우월한 지리적 조건을 이용해 기업 투자를 유치하고, 토지를 개발해 돈을 벌어들이는 것을 눈여겨봤던 것이다. 그리고 자신들도 이를 바라며 대학 졸업생인 내게 희망을 걸었다. 한 주민에 따르면, 시집간 그의 누나는 마을이 철거된 후 방 3개짜리 집 6채와 현금 200만 위안을받았다고 했다. 마을 주민의 요구를 만족시킬 수 없던 나는 어안이 벙벙했다. 마을의 중요한 정책 결정 과정에 내 의견이 반영될 리도 만무했다. 하지만 더 고통스러운 일은 토지를 팔아 배상금을 받으려는 그들의 열망에 동의할 수 없다는 것이었다. 고급 주택에 산다고 해서 반드시 행복한 것은 아니다. 하지만 한편으로는 그들이 이해되기도 했다. 평생 온갖고초를 겪으며 보잘것없는 농작물로 간신히 생계를 유지했고, 북경시 5환[7] 이내의 현대화 건설 혜택도 못 받았다. 당연히 이들도 개혁·개방과현대 문명의 과실을 누릴 권리가 있다. 이러한 모순에 나는 다시 길을 잃고 헤매게 되었다.

하지만 계약 기간 때문에 마을에 계속 남아야 했다. 그래서 자질구레한 일을 하기 시작했다. 사진 찍는 취미를 살려 주민들의 가족사진이나

---

7   [역주] 북경시를 둘러싼 여러 겹의 직사각형 모양 간선 도로망은 도시 확장에 따라 점차 증가했다. 간선 도로 한 겹을 '환環'이라 부르는데, 시 중앙의 자금성을 1환으로 하며, 정치·경제적 핵심 시설이 2환 내부에 집중되어 있다. 5환은 시 외곽에 해당한다.

증명사진을 찍어 주고, 아이들 작문 지도도 했다. 노인들에게 자녀가 보낸 편지를 읽어 주기도 했고, 고장 난 핸드폰을 고쳐 주기도 했다. 시간이 흐르니 습관이 됐고, 그 상태를 즐기게 됐다.

하지만 마을 사람들은 여전히 순박했다. 집에 초대해 음식을 대접하고, 수확한 농산물을 기숙사 문 앞에 두고 가기도 했다. 한편으로는 이렇게 화기애애하고 평온한 곳에서 만족하며 살자는 마음이 들었고, 또 한편으로는 겉으로만 평온한 곳에서 머무는 것은 도덕적 비난을 덜려는 것일 뿐 사실은 회피하는 것이라는 생각이 들었다. 이 두 가지 분열된 자아가 오랫동안 내 안에서 끊임없이 싸웠다.

이것이 내 문제라고 생각하며 매일 성찰하고 자책했다. 노력이 부족하고, 내가 훌륭하지 못해서 방향 없이 인생을 시시껄렁하게 산다고 여겼다. 그러다 수많은 대학 졸업생이 나와 비슷한 처지라는 것을 알게 되었다. 어떤 친구들은 호화롭게 사는 것처럼 보이지만, 기쁨은 잠깐이고 이내 정신적으로 의기소침해진다. 그러고는 "아무 의미 없어"라는 말을 입에 달고 산다. 한 친구는 사무직 노동자인데, 걸핏하면 수백, 수천만 위안의 프로젝트를 한다고 자랑한다. 하지만 매일 죽도록 일하는데도 치솟는 집값을 따라잡을 수 없어 북경에 정착할 수도, 가정을 꾸릴 수도 없다. 그래서 퇴근 후 영화를 보거나 술 마시거나 노래방에 가거나 거리를 배회할 뿐이다. 이 책에서 저자는 노동자가 처한 네 가지 정신적 상태를 막막함, 방향 상실, 분열, 도피로 총괄하는데, 우리도 이와 같다. 저자는 다음과 같이 말한다.

우리 사회에 큰 문제가 발생했다. 사회 발전 목적에도, 삶의 목적에도 문제가 생겼다. 그리고 이것이 환경에도 영향을 끼쳤다. 이제 신선한 공기는 과도한 욕심이 되었으며, 낮에는 파란 하늘과 흰 구름을, 밤에는 달과 별을 볼 수 없게 되었다. 사회적 공평에도 큰 문제가 생겼다. 어떤 사람은 돈을 물 쓰듯 펑펑 쓰고, 어떤 사람은 집도 없이 떠돌아다닌다. 품팔이 노동자의 현황과 미래에도 큰 문제가 생겼다. '머물 수 없는 도시'와 '돌아갈 수 없는 농촌' 사이에서 길을 잃고 헤맨다.

이 책을 읽으며 생명의 그릇을 너무나 크게 느꼈다. 삶의 이야기와 통계, 이에 대한 저자의 깊은 사유가 나를 다시금 성찰하게 했다. 그리고 노동자에 대한 우월감을 느끼지 않게 되었다. 또한 한 개인의 생각과 감정을 통해 다른 사람의 고통과 즐거움을 감지하는 법을 배웠다. 누가 그들의 고통을 일으켰으며, 누가 우리를 정신적 곤경에서 벗어나지 못하게 하는가? 우리는 도대체 어떤 '우리'가 되어야 하는가? 저자는 이 책의 제4부에서 '북경 노동자의 집北京工友之家' 활동가들의 실천 사례를 보여 준다. 이들의 시도가 모든 사람에게 적용될 수 없을지 모르지만, 많은 사람에게 일깨움과 격려를 줄 수 있을 것이다. 나도 이곳에서 단기 자원봉사를 한 적이 있는데, 이곳은 생기가 넘쳐흐른다. 2012년에는 이곳에서 운영하는 '동심실험학교同心實驗學校'가 철거 위기에 직면했으며, 한때 단전·단수도 됐다. 하지만 모두가 한마음 한뜻으로 저항해 살아남을 수 있었다. 아무리 힘들고 괴로워도 이들은 절대 쓰러지지 않는다. 이러한 적극적인 삶의 의지가 바로 내 믿음의 근거다. 아무리 거대한 세력이라도 이 생명력 앞에서는 두려움에 떨 수밖에 없다.

며칠 전 어머니에게 나의 출생 이야기를 들었다. 산달이 되어 양수가 터졌는데도 내가 나오지 않았다고 했다. 당시는 의료 수준도 낮고, 태반도 노후한 상태라 더는 그 상태를 유지할 수 없어 산파가 억지로 나를 끄집어냈다. 산파는 살아 있는 게 기적이라고 했다. 나는 이처럼 어렵게 세상에 태어났고, 지금도 살아 있다. 어렵게 삶의 기회를 얻은 것이다. 어떻게 해야 이 생명 앞에 떳떳할 수 있을까? 생각할수록 출구가 없는 것 같아 고통스럽다.

이 책의 사유와 분석이 명확한 답을 주지 못할 수도 있다. 그러나 이 책은 나의 사유를 일깨우고, 나아가 이 사유가 개별화되지 않도록 했다. 나의 정신적 딜레마는 간단히 해결될 문제가 아니지만, 이 책의 방대한 인터뷰를 보며 확신했다. 개인적 딜레마는 전체 사회의 딜레마이기도 하며, 문화의 일부다. 문화는 인간의 것이며, 삶을 경험하는 전체적인 생활 방식의 체험이다. '북경 노동자의 집'이 모든 사람에게 모범은 아닐지라도 '피촌 정신'은 수많은 '과객'을 따뜻하게 감싸 안을 수 있다.

2014년 9월 4일 북경

예전에는 한국과 중국의 거리가 매우 멀다고 생각했다. 오히려 미국과 유럽을 더 가깝게 느꼈다. 그래서 2015년 초청을 받아 한국에 갈 때 북경에서 서울까지 비행시간이 2시간이 채 걸리지 않아 당혹스러웠다. 북경에서 내가 태어난 장춘長春까지 가는 시간과 비슷했기 때문이다. 늘 보고 자란 중국 지도에서도 한반도가 중국과 인접한 것을 한눈에 알 수 있다. 단동丹東에 있는 친척 집에 갈 때도 압록강대교 옆 식당에서 밥을 먹곤 했다. 도대체 무엇이 우리를 서로 가깝다고 느끼게 할까? 그리고 또 무엇이 서로 인접한 사람들을 하늘과 땅만큼 멀게 만들까?

이 책의 핵심은 '문화'에 관한 사유다. 책에서 말했듯 '어떤 사람이 될 것인가'는 한 개인의 문화적 정체성의 총체적 표현이다. 이 책을 집필하게 된 것은 정말 행운이었다. 집필 과정에서 현실을 돌아볼 수 있었고, 생각을 정리하는 시간이 됐으며, 더욱이 그 자체가 나와 세계 사이의 대화 과정이었다. 독자가 바로 나의 세계다. 또 한 가지 행운은 '노동자 대학工人大學'의 총책임자로 일하게 된 것이다. '노동자 대학'은 '동심창업훈련센터

同心創業培訓中心'의 별칭이다. 2009년부터 6개월씩 1기수 단위로 운영되며, 지금까지 총 15기의 교육 과정을 완료했다. 이 활동으로 각 분야의 다양한 사람들과 교류할 수 있었고, 사상의 충돌을 경험할 수 있었다. 즉 각 개인이 어떻게 서로 다른 문화에서 사유하고 선택하는지 볼 수 있었고, 선택의 여지없이 고통 속에 몸부림치는 것도 많이 보았다. 서로 다른 처지에서 생활하는 사람들은 각자가 직면한 갈등과 도전도 다르다. 더욱이 서로 다른 국가에서 살아가는 사람들 사이에는 큰 차이가 존재하며, 오해가 생기기도 쉽다. 그러나 현상을 넘어 본질을 깊이 보면, 이처럼 복잡하게 얽힌 갈등 사이에도 유사한 논리가 있기 마련이다. 세계는 매우 크고 넓지만, 우리 상상만큼은 아니다. 마찬가지로 사람들 사이에는 분명히 차이가 존재하지만, 생각만큼 다르지 않다. 이번 기회를 빌려 '노동자 대학' 16기 학생들의 이야기를 소개하려 한다. 그들의 이야기를 통해 서로를 마주하게 함으로써 사실 우리 사이가 그리 멀지 않음을 느끼기를 희망한다.

생산 라인 여공 소려(小麗, 샤오리)

'노동자 대학' 16기 사이버 강좌가 시작된 지 한 달째인 지금도 소려는 열심히 공부한다. 강좌는 6개월간 진행된다. 학생들은 매주 1편의 영상을 시청하고, 온라인 주간 모임에 참석하며, 매주 1편의 보고서를 제출해야 한다. 소려는 폭스콘 공장에서 일한다. 그녀는 1998년에 호북湖北성에서 태어났으며, 6000만 명이 넘는 잔류 아동(부모가 도시로 품팔이 노동을 나가 농촌에 남겨진 아동) 중 하나였다. 어렸을 때 조부모와 함께 살다가 친할머니가 돌아가시자 외가로 가게 되었다. 눈칫밥을 먹으면서 점점 소심해져 과묵하고 조용한 성격으로 변했다. 열 살이 되었을 때 객지에서 품팔이하던 아버지가 돌아왔는데, 이때부터 열심히 공부하기 시작해 곧 반에서 1등을 했다. 그리고 18세에 대학에 갔지만, 삶의 의미를 찾지 못해 20세에 휴학하고 공장에 들어갔다.

그녀에게 휴학한 이유를 물었더니 그녀는 "학교에서 배우는 실리적인 공부에 염증을 느꼈고, 교우 관계나 캠퍼스 분위기도 싫었어요. 교수와 학생이 대립 관계인 것처럼 느껴져서 불편했고요. 언어폭력도 많았어요. 가정 형편이 어려워 부모님이 제게 관심이 없어서 그저 부모님 그늘에서 빨리 벗어나고 싶었어요"라고 말했다.

그녀가 폭스콘 공장에서 일한 지 3개월이 됐다. 그곳에서 노동자들의 고난과 성실함을 보았고, 그들이 당하는 굴욕도 알게 되었다. 임금을 받기 전에는 늘 동료들과 모여 야근 수당을 정확히 계산했다. 이처럼 자기 이익에 관한 일은 잘 파악했지만, 자신과 상관없다고 여기는 노동법에는 관심이 없었고 이해하지도 못했다. 6월 2일에 열린 '노동자 대학' 주간 모임에서 소려는 라인장에게 욕을 먹었지만 아무런 대꾸도 하지 못했다고 말했다. 그녀가 분노하지 않았음을 의미하는 것은 아니다. 아마도 라인장에게 동정심을 포함한 복잡한 감정이 얽혀 있을 것이다. 소려는 생활과 일의 최하층에 자신을 두었다. 그녀는 "하층일수록 더욱 내실 있게 자신을 단련해서 변화를 쟁취해야 해요. '노동자 대학' 학생들은 반드시 변화를 지향하는 사람들이어야 해요"라고 말했다.

대학생 촌관村官[8] 동동(東東. 둥둥)

동동은 지난 몇 주간 온라인 강좌를 보지 못해 온라인 주간 모임에서 만족스러운 발표를 할 수 없었다. 그는 1982년에 섬서陝西성에서 태어났고, 집이 가난해 중학교를 중퇴하고 외지로 나와 영업, 판매, 건축 일 등 다양한 품팔이 경험을 했다. 그러다 성에 있는 방송통신대학에 입학해 대학생이 되는 꿈을 이뤘다. 2009년 북경대, 청화대 등의 명문대 졸업생이 고임금 일자리를 마다하고 촌관이 됐다는 언론 보도를 보고, 섬서성 서북부 황토고원黃土高原의 한 가난한 마을 촌관이 되었다. 처음 부임했을 때 그는 촌의 열악한 상황에 깜짝 놀랐다. 촌민위원회는 파탄 지경이었고, 제대로 된 사무실과 전화는 물론 심지어 화장실도 없었기 때문이다. 그러나 그는 도망가지 않고 자전거를 한 대 사서 집마다 부지런히 방문하기 시작했다. 200호가 채 되지 않는 마을은 총 7개의 자연촌으로 구성되어 있으며, 인구는 800명이 안 되었다. 그는 촌민들과 함께 양식업을 시작했고, 우물 건설 계획을 세웠으며, 도로 보수를 위한 기금을 조달했다. 현재는 도로 정비가 완료돼 오토바이도 많아졌다. 2017년에 두 번의 임용 기간이 만료됐지만, 재임용되어 다시 3년간 촌관을 맡게 되었다. 그는 "촌민이 마실 물이 없는 것, 이것이 내가 여기 남아야 할 이유입니다. 돈으로는 인생의 가치를 매길 수 없어요"라고 말했다.

6월 7일 '노동자 대학' 주간 회의에서 그는 "저는 지도자에게 복종합니

---

8 [역주] '대학생 촌관'은 '촌관'이라고도 불린다. 광저우 등의 지방 정부에서 2000년에 시행됐고, 2005년부터는 중앙 정부에 의해 전면적으로 실시됐다. 이 제도는 당해 전일제 대학 학부 졸업생 및 그 이상의 학력을 갖춘 졸업생들을 대상으로 촌 단위의 당 지부 서기 보조 혹은 주임 보조 등의 직무를 맡게 하는 정책이다. 촌관은 공무원 신분은 아니며, 특수 직무 인원으로 분류된다. 다만 재직 기간 중 태도와 성과가 우수한 촌관이 공무원 시험에 응시할 경우 가점 등의 특혜가 있다.

다. 당에 대한 충성심이 있어야 적합한 실무자이자 공산당원이죠. 그래서 복종은 매우 중요합니다. 지도자는 국가와 조직이 파견한 겁니다. 지도자는 과오가 없으며, 영원히 옳습니다. 마음이 물처럼 평온하면 행복할 수 있어요"라고 말했다. 이 발언을 통해 그의 내면에서 수많은 자아가 다투고 있음을 느낄 수 있었다. 그는 부득이하게 대중과 지도자, 촌민 모두에게 변명한다. 그러나 이것이 자기 내면에서 어떻게 균형을 이룰 수 있을까?

회의 석상에서 나는 그에게 "기층 간부들이 사람들 비위 맞추느라 힘들다는 걸 잘 알아요. 오늘 당신도 그걸 일깨워 줬지요. 일반 대중은 생존을 위해 어쩔 수 없이 순응하며 살아갑니다. 저도 마찬가지고요. 예전에 공장에서 일할 때 전 그 누구보다 착하고 순종적이었어요. 이해는 하지만, 그런 인간관계에 동의하진 않아요. 오히려 현실이 그렇기에 우리는 변해야만 합니다"라고 말해 주었다.

가사 노동자 홍리(紅籬, 홍리)

홍리는 북경의 산후 도우미 회사月嫂公司에서 가사 노동자로 일한다. 그녀는 1971년에 중경重慶에서 태어났다. 어머니는 억척스러운 농촌 여성이었으며, 자녀들을 엄격하게 훈육했다. 아버지는 농사일하는 시간 외에는 대부분 노름을 하며 지냈다. 홍리는 고등학교 3학년 때 중퇴하고, 품팔이 생활을 하며 온갖 고초를 겪었다. 임금 체불과 착복을 일상다반사로 당했으며, 노점상을 할 때도 매일 단속반에게 쫓겼다. 2002년부터 가사 노동자로 일했는데, 당시 월급이 800위안 정도였다. 2006년에 산모와 신생아를 돌보는 1개월 과정의 산후 도우미 직업 훈련을 받았고, 지금까지 산후 도우미로 일한다. 월급은 가장 적을 때가 1000위안, 가장 많을 때는 1만2000위안이다.

그녀는 '노동자 대학' 참가 신청서에 "소설과 요리를 좋아한다. 성격은 소극적이고 의기소침하며, 약간의 우울증과 자폐증이 있다. 미래에 대한 생각도 막막하다"고 자신을 소개했다. 그리고 5월 14일 그녀는 주간 보고서에 다음과 같이 썼다. "저는 산후 도우미입니다. 이제 지천명을 바라보는 늙은 아줌마예요. 요즘은 태어난 지 6일밖에 안 되는 아이를 돌봐야 해서 밤에 2~3시간밖에 못 자요. 체계적으로 공부해 본 적도, 제 삶을 계획해 본 적도 없어요. 20년 전에 《폭풍의 언덕呼嘯山莊》[9]이라는 소설을 읽었는데, '고된 생활이 그의 학습 의욕을 상실하게 했다'는 구절이 가장 와닿았어요. 제가 바로 그렇거든요. 공산주의 인터내셔널Communist International이나 소련 10월 혁명에 관한 책도 읽은 적이 있어요. 그땐 모두가 천국이 곧 열릴 줄 알았어요. 지옥에 빠지게 될 거라곤 생각지 못했죠."

5월 30일 제3차 온라인 주간 모임에서 그녀는 "학습 동영상을 보고 '신노동자'라는 신분 정체성에 매우 공감했어요. 온몸에 전율이 흘렀죠. 우리 처지는 '머물 수 없는 도시, 돌아갈 수 없는 농촌'이 맞아요. 이는 단순히 중국만의 문제가 아닌 세계적 문제이고, 철학적 문제예요. 《소피의 세계蘇菲的世界》[10]라는 책에는 협동조합, 동일 노동 동일 임금에 관한

9　[역주] 영국의 여성 작가 에밀리 브론테Emily Jane Brontë의 장편 소설. 비극적인 사랑을 통해 기형적인 사회의 단면과 왜곡된 인간성을 묘사한다.

10　[역주] 1991년에 출간된 요슈타인 가아더Jostein Gaarder의 소설. 방대한 서양 철학을 독특한 소설 구조 속에 녹여 내 철학 대중화의 성공적인 예로 평가받는다. 한국에서도 같은 제목으로 출간됐다.

언급이 나와요. 하지만 지금은 도시화 건설이 대세예요. 그래서 필연적으로 후세대의 희생이 필요하죠"라고 발언했다. 이에 나는 "이제 희생은 현실이 됐어요. 다만 누가 얼마나 희생하는지, 그리고 누가 어떻게 이익을 얻는지 알아야 해요"라고 답변했다. 6월 6일에 그녀가 주간 보고서를 제출하지 않아 무슨 일이 있는지 물었다. 그녀는 "죄송하지만, 요즘 너무 바빠서 나중에 제출할게요. 게다가 화장실에서 몰래 써야 하거든요. 고객이 제가 뭘 쓰는 걸 보면 민원을 제기할 수 있어요"라고 했다.

귀향한 신新농민 오도(悟稻, 우다오)

오도는 1978년에 호남(湖南, 후난)성의 농촌에서 태어났다. 중학교 졸업 후 도장 기술을 배워 1995년부터 2000년까지 공사장에서 일했지만, 임금은 불안정했다. 2001년에는 심천의 한 의류 공장에서 일했고, 가장 많이 받은 월급은 800위안 정도였다. 2002년부터 2014년까지는 호북성에서 페인트칠을 했으나 여기서도 임금은 고정적이지 않았다. 그러다가 2014년에 귀향해 영농 기술을 배워 농사를 짓고 있으며, 지금도 수입은 일정하지 않다.

그는 자신의 품팔이 경험을 다음과 같이 회고했다. "우리는 가장 고되고 더러운 일을 합니다. 하지만 임금을 제대로 받는 것조차 어려워요. 연말이 되면 밀린 임금을 받기 위해 회사를 독촉해야 하죠. 우리의 청춘과 피땀을 다 바쳤는데, 가장 기본적인 보장도 받지 못해 너무 괴로웠어요. 자본이 주도하는 공장은 이윤만을 추구하죠. 초과 노동을 시켜 인간을 착취하고요. 노동자는 자본가의 이윤 추구를 위한 도구가 됐어요. 이런 환경에 지친 나머지 그저 편하게 잘 수 있기를 바랄 뿐 다른 요구는 하지 않아요. 대우가 나쁘고, 고되고 더러운 일을 하는 건 상관없어요. 거주 환경이 나쁜 것도 괜찮아요. 하지만 이제 먹고 마시는 건 물론이고 숨 쉬는 공기도 문제예요. 그런데도 가만히 있을 순 없잖아요. 근대사에서 성찰 지점을 찾아야 해요."

그는 귀향 결정에 대해 다음과 같이 회고했다. "2013년에 다니던 듀폰杜邦公司에서 도료 업종을 퇴출하겠다고 발표했어요. 업종을 농업 생산으로 바꿔 아시아의 거대한 식량 시장을 공략하겠다는 거죠. 이건 중국 시장을 공략하겠다는 거잖아요. 당시 도료 업계는 한 치 앞만 보고 이를 반겼어요. 전 그때부터 농업에 관심을 갖기 시작했어요. 빨리 고향에 돌아가 생태 농업에 종사하리라 다짐했죠." 귀향 후 4년이 지난 현재 그는 "2014년에 고향으로 돌아와 실험적인 농업을 시작했어요. 오늘날 농촌에서는 농약, 화학 비료, 제초제, 촉진제 등을 너무 많이 써요. 고향의 논밭도 제초제 때문에 심각하게 망가졌어요. 잡초가 안 생기게 각종 화학 약품도 쓰고요. 이렇게 재배된 농산물은 유독성이 있어서 인체에도 해롭죠"라고 말했다.

생태 농업을 하면 수입을 기대할 수 없다. 그래서 이 일을 계속하기 위해서는 이를 지탱할 강한 역량이 필요하다. 그는 자신이 이 일을 계속할 수 있는 원동력을 다음과 같이 설명한다. "귀향하기 전에 근대사를 공부하면서 문화에 대해 다시 생각하게 됐어요. 그리고 공업과 농업을 공부해 역량을 길렀죠. 그래서 자신 있게 이 일을 할 수 있어요. 문화적이고 사상적인 자기 혁명이 없으면, 사회에 만연한 낡은 관념과 전통에 얽매여 속박당할 수밖에 없어요. 그럼 자기가 좋아하는 일도 할 수 없고요."

나는 '노동자 대학' 학생들의 이야기를 통해 그들 내면의 갈등과 몸부림을 보여주고 싶었다. 인생은 자신과 타인, 그리고 세계가 함께 공존하며 대화하는 과정이다. 대화는 사상의 표현이자 충돌이다. 이로써 우리는 자신과 세계를 명확하게 인식할 수 있으며, 나아가 자신의 문화적 선택을 확인할 수 있다. 우리 모두에게는 내부로부터 외부로 향하는 공통성과 특수성이 있다. 공통성은 모든 사람이 무지와 미숙으로부터 학습과 성장의 과정을 거친다는 것이다. 특수성은 각자의 개성과 인생의 체득이 다르다는 것이다. 또한 우리는 외부로부터 내부로 향하는 공통성과 특수성도 갖고 있다. 이때의 공통성은 모든 사람이 외부로부터의 영향력을 회피할 수 없다는 것이다. 그리고 특수성은 서로 다른 계기와 선택을 통해 개인의 독특한 인생을 구성한다는 것이다.

나는 소려의 이야기에 깊이 감동했다. 비눗방울처럼 허황된 세상에 안주하지 않고, 용감하게 삶의 시련에 자신을 투신했기 때문이다. 그녀는 불굴의 삶을 살았으며, 기만과 억압의 환난을 체득했다. 이는 그녀가 건강하게 성장할 수 있는 자양분이 될 것이다.

동동에게 이렇게 말해 주고 싶다. 우리는 반드시 내면의 복잡성을 직시해야 한다. 마음속에 얽힌 다양한 갈등을 올바로 대면해야 하며, 내적 모순과 감정에 충실히 대응해야 한다. 내적 갈등에서 벗어나는 첩경은 내면의 목소리에 귀 기울이는 것이다. 어떤 사람들은 고통스러운 현실을 스스로 위안하며 도피하기도 한다. 그러나 이런 자기기만은 결코 오래 유지될 수 없으며, 내적 평안 또한 얻을 수 없다. 우리는 열린 마음으로 다른 의견을 마주해야 한다. 내 의견과 다르다고 배척하거나 반감을 갖기보다는 인내심을 가지고 경청해야 한다. 경청과 이해가 곧 동의와 지지를 의미하는 것은 아니다. 자신의 입장을 견지해야 하지만, 모순적이고 갈등 관계인 사람을 모두 자신의 적으로 삼을 필요는 없다.

나는 홍리의 불요불굴의 의지와 학습 열정에도 감탄했다. 우리는 평생 배움에 대한 열정을 가져야 한다. 학습은 우리를 지혜롭게 하며, 역사와 현실을 올바로 볼 수 있게 한다. 책이나 자신의 삶을 통해, 그리고 타인을 통해 끊임없이 학습해야 한다. 무엇보다 자기 삶에서 깨달음을 얻을 수 있어야 한다. 자신의 생명과 경험을 존중해야만 비로소 진정으로 타인을 존중하는 법을 배울 수 있다.

오도의 열성적인 실천은 큰 귀감이 되었다. 더욱이 그의 이야기에서 문화의 힘을 볼 수 있었다. 그는 "자신의 문화가 있어야 비로소 역량을 가질 수 있어요. 그렇지 않으면 각종 주류문화와 여론에 억눌려 저처럼 고향에서 당당하게 농사지을 수 없어요"라고 말한다. 그의 말을 빌려 신노동자의 미래를 다음과 같이 그려볼 수 있다. "신노동자의 미래 중 일부는 농업 생산에 종사하고, 일부는 도시에서 일하는 것입니다. 어디에서든 자신의 능력을 다해 사회 진보에 최대한 힘을 보태야 합니다. 저는 신농민으로서 농사지으면서 역사를 읽으려 합니다. 과거와 근본을 잊지 않아야 더 나은 미래를 전망할 수 있습니다."

중국과 그리 멀지 않은 한국은 대다수 중국인에게 여전히 낯선 곳이다. 나는 전태일을 매우 존경해서 한국에도 따뜻한 애정이 있다. 사람 간의 거리에는 물질적 요소뿐만 아니라 정신적 요소도 있다. 한 지붕 아래 사람들끼리도 범접할 수 없는 냉엄한 계층으로 나뉠 수 있고, 반면 멀리 떨어져 격리된 사람들도 서로 뜻이 통해 도움과 위로가 될 수 있다.

내게는 대학에서 박사 과정 중인 디디^{Didi}라는 한국인 친구가 있다. 그녀는 글로벌 대도시에서의 이주 노동 문제에 관한 주제로 서울과 북경, 도쿄의 상황을 연구하고 있다. 나는 이 세 도시 간에 틀림없이 일정한 공통성과 특수성이 있을 것이라 생각한다. 그녀는 중국에 올 때마다 우리 집이 중국의 자기 집이라 말한다. 우리의 뜻과 지향이 일치하기에 하늘과 땅만큼 멀리 떨어져 있어도 늘 곁에 있는 것 같은 동지이기 때문이다.

끝으로《중국 신노동자의 형성》에 이어 이번 책도 훌륭하게 번역해 한국에 소개해 준 나의 또 다른 동지인 역자들과 출판사 식구들에게 애정을 담아 감사의 마음을 전한다.

2018년 6월 12일

려도

이 책의 목적은 노동자의 '삶 이야기'를 통해 노동자에 대한 자본의 전면적 통제와 실태를 드러내는 것이다. 그리고 노동자들이 자본 논리에 어떻게 조종당하는지, 그 속에서 어떻게 발버둥치며 위안을 찾는지, 또 어떻게 스스로 마비되어 갈 곳을 잃는지를 분석하려 한다. 이 책은 '문화 이론'을 깊이 토론하지는 않으며, '문화적 표상'에서 출발해 더 명료하고 이해하기 쉬운 '문화 분석'을 수행한다. 그 목적은 노동자들에게 자신의 일과 생활을 개인의 행복, 집단의 나아갈 길, 사회 진보 및 발전과 접목하도록 하기 위함이다. 이러한 연계가 이루어져야만 개인(개체)과 사회에 출로가 열린다. 역사와 현실의 변화는 자연적으로 이루어진 것이 아니라 인간이 협력하여 사회적 책임을 감당한 결과다. 이 책의 '문화 분석'을 통해 더 많은 사람이 능동적으로 사회적 책임을 감당하기를 기대한다. 웨이보(微博, 중국판 트위터)나 인터넷에서 다른 사람을 비방하는 것은 사회적 책임을 감당하는 것이 아니다. 개인과 사회의 미래는 자신의 인생 역정을 어떻게 선택하는지, 일과 생활의 순간마다 어떻게 책임지는지에 달려 있다.

이 책은 2013년에 출간된《중국 신노동자의 형성中國新工人: 迷失與崛起》의 자매편이다.《중국 신노동자의 형성》은 총 4부로 구성되어 있는데, 신노동자의 현황을 다룬 전반부 세 편('살 수 없는 도시', '돌아갈 수 없는 농촌', '도시와 농촌 사이에서 길 잃음')을 집필할 때 깊은 무력감을 느꼈다. 그때마다 두 가지 사유가 큰 도움이 됐다. 하나는 '자신을 잘 살피면 다른 사람을 잘 알 수 있게 된다察己可以知人'는 가르침이다. 우선 어둡고 막막한 현실 앞에서 나 자신이 어떻게 생각하고 행동하는지 고찰했다. 적극적이고 진취적인 사회적 역량이 적을수록 포기해서는 안 된다. 그렇지 않다면, 자신과 후손에게 너무나 미안한 일이다. 그래서 더 포기할 수 없었고, 나와 같은 생각을 하는 사람이 있을 것이라 굳게 믿었다. 또 하나는 타인에게서 정신적인 힘을 얻는 것이다. 수많은 선인先人이 지금까지도 사회적 책임을 감당하고 있다. 정의로운 힘이 가장 생명력 있다. 이러한 사유에 힘입어《중국 신노동자의 형성》의 마지막 부분인 '신노동자 주체 의식의 형성' 집필을 위한 조사 연구에 착수할 수 있었다. 신노동자 집단에 희망과 힘이 있는지 알기 위해서는 그들의 삶 한가운데로 들어가 고찰해야만 한다. 소주 지역에서 몇 명의 노동자를 인터뷰했을 때는 그들의 삶 이야기가 너무 감동적이어서 한참 동안 진정되지 않았다. 이들 보통 사람의 이야기를 통해 평범한 개인이라도 풍파에 동요하지 않고 훌륭하고 올바른 신념을 가질 수 있음을 알았다. 이들의 이야기는 정신적으로 큰 힘이 되었다. 하지만 자본에 의해 모든 것이 포로가 된 세상에서 노동자들은 고통받고 무감각해진 상태였다. 즉 노동자들에게서 긍정적이고 부정적인 모습을 동시에 발견했다. 이것이 바로 이 책의 방향을 이끌었다.

노동자의 '삶 이야기'를 통해 신노동자의 문화적 상태가 잘 드러나기를 바란다. 한 집단에 대한 정확한 이해가 없다면, 상상에 근거해 그들을 판단할 수밖에 없다. 예컨대 '노동자 역량'을 과대평가할 때도 있다. 그런 상상은 신노동자의 진정한 상태를 보여 줄 수 없다. 대다수 노동자가 작업장에서 기계처럼 일하고, 퇴근 후 피시방에 틀어박혀 있거나 한국 드라마에 빠져 무감각해지는 것을 수없이 목격했기 때문이다. 또 다른 상상은 신세대 품팔이가 이전 세대보다 강렬한 권리 의식과 공민 의식이 있기에, 도시에서 자신이 누려야 할 권리를 더 적극적으로 쟁취할 것이라는 기대다. 그러나 이 또한 노동자들의 상태를 정확히 반영한 것이 아니라 상상에 불과하다. 인터뷰를 통해 수많은 20대 노동자가 도시에서의 품팔이 생활을 고통스럽고 희망이 없는 것으로 여김을 알 수 있었다. 그들은 "평생 도시에서 품팔이나 할 수밖에요"라는 말로 자신들의 '과객過客' 심리를 표현하는데, 이는 품팔이의 불투명한 미래와 방향 상실을 폭로한다. 이 책에서는 노동자의 실제 '삶 이야기'로부터 그들의 부정적이고 긍정적인 문화적 상태를 동시에 드러내고자 했다. 즉 신노동자 집단의 미래에 대한 방향성과 가능성을 모색하기 위해 그들의 부정적·긍정적 문화 상태를 면밀히 관찰하고 분석했다.

이 책이 완성되기까지 꼬박 3년이 걸렸다. 2011년 6월에 조사와 연구가 시작됐고, 2013년 12월에 초고를 완성했다. 그리고 2014년 6월에 재차 보충과 수정 작업을 진행했다.

문화에 대한 이해

우선 '문화'를 명확하게 정의할 필요가 있다. 레이먼드 윌리엄스Raymond

Williams가 문화를 정의한 방식은 세 가지다.[11] 첫째, 문화를 '이상적'인 것으로 정의하는 방식이다. 즉 문화를 인류의 완전한 상태나 과정으로 정의한다. 이에 따르면, 문화는 우리가 위대한 전통이라 부르는 가장 우수한 사상과 예술적 고전을 지칭한다. 둘째, 문화를 일종의 '문서화'된 기록으로 정의한다. 이에 따르면, 문화는 지성과 상상에 의한 창작품의 총체다. 셋째, 문화에 대한 사회적 정의로서 문화는 일종의 총체적 생활 방식이다. 이 책에서는 세 번째 방식의 정의를 따라 문화를 이해한다. 즉 문화는 총체적인 생활 방식이며, 일상적인 것이자 개인적이면서도 사회적인 것이다. 그리고 그 시대와 지역에서 생활하는 사람만이 체험할 수 있다. 여기에는 "생산 조직, 가족 구조, 사회관계를 표현하거나 제약하는 제도적 구조, 사회 구성원 간의 독특한 교류 형식" 등이 포함되며,[12] 이들 간의 상호 작용이 매우 중요하다. 문화는 인간의 문화다. 즉 문화는 인간이 '지금 여기'서 영위하는 총체적 생활 방식에 대한 체험이다. 따라서 "이러한 감정 구조는 한 시대의 문화"이며,[13] 명확하지만 손으로 만질 수 없고, 세밀하지만 그 영향력이 매우 크고, 일종의 느낌에 불과하지만 개인과 사회의 선택을 결정할 수 있다. 우리는 자본이 최종 승리한 자본 패권 시대에 살고 있으며, 자본과 인간(노동자)의 대립이 우리가 속한 세계의 주요 모순이다. 따라서 이 세계는 하나의 '문화적 전장'이며, 이러한 의미에서 "문화는 일종의 총체적 투쟁 방식"이라고도 정의할 수 있다.[14]

·

11   羅鋼·劉象愚 主編,《文化硏究讀本》, 中國社會科學出版社, 2000, 7頁.

12   같은 책 128頁.

13   같은 책 134頁.

14   에드워드 톰슨E. P. Thompson은 《뉴레프트 리뷰》에 연속으로 발표한 두 편의 논문에서, 윌리엄스가 문화가 사회에서 일으키는 작용을 과도하게 강조했으며, 투쟁, 권리, 이데올로기, 유물론 등의 중

그러나 위와 같은 정의는 추상적이고 복잡하다. 따라서 신노동자의 현실을 통해 문화를 새롭게 정의해 보고자 한다. 품팔이 노동자들은 밤낮 없이 공장에서 일해도 낮은 임금 때문에 현재 일하는 지역에서는 도저히 집을 마련할 수 없다. 그래서 결혼하고 아이를 낳은 후 자녀들과 함께 살 수 없다. 품팔이 노동자들의 이러한 현실은 다음과 같은 구조적 요인의 결과다. 즉 생산관계와 사회 제도의 측면에서 자본의 노동에 대한 착취가 구조화되어 있다. 가족 구조의 측면에서 가족이 함께 모여 살 수 없고, 도시와 농촌이 분열되어 있다. 또한 품팔이 노동자의 권리가 침해당했을 때 그들을 보호할 제도적 장치가 제대로 마련되어 있지 않으며, 작업장 내 교류나 사회와의 소통이 제한적이고 억압적이다. 이러한 구조적 요인의 상호 작용으로 더욱 심각한 상황이 초래되고 있다. 품팔이 노동자들은 현실 생활에서 출로를 찾지 못하고, 사상이 표류하며, 절망과 고통에 신음하고 있다. 이에 현실에서 도피하거나, 스스로 무감각해지기를 선택하거나, 아니면 눈앞의 성공과 이익만을 추구하는 삶을 선택하기도 한다. 이러한 시대적 불안과 조급함, 분열 등은 직접 경험해야만 사태의 전말을 제대로 알 수 있으며, 그 과정에서의 느낌을 온전히 이해할 수 있다. 이는 모두 (상대적으로 명확하고, 이 시대에 공통으로 나타나는) 사회 구조에 의해 조성됐으며, 또한 이것이 다시 또 다른 구조적 결과를 만들어 내며 인간의 인생 역정을 결정할 것이다. 이것이 바로 내가 이해하는 개인과 사회의 문화다. 이러한 '감정의 구조'를 이해해야만 문화가 일상적

요한 관념을 오히려 포기함으로써 역사 유물론의 원칙을 위배했다고 비판했다. 이에 따라 톰슨은 윌리엄스가 제기한 '문화는 일종의 총체적 생활 방식'이라는 문화에 대한 정의를 '문화는 일종의 총체적 투쟁 방식'이라고 수정했다. http://www.guancha.cn/NiWei/2013_02_03_124927.shtml

이면서 사회적인 것임을 이해할 수 있다. 불안, 조급함, 절망이라는 감정은 결코 그냥 생긴 것이 아니다. 공장에서 '허가증'을 소지하고 화장실에 가야 하고, 노동자 간에 소통이 없으며, 휴식 시간에 핸드폰만 쳐다보는 것 등이 그들의 일상적인 문화를 구성한다. 북경에 살면 빈부에 상관없이 미세먼지를 흡입해야 하는 것과 마찬가지로, 아무도 그가 속한 시대적 배경과 거대한 운명을 피할 수 없다는 것이 문화의 사회적 측면을 말해 준다.

좀 더 세밀한 분석을 위해 문화를 '문화의 본질', '문화의 표현', '문화의 목적'으로 구분할 수 있다. 먼저 '문화의 본질'이란, 개인과 사회의 가치관, 사상, 도덕을 말한다.[15] 이는 눈으로 볼 수도, 손으로 만질 수도 없다. 그러나 공기 중의 산소나 바닷물에 녹아 있는 소금처럼 늘 우리에게 영향을 미친다. 바닷물의 염분이 소금으로 구성된 것처럼 일상생활과 노동 속에 용해된 문화는 인간의 말과 행동에 체현되어 있기에 생활 그 자체라고 할 수 있다. 수많은 문화적 표현은 관찰하고 묘사할 수 있지만, '문화의 본질'은 바닷물에서 소금 결정체를 추출하는 것처럼 분석이 필요하다. 살아 있는 문화 속에서 결정체를 추출할 수 있는지, 그리고 어떤 결정체를 추출하는지는 사람마다 차이가 크다. 반면 '문화의 표현'은 의식주, 말과 행동, 문화 상품을 포함한 모든 물질적 창조물과 같은 현실 생활의 총체다.

'문화의 목적'은 다음의 표현에서 잘 드러난다. "문화는 인류가 욕구를 충족하기 위해 사용하는 인위적 도구다. 어떤 욕구가 우리의 타고난 생

15　劉永佶, 《經濟文化論》, 中國經濟出版社, 1998, 4頁.

물학적 기능만으로 충족되면, 인위적 도구를 더할 필요가 없다. 달리 말하면, 문화라는 것이 필요 없다."[16] '문화의 목적'에 대한 인식은 매우 중요하다. 이로써 '문화적 주체성'의 중요성을 더 명확하게 인식할 수 있기 때문이다. 주체가 다르면 문화도 다르다. 예컨대 우리가 같은 공간, 즉 같은 공장에서 생활하더라도 사장과 노동자는 서로 다른 문화적 주체다. 사장은 자본주의 문화를 신봉하기에 자신의 사적 이익만을 추구하며, 그가 원하는 공장 문화는 노동자를 통제하는 것이다. 그러나 노동자가 노동의 주체로서 자본의 문화에 순응할 것인지, 자신의 이익을 충족하기 위해 어떻게 사고하고 행동할 것인지가 노동자의 문화를 구성한다.

이렇게 보면 '문화의 본질'과 '문화의 주체성'은 불가분의 관계라 할 수 있다. 서로 다른 계급적 입장에 서면 똑같은 문화적 현상을 보더라도 서로 다른 문화적 본질(결정체)을 얻게 될 것이다. 이 책은 신노동자의 문화적 입장에서 분석하고 서술한다. 신노동자는 도시에서 일하고 생활하지만, 농촌에 호적을 둔 품팔이 집단을 지칭한다. 이들은 주로 농민공으로 불려 왔으나 이 책에서는 농민공이라는 표현을 사용하지 않는다. 농업에 종사하는 사람이 농민이고, 도시에서 노동하고 생활하면 노동자 혹은 시민이기 때문이다.

연구 방법

이 책은 '삶 이야기'와 '문화 체험'에 대한 분석을 기본으로 한다. 이러한 연구 방법은 에드워드 톰슨의 《영국 노동계급의 형성》과 레이먼드 윌

---

16   費孝通, 《鄕土中國生育制度》, 北京大學出版社, 1998, 109頁.

리엄스의 《기나긴 혁명》으로부터 큰 영향을 받았다.[17] 에드워드 톰슨은 '계급'에 대해 다음과 같이 설명한다.

> 나는 계급을 하나의 역사적 현상이라 이해하고 있는데, 그것은 생생한 경험 자료상으로나 의식상으로나 서로 분리되어 있고, 서로 연결되어 있지 않은 것처럼 보이는 여러 사건들을 하나로 통합하는 현상이다. 나는 그것이 역사적 현상이라는 점을 강조한다. 나는 계급을 어떤 '구조'라고 보지 않을 뿐 아니라, 심지어 어떤 '범주'라고도 보지 않는다. 오히려 나는 그것을 인간관계에서 실제로 일어나는 (그리고 일어났음을 보여줄 수 있는) 그 어떤 것이라고 본다. … 계급적 경험은 사람들이 태어나면서부터 맺게 되는, 바꿔 말하면 자기의 의도와는 상관없이 그 속에 들어가게 되는 생산관계에 의해서 주로 결정된다. 계급의식이란 이러한 경험들이 문화적 맥락에서 조정되는 방식, 즉 전통, 가치체계, 관념, 그리고 여러 제도적 형태 등으로 구체화되는 방식이다.[18]

톰슨의 이러한 사유 방식이 내가 이 책에서 사용한 첫 번째 연구 방법인 '삶 이야기 분석'을 촉발하고 풍부하게 했다. 즉 개개인의 진실한 삶 이야기를 통해 문화의 본질을 분석하도록 했다. 이 책의 대부분은 노동

---

17 [역주] 《영국 노동계급의 형성(상·하)》(창작과비평사, 2000), 《기나긴 혁명》(문학동네, 2007)은 한국에서도 출간되었다.

18 E.P.湯普森, 《英國工人階級的形成》, 南京譯林出版社, 2001, 1頁. [역주] 한국어판은 《영국 노동계급의 형성(상)》, 창작과비평사, 2000, 6~7쪽 참조.

자의 삶 이야기와 이에 대한 필자의 분석으로 구성되었다. 노동자의 삶 이야기를 들려줌으로써 이 시대 노동자의 일과 생활을 드러내고자 한 것이다. 신체의 각 세포는 인간이 가진 모든 유전적 정보를 포함한다. 이와 마찬가지로 모든 인간의 삶 이야기는 필연적으로 이 시대의 정보들로 가득하며, 당연히 그 정보들은 모든 사람에게 동일하게 나타나지 않는다.

또한 레이먼드 윌리엄스가 《기나긴 혁명》에서 제기한 '용해'와 '감정 구조'라는 개념을 통해 나의 두 번째 연구 방법인 '문화 체험'을 발전시킬 수 있었다. 연구 대상의 한가운데로 들어가 생활해야만 비로소 그 문화적 상태를 체득할 수 있다. 레이먼드는 다음과 같이 말한다.

> 우리가 실질적으로 전반적인 사회 조직을 안다고 할 수 있는 것은 우리 시대, 이곳뿐이다. 우리가 다른 곳, 다른 시대의 삶을 꽤 많이 배울 수는 있지만, 내가 보기에 어떤 요소들은 절대로 복원할 수 없다. 복원할 수 있는 것도 추상적인 상태로 복원할 따름인데, 이 사실은 아주 중요한 것이다. 우리는 각각의 요소들을 하나의 침전물로서 학습하지만, 그 시대의 살아 있는 경험 속에는 모든 요소들이 용해되어, 복합적인 전체에서 분리할 수 없는 일부가 되어 있다. 과거의 시대를 연구하는 데서 가장 포착하기 어려운 것은 바로 특정한 장소와 시간의 특성을 체감하는 것이다. 즉 특정한 활동들이 하나의 사고방식, 생활 방식과 어떻게 결합되어 있는가를 느끼는 것이다.[19]

---

19 雷蒙德·威廉斯, 《漫長的革命》, 上海人民出版社, 2013, 55~57頁. [역주] 한국어판은 《기나긴 혁명》, 문학동네, 2007, 91쪽 참조.

레이먼드는 '감정 구조'를 통해 사회의 문화적 상태를 묘사한다. 즉 "그 것은 '구조'라는 말이 암시하는 바대로 견고하고 분명하지만, 우리 활동 가운데 가장 섬세하고 파악하기 힘든 부분에서 작동한다. 어떤 의미에 서 감정 구조는 한 시대의 문화다. 그것은 전반적인 사회 조직 내의 모든 요소가 특수하게 살아 있는 결과다." 이에 따라 이 책은 두 부분으로 나 누어 '공장 문화'를 드러낸다. 우선 여성 노동자의 노동을 필자가 공장 생 산 라인에서 직접 체험해 묘사했고, 후반부는 공장 작업장 및 노동자들 내부에 '용해'된 문화적 요소의 '결정체'를 추출하는 과정, 즉 필자가 공 장에 대해 획득한 '감정 구조'를 분석했다. 서로 다른 사람들이 같은 공 간에서 발생한 사건을 경험할 때 느끼는 감정은 분명히 다르다. 따라서 내가 느끼는 것도 오직 나만의 감정을 대표할 뿐이다.

문화 연구 목적

첫째, 일상생활과 노동에 용해된 문화적 표현을 묘사하는 것이다. 즉 개인의 삶 이야기와 공장 체험이 이 책을 이끌어가는 주체다. 그리고 이 묘사에 담긴 문화적 표현이 각 장과 절의 후반부에 나오는 '문화 분석'을 지탱하는 원천이다.

둘째, 문화적 표현으로부터 문화의 본질을 분석하는 것이다. 문화는 하나의 '결정結晶' 과정이다. 따라서 이 책에서 이 과정이 어떻게 전개될지 는 확신할 수 없다. 이에 대해 레이먼드는 다음과 같이 말한다. "나는 문 화 이론을 전체적인 삶의 방식에 존재하는 요소들의 관계 연구라 정의하 고 싶다. 문화 분석은 이러한 관계들의 복합체인 사회 조직의 본질을 발 견하려는 시도다. … 일반적인 문화 분석이 염두에 두는 것은 지금까지

별개로 고찰되던 활동 사이의 예기치 않았던 동질성이나 상응 관계를 드러내 주거나, 때로는 예기치 않았던 단절을 드러내 준다."[20] 이 책에서 주로 비판하는 것은 자본주의 문화와 신노동자의 자본주의 문화에 대한 내면화, 그리고 신노동자의 사상적 가치관 단절(한편으로는 자본주의 문화를 인정하고 내면화하면서도, 또 한편으로 노동자의 체험을 바탕으로 억압적인 자본에 대한 본능적인 저항 의식도 가진다)이다. 이 책은 각종 문화적 분위기, 일과 생활의 요소, 인간관계 및 이들의 상호 작용에 관한 묘사와 고찰을 통해 자본이 개인과 사회의 작동 방식을 어떻게 조직하고 조종하는지 분석한다.

셋째, '문화 비판'을 통해 신노동자 개인과 집단의 주체성 형성을 촉진하는 것이다. 즉 노동자들이 자기 일과 생활을 개인의 행복과 집단의 출로, 그리고 사회 진보 및 발전과 연결하도록 하는 것이다. 이러한 연계가 형성되어야만 개인과 사회의 활로가 열린다. 현재 자본주의 문화가 개인과 사회에 미치는 충격은 거대하다. 그 파괴력은 역사상 전례가 없을 정도이고, 파괴 속도 또한 대비할 수 없을 만큼 빠르다. 문화 형성 과정에서 긍정적인 부분이 쌓이는 것이 상대적으로 장기적인 만큼 긍정적인 문화가 부정적인 문화에 미치는 영향도 완만하게 진행된다. 따라서 인간은 맹렬하게 몰려오는 자본주의 문화에 대항할 능력을 잃어버린 것처럼 보인다. 그렇다면 자본의 인간에 대한 지배와 억압에 저항할 가능성은 어디에 있는가? 답은 당연히 인간 자체에 있다. 자본은 이윤 추구를 위해 인간을 '탈脫인간화' 하려 하지만, 사람은 인간성을 박탈당한 것에

---

20   雷蒙德·威廉斯, 《漫長的革命》, 55頁. [역주] 한국어판은 《기나긴 혁명》, 91쪽 참조.

괴로움을 느낀다. 이러한 능력이 바로 인간이 가진 희망의 근거다. 부디 노신(魯迅, 루쉰)의 소설 주인공 '아Q'처럼 고통을 느끼는 능력을 잃어버리지 않기를 바란다.[21] 순수한 감정과 인식으로 노동자들의 이야기를 분석하면서 개인이 주체성을 형성하고 나아가 건강한 사회를 만들고자 한다면, 우선 정신이 건강해야 함을 깨달았다. '정신 건강'의 실현은 정신과 의사와의 상담으로 이루어지는 것이 아니라 오직 진실한 생활 속에서만 실현될 수 있다.

책의 구성

이 책은 총 4부로 구성되어 있다.

제1부는 '우리의 일'에 관한 것으로, 한 노동자의 삶 이야기와 필자의 두 번의 공장 체험을 다룬 총 3장으로 구성되었다. 《중국 신노동자의 형성》에서 신노동자의 노동 현실을 상세하게 분석했기에 여기서는 이를 반복하지 않는다. 전작에서는 품팔이 상황에 대해 미시적 묘사로부터 전체 사회 구조를 분석했고, 이 책에서는 개인의 삶 이야기를 묘사함으로써 개인과 사회의 문화적 상태를 분석한다. 문화는 일상생활에 '용해'된 일종의 '감정 구조'다. 따라서 공장 체험을 통해 '공장 문화'를 묘사하고 분석한다.

제2부는 '우리의 생활'에 관한 것으로, 네 노동자의 삶과 여가를 다룬

---

21 [역주] 노신은 《아Q정전》에서 주인공 아Q를 통해 당시 몽매한 중국 민중과 신해혁명의 허구성을 신랄하게 비판했다. 특히 모욕과 폭행을 당해도 저항하지 않고, 오히려 '정신승리'라는 방식으로 회피하기만 하는 아Q의 정신 구조와 태도를 비판함으로써 당시 중국 사회에 만연한 병폐를 통찰력 있게 드러냈다고 평가받는다. 이 소설은 한국에서도 여러 판본으로 번역 출간됐다.

총 5장으로 구성되었다. 여기서는 주거, 연애와 결혼, 출산과 양육, 소비, 여가 생활에 대한 관념 및 현황이라는 주제로 논의했다. 이러한 다섯 가지 주제를 선택한 이유는 품팔이의 삶이 이 문제들과 가장 긴밀하게 얽혀 있기 때문이다. 자본의 예속에서 탈피해 참다운 인간이 되는 인간성 해방을 이루기 위해 우리의 '일'에 대한 관심과 동등하게, 심지어 그보다 중요하게 우리의 '생활'에 주목할 필요가 있다. 그 이유는 다음과 같다.

첫째, 일 이외의 모든 생활은 일종의 재생산 과정이다. 즉 다음 세대를 양육하고 심신을 단련함으로써 일과 노동의 과정에 계속 투입될 수 있도록 한다. 이러한 재생산 과정이 없으면 생산 과정도 없다. 둘째, 공장 문화와 자본주의 문화는 기업과 생산 체계 내에서 절대적인 우위를 점하며, 생활 측면에서도 패권적 지위를 가진다. 다만 그것의 실제 작용은 은폐되어 있는데, 이러한 '유연한' 작용 방식이 강제적인 방식보다 더 철저하게 자본 문화를 삶에 침투시킨다. 이에 따라 우리는 자본 문화에 자발적으로 순종하게 된다. 바로 이 때문에 자본주의 문화가 노동 장소에서도 거리낌 없이 명령할 수 있는 것이다. 셋째, 비록 자본의 헤게모니와 문화가 만연해 있지만, 생활 공간은 여전히 여러 가지 가능성을 제공한다. 이는 자신과 자본주의 문화, 그리고 인류 발전과 미래를 성찰하기 위한 가능성이다.

제3부는 '어떤 사람이 될 것인가'로, 노동자 3명의 삶 이야기를 다룬 총 3장으로 구성되었다. 같은 시대에 살더라도 개인의 일과 생활은 큰 차이가 있을 수 있다. 여기에는 가정과 사회가 어느 정도 영향을 미치기도 하지만, 개인이 '어떤 사람이 될 것인가'를 선택하는 것이 더 결정적으로 작용한다. 한 개인이 어떤 사람인지는 그가 어떤 사람이 되고 싶다거

나, 스스로 어떤 사람인지 말하는 것이 아니라 그들이 어떻게 살고 있는지에 달려 있다. 이것이 바로 개인의 문화적 본질이자 선택이다. 처음 삶 이야기를 토론할 때는 노동자들의 반응이 탐탁지 않았고, 잘 이해하지도 못했다. 그들이 보기에 이런 이야기가 매우 평범하고, 자신도 쉽게 경험할 수 있기에 공유할만한 가치가 없었기 때문이다. 하지만 보통 사람들의 평범한 이야기는 중요한 의미가 있다. 그들의 일상적인 삶을 무시하는 것은 빈민과 하층 민중을 주변화하기 위한 수단인 경우가 많다. 그래서 보통 사람들이 유명 인사나 거물을 숭배하며, 자기 삶의 과정과 의미를 경시하게 된다. 또한 '이야기하기'와 '되뇌기'는 단순한 반복이 아니라 '구축'과 '성찰'의 과정이다. 많은 노동자가 "이제껏 아무도 그런 문제를 물어본 사람이 없어요. 더 생각해 봐야겠어요"라고 말했다. 또 3년 후 다시 만난 한 노동자는 "당신과 인터뷰한 후에 심경에 많은 변화가 있었어요"라고 했다.

제4부는 '신노동자의 문화적 실천'에 관해 다루며, 총 5장으로 구성되어 있다. 여기서는 5명의 '북경 노동자의 집' 활동가 이야기를 통해 단체 활동을 전반적으로 살펴보고, 신노동자에 대한 비전과 실천 방향을 알아본다. 우리가 처한 사회 현실은 매우 비관적이다. 이 현실을 변화시키고 새로 창조하지 않는다면, 개인과 사회 모두 위기에 직면할 것이다. 바로 이것이 이 책의 집필을 결심하게 된 이유다. 문화 비판은 현실 생활과 노동 상태 비판, 공장 문화 비판을 포함한다. 비판은 구축의 전제다. 진정한 비판은 행동으로 변화하는 것이다. 따라서 제4부에서는 활동가들의 삶 이야기를 통해 일종의 가능성을 이야기한다. '북경 노동자의 집'은 2012년 5월에 설립됐으며, 품팔이들을 위해 활동하는 민간 기구다. 그

곳의 활동 내용은 노동자 문화 예술, 마을 조직, 마을 초등학교, 훈련 센터, 박물관, 사회적 기업 등으로, 미약하고 부족하지만 흔들림 없이 나아가고 있다. 우리 사회에 필요한 것은 획일적인 틀이 아니라 다양성의 창조다. 주류 가치관에 영합하지 않는 활동으로 이 단체는 현재 큰 곤경과 도전에 직면해 있으며, 활동가들도 각종 억압과 고통을 감당하고 있다. 제4부의 마지막 장에서 이들이 어떻게 압박을 견뎌 내는지, 어떻게 도전하는지, 어떻게 미래를 건설하는지 살펴본다. 문화적 전투는 겉으로 잘 드러나지 않아 온건해 보이지만, 치열하고 힘든 싸움이다.

이 책이 출판되기까지 많은 분의 도움이 있었다. 먼저 법률출판사의 고산(高山, 가오산) 편집자와 상해대학의 곽춘림(郭春林, 궈춘린) 선생님께 감사드린다. 2014년 설을 지내고 고산과 나는 이 책의 전반적인 구조와 분석에 대해 12시간 이상 쉬지 않고 토론했다. 고산의 격려와 지지가 없었다면, 이 책은 출판되지 못했을 것이다. 곽춘림 선생님은 이 책의 초고를 꼼꼼하게 읽고 적확한 의견과 조언을 해 주었다. 이를 통해 학문적 동지 관계가 무엇인지 깨달을 수 있었다. 특별히 '소주 노동자의 집'의 전계영은 이 책의 전체 교정과 인터뷰 과정에서 큰 도움을 주었다. 그리고 왕몽청(王夢淸, 왕멍칭), 왕발명(王發明, 왕파밍), 제려하(齊麗霞, 치리샤), 왕가 등의 동료도 귀중한 시간을 내어 인터뷰에 동행해 주었다. 이 자리를 빌려 모두에게 깊은 감사를 드린다. 또한 인터뷰에 응해 준 모든 노동자에게도 고마운 마음을 전한다. 이 과정이 모두에게 소중한 배움의 과정이었기를 간절히 소망한다. 당신들의 사심 없고 아낌없는 도움이 없었다면 이 연구는 실현되지 못했을 것이다. 마지막으로 '북경 노동자의 집' 품팔이 문화예술박물관의 연구 프로젝트를 지원해 주는 홍콩 옥스팜에도 감사드리며, '북경 노동자의 집'과 '소주 노동자의 집' 모든 동료에게 감사의 마음을 전한다.

우리의 노동

제1부에서는 한 여공의 삶 이야기와 필자의 두 번의 공장 체험을 통해 품팔이 노동자가 노동 과정에서 마주하는 문제를 말한다. 또한 이 문제가 문화적으로 어떻게 표현되는지 묘사하고, 마지막으로 문화 분석을 통해 문제의 본질을 토론한다. 품팔이의 노동 상황을 이해하기 위해서는 《중국 신노동자의 형성》을 참고할 수 있다.

제1장

왕미려의 이야기
― 여긴 사람 살 데가 아니야

삶 이야기: 다시는 폭스콘에서 일하지 않을 거예요

2011년 10월 25일 오전 9시경 중경 폭스콘 소재지에 위치한 외주 식당에서 왕미려(王美丽, 왕메이리)를 만났다. 그녀는 전날 야근을 하고 나왔다고 했다. 인터뷰 장소는 규모가 제법 컸는데, 작업복을 입고 다정히 앉은 커플과 우리 외에 아무도 없었다. 함께 간 동료와 왕미려는 첫 만남이었는데도 같은 중경 출신이라 어색함 없이 인터뷰할 수 있었다. 그녀는 어떤 질문도 괜찮다며 흔쾌히 자신의 삶을 들려줬다.

가정 환경

저는 1994년에 태어났어요. 세 살 어린 남동생이 하나 있는데, 봉절峰節실험중학교에 다녀요. 아버지는 봉절현에서 차양 만드는 일을 하고, 어머니는 요리사예요. 2008년 저희 때문에 부모님이 현 시내에 집을 사서 가족 모두 진鎮에 호구를 가지고 있어요.

노동

중학교 졸업 후 직업 학교에 다녔어요. 2년 과정인데, 반년 다니고 휴학했어요. 위염으로 1년 넘게 병치레를 했거든요. 원래는 집에서 쉬다가 9월에 복학하려 했는데, 노동국에서 일하는 외숙모가 이 공장을 추천하며 면접을 보라고 하더라고요. 중경 각 현의 노동국에서 공장에 매달 사람을 구해 주나 봐요.

2011년 4월부터 다녔으니 벌써 반년이 넘었네요. 여기 일은 정말 힘들어요. 마음고생도 심하고, 일도 고되죠.

일한 지 3개월 뒤 작업원에서 주임으로 진급했어요. 가장 흔한 게 작업원이고, 바로 위가 주임, 그 위가 라인장이에요. 구역마다 라인장이 있고, 그 위에 조장이 있어요. 주임의 복지 혜택은 75위안 정도예요. 30명쯤 되는 우리 구역은 포장 업무를 해요.

제가 하는 일은 한 장에 800위안이나 하는 중요 물품을 관리하는 거예요. 엄청 긴장되고, 힘들죠. 파손이라도 되면 물어내야 하거든요. 제가 관리하면서는 신경을 많이 써서 아직 그런 일이 없었어요. 아래층 라인의 어떤 사람은 물어낸 적이 있대요. 조장이 다른 구역 일까지 가져와서 종일 일이 많아요.

작업원들이 일을 잘하면 제가 덜 힘들 텐데, 참 도움이 안 돼요. 일 하나 시키면 질질 끌거나 하고. 다들 게으름 피우는 게 몸에 뱄어요. 말을 안 들어도 방법이 없어요. 달래도 보고, 설득할 수밖에요. 제가 잘해야죠.

회사는 다 똑같아요. 어떤 데는 폭스콘보다 엄격해요. 당연한 상황이라 바뀔 순 없을 거예요. 요즘은 별로 신나는 일이 없어요.

임금 및 지출

여긴 수습 기간이 참 길어요. 9개월이나 되죠. 여기 온 지 반년이나 됐는데, 아직도 3개월 더 일해야 정식 직원이 돼요. 고용 연령 규정은 16세에서 25세까지예요. 남녀 비율은 비슷한데, 조립 업무는 거의 남성이 해요. 남녀 간 임금 차이는 없고요.

최저 임금이 1350위안인데, 정식 직원이 되면 하루도 쉬지 않고 일해서 한 달에 3000위안쯤 벌어요. 한 달에 4일 쉬면 2300위안 정도 되고요. 야근을 가장 많이 한 게 한 달에 104시간이에요. 이 공장은 비수기도 없이 계속 바빠요.

임금에서 식비로 한 달에 400위안 공제해요. 먹는 만큼 내는데, 한 끼에 보통 4~5위안이에요.

공장 노동자들은 공용 임대 주택에서 살아요. 둘째 달에 임금에서 200위안을 보증금으로 공제하고요. 수도요금과 전기요금은 각자 내야 해요. 숙소는 4인실, 8인실이 있는데, 전 8인실에 살아요. 월세, 공과금, 관리비 포함해서 한 사람당 평균 120위안 정도 공제해요. 우리는 사회보장카드도 있고, 주택공적금住房公積金[22]도 내요.

저는 맘에 안 드는 게 있어도 아무한테도 얘기하지 않아요. 퇴사도 쉽지 않아서 불만이 있으면 사표 내고 그냥 떠나요. 그러면 열흘 치 임금을 날리죠. 그게 싫으면 대체할 사람을 찾을 때까지 다녀야 하고요.

---

22 [역주] 노동자가 주택 마련을 위한 기금을 적립하도록 하는 제도. 노동자와 직장이 나누어 부담하며, 노동자 부담분은 임금에서 공제되어 직장 부담분과 함께 노동자의 주택 기금 계좌에 예금된다. 도시에서만 시행되며, 재직 중인 노동자에게만 해당한다.

회사가 해고하는 경우도 있어요. 직원의 태도가 좋지 않거나 감원할 때죠. 3일 연속 무단결근하면 본인이 그만둔 걸로 간주해요.

휴가 내기도 쉽지 않아서 1년 일하면 3일간 연차가 주어져요. 다들 설날엔 집에 갈 게 뻔한데, 실제로 3일밖에 없는 거죠. 그런데 12일을 쉰다고 하더라고요. 알고 보니 나머지 9일은 대체 근무를 하는 거였어요. 여기는 아마 다음 달이나 다음다음 달부터 대체 근무를 시작할 거예요.

여가 생활

숙소마다 텔레비전이 있어서 작업원은 시간 날 때마다 텔레비전을 볼 수 있지만, 저 같은 주임들은 그럴 시간이 없어요. 작업원이 퇴근하면 교대근무를 해야 하거든요. 숙소에 오면 자기 바빠요.

저희 방에 사는 일곱 명은 모두 남자 친구가 있어요. 저는 여기서 일하다 남자 친구를 만났어요. 그는 사천 부릉涪陵 출신인데, 근무 시간이 달라서 자주 못 만나요.

공장엔 독서실도 있다는데, 가 본 적은 없어요. 숙소에서는 서로 대화를 거의 안 해요. 같은 공장 구역이지만, 다른 층에서 일하거든요. 관리사무소에서 근무 시간과 상관없이 숙소를 배정해서 주·야간 근무자가 막 섞여 있어요.

쉬는 날엔 숙소에서 잠을 보충하고, 물건 살 일 있으면 잠깐 나갔다 와요.

미래에 대한 계획

사회는 현실적이라 공평하고 말고 할 게 없어요. 어떤 사람은 나보다 일을 못 해도 월급을 많이 받아요. 같은 직급인데 매번 저만 일찍 출근하고 늦게 퇴근하죠. 교대 근무도 제가 더 많이 해요. 그래도 욕은 똑같이 먹고요.

5년 후든, 10년 후든 폭스콘에는 절대 있지 않을 거예요. 어디로 갈지는 아직 모르겠지만, 내년에 그만두면 간호학을 계속 공부하고 싶어요. 여기서 오래 일해 봤자 인간 대접을 못 받거든요. 매일 같은 일을 장시간 하니까 지루하기도 하고요. 만일 일을 더 하게 되더라도 봉절에 있긴 싫어요. 여긴 너무 작아서 나중엔 중경에서 일하고 싶어요.

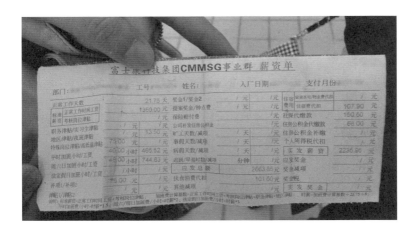

■
왕미려의 급여 명세서
임금 총액(기본급, 추가 근무 수당 등) 2663.85위안, 실수령액 2235.95위안, 공제액 427.9위안(식비 101.5위안, 기숙사비 107.9위안, 사회보험료 150.5위안, 주택공적금 68위안)

분석

1. 일의 목적과 의의

[표1]~[표3]은 2010년 4월 소주에서 진행한 '신노동자 정신문화 생활 조사'의 결과다.

[표1] 일에 대한 생각

임금이 너무 적다.
대부분 먹고살려고 일하기 때문에 자기 일에 만족하지 못한다.
근무 시간이 길어서 모두 바보가 된다. 머리 쓸 필요가 없고, 오래 일할수록 의지만 꺾인다.
주로 육체노동이며, 시간이 지날수록 재미없다. 그래서 작업 내용에 대해선 말하지 않고, 제도나 시간, 일의 분배 등만 이야기한다.
먹고살기 위해 하루하루 버틴다.

[표2] 일하는 목적

일하는 목적	응답자 수
가족과 생존을 위해	22
재미도, 목표도 없이 시간만 소모	5
경험을 쌓기 위해	4
다른 사람을 돕기 위해	1

[표3] 일하는 목적은 무엇이어야 하는가

일하는 목적은 무엇이어야 하는가	응답자 수
현실을 마주하고 자신을 건사하는 것	10

학습과 자기 발전	6
삶의 가치 실현	5
굶어 죽지 않기 위해. 더 많은 경험을 위해. 자신의 삶에 충실하고 삶의 의미를 찾기 위해 등	4
사회에 기여하기 위해	1

2013년 9월 20일, '북경 노동자의 집' 동심同心창업교육센터와 함께 품 팔이 집단 주거지인 북경 금잔金盞향 피촌에서 "무엇을 위해 품팔이 노동 을 하는가?"라는 주제로 조사했다.[23]

[표4] 품팔이 노동의 의미

성명	성별	연령	직업	학력	품팔이 노동의 의미
이효란(李曉蘭, 리샤오란)	여	31	현재 육아 중. 남방 지역에서 품팔이 경험	중등전문 학교졸	가족 부양 및 생활비
견소주(甄小周, 전샤오저우)	남	26	굴삭기 기사	중졸	생활비
공유건(孔維建, 쿵웨이젠)	남	25	건설 노동자	초졸	가족 부양 및 생활비
사염룡(司豔龍, 스옌룽)	남	22	큐레이터	고졸	생활비 및 결혼 자금
왕민(王敏, 왕민)	여	31	잡화점 운영. 남방 지역에서 품팔이 경험	중졸	가족 부양 및 생활비
유건(劉健, 류젠)	남	22	컴퓨터 수리	초졸	모두에게 도움이 되는 것 이 즐거운 일이며, 일한 만큼 돈 벌면 그만이다.

■
23 〈"為什麼打工"調查報告〉, http://www.xingongren21.com/show_15590.htm(검색일: 2013년 12월 11일)

노동은 현대인의 생활에서 중요한 부분을 차지한다. 그래서 일과 삶의 의의가 단절되거나 서로 모순되면 상실감을 느낀다. 일함으로써 생존에 필요한 물자를 얻고 물질적 향유를 누리지만, 동시에 정신적인 상실감도 수반된다. 일은 그저 생계를 위한 수단일 뿐 생활의 목적 및 의의와는 관계가 없다. 달리 말하면, 일의 동력은 대체로 임금을 받는 데 있지, 노동 과정 자체의 흥미나 의의에 있는 것이 아니다. 노동은 시간을 소비하는 방식이지, 삶을 누리는 과정은 아니다.

수많은 노동자가 생계를 위해 품팔이를 한다. 이는 정상적이고 올바르다. 하지만 단지 가족을 먹여 살리기 위해 일한다면, 열심히 일해서 운명이 바뀔 것이라 믿게 된다. 이는 나의 운명이 타인 및 사회와 어떤 관계인지 생각하지 못한다는 점에서 문제가 있다. 다수가 이렇게 생각할 경우, 결국 개인의 희망이 실현되지 않거나 생계조차 어려워진다. 아무도 모두의 이익을 쟁취하려 하지 않기 때문이다.

《중국 신노동자의 형성》에서 노동자들의 이직 빈도 통계를 낸 바 있다.[24] 평균 1~2년에 한 번 이직하는 것으로 조사됐는데, 1년에 여러 번 이직하는 경우도 있었다. 이직은 본질적인 문제를 해결하지 못한다.

[표5] 여성 노동자 량소화의 이직 이유[25]

품팔이 시기·장소·업무	상황	사직 이유
· 2004년 말~2006년 9월 · 마을의 작은 공장(집에서 100여 미터 거리) · 숯불 구이용 대나무 꼬치 생산	너무 어려서 외지로 나가 품팔이를 할 수 없었다.	수입이 너무 적어서

24　呂途,《中國新工人: 迷失與崛起》, 法律出版社, 2013, 19頁. [역주] 한국어판은 《중국 신노동자의 형성》, 40쪽 참조.

· 2006년 10월~2007년 7월 · 동관 빵집 · 판매 업무	외지로 나가 품팔이	수입도 적고, 같은 가게에서 일하는 친척과 사이가 안 좋아서
· 2007년 7월~2008년 6월 · 동관 전자 공장 · TV 플러그인 프로그램 설치	처음으로 공장에서 일하기 시작	컨베이어 벨트 속도가 너무 빨라 힘들어서
· 2008년 7월~2011년 6월 · 불산佛山의 여러 속옷 공장 · 재봉사	기술 습득 희망	이런 일은 아무리 잘해 봐야 '비행기 손(사람이 부족한 자리를 찾아 어디든 옮겨 다닌다)'. 일은 힘든데 수입이 적고, 변화를 원해서
· 2011년 7월~2012년 5월 · 심천 전자 공장	속옷 공장 일에 지쳐 있었음	변화를 원해서

　결국 품팔이들의 처지는 마찬가지여서 일에 대한 생각이 유사하다. 품팔이 기간 즐거웠던 일을 묻자 왕미려는 한참을 생각했다. "즐거운 일이 없어요." 그녀는 현재 일하는 곳을 떠나 무엇을 하고 싶을까? 또 어디로 갈 수 있을까? 도피는 신노동자의 상황을 바꾸지 못하며, 출로도 아니다. 진정한 출로는 노동 자체와 제도적 문화에 대한 성찰과 비판이다.

　왕미려와의 대화에서 가장 충격적이었던 말은 "여긴 사람 살 곳이 아니에요"였다. 그녀와 깊은 이야기를 나누지는 못했지만, 혼다 공장에서 일하는 여공의 이야기가 생각났다. 그녀는 2010년 5월부터 6월까지 20일간의 파업을 경험했다. 당시 그녀는 매주 5일 근무, 2일 휴식, 하루 8시간 일했다. 임금은 다른 기업보다 조금 높았다. 그런데 이곳에서 중국과 세계를 놀라게 했던 파업이 어떻게 일어날 수 있었을까? 그녀는 다음과 같이 회고했다. "저는 작업장 주임 정도 되는 계장이었어요. 회사가

25　량소화(梁蘇花, 량쑤화)는 1989년생으로, 고향은 광동성 회집懷集현이다.

우수한 경영 모델을 만들기 위해 가혹한 제도들을 고안했는데요. 예를 들어 대화 금지, 작업장 무단이탈 금지 등이요. 어떤 공장은 생산 라인에 머리카락이 낀 사고를 계기로 여성 노동자들에게 머리를 짧게 자르라고 했어요. 어쩔 수 없이 모두 그 말에 따랐지만, 속으론 엄청 분개했죠. 우린 온도가 늘 24도로 유지되는 클린 룸에서 일했어요. 그런데 작업장 관리자가 "작업장 온도를 유지하는 건 너희의 쾌적함을 위한 게 아니야. 부품이 녹슬지 말라는 거지"라고 했어요. 우릴 인간으로 대하지 않는 것 같았죠. 파업의 도화선이나 파업 이후 우리의 요구는 임금 문제였어요. 하지만 그 도화선을 만든 건 날이 갈수록 힘들어지는 기분, 즉 사람대접 못 받는 울분이었어요.

2. 일과 삶의 의미

왕미려에게는 일 자체가 고통이었다. 비싼 물품을 보관하고, 파손하면 배상해야 한다는 등 정신적 스트레스가 컸다. 노동 시간이 긴 데다 일반 작업원보다 일찍 출근하고 늦게 퇴근했기에 늘 피곤했다. 단순 반복 노동과 라인 작업원들의 태만으로 노동 과정도 즐겁지 않았다.

량소화의 경우 노동 과정에서 인생의 방향을 찾을 수 없어 상실감을 느꼈다. 그녀에게도 일은 고통이었다. 컨베이어 벨트 속도가 너무 빨라 일이 고됐고, 재봉 기술에 능통해도 나아질 리 없다는 것을 깨달았다. 결국 그녀의 생각은 운명과 삶의 방향에 대한 성찰로 옮아갔고, 삶을 바꾸기를 갈망했다.

왕미려(18세, 1994년 출생)와 량소화(23세, 1989년 출생)같은 젊은 여성들에게 삶의 질과 의미는 중요하다. 그녀들에게 생계에 관한 만족도는 부차적이다(사실 미혼의 경우, 특별한 경우를 제외하면 물질적 요구는 비교적 간단하다).

노동자들은 개인, 가족, 사회의 요구에 따라 결혼하고 아이를 낳는다. 그렇게 가정을 이루고 나면 일의 목적이 가족의 생계를 위한 것으로 바뀐다. 이로 인해 자아의 존재 가치와 사회적 의의 추구는 억압된다.

개혁·개방 초기 공장에서는 나이 어린 여성을 우선 모집 대상으로 삼았다. 사회 경험이 없어 관리하기 쉽고, 가족 부양의 부담도 적어 열악한 임금에도 만족했기 때문이다. 지금은 사회가 발전함에 따라 젊은이들이 도시로 진입하면서 도시 생활에서 수많은 자아의식과 사회적 사유를 갖게 된다. 이로부터 개인과 사회의 발전에 대한 여러 요구가 생겨난다. 또 가정이 주는 무거운 부담이 없을 때는 쉽게 임금에 굴종하거나 만족하지 않는다. 아마 이들은 30~40대가 되어도 생존의 압박을 이유로 자신과 사회의 가치 추구를 버리지 않을 것이다. 이들은 일과 삶의 의의 모두에 관심을 두기 때문이다. 많은 이가 타협하겠지만, 타협이 포기를 의미하지는 않는다. 이는 제2부에서 소개할 노동자들의 이야기에 잘 반영되어 있다.

3. 과객 심리

'과객 심리'는 품팔이 집단에 나타나는 가장 뚜렷한 문화적 상태다. 이는 생활과 일의 여러 측면에서 나타난다. 그중 중요한 측면은 거주 환경에 대한 품팔이의 태도다. 왕미려의 중경 거주지는 공장 기숙사였는데, 그곳이 '임시'적이고 곧 이직할 것이라 생각해서 거주 환경이 만족스럽지 않아도 참고 견딘다. 이는 다른 노동자의 경우도 마찬가지다. 2010년 1월

광주 번우番禺구 신교新橋촌에 사는 노동자의 집을 찾았다. 부부는 거기서 두 아들을 낳고 10여 년을 살았는데, 2인용 침대 2개 외에 아무런 가구가 없다. 잡다한 물건은 여러 개의 종이 상자에 나눠 담아 놓았다. 과객 심리는 한편으로 노동 조건과 대우에 대한 생각을 반영한다. 대다수가 불만이 높지만, '임시'라는 이유로 변화를 쟁취하려 하지 않는다.

생활 속의 과객 심리는 수많은 현실적 요구를 쟁취하지 못하게 하는 원인이다. 예를 들어, 주거권에 대한 요구, 주거 조건과 환경에 대한 요구, 도시에서 자녀의 의무 교육권에 대한 요구 등이 그렇다. 노동에서의 과객 심리는 노동자가 마땅히 가져야 할 권리를 쟁취하지 못하게 한다. 더 중요한 것은 이러한 과객 심리가 품팔이 집단이 투쟁 동력과 응집력을 갖지 못하게 하는 원인이라는 점이다. 결국 여러 세력과 이익 집단에 끌려다닐 수밖에 없다.

어쩌면 품팔이는 원래부터 과객이라고 생각할지 모른다. 하지만 이는 사실이 아니다. 거주지의 안정성 측면에서 볼 때, 품팔이들이 어떤 지역에 뿌리내리려는 경향이 분명하게 나타난다. 다음은 2009년 북경 피촌, 소주, 심천 등에서 진행한 조사 결과다.

[표6] 북경 피촌 품팔이 노동 및 거주 안정성

	피촌 노동자 (N=52)	1세대 품팔이 (N=29)	2세대 품팔이 (N=23)
평균 연령	30	36	23
연평균 품팔이 기간	6	8.3	3.2
연평균 북경 거주 기간	5	6.5	2.2

연평균 피촌 거주 기간	2.6	3.5	1.5
연평균 현업 종사 기간	3.5	4.8	1.9

자료: 북경 노동자의 집, 〈품팔이 주거 현황과 미래 발전 조사 보고〉(2009)

[표7] 소주 품팔이 노동 및 거주 안정성

	소주 노동자 (N=48)	1세대 품팔이 (N=9)	2세대 품팔이 (N=39)
평균 연령	23	34	21
연평균 품팔이 기간	4	10	3
취업 공장 수	3.8	2.9	4
연평균 소주 거주 기간	2.4	3.9	2.1
연평균 현업 종사 기간	1.48		

자료: 북경 노동자의 집, 〈품팔이 주거 현황과 미래 발전 조사 보고〉(2009)

[표8] 심천 품팔이 노동 및 거주 안정성

	심천 노동자 (N=30)	1세대 품팔이 (N=5)	2세대 품팔이 (N=25)
평균 연령	25.7	34	24
연평균 품팔이 기간	6.1	10.8	5.1
연평균 심천 거주 기간	3.7	6.8	3.2
연평균 현업 종사 기간	2		

자료: 북경 노동자의 집, 〈품팔이 주거 현황과 미래 발전 조사 보고〉(2009)

조사 결과 품팔이 기간이 가장 짧은 경우가 2개월, 가장 긴 경우가 20여 개월인데, 이처럼 격차가 큰 이유는 얻어진 평균치에 통계적 의의가 없기 때문이다. 따라서 이 조사에서 얻은 통계는 문제를 분석하는 보충 자료에 불과하다. 하지만 이를 참작하더라도 평균치가 명확한 추세를 보여 줌을 알 수 있다.

여기서 우리는 '과객 심리'가 형성된 원인을 성찰할 필요가 있다. 점차 '과객'이 아니게 되어 가는 품팔이들이 이토록 분명한 '과객 심리'를 가진 이유는 무엇일까? 이와 관련해 문화 헤게모니, 문화적 자각 그리고 문화 주체성 등의 개념을 생각해 볼 필요가 있다.

문화 헤게모니론은 그람시Antonio Gramsci가 제시한 것이다. 그는 정권 유지를 위해 정치적 강제뿐만 아니라 헤게모니적 문화의 힘이 결합해야 하고, 후자는 자본주의 문화에 대한 노동 계급의 동의를 포함하는 시민 사회의 동의에서 비롯된다고 보았다.[26] 노동자의 동의는 정도에 따라 저항하지 않음, 억압의 내면화, 억압의 대리인 되기 등으로 나뉜다(이는 제3장에서 자세히 다루기로 한다). 오늘날 자본은 전면적인 승리를 거뒀다. 미국과 중국의 경우 정치 사회와 시민 사회는 모두 자본에 종속되어 있다.[27] 자본 확장의 중요한 특징은 파괴성과 후과를 고려하지 않는 것이다. 이러한 두 가지 특징은 자본주의가 발전해 온 수백 년 동안 이어졌다. 중국에서 '자본 유치'는 곧 취업과 경제 발전을 의미한다는 이유로 모든 사람이 염원한다. 그러나 '자본 유치'의 배후에 도사린 '늑대를 집에 들이는' 해악에 대해서는 진지하게 사고하지 않는다. 사실상 아메리카 대륙에서 유

26　"文化霸權",〈維基百科〉, http://zh.wikipedia.org/wiki/%E6%96%87%E5%8C%96%E9%9C%B8%E6%9D%83(검색일: 2014년 3월 9일)

27　그람시는 "상부 구조의 주요 범주 두 개 중 하나는 '시민 사회'라 불리는데, 이는 일반적으로 '사적'인 여러 종류의 유기체의 총합이며, 다른 하나는 '정치 사회' 또는 '국가'"라고 본다. 孫晶,《文化霸權理論的硏究》, 社會科學文獻出版社, 2004, 20頁.

럽 대륙, 미국에 이르기까지 자본이 도달한 곳은 표면적으로 번영했지만, 자본이 철수한 뒤 실업과 폐허만 남았을 뿐 지속적인 발전과 인민 생활의 행복을 가져다주지는 않았다. 미국 자동차 산업의 본고장이었던 디트로이트, 독일 철강 산업 도시였던 뒤스부르크를 보면 잘 알 수 있다. 지금 중국의 공업 지구들도 그렇다. 공업 지구라기보다는 공장 더하기 노동자 수용소와 같다. 노동자들은 염가 노동력 대우를 받고, 그들의 가정, 거주, 자녀 교육뿐 아니라 지역 공동체 발전도 고려되지 않는다. 공업 지구는 자본 생산과 이윤 창출의 수요를 충족시키기 위한 것이기에 그것이 충족되지 않을 경우 자본은 곧바로 철수하고 지역의 미래는 고려하지 않는다. 하지만 이 같은 현실을 알리고 고발하는 사람은 매우 적다. 전 세계로 자본이 이동하고 계속해서 폐허를 만드는 현실이 받아들여진다는 점이 자본 헤게모니의 최대 승리라 할 수 있다. 품팔이의 '과객 심리'는 무기력한 선택으로 보이지만, 사실은 자본 헤게모니의 승리다. 자본은 원래 '과객'이고, 늘 염가 노동력을 찾아다닌다. 품팔이의 과객 심리는 자본의 논리에 완벽하게 부합하여 자본의 확장과 도주에 영합하고 협조한다.

4. 우리의 나약함에서 비롯된 자본의 기만

중국에서 백만 명 이상의 직원을 고용한 폭스콘은 세계에서 가장 큰 규모의 OEM 업체로, 2010년 폭스콘 투신 사건으로 유명해졌다. '폭스콘의 임금이 다른 곳보다 높다', '싫으면 안 가면 그만이다', '폭스콘은 인간적이며, 도서실과 심리 상담실도 제공한다'라는 이야기도 있다. 하지만

이는 기만이고 허구다. 폭스콘의 높은 임금은 왕미려의 급여 명세서가 보여 주듯 엄청난 특근과 야근 등의 높은 노동 강도로 가능했다. 그리고 폭스콘이 정말 좋은 일자리라면 이직률이 그리 높지 않을 것이다. 폭스콘은 비인간적이고 반인도적이다. 왕미려의 말처럼 공장에 도서실이 있어도 10시간 넘게 일하고 나면 눈길이 가지 않는다.

2012년 10월 25일 중경 폭스콘의 또 다른 공장에서 21세의 노동자 소호(小虎, 샤오후)를 만났다. 중경 봉절 출신인 그는 식당 관리 부서에서 일한다. 그의 도움으로 공장 구역으로 들어갈 수는 있었지만, 그의 상사가 줄곧 우리를 주시하는 상태에서 인터뷰를 할 수밖에 없었다. 그에게 임금에 대해 물었더니 잔뜩 긴장하며 말했다. "그건 회사 기밀이라 남에게 알려줄 수 없어요. 규정상 동료끼리도 말하면 안돼요." 회사가 임금을 공개하지 못하게 하는 이유를 묻자 개인의 사생활을 보호하기 위해서라고 했다. 서로의 임금을 모르게 하는 것이 누구에게 좋은 것인지 재차 묻자 그는 혼란스러워하며 "노동자들끼리 서로의 임금을 알게 되면 관리가 잘 안 되겠죠"라고 했다.

노동자에게 임금 기밀을 강요하는 것은 자본의 기만성을 잘 드러낸다. 기층 노동자나 일반 농민은 자신의 수입을 숨기지 않고 명쾌하게 이야기하는 편이다. 하지만 고임금 노동자나 사장들은 사생활 보호라는 이유로 자신의 수입을 밝히는 것을 꺼린다. 사실 이는 사생활 보호라기보다 착취를 은폐하는 것이다. 노동자들이 이 문제를 깊이 생각하지 못하도록 기업은 임금 기밀이라는 원칙을 만든다. 한편으로는 착취를 은폐하고, 다른 한편으로 노동자를 흩어진 개체로 분할한다. 나아가 서로 시기하여 연대하지 못하도록 한다. 이 대목에서 왕효명의 《노신전魯迅傳》가운데 한 단락이 떠올랐다. "전제專制 자체가 대단한 힘이 있는 것이 아니다. 그 힘은 민중의 우매에서 온다. 노신은 이 우매라는 것이 단순한 무감각일 뿐만 아니라 비겁하고 구차한 삶을 살겠다는 결심임을 발견했다."[28] 민중이 현실을 대면하지 못하는 것에 대해 왕효명은 자신 또한 그렇다고 고백했다. 이는 수많은 학자가 용기 있게 인정하지 못하는 부분이기도 한다. 하지만 용감하다는 것이 밥그릇을 잃고, 자유를 잃고, 심지어 목숨을 잃음을 의미할 때, '비겁'을 선택하는 것을 어떻게 책망할 수 있을까?

28　王曉明, 《無法直面的人生: 魯迅傳》, 上海文藝出版社, 2001, 5頁.

급여 명세서[29]

작사: 염청군(閻青軍, 옌칭쥔)

어느 꽃이 산뜻하게 피었나
어느 꽃이 아름답게 피었나
어느 꽃이 태양을 향하나
고개를 돌리니 활짝 웃네

그 사람은 지삼선을 좋아해
그 사람은 하남 회면을 좋아해
그 사람은 버섯 닭찜 토마토 달걀 볶음밥을 좋아해

기다리고 기다리던 내 급여 명세서
기다리고 기다리던 내 급여 명세서
하루 이틀 사흘 나흘 삼십 일을 세어야지
일월 이월 삼월 사월 어느새 또 일 년

그러나 어쨌든 나는 또 하루를 살았네
정말 나는 한 달을, 오늘 하루를 위해 살고 있나?
정말 나는 오늘 하루를 위해 살 뿐일까?

---

29 풍자와 성찰을 담은 이 노래는 훗날 북경까지 알려졌고, 동료인 왕덕지(王德志, 왕더즈)가 가사를 일
부 보충했다.

누가 집을 생각하나
누가 집을 그리워하나
누가 도시에 사나
매일 일 나가도 돈 벌지 못해
오늘은 저 금속 공장
내일은 다시 컨베이어 벨트
땀 흘리지 않아도 되는 주말의 휴식만 기다리네

기다리고 기다리던 내 급여 명세서
기다리고 기다리던 내 급여 명세서
하루 이틀 사흘 나흘 삼십 일을 세어야지
일월 이월 삼월 사월 어느새 또 일 년

어쨌든 나는 또 하루를 살았네
정말 나는 한 달을, 오늘 하루를 위해 살고 있나?
정말 나는 오늘 하루를 위해 살 뿐일까?
정말 나는 오늘 하루를 위해 살 뿐일까?

제2장

대만 자본 공장에서의 품팔이
― 비인간적인 공장 문화

품팔이 생활 일기

사람들은 노동자들이 불공평한 대우를 받는데도 왜 저항하지 않는지 질문하며, 이는 분명 그들의 의식 수준이 낮아서라고 생각한다. 자본 통제하의 공장 제도와 문화가 노동자가 저항하지 못하게 하지만, 그렇다고 해서 노동자가 저항 의식을 완전히 잃어버린 것은 아니다.

2012년 5월 16부터 27일까지 나는 처음으로 노동자로서의 삶을 경험했다. 원래 한 달 정도 공장 생활을 계획했는데, 컨베이어 벨트에서 사용한 화학 물질에 알레르기가 생겨 일찍 그만둘 수밖에 없었다. 그래서 대단한 경험처럼 이 과정을 기록하는 것이 부끄럽기도 하다. 수년간 공장에서 일하는 노동자들에게는 이 경험이 대수롭지 않기 때문이다.

공장 체험을 결심하기 전에는 노동자 문화 연구를 위해 한 달간의 노동자 인터뷰를 계획했다. 그들의 이야기를 통해 일과 작업장의 문화적 요소를 탐색하려던 것이었다. 하지만 노동자들은 내가 듣고자 하는 것을 이야기하기 어려워했고, 내가 무엇을 듣고 싶어 하는지도 알지 못했다. 그래서 직접 공장에 들어가 품팔이를 해 보기로 했다.

내가 들어간 곳은 소주에 위치한 대만 자본 공장이었다. 이 공장은 중국의 생산 본부였고, 1990년대 초에 세워져 현재는 7000여 명이 일한다. 아래는 구직 시기, 컨베이어 벨트에서의 노동, 퇴직 등에 관한 기록이다.

2012년 5월 16일 수요일 맑음

10:30　　소주시 신구 화산로 직업중개소 거리 19호. 매우 딱딱한 느낌이다. 반드시 신분증을 지참해야 하고, 타인의 신분증은 허용되지 않는다.

11:30　　소주시 중구 목독진 남병南浜 주차장. 다른 사람의 신분증을 쓰면 안 된다고 고지받았지만, 신분증을 빌리기로 했다.

12:00　　직업소개소에서 신분증을 빌려 공장에 들어갔다. 소개소에 체험비 50위안과 신분증 보증금 100위안을 냈다. 소개소 직원이 오토바이로 우리를 공장 입구에 내려 줬고, 교통비로 15위안을 지출했다. 공장 입구에 도착해 신분증 복사본을 받았다. 공장의 노무 파견 업체가 체험 영수증을 요구해서 없다고 답했다. 소개소 직원은 상관없다며 내일부터는 묻지 않을 것이라 했다. 식당에서 계속 대기했다.

14:00　　식당에서 실습 협의서를 작성했다. 기간은 2012년 5월 17일부터 2013년 5월 16일까지. 임금은 기본급 1140위안이고, 1년을 채우지 못하면 한 달 치 월급을 공제한다.

17:00　　잠시 후 일을 구하러 온 사람들이 줄을 섰으나 관리자

가 없어 흩어졌다. 다섯 번 줄을 섰으나 끝까지 아무 일도 일어나지 않았다. 앞 건물의 인력 자원 사무실로 불려갔다. 담당자가 신분증 유무를 확인해서 복사본만 있다고 말했다. 손바닥과 손등을 검사한다며 두 손을 뻗으라고 했지만, 너무 어색해서 지시에 따르지 않았다. 그중 나만 여성이라 그도 더는 강요하지 않았다. 식당으로 돌아와 작업복을 입고 사진을 찍었다. 일이 없어서 결국 오후 5시까지 빈둥거렸다. 공장의 노무 파견 업체 직원이 다음날 오후에 다시 오라고 했다.

2012년 5월 17일 목요일 맑음

11:00　　공장 도착

12:30　　어제 면접 본 7명의 노동자들도 다시 왔다. 15시 30분까지 공장 배정을 기다렸지만, 소식이 없다. 노무 파견 업체 직원이 오늘은 학생들이 많이 와서 먼저 배정받았다고 했다. 내가 거주할 곳이 없다고 하자 노무 파견 업체의 이李 씨가 여성은 숙소에 우선 입주할 수 있다고 했다. 남성은 임시로 거주할 곳을 잡아 주고, 공장에 들어가면 옮겨야 한단다.

15:30　　20여 명의 젊은이가 왔는데, 대부분 남성이다. 어제 우리처럼 면접을 보고 사진을 찍었다. 그런 후 내일 오후 1시에 다시 오라고 고지받았다. 다시 우리 8명만 남았다. 그중 7명이 남성이다. 이 씨가 어느 공장으로 가고 싶은지 물어봐서 모르겠다고 했다. 남성들끼리는 금방 친해져 같은 공장으로 가자고 이야기했다. 제3공장은 너무 힘들어서 안 된다거나 핸드폰 공장이 가장 좋은데 들어

가기 어렵다는 이야기가 들렸다. 정오부터 오후 5시까지 많은 일이 일어났다. 사람들이 계속해서 노무 파견 업체 사무실로 찾아왔다. 젊은 남성 노동자가 이틀 동안 무단결근해 임금도 못 받고 잘렸단다. 한 젊은 여성 노동자는 한 달 일하고 그만둬 임금을 받지 못했다고 했다. 또 다른 남성 노동자는 일하다 손을 다쳤는데, 죄지은 사람처럼 입을 열지 못해 동료가 상황을 설명했다.

17:00　　여성 노동자 둘과 함께 회사에서 나온 직원을 따라 기숙사로 갔다. 기숙사 접수처 로비에는 책장이 많았는데 대부분 비어 있다. 그중 한 곳만 수십 권의 책이 아무렇게나 꽂혀 있다. 기숙사동과 식당, 계단 사이의 틈에 투신 방지 그물망이 설치되어 있다. 감숙甘肅성 출신의 여성 노동자 열열(悅悅, 웨웨)과 삼림(三林, 싼린)을 만났다. 그들은 다른 공장에서 반년간 일하다 손에 화상을 입어 그만뒀다. 그곳에선 막 생산된 뜨거운 제품을 손으로 집어야 했다. 우리 셋은 운명을 함께하는 느낌이 들었다.

18:00　　우리 셋이 배정받은 숙소로 갔다. 기숙사에서 자고 있던 두 명의 노동자가 우리가 들어오는 소리에 잠이 깼다. 그중 하나가 화를 냈다. 방에는 2개의 형광등이 있는데, 하나는 고장 났다. 침대를 배정받았으나 그대로 쓰진 않았다.

21:00　　내가 먼저 샤워를 했다. 우리 방과 옆방이 4개의 화장실과 샤워실(화장실과 샤워실은 작은 방에 있었다)을 함께 사용한다. 옆방과 가까운 샤워실로 가자 옆방 사람이 쓰지 말라고 호통을 쳤다. 우리 방 동료가 허리춤에 손을 얹고는 내 편이 되어 줬다. "신경 쓰지 말고 써. 여긴 다 공용이야."

21:20   기숙사 동료와 함께 십자수를 놓았다.

22:00   한 동료는 얼굴에 팩을 하고 노래를 들었다.

2012년 5월 18일 금요일 맑음

6:30   기상을 알리는 오설(傲雪. 아오쉐)의 핸드폰 알람이 울렸다.

8:00   공장에 도착해 식당에서 대기했다. 2위안짜리 생수를 사고, 3위안으로 차계란과 요구르트를 샀다.

8:40   맞은편 건물 2층 교실로 인솔됐다. 수많은 사람이 기다리고 있었는데, 세어 보니 800명 정도 되었다.

9:00   30여 명의 출석을 불렀는데, 일부가 결석했다. 이름이 불린 사람은 대기하고, 내 이름은 불리지 않았다.

9:10   관리자가 와서 우리를 교육했다. 교육 중에 뒤에서 잡담하던 사람들이 쫓겨났다.

10:00   확성기를 든 직원이 두 무리에게 나가라고 소리쳤다.

10:10   한 사람이 명단을 불렀는데, 20명 중 대다수가 자리에 없다.

11:15   점심시간에 학생 노동자는 별도 공간으로 안내됐고, 우리는 알아서 먹어야 했다.

12:30   다시 집합.

13:00   인력 자원 부서의 여직원이 서류를 가져와 출석을 부르기 시작했다. 우선 30명의 이름을 부르고 줄을 세우더니 제3공장으로 배정했다. 다시 30명의 이름을 부르고는 앞쪽에 줄을 세웠다.

나는 DQ9로 배정받았다. 그중 여성은 2명뿐이다.

13:30   바깥의 뜨거운 햇볕 아래에서 작업복을 받았다.

15:00   공장에 도착했다. 무서운 여직원이 교육하더니 작업장에 전화해 우리를 데려가라고 했다. 작업장 책임자가 1명을 골라 데려갔다. 그 후 조립 작업장의 책임자가 와서 여자가 필요하다고 했다. 원래 10명이 필요했다며 여성 2명을 포함해 말 잘 들을 것 같은 남자 4명을 더 뽑았다. 공장에 오자마자 서명했는데, 작업장에 가서 다시 서명을 해야 했다. 나는 야간 근무를 배정받아 저녁 7시 40분에 출근한다.

21:00   기숙사에서 내가 침대 2층을 쓰기로 했다. 맞은편 침대를 쓰는 남남(楠楠. 난난)이 열열과 삼림에게 아래층 침대에 있는 자기 물건을 건드리지 말라고 싸늘하게 말했다. 그녀는 그 둘이 영 못마땅한 것 같다. 서랍장은 1인당 2개씩 배정된다. 나는 어제 서랍장 하나를 차지했지만, 열열과 삼림은 남는 서랍장이 없어 난감해했다. 남남이 서랍장 3개를 쓰고 있어서 양해를 구했다. 그리고 오설에게 나머지 서랍장을 비워 달라고 하니 서랍장 안의 이불이 더러워진다며 거절했다. 내가 큰 봉지에 이불을 담아 주겠다고 하자 그제야 서랍장을 비웠다. 그러고는 경계심이 풀어졌는지 같이 수다 떠는 사이가 됐다.

열열은 '사랑이 믿음이 되도록讓愛成為信仰'이라는 노래를 반복해 듣고, 남남은 "영원히 한 마음으로永結同心"라는 글귀로 십자수를 놓고 있다.

기숙사 침대 옆에는 8개의 작은 의자가 있다. 의자가 부실해 옮길 때 조심해야 한다. 기숙사 중앙에는 긴 탁자 2개가 나란히 놓여 있다. 베란다에는 세면대, 화장실, 수도꼭지 4개, 세탁기 1대, 길게 늘어진 빨랫줄이 있다.

2012년 5월 19일 토요일 비 조금

6:30　　아래층 침대의 오설이 일어났다.

7:00　　오설이 나가며 남남을 깨웠다.

8:30　　열열과 삼림이 일어났다. 삼림이 자신의 연애 이야기를 들려줬다.

슈퍼에서 모기장(15위안)과 이불(40위안)을 사고, 점심을 먹었다(찐빵 0.5위안, 가지 볶음 8위안). 밥 먹고 나오는데 비가 와서 학생 노동자 인솔 교사와 함께 우산을 쓰고 기숙사로 왔다. 운남 출신인 그는 9개월 전에 360명의 학생을 데리고 이곳에 왔는데, 지금까지 60여 명이 떠났다고 했다. 학생들을 인솔하는 교사는 둘이고, 매일 식당에서 학생들이 퇴근하기를 기다리면서 사상 교육, 임금 정산 등을 처리한다. 그들은 하루도 쉴 수가 없다고 했다.

저녁 출근길에는 기숙사에서 공장까지 20분을 걸어야 했다. 비가 와서 신발이 다 젖었다. 공장에 도착하자 반장이 아무 설명 없이 오늘은 일하지 않아도 된다고 했다. 내일 오란다. 공장을 나섰다가 다시 들어가 반장의 전화번호를 물었다. "내일 출근하기 전에 전화할게요. 괜히 또 허탕 치면 안 되니까요." 그는 일이 배정돼 있어서 내일은 일할 수 있을 거라고 했다. 오늘 일이 없다고 미리 이야기하지 않은 게 고의라는 생각이 들었다. 공장을 나와 친구를 만나러 갔다. 광명을 찾은 기분이다.

2012년 5월 20일 일요일 흐림

오후 3시경 기숙사로 돌아왔다. 열열과 삼림이 구내식당 자장면이 너무 맛없었다며 간식을 먹고 있다. 이틀간 함께 구직 활동을 했던 남성 노동자와 농구하고 피시방에 가기로 했단다. 그녀들은 외출할 때마다 옷을 갈아입고 화장을 한다.

내 앞쪽 침대를 쓰는 소연(小娟, 샤오쥐안)의 사촌 여동생도 우리 기숙사에 산다. 그녀와 이야기를 나눈 적은 없지만, 그녀는 늘 컴퓨터로 예능 프로그램을 보며 웃음을 멈추지 않는다.

열열이 빨래를 한다. 삼림은 생리통으로 이틀을 앓았다. 찜질팩을 써 보라고 했더니 이내 만들어 침대에 누워 쉰다. 소연은 지난밤 야근해 돌아와 곤히 잠들었다. 오설이 신발을 자기 침대 밑에 놓지 말라고 해서 침대 사이에 놓았다.

2012년 5월 21일 월요일 저녁 ~ 5월 22일 화요일 저녁

17:00   저녁 식사로 5위안짜리 덮밥을 먹었다. 열열과 삼림은 다른 공장으로 배정받았다.

17:50   오늘은 처음으로 생산 라인에서 일하는 날이다. 정시에 출근해 줄을 서니 출석을 부른다.

20:00   라인 가동

23:10   식사

23:50   라인 가동

03:00	10분 휴식
05:00	식사
05:40	라인 가동
07:00	라인 가동 정지
07:30	출석, 훈시

우리 작업장에는 3개 라인이 있고, 70여 명이 일한다. 작업반장 1명과 라인장 3명이 있으며, 나는 스티커 붙이는 임무를 맡았다.

작업장에 커플이 셋 있는데, 우리 라인장은 다른 라인에서 일하는 말단 노동자를 사귄다고 했다.

2012년 5월 22일 화요일 저녁 ～ 5월 23일 수요일 저녁

내 옆에서 기름때 닦는 일을 하는 아주머니는 모범적인 일꾼이다. 그런데 제품에서 기름때가 발견돼 라인장이 라인을 멈추고 모두에게 기름때를 닦게 했다. 우리는 걸레 하나씩 들고 비닐봉지에 흰색 액체를 담아 제품에 묻은 기름때를 닦아 냈다. 문제가 생긴 제품은 컴퓨터 전면부 케이스다.

대다수가 작업 중에 이어폰을 끼고 음악을 듣는다. 제품이 도착하지 않을 때는 핸드폰을 가지고 놀기도 한다. 책임자가 이어폰을 끼지 말라고 주의를 줬다.

야근 후반부인 새벽 1시부터 5시 사이에는 경험 많은 직원들이 빈 상자를 뒤집어 의자로 삼는다. 그리고 5시가 넘어서야 퇴근한다.

라인에는 어린 실습생이 몇 명씩 있다. 그들에게 "학교에서 실습할 때는 이렇게 힘들지 않았지?"라고 물으니 "그럼요"라고 답했다.

아직 초보지만, 나 때문에 라인이 늦거나 하진 않았다. 어쩌다 속도를 못 맞추면, 제품이 금세 지나가 버려서 손을 뻗어 가져와야 한다. 이를 본 라인장의 남자 친구가 못 따라가는 사람이 있으니 라인을 천천히 돌리자고 제안했다. 라인장에게 이렇게 이야기할 수 있는 사람은 그가 유일하다.

그날 저녁 우리 라인의 10여 명이 유명 브랜드의 텔레비전 전면 케이스 1800개를 만들었다. 나는 여러 번 작업 위치를 바꿨다. 처음엔 좌측 음성 단자를, 다음엔 전원을 조립했다. 그리고 고온 용융 압출을 거친 케이스를 꺼냈다.

공장에서 기숙사로 가는 길에 갓 만든 두유를 샀다. 1.5위안이다. 저녁 6시에 일어나 정신을 차리려고 온수로 샤워를 했다. 이 따뜻한 물만이 나를 위로해 주는 것 같다. 저녁 식사로 6위안짜리 볶음면을 먹었다.

2012년 5월 23일 수요일 저녁 ~ 5월 24일 목요일 저녁

스티커를 붙일 때는 간격, 방향, 높이, 평형에 주의해야 한다. 오늘은 불합격 제품을 많이 만들어서 다시 작업해야 했다. 그러면 다음 작업인 필름 입히는 일도 다시 해야 한다. 다른 사람들이 가르쳐주면 당황해서 실수를 더 했다. 정신을 집중해야겠다고 마음먹었더니 그다음부터는 모두 합격이다.

8시간 동안 나 혼자 붙인 스티커가 2620개다. 평균 11초에 하나씩 붙인 셈이다. 쉬워 보여도 컴퓨터 화면 앞 케이스가 너무 좁아서 잘 붙여지지 않는다. 전원 위치를 가리키는 손가락 모양 스티커인데,

너무 가깝거나 멀게 붙이면 안 된다. 비스듬히 붙여도 안 되고, 위나 아래로 너무 치우쳐도 안 된다. 단순한 작업이지만, 컨베이어 벨트 속도가 너무 빨라서 어느 정도 난이도가 있다. 이 작업은 경험 많은 동료와 함께한다.

야근 내내 상하좌우를 신경 써 스티커를 붙여야 했다. 그래서인지 지금도 제품에 붙은 스티커를 보면 화가 난다. 심지어 잘 붙여진 스티커를 보면 더 화가 나는데, 스티커 너머의 어떤 것을 알기 때문일까?

아침 식사 후 10분 정도 일했는데, 라인이 멈췄다. 내 옆의 중년 여성 노동자와 핸드폰을 갖고 놀았다. 그녀는 '마이 토킹 톰My Talking Tom'을 좋아한다.

오전 7시 45분에 불합격 제품 상황에 대한 훈시를 듣고, 8시 10분에 퇴근했다. 기숙사로 오는 길에 2위안짜리 호떡을 사 먹었다. 들어오자마자 잠이 들어 깨 보니 저녁 6시였다. 45분 후 소연이 들어왔는데, 뛰어왔더니 힘들단다. 그녀는 작업반장인데, 작업반장과 관리직의 운동회 준비로 바쁘다고 했다.

2012년 5월 24일 목요일 저녁 ~ 5월 25일 금요일 저녁

같은 라인에서 일하는 언니로부터 한 노동자가 공장을 그만둔다는 소식을 들었다. 그를 찾아가 이유를 물었다. 그는 "저는 안양공학원 安陽工學院에서 디자인을 전공하는 전문대생인데, 실습하러 나왔어요. 여기서 6개월 정도 일했어요. DQ9는 쉴 틈이 거의 없죠. 그래서 임금이 높은 편이에요. 몇 주나 주말 특근을 했고, 지난 몇 개월엔 일요일만 쉬었어요. 이 일은 전망이 없어요. 앞으로 장식 디자인을 하려고요. 6개월이 참 빨리 지나갔네요. 하루하루가 정말 힘들었어요. 내일 떠날 거예요"라고 했다. 동료들에게 인사도 없이 가느냐고 물었더니 별로 할 말이 없다고 했다.

우리 라인에서 일하는 안휘安徽 출신 언니는 여기서 4년 일했다. 그녀는 최근 휴가 승인을 받았는데, 고향에 내려가 시부모님과 함께 수박을 수확해야 한단다. 그녀는 중학생 딸과 초등학생 아들에게 1년에 1만여 위안이 든다고 했다.

그녀에게 이 일은 전망이 없어 보인다고 했더니 전망은 없어도 생활은 된다고 했다. 생활이 되면 전망이 있는 거란다. 그리고 "퇴근 후 생활은 정상이 아니죠. 남편이 요리사라 매일 밥을 해요. 어제는 그이가 왜소한 자기가 왜 맘에 들었냐고 묻더군요"라고 했다.

주로 구내식당에서 밥을 먹고 출퇴근하는데, 나는 늘 혼자 먹는다. 아침에 기숙사로 돌아오면서 2위안짜리 즉석 대추 두유를 샀다.

기숙사에 들어가니 하남河南 출신인 소연이 침대에 누워 있다. 몸이 안 좋아서 휴가를 냈단다. 그녀와 같은 출신의 스무 살인 남남은 자신의 언니 부부도 이 공장에서 일한다고 했다.

2012년 5월 25일 금요일 저녁 ~ 5월 26일 토요일 저녁

알레르기가 갈수록 심해져 양쪽 허벅지에 작은 붉은 반점이 가득하다. 쉬는 시간에 라인장을 만나 비슷한 상황이 있었는지 물었더니 그렇다고 했다. 쉬는 날은 아니지만 휴가를 줄 테니 토요일에 병원에 가 보라고 했다. 나중에 라인장이 찾아와 상태를 보여 달라고 했지만 허벅지 쪽이라 불편하다고 했다. 그녀는 작업장에서 생긴 게 아니라 기숙사 때문일 거라고 했다.

쉬는 시간엔 다들 고개를 숙인 채 핸드폰을 가지고 놀았다.

처음에는 우리 라인에 인쇄를 담당하는 사람이 몇 명 있어서 작업대 위의 작은 바구니에 면포, 잉크, 시너, 스크린 세척제가 들어 있었다. 그들은 면장갑을 끼고 일했는데, 손을 보호하기 위해서가 아니라 제품에 손자국이 남지 않게 하기 위해서다.

오늘은 각각 200개의 버튼과 램프 단자를 조립했다. 이게 한 사람 몫인데, 도저히 속도를 따라잡지 못하자 앞쪽에서 일하는 17세 남성 노동자가 조립을 도와줬다.

같은 라인에서 열흘 좀 넘게 실습생으로 일한 친구에게 일에 관해 물었다. 그는 "익숙해지면 어렵지 않은 일이에요. 자기 일만 하면 그만이니까 걱정도 없고요. 하지만 안 좋게 보면 다 안 좋아요"라고 했다.

매일 인쇄 과정에서 20여 개의 불량품이 나오는데, 그럴 때면 라인장과 작업반장이 큰소리로 주의를 준다. 저녁에는 내가 붙인 손가락 스티커 가운데 수십 개가 불량이었다. 라인장은 나를 나무라지 않고 긴장하지 말라고 조언했다.

아침에 기숙사로 돌아오는 길에 각각 1.5위안짜리 두유와 전병을 샀지만, 너무 맛이 없어서 버려야 했다.

바지가 허벅지에 난 반점을 건드려 기숙사로 돌아오는 걸음이 힘들었다. 그래서 더는 작업장에 나가지 않기로 했다. 해방된 기분이지만, 마냥 좋은 건 아니다.

소연이 기숙사에서 남자 친구와 화상 통화를 하는 바람에 잠을 설칠 수밖에 없었다.

저녁 5시 30분 남남이 퇴근해 돌아왔다. 그녀는 이곳에 근무한 지두 달 됐는데, 초과 근무를 하지 않아서 월급이 2000위안이 채 안된다. 그녀의 어머니는 하문厦門에서 품팔이를 한다. 남남은 어머니가 일하는 전자 공장에서 3개월간 일했는데, 너무 힘들었단다. 작업반장이 악질이어서 불량이 나면 벌금을 물렸고, 라인마다 벌금을 내는 사람이 매번 있었다고 했다. 너무 고되고 힘들어서 일을 그만두고 남자 친구가 있는 이곳으로 왔다. 그녀는 남자 친구 셋방에서 금요일부터 토요일까지 함께 지낸다.

밤 11시 10분 소연이 퇴근해 돌아왔다. 다른 동료들보다 늦게 퇴근해 기숙사로 오는 길에 아무도 없었다고 했다. 칠흑 같은 어둠에 무서워 울다가 오는 내내 남자 친구와 통화를 했단다.

20분 후 오설이 돌아왔다. 그녀는 내일도 출근해야 하지만, 노래방에 간다며 나갔다. 소연에게 그녀가 어디에 가는지 물었더니 온라인 댄스인 QQ댄스를 추러 갔다고 했다. 그녀는 밤새 춤을 출 것이다.

2012년 5월 27일 일요일

오전 8시, 오설은 아직 일어나지 않았다. 오늘 출근한다고 한 게 생각나 그녀를 깨웠다. 그녀는 일요일 출근을 자원한 거라 늦어도 상관없다고 했다. 일한 시간만큼 계산해서다. 그녀는 기숙사에 있어도 심심하긴 마찬가지여서 출근하는 것이 낫다고 했다.

오늘, 짧았던 나의 품팔이 경험이 끝났다.

분석

1. 노동의 가치

한 노동자가 "내 가치가 얼마인지 모르겠어요"라고 말했다. 요즘은 노동 가치에 관한 학술 토론을 접하기가 어렵다. 경제학에서 관심을 두는 분야는 주로 시장, 금융, 부동산 등이다. 노동 가치에 대한 두 가지 경제학이 있다. 하나는 인간을 핵심으로 하고, 인류 발전이 인간을 위한 것이라는 경제학이다. 이는 마르크스주의 경제학이다. 다른 하나는 인간을 노동력 자원으로 삼아 기타 생산수단과 병렬하여 생산 원가로 계산하는 경제학이다. 이러한 경제학은 자본주의적 시장 가치를 핵심으로 하는 경제학이다. 어느 쪽이든 노동이 가치를 창조함을 부정하지 않는다. 그러나 후자의 경우 기술과 자금 투입이 가치를 창조하지는 않지만, 그것이 초래하는 착취를 합리적인 것이라 간주한다. 이것이 얼마나 합리적인지 논쟁할 수는 없으나 내가 이해하는 바는 다음과 같다. 노동이 가치를 창조하고, 기타 생산 수단의 투입이 가치를 창조하지 않음을 승인한다면, 가치를 창조하는 주체인 노동자가 잉여 가치에 대한 결정권을 갖는 것이 합리적이라는 것이다.

상품 가치는 이 상품을 생산하는 사회의 필요 노동 시간에 의해 결정된다. 시간은 인류가 가진 가장 큰 재산이다. 이러한 가치관에서 인간과 인간의 노동은 폄훼되지 않게 된다. 경제학은 이른바 객관적 법칙이 아니다. 시장은 시장의 규칙에 의해 주재되지 않으며, 오히려 인간과 사회의 주류적 가치관이 주도한다.

나는 컨베이어 벨트에서 겨우 닷새 일했고, 그 가운데 나흘은 스티커 붙이는 일을 했다. 그 일은 누구나 할 수 있을 만큼 간단해서 언제든 대체될 수 있다. 결국 이런 노동의 가치는 낮게 평가된다. 이러한 논리로 보면, 이 일을 하는 노동자 또한 자신의 노동 가치를 부정하게 된다.

하룻밤 동안 같은 동작을 반복했는데, 8시간 동안 2620개의 스티커를 붙였다. 평균 11초마다 하나씩 붙인 셈이다. 제품이 컨베이어 벨트에서 이동할 땐 종일 서서 이 동작을 완성해야 했다. 이 일은 너무 건조하고 반복적이며, 장시간 계속되므로 정말 힘들다. 따라서 그 일의 가치는 바로 여기에 있다.

2. 이름 없는 세계

구직부터 공장에 들어가기까지의 과정에서 공장은 이름 없는 세계 같았다. 이 세계에서 우리 이름은 중요하지 않거나 무엇이라 불려도 상관없다. 개체의 역할은 생산에 기여하는 것이고, 사람에 대한 배려는 이 기능을 완성하기 위함일 뿐이다. 이러한 공장 문화는 인간에 대한 극도의 폄훼를 실현했다.

나는 직업소개소에서 신분증을 빌려 노무 파견 업체에 갔다. 공장에 서는 출석을 부를 때를 제외하곤 아무도 이름을 묻지 않았다. 내가 누구 인지는 전혀 중요하지 않았고, 그저 수많은 구직자 중 하나였다. 일을 기 다리던 며칠간 우리를 관리하는 노무 파견 업체 사람들을 만났지만, 아 무도 자신을 소개하지 않았다. 이는 우리에 대한 일종의 멸시였다. 그들 은 누구든 우리에게 큰소리칠 수 있었다. '넌 몰라도 돼'라는 태도는 협 박이었고, 우리에겐 스트레스였다. 우리는 아무것도 모르는 상태로 그저 기다려야 했다. 질문과 의혹이 많았지만, 감히 묻지 못했다. 누구에게 물 어야 할지도 몰랐다. 기다림이 길어질수록 질문과 의혹은 늘어만 갔고, 그럴수록 그들의 힘은 커졌다.

같은 공장에 배정받은 30여 명이 회의실로 소집되어 입소 교육을 받 았다. 우리를 안내하는 책임자는 긴 머리의 얌전해 보이는 젊은 여성이 었지만, 우리를 대하는 태도는 매우 거칠었다. 그녀는 자신을 소개하지 않고 바로 훈시에 들어갔다. 그녀의 이런 모습은 공장 문화를 잘 보여 준 다. 관리자인 그녀가 신입 노동자를 존중할 필요가 없었던 것이다. 우리 같은 신입은 일자리를 얻기 위해 전전긍긍하므로 그녀가 누구인지, 무엇 을 책임지는지 물을 생각조차 하지 못했다. 그리고 이 또한 점차 익숙해 져 갔다.

작업장 주임이 사람을 고를 때는 내가 시장에 진열된 상품처럼 느껴졌 다. 신선한지, 제대로 된 모양인지 판별해 합격이면 가져가는 것처럼 말 이다. 그러니 구체적인 이름은 필요 없고, 그저 쓸 만한 도구인지만 알면 된다.

작업장에서는 작업복을 보고 누가 주임인지 알 수 있었고, 지휘하는 것을 보고 라인장인지 알 수 있었다. 우리는 누구도 자신을 소개하지 않았으며, 라인장도 우리 이름을 부르지 않았다. 그저 손가락을 가리키며 '저기'라고 불러 업무를 지시할 뿐이었다. 그렇게 작업장은 우리에 대한 멸시와 무시로 가득 차 있었다.

'이름이 없다'는 것은 상품의 교환 가치 측량이라는 필요에 의한 것이고, 최종적으로 상품의 교환 가치를 결정짓는 것은 화폐다. 화폐는 곧 돈이며, 교환 가치 차원에서 보면 모든 상품은 돈의 양으로 설명된다. 즉 노동은 자기 이름을 잃는 과정이며, 노동자는 값이 매겨져 팔리기를 기다리는 특수 상품일 뿐이다. 그리고 이는 곧 자본주의 문화가 도달하고자 하는 목표다. '이름이 없다'는 것은 표면적으로 호칭에 관한 형식이지만, 그것의 심층적 함의는 일종의 형식을 통해 우리의 사상 의식과 심리 상태에 영향을 준다는 데 있다. '우리의 이름이 무엇인지는 상관없다'는 논리는 두 가지 사상 의식을 확인해 준다. 첫째, 우리는 그저 노동력 상품일 뿐 사람이 아니다. 둘째, 노동력 상품은 아무렇게나 대해도 된다. 심리적 공격이라는 차원에서 노동자에 대한 무시는 노동자의 가치 폄하에 기여한다.

2014년 초에 몇 명의 노동자를 만났다. 그들은 공장에서 투쟁을 경험했고, 초보적인 성과를 거둔 상황이었다. 공장 측은 벌금 제도를 없애고, 초과 근무를 하지 않겠다고 약속했다. 그러나 복지 향상 요구는 답변을 기다리는 중이다. 한 노동자는 "예전엔 반장이 저를 '안경'이라고 불렀어요. 하지만 투쟁한 뒤로는 제 어깨를 치면서 이름을 부르더군요"라고 했다. '이름'은 쟁취하는 것이다.

3. 산업 발전과 민주

공장의 하드웨어와 관리 방식의 최종 목표는 생산에 기여하는 것이며, 그 과정에서 노동자는 최대한 폄하된다.

작업장 노동자들은 모두 서서 일한다. 움직이는 생산 라인에서 신체가 제품과 함께 움직여야 하기 때문이다. 때로는 지나간 제품을 다시 가져와야 하기도 하지만, 앉아서도 충분히 작업이 가능하다.

공장 체험 첫날 새벽 5시에 라인이 가동을 멈추자 서 있던 시간이 길어서 그런지 한 걸음도 내딛기 힘들었다. 그래서 처음에는 게처럼 걸어야 했다. 라인의 한 실습생에게 물었다. "계속 서서 일해야 하나요?" 그녀는 "여기 온 지 3개월 됐는데, 계속 서서 일했어요"라고 했다. 그녀에게 "단자 조립할 때는 앉아서 해도 되잖아요? 가끔 라인이 멈출 때도 앉아서 쉴 수 있고요"라고 했더니 "익숙해지면 괜찮아요"라고 했다. 그녀에게 왜 앉아 있으면 안 되는지 재차 물었더니 "일할 때 앉아 있으면 안 되죠. 기숙사에 가면 쉴 수 있잖아요"라고 했다.

생산 라인의 작업 공간에는 앉을 자리가 없을 뿐만 아니라 휴식 시간에도 앉을 곳이 없다. 작업장 바깥의 넓은 공간에도 원료나 원·부자재가 담긴 상자가 자리 잡고 있어서 겨우 3명 앉을 수 있는 벤치 하나만 있다. 그래서 휴식 시간에 아무 데나 앉거나 땅바닥에 앉아야 한다. 이러한 휴식 시간은 시혜에 불과한데, 당당하게 쉬지 말고 구석에 숨어서 쉬라는

서서 일하는 노동자
2012년 5월 23일 핸드폰으로 찍은 작업장 모습이다. 우측 모서리에 보이는 것이 내 작업대이고, 맞은편이 우리 작업장의 다른 라인이다. 모두 10시간 넘게 서서 일한다.

느낌을 주기 때문이다. 그들은 일할 때도, 쉴 때도 앉을 의자를 주지 않는다.

라인의 한 여성 노동자는 "전에 일한 공장엔 의자가 있었어요. 10시간 넘게 앉아 있으면 너무 힘들어서 좀 움직이고 싶은데, 아무리 힘들어도 일어날 수가 없어요. 일어나기만 하면 관리자가 의자를 치우려 하거든요. 실제로 그런 일이 있었어요. 한 번 일어나면 앉을 수 없고, 한 번 앉으면 일어날 수 없죠"라고 했다.

작업장에서 서고 앉음의 문제를 이야기하는 것은 산업화와 민주의 문제를 논하기 위함이다. 노동자는 공장에서 전적으로 공장 관리의 요구에 따라야 하고, 노동자의 신체와 정신은 완전히 무시된다. 레이먼드 윌리엄스는《기나긴 혁명》에서 다음과 같이 말했다.

산업의 발전은 새로운 민주 조직을 만드는 데 강력한 유인이 된다. 그러나 다른 한편으로는 자본의 축적부터 매우 광범위하고 세분화된 기술적 체제 내에서 노동자가 차지하는 지위에 이르기까지, 산업 조직에서 나오는 주목할 만한 여러 수준의 요구들이 때때로 의사 결정권을 공유하려는 열망을 지연시키거나 좌절시키기도 한다. 민주주의 혁명과 산업 혁명의 복잡한 상호 작용이야말로 우리의 가장 난해한 사회사상의 중심에 있다.[30]

현재 중국의 산업 발전이 민주 발전을 촉진하는가? 이러한 형식적 자유권과 민주는 어떤 관계인가? 사람들은 지역 간 이동에서 종종 무기력한 상태에 놓인다. 수많은 사람이 고향을 그리워하지만, 고향은 취업과 생계 수단을 제공하지 않는다. 그래서 지역 간 이동은 어쩔 수 없는 선택이다. 표면적으로는 자유이지만, 그들은 사실 자유롭지 않다. 노동자의 공장 이동은 자유롭다. 일하기 싫으면 떠나는 것이다. 하지만 공장 간의 근본적인 차이는 없다. 노동자가 어디서 일할지 선택할 자유가 있는 것 같지만, 사실 공장 제도는 매한가지여서 그들이 선택할 수 있는 것은 없다.

작업장에서 서서 일하는 노동자를 보면, 그곳엔 그 어떤 민주의 흔적도 없다. 산업 발전이 민주를 촉진한다는 실마리를 찾으려 노력했지만, 내가 본 것은 레이먼드의 말처럼 산업 발전이 민주를 저지하는 것이었다. 여기에서 기업 문화는 자본 문화이며, 자본 문화는 이윤 제일의 문화이자 노동 가치 폄하의 문화다. 그리고 '경제 발전을 핵심'으로 오랜 기간 견지된 큰 정치 방침은 자본 문화를 거대한 흐름으로 만들었다.

---

30 雷蒙德·威廉斯, 《漫長的革命》, 3頁. [역주] 한국어판은 《기나긴 혁명》, 14쪽 참조.

4. 노동자의 상호 작용

업무 긴장감이 심하거나 사람 관계에 여유가 없더라도 사람들은 상호 작용하기 마련이다. 이러한 상호 작용에는 소극적인 측면과 적극적인 측면이 있다.

소극적인 측면에서 보면, 생산 라인의 작업 강도가 상당한 것은 난도가 높아서가 아니라 라인의 속도가 빠르기 때문이다. 개별 라인의 제품이 불합격이면 전체 라인의 생산에 영향을 미친다. 내가 속한 라인에는 15~16명이 일했고, 전반부 몇 작업은 남성 노동자가 담당했다. 그들은 제품명을 인쇄해 넣거나 텔레비전 앞면 케이스에 다양한 버튼 표시를 인쇄했다. 이어서 여성 노동자 하나가 기름때를 제거하고, 고압 호스로 먼지를 제거한다. 손자국이나 기름때가 있으면 면포에 액체를 묻혀 닦아낸다. 그다음에는 내가 손가락 스티커를 붙이고, 이어서 4명이 투명 보호 필름을 붙인다. 만일 내가 붙인 스티커가 비뚤어졌는데도 다음 작업자가 발견하지 못해 마지막 검사원이 발견하면, 나를 비롯한 모두가 새로 작업해야 한다. 그러면 서로 탓하게 되고, 불량을 낸 작업자는 엄청난 스트레스를 받는다.

적극적인 측면의 경우 다양한 상호 작용이 있다. 어느 날 밤 갑자기 업무를 배정받았다. 앞쪽의 남성 노동자가 컴퓨터 앞면 케이스를 용접했고, 나는 그것을 다음 작업대로 옮겼다. 용접 기계 설비가 너무 낡아서 전기가 통했고, 위쪽 연결선에는 덮개가 없어 마치 해부하려고 배를 갈

'배를 갈라놓은' 기계 설비
2012년 5월 21일 핸드폰으로 찍은 사진이다. 텔레비전 앞면 케이스를 용접하는 기계 설비는 '배를 갈라놓은' 듯한 모양인데, 이는 노동자들에게 익숙한 것이었다.

라놓은 것 같아 겁이 났다. 피곤하거나 특별한 문제가 생기지 않으면 그리 위험하지는 않을 것이다. 또 내가 거기에 손을 뻗을 일도 없을 것이다. 하지만 갑자기 용접기에 문제가 생기면, 남성 노동자가 기계를 멈추고 손을 기계 안쪽으로 뻗어 검사한다. 나는 맞은편에서 행여나 그의 손이 용접기에 압착될까 안절부절못했다. 그는 "괜찮아요. 손을 아래로 뻗지만 않으면 돼요"라고 농담하듯 말했다. 늦은 밤 너무 피곤해서 버티기도 힘든 상태였지만, 그의 한마디가 따뜻했다.

한번은 갑자기 전원 단추를 조립하는 일을 배정받았다. 앞쪽의 남성 노동자가 독립된 전원 단추에 이어지는 4개의 버튼을 용접했다. 도구는 손잡이가 하나인 벌거벗은 전기 용접봉으로, 손잡이 끝은 고온의 금속 막대로 되어 있다. 작업하지 않을 때 용접봉을 컨베이어 벨트 가장자리에 아무렇게나 두어서 바닥에 구멍이 생겼는데, 다른 사람들은 익숙한 듯했다. 처음에는 너무 무서워서 그와 떨어져 일했지만, 바쁘게 일하다 보니 용접봉 바로 옆에서 일해도 익숙해졌다. 나는 두 제품을 조립해야 했기에 종종 속도를 따라가지 못해 내 앞에 제품이 수북이 쌓이곤 했다. 그는 시간이 날 때마다 내 일을 도왔다. 그러면서도 아무 일 아니라는 듯 나를 쳐다보지도 않았다. 그의 도움에 감동했으나 달리 표현할 방법이 없었다. 작업장에서는 서로 안부도 묻지 않을 만큼 교류가 적었고, 대체로 표정이 없었다. 그래서 감사의 마음을 마음속에 담아 둘 수밖에 없었다.

생산 과정에서 노동자들의 상호 작용은 노동자 집단의 정체성을 형성하는 기본 요소다. 앞서 이야기한 두 사례를 통해 노동자들의 감정적 연결이 매우 쉽다는 것을 알 수 있다. 노동자들끼리는 쉽게 공감하기에 자본과 관리자는 다양한 수단으로 노동자들의 유대가 생기기 전에 파괴한다. 또한 기업은 노동자들 간의 소극적 상호 작용을 이용하여 그들의 감정을 분열하고 타격한다.

공장 생산 라인에서 노동자들의 관계는 생산 위치의 관계에 의해 제한된다. 작업 위치 바깥에서 노동자들이 사회적으로 교류하기는 매우 어렵다. 이는 작업과 사회·정치 생활의 완전한 탈구를 초래한다. 이로 인해 노동자는 작업장 상황을 공유하고 토론할 시간과 공간을 가질 수 없다. 사실상 노동자들의 관계는 이처럼 '도구'적이다. 서로 간의 사회적 교류는 필요하지 않거나 예외적이다. 공장과 기업에서 노동자들 간의 도구적 관계가 깨지면, 노동자에 대한 공장의 억압적 관리는 위협받게 된다. 2010년 남해 혼다 파업 또한 이를 잘 설명해 준다. 파업에 참여한 노동자는 그들이 속한 변속기 작업장이 이 사건을 이끈 핵심이었다고 말했다. 표면적으로는 우연인 것 같지만, 몇 가지 요소가 우연 속의 필연을 만들어 냈다. 그들은 대부분 직업고등학교를 함께 졸업한 동창들이어서 서로 잘 알고 지냈으며, 관계도 좋았다. 주 5일 8시간 일하고, 주말마다 이틀을 쉬었다. 그래서 퇴근 후나 주말에 모임을 자주 가졌고, 소통과 교류의 기회가 많았다.

공장 문화는 노동자들 간의 도구적 관계를 초래하는데, 논의를 진전시키기 위해 '도구적 이성'[31]이라는 개념을 생각해 볼 수 있다. '도구적 이성'은 정해진 목적을 이루기 위해 가장 적절한 수단을 합리적으로 선택하는 것을 말한다. 개념적으로 보면, '도구적 이성'은 자원을 절약하여 가장 효율적으로 목적을 달성하는 것이다. 그러나 무엇이 우리의 목표인지, 적절한 수단은 무엇인지 성찰할 필요가 있다. 공장은 고효율의 생산이라는 목적을 달성하기 위해 노동자를 사람으로 대하지 않는 수단을 선택한다. 이것이 공장의 '도구적 이성'이다. 그 결과 "인류는 나날이 방향감을 잃은 세계에 살게 되고, 이 세계는 어떤 의미도 갖지 못하는 듯하며, 기반이나 설득력 있는 가치 관념을 가지지 않게"[32] 된다. 이처럼 '도구적 이성'은 나쁜 결과를 초래하지만, 자본주의가 가장 신봉하는 논리다. 그것이 자본의 목적을 실현해 주기 때문이다.

한번은 노동관계를 공부하는 중등전문학교 학생과 이야기를 나누었다. 학교에서는 주로 기업 관리를 가르쳤고, 마르크스주의적 노동관계는

---

31 安德魯 · 愛德格著,《哈貝馬斯: 關鍵概念》, 楊禮銀等 譯, 鳳凰出版傳媒集團 · 江蘇人民出版社, 2009, 84頁.
32 같은 책, 85頁.

■ **노동자들이 버린 이불**
2012년 5월 18일 핸드폰으로 찍은 기숙사 아래쪽 풍경이다. 매일 몇 명의 노동자가 떠나면서 생활용품을 버렸다.

■ **기숙사 계단 사이에 설치된 투신 방지 그물**
이 공장은 투신할 수 있는 곳이라면 모두 투신 방지 그물을 설치해 놓았다.

거의 다루지 않았다. 기업 관리는 효율적으로 기업을 관리하는 학문인 것처럼 보이지만, 생산관계라는 가장 핵심적인 문제를 회피한다. 이 또한 자본주의 주류 경제학의 목적이다. '옳고 그름이 없다'는 것이 기업 관리와 인력 자원 관리의 신조지만, 실은 '옳고 그름을 섞어 놓는 것'이 자본주의 문화가 도달하려는 목표다. 그리고 자본주의 문화는 두 가지 측면에서 매우 성공적이었다. 앞서 왕미려는 "사회는 현실적이에요. 공평하고 말고 할 게 없죠. 사회가 공평하다고 할 만한 사례가 없네요"라고 했다. 그녀는 폭스콘에서 매우 고통스럽게 일했다. 일이 고통스럽다는 것은 분명히 잘못된 부분이 있다는 것을 의미한다. 그러나 그녀는 이러한 고통과 '옳고 그름'의 관념을 연결할 수 있는 사상적 기초가 없었다. 사회 또한 노동자가 사회 공평에 대해 성찰할 수 있는 사상적 자원을 제공하지 않았다. 이러한 사회에서는 '옳고 그름'이라는 관념 자체가 없으며, 모든 것이 도구적일 뿐이다.

5. 단짝 만들기

열흘간의 공장 생활을 통해 공장 문이 일종의 공포를 만들어 낸다는 것을 느꼈다. 나에게 공장, 공장 건물, 작업장은 지옥이자 감옥이었다. 수많은 노동자가 비슷한 느낌을 받을 것이다. 수년간 매일 똑같이 공장에서 품팔이를 하면서 노동자들이 의식적으로나 무의식적으로 터득한 대처 방식은 다음과 같다.

이탈 : 감당할 수 없는 모욕을 받았을 때 대다수 노동자는 공장을 떠난다. 문제는 사회 전체가 열악해서 다음 작업장으로 옮겨도 유사한 상황에 부닥친다는 것이다. 극단적 이탈은 이 세계를 떠나는 것이다. 2010년 폭스콘 노동자는 투신을 통해 고통스럽고 절망적인 생활로부터 이탈했다. 이는 노동자 개인의 비극이 아니라 우리 모두의 비극이다.

폭발 : 작은 폭발은 말싸움이고, 이성을 잃은 폭발은 폭력이다. 그리고 이성적인 폭발은 파업이다.

무감각과 현실 도피 : 수많은 노동자가 현실을 잠시 잊을 수 있는 놀이로 도피하며 자신을 무감각 상태로 만든다. 인터넷 게임을 하거나 오락물 동영상을 보는 것 등이 대표적이다.

또한 억압자의 대리인이 되기도 하는데, 그럴 경우 피억압자의 감정을 해소하는 등 장점도 있다. 이는 다음 장에서 자세히 알아본다.

단짝 만들기 : 보편적으로 공장 생활에서는 '단짝 만들기'가 매우 중요하다. 대부분 여성 노동자는 삼삼오오 다니며 출퇴근도 함께한다. 휴식 시간에도 함께 밥 먹고, 퇴근 후에도 함께 물건을 사러 가거나 거리를 구경한다. 즉 영원히 서로 필요한 관계다. 물론 남녀 간에 단짝이 되는 경우도 있다. 룸메이트였던 감숙 출신 여성 노동자들은 같은 직업고등학교를 나와 공장 실습을 함께하고 이곳까지 왔다. 그녀들은 같은 라인까지

는 아니더라도 같은 작업장에 배정이 안 돼 함께 출퇴근하지 못하면 일자리를 옮길 것이다. 이처럼 단짝은 일자리보다 중요하다.

단짝이 중요한 이유는 개인이 처한 조건과 밀접한 관련이 있다. 무시와 멸시가 만연한 일상생활에서 마음을 터놓을 수 있는 단짝은 더욱 중요하다. 속마음을 터놓는 것만으로도 고통과 스트레스가 줄어들기 때문이다. 그러나 단짝은 또 다른 중요한 작용을 한다. 나 혼자 멸시를 받는다면 감당하기 힘들지만, 모두가 멸시를 받는다면 이를 당연하게 여길 수 있다. 800여 명과 함께 공장 배정을 기다릴 때 노예 시장에 팔려 온 것처럼 느껴졌지만, 단짝과 함께인 다른 실습생들은 아무렇지 않아 보였다. 단짝이 있으면 모든 것을 참아낼 수 있고, 지나치게 비관할 일이 아닌 것처럼 느끼게 된다.

많은 상황에서 사람은 자존감을 침해받는 것을 용납하지 않는다. 여러 노동자의 이야기를 들어 보면, 학교를 중퇴한 이유가 자존감이 상하는 말을 들었기 때문이라고 했다. 한 노동자는 고등학교에서 성적이 우수했으나 고모에게 심한 소리를 들었다는 이유로 학교를 중퇴하고 외지로 나가 품팔이를 하게 되었다. 그러나 사람들은 자본 앞에 쉽게 굴복한다. 수많은 노동자가 자신을 먹여 살리는 것이 사장이며, 그에게 저항하면 밥그릇을 빼앗긴다고 생각한다. 즉 자존을 이야기하는 것은 무의미하고 근거가 없다. 이러한 생산관계를 바꾸지 않고서는 노동자의 자존을 이야기할 수 없다.

6. 자본주의 문화의 작용

공장 문화에는 자본주의 문화의 특징이 집중적으로 체현되어 있다.

자본주의 문화는 몇 가지 중요한 목적을 가진다. 첫째, '배금주의'를 감성 및 이성의 차원에서 합리화하여 자본주의 문화의 금전 지상주의와 이윤 제일주의가 근간인 사상과 제도의 길을 닦는다. 둘째, '사람'을 도구이자 '노동 기계'로 순치한다. 셋째, '사람'을 '소비자'로 길들인다. 우리는 생활하기 위해 돈이 필요하지만, 금전과 이익은 사회 복지 및 행복과 관련해 절대적으로 불평등하다. 사람은 노동자이지만, '노동 기계'여서는 안 된다. 사람은 소비자이지만, 소비주의에 침식되어서는 안 된다.

공장 문화는 직접적으로 자본주의 문화에 기여하는데, 그 방식은 다음과 같다. 첫째, 경제적 착취를 '합리화'하고, 심지어 합법적으로 운용한다. 둘째, 노동자의 휴식 시간을 빼앗고 점유해 노동자가 사고할 시간과 능력을 박탈한다. 결국 노동자는 노동 가치 등의 문제를 사고할 능력을 갖추지 못하게 된다. 셋째, 노동자 통제로 인해 작업장에서의 자유와 권리를 상실하고, 도구적인 인간이 될 뿐 사회적인 인간이 되지 못한다.

떠난다 말할 필요 없어요

작사 : 려도(2012년 5월 31일)

당신은 내 다음 작업대에 있어요
당신이 큰 언니라는 것밖에 난 몰라요
큰 언니, 나는 내일 떠나려 해요
당신에게 떠난다 말할 필요는 없어요
나는 그저 한 명의 노동자
나의 의미는 그저 스티커 붙이는 것

당신은 내 앞 작업대에 있어요
당신이 막내라는 것밖에 난 몰라요
막내, 나는 내일 떠나려 해요
당신에게 감사하다고 말하고 싶어요
내가 작업 속도를 못 따라갈 때
당신은 용접을 마치고 전원 조립을 도왔죠

우리는 떠난다 말할 필요가 없어요
내가 떠나면 다른 사람이 오겠죠
우리는 떠난다 말할 필요가 없어요
만남은 헤어짐을 위해서니까
그렇지만
난 당신들을 그리워해요

내가 당신들이니까

제3장

독일 자본 공장에서의 품팔이
― 억압을 내재화한 피억압자

품팔이 생활 일기

2013년 2월 28일부터 3월 15일까지 나는 소주에 위치한 독일 자본 공장의 컨베이어 벨트에서 일했다. 내가 다시 공장 체험에 나선 이유는 다음과 같다. 첫째, 독일 자본 공장이 대만 자본 공장과 어떻게 다른지 알고 싶었다. 인터뷰 중 노동자들이 투자자에 따라 공장의 '좋고 나쁨'을 이야기했는데, 독일-영미-일본/한국-홍콩/대만-중국 민영 순으로 좋다고 했다. 이번 조사 연구를 통해 기업들을 비교하고, 노동자들에게 '가장 좋다'고 평가받는 독일 자본 기업이 어떠한지를 느껴 보고 싶었다. 둘째, 지난번 대만 자본 공장 체험 기간이 너무 짧았고, 나이가 적지 않아 더는 기회가 없을 것 같기도 했다. 지난번 공장 체험을 통해 공장 품팔이의 하루하루가 매우 힘겹다는 것을 알게 되었으니 이번에는 2주간의 품팔이 노동을 해보기로 했다. 독일 자본 공장에서의 체험으로 많은 것을 얻었는데, 중요한 것은 체험 과정, 품팔이 노동의 느낌 그리고 공장 문화에 대한 사례별 관찰과 분석이다.

내가 일한 독일 자본 기업은 1990년대 초 소주에 공장을 세웠고, 현재 1600여 명의 노동자가 일한다.

다음은 품팔이 노동 과정 중에 쓴 일기다.

구직과 면접

2013년 2월 28일 목요일 맑음

소주 직업중개소 거리와 ○○ 독일 자본 공장

08:00   301번 버스를 타고 풍교楓橋 병원에 내려 달화산로達華山路 직업중개소 거리에 도착했다. 인력 자원 회사 세 곳을 찾아갔는데, 독일 자본 공장의 일자리는 매우 적었다. 그중 한 공장이 괜찮아 보여서 바로 면접을 보러 갔다.

11:00   인력 자원 회사와 이야기를 나눴다. 12시에 회사 입구에서 만나 면접 장소로 데려다주겠다고 했다.

11:30   근처 사천 요릿집에서 밥을 먹었다. 감자볶음이 8위안, 쌀밥 한 그릇이 2위안이다.

12:30   인력 자원 회사 직원이 내 신분증을 달라고 했다. 그는 고무줄로 묶은 신분증을 여러 묶음 갖고 있었다. 내 신분증은 따로 뒀는데, 나만 독일 자본 공장으로 가야 했기 때문이다. 그는 사람들을 공장별로 나눠 승합차에 태웠다. 1990년대 북경에서 유행한 빵 모양의 작은 승합차에 14명이나 타서 마치 터지기 직전의 자루 같았다.

13:00 공장 입구에 도착했다. 차에서 내려 기다리자 몇 명이 더 와서 총 남성 2명, 여성 6명이 모였다. 공장 내로 인솔되어 빌딩 속 사무실로 갔다. 우리에게 종이를 나눠 주더니 표의 빈칸을 채우라고 했다. 성명, 연령, 혼인 여부, 친척 관계, 신분증 번호, 학력, 경력, 이직 이유, 병력, 특기 등이다. 그러고 나서 면접을 봤다. 인력 자원 부서의 한 여성이 말했다. "이 공장은 초과 근무가 적어서 다른 전자 공장보다 임금이 적어요. 그리고 이곳은 3교대로 일합니다. 지금은 주로 오전과 오후에 근무하지만, 성수기에는 야간 근무도 있어요. 이것도 고려해야 합니다." 그런 후 신체검사 결과와 등록 시 안내 사항이 적힌 종이 한 장을 건네고는 내일 오후 ○○ 인력 자원 회사에 가서 계약서를 쓰라고 했다.

신체검사와 계약서

2013년 3월 1일 금요일 비

화학 공업 직업병 예방 병원 및 화산로 직업중개소 거리

06:00 기상

06:30 300번 버스를 타고 26개 정류장을 지나 신시교북新市橋北 정류장에 내려 병원 도착.

07:10 병원에는 4개의 입구가 있고, 입구마다 열 명 남짓 줄을 서 있다. 비가 내린다. 검사 항목은 혈액, 소변, 심전도, 엑스레이, B형 초음파, 안과, 이비인후과, 내과, 외과 등이다. 검사료는 60위안으로, 검사 항목이 많으면 75위안에서 120위안까지 나오는 경

우도 있다. 노동자들은 질서를 잘 지키는데, 의사들의 태도가 좋지 않다. 나이 많은 이비인후과 의사가 대기자가 조금만 문 안쪽으로 들어오면 방해된다며 큰소리를 치며 내쫓았다. 그가 나를 밀치려 해서 "밀지 말아요!"라고 소리쳤더니 깜짝 놀란 그가 그 후부터는 우리를 함부로 대하지 않았다.

심전도 검사를 할 때는 가슴을 드러내야 해서 여성만 모여 있었는데도 난처했다. 다른 여성들도 동작이 느리다고 의사가 큰소리를 치는 바람에 어쩔 줄 몰라 했다. 나는 의사에게 싫은 소리를 듣기 싫어서 미리 준비했다. 정말이지 가슴을 내놓은 채 욕먹고 싶지는 않았다.

09:00 　　검사를 마치고 나오는데 줄 선 사람이 더 많아졌다. 그들은 대형 버스를 타고 병원에 왔다.

12:30 　　버스를 타고 계약서를 쓰러 인력 자원 회사로 갔다.

13:10 　　인력 자원 회사 도착. 13명이 계약서를 썼는데, 3명이 남성, 10명이 여성이다. 직원이 2장의 종이를 나눠 줬다. '직원 수칙'은 읽어 본 후 서명하라고 했고, '상황 조사표'에는 빈칸을 채우게 했다.

14:30 　　같은 직원이 노무 파견 계약서 3부씩을 나눠 줬다. 한 노동자가 "하나는 우리에게 주는 건가요?"라고 물었다. 직원은 "아직 도장을 찍지 않아서 가져가 봐야 소용없어요"라고 했다. 나는 "도장 찍은 후엔 우리에게 주나요?"라고 물었다. 그녀는 "당신들 관리하는 독일 자본 회사에 달라고 해요"라고 대답했다. 내가 다시 "우리는 당신들과 계약하는데 왜 회사에 달라고 하나요?"라고 했

더니 그녀는 "이건 우리가 관리하지 않아요. 처음 여러분이 만난 사람에게 달라고 하세요"라고 했다.

우리는 그녀에게 직원 수칙, 상황 조사표, 졸업 증명서 사본(해당자), 신분증 사본 3부, 노무 파견 계약서 3부 등을 제출했다. 그중 신분증 사본 1부는 10위안의 수수료를 더해서 파견 업체가 중국은행 카드를 만들어 월급을 지급하는 데 쓴다.

노무 파견 업체 직원들은 사소한 일에도 우리를 다그치며 명령했다. 내가 은행 카드를 만들어야 하나 주저하고 있었더니 그녀는 큰 소리로 나를 나무랐다. "당신, 왜 그렇게 꾸물거려요? 빨리 좀 해요. 내가 얼마나 바쁜데!" 나는 그녀의 눈을 똑바로 보며 말했다. "지금 이 일이 당신 일 아닌가요?" 깜짝 놀란 그녀는 다음부터 나를 상대하지 않았다. 그런 후 다른 사람들도 그녀의 질책에 맞서기 시작했다. 그녀는 우리에게 월요일 8시 30분까지 독일 자본 공장 입구로 오라고 통보했다.

작업장 배치 전 교육

2013년 3월 4일 월요일
독일 자본 공장 사무동 회의실

07:30　　　　공장 입구에 도착해 8시 20분까지 사람들을 기다렸다. 다 모이니 남성 3명, 여성 5명이었다. 계약할 때보다 5명이 줄었다. 누군가 나와서 우리를 사무동 회의실로 데려갔다.

08:30～9:30　　　　독일 자본 회사 인력자원부 직원 요(姚, 야오)

가 교육을 진행했다. 그녀가 자기소개한 뒤 오늘 일정을 알려 줬다. 그리고 회사의 역사와 현황, 직원의 성장, 임금, 청결 및 질서 규정, 노동 기율 등을 안내했다. 그녀는 2007년부터 이곳에서 일했다고 한다. 그녀가 교육 중에 우리와 눈을 마주치는 게 꽤 인상적이었다. 그녀는 우리를 존중했고, 솔직하며 진지했다. 마지막에는 오늘 배운 내용에 대해 오픈 북 테스트를 했다.

[표9] 소주시 ○○ 독일 자본 공장 파견 노동자의 임금 및 복지

명세	지급액(월)
고정 월수입	**2200위안**
최저 임금(초과 근무 수당 기준)	1522위안
고정 수당	140위안
파견 수당	150위안
주거 보조(주택 적립금 납부자 제외)	110위안
상여금(1개월 근속 이후)	250위안
오후 및 야간 근무 수당	6~26위안
기타 수입	**800~1500위안**
초과 근무 수당(실제 초과 근무 시간에 따라 계산 / 월 36시간 이내)	500위안
초과 달성 수당(실제 생산량에 따라 계산)	300~1000위안
합계	**3000~3700위안**
사회보험료	226.1위안
근무 중 식사 제공, 오전/오후 근무자 출퇴근 셔틀버스 제공, 국가 규정에 따라 사회보험 납부, 생일 상품권 지급	

09:30~10:20   인력자원부 직원 조(趙, 자오)가 환경, 직업 건

강 및 안전에 대해 교육했다. 그녀는 우리를 깍듯하게 대하며, 중간중간 사례를 들어 설명했다. 그녀도 자기소개를 먼저 했고, 교육이 끝난 후 오픈 북 테스트를 했다. 그 후 1시간을 대기했는데, 이유는 아무도 알려주지 않았다.

11:20~11:30　　한 남성이 급히 들어와 교육을 시작했다. 어떤 상황에 벌금을 무는지, 병가를 낼 경우 임금은 어떻게 계산하는지, 임금 및 근태 시간 단위의 차이 등을 설명했다. 그는 자기소개를 하지 않았고, 빠르게 설명하더니 이해되지 않으면 질문하라고 했다. 질문이 없자 그는 황급히 자리를 떠났다.

12:00　　누군가 와서 우리를 식당으로 데려갔다. 식사 후 회의실로 이동해 계속 교육을 받았다.

13:00~14:00　　한 여성이 품질 관리에 대해 강의했다. 그녀도 자기소개를 하지 않았고, 우울한 표정으로 기계처럼 1시간 교육을 끝냈다. 품질 관리의 목표는 고객의 요구를 만족시키고 고품질을 유지하는 것이라고 했다. 그녀는 보존 문서에 대해서도 특별히 강조했다. 마지막으로 재료, 사람, 기계, 방법(공예), 환경의 관계를 설명하고, 오픈 북 테스트를 했다.

14:10~15:00　　인력자원부 직원 진(陳, 천)이 교육장에 들어오더니 "안녕하세요?"라며 90도로 허리를 굽혀 인사했다. 그는 자신의 이름, 전화번호, 이메일을 화면에 띄워 자기소개를 했다. 그의 컴퓨터 바탕화면에 "량장(梁莊, 량좡)의 중국"[33]이라는 파일이 보였

33　[역주] 梁鴻, 《中國在梁莊》, 江蘇人民出版社, 2010. 도시화 과정에서 발생한 잔류 아동, 노인 복

는데, 심장이 쿵쾅댔다. 그는 '정보 보안'에 대해 강의했다. 인력자원부 직원 중에서 그가 가장 인상 깊었는데, 그는 강의 중에 자주 '샛길'로 빠졌다. 갑자기 그가 "여러분은 생명보다 값진 게 뭐라고 생각하나요?"라고 물었다. 우리는 서로 쳐다볼 뿐 아무도 대답하지 않았다. 그는 "스티브 잡스Steve Jobs의 최후는 어땠나요? 목숨은 돈으로 살 수 없죠. 그럼 생명보다 값진 것이 무엇일까요? 우리는 과거 전쟁과 공산당 혁명 시기에 피 흘린 역사를 잘 알고 있습니다. 요즘 사람들은 그 사실에 의문을 품기도 해요. 저는 그분들께 의심하지 말라고, 그렇지 않으면 지금 천안문 안쪽에 국민당이 있었을 거라 이야기합니다. 그래서 공산당 사람들에게는 목숨보다 더 귀한 것이 있는 겁니다"라고 말했다. 다른 사람들의 표정을 보니 멍해 보였다. 그는 본래의 주제로 돌아와 돈으로는 목숨도, 명예도 살 수 없다고 했다. 또한 제품에 품질 문제가 생겨 명예가 실추되면, 이 손실은 돈으로 메울 수 없다고도 했다. 그가 또 물었다. "지금의 100위안은 10년 후 얼마가 될까요?" 누군가 10위안이라 답했고, 다른 이는 1위안이라고 했다. 그는 "아마 10위안 정도 되겠죠. 돈은 왜 갈수록 값어치가 떨어질까요? 인간의 욕망이 팽창하기 때문입니다. 욕망의 팽창이 재산의 증식을 초과하기 때문이에요. 돈을 계속 찍어 화폐가 늘어나니 가치가 점점 떨어지는 거죠"라고 했다. 그리고 노동자의 임금은 서로 다르므로 기밀이라고 했다. "여러분은 임금이 같은 게 좋나요, 다른 게 좋나요?" 모두 임금이 다른 게 좋

지, 교육, 의료 문제 등 중국 농촌의 현실적 위기를 담은 르포.

다고 대답했다. 그래야 경쟁할 것이기 때문이다. 그가 말했다. "저는 임금이 서로 같은 게 좋다고 생각합니다. 저는 게으른 편이고, 경쟁을 좋아하지 않거든요. 현재 우리 임금은 전前 세대보다 높습니다. 우리 생활도 전 세대보다 나아졌죠. 하지만 우리가 전 세대보다 더 행복하다고 할 수는 없습니다. 오늘 제 이야기 가운데 적절치 않은 부분이 있더라도 용서하세요. 여러분은 모두 성인입니다. 성인은 그만큼의 그릇이 있지요. 부디 용서를 바랍니다." 마지막으로 그는 "한마디만 더 드리자면, 퇴근 후 천천히 가세요"라는 말을 다섯 번 반복했다. "요즘 사람들 시야는 '더 높이, 더 세게, 더 빨리'로 가득 차 있습니다. 그래서 퇴근하고 천천히 가라고 강조하는 겁니다. 이건 품질 관리와도 상관이 있습니다. 퇴근하기 전에 각 업무에 대해 점검하고 가야 합니다." 교육이 끝나자 마음이 요동쳤다. 회사에서 이렇게 특별한 사람을 만나게 되리라고는 생각지 못했기 때문이다. 다른 동료들의 반응이 궁금해 물었더니 그가 말을 너무 제멋대로 한다고 했다. 나는 그가 제일 마음에 든다고 했더니 한 여성 노동자가 "그가 예의 발라서 좋게 본 거예요?"라고 물었다. 나는 "맞아요. 예의도 바르고 진실했어요"라고 답했다. 그녀는 "그가 허리 굽혀 인사하는데 감히 쳐다보지 못했어요. 어떻게 해야 할지 모르겠더라고요"라고 했다.

업무 배치 전 교육이 끝났다. 내일 오전 8시 30분에 식당 입구에 집합해야 한다. 작업장 투입 전 교육을 받아야 하므로 8시 15분 이전에 공장에 도착해 카드를 찍어야 한다.

공장 교육 및 생산 라인 투입

2013년 3월 5일 화요일

독일 자본 공장 2부 3작업장

06:00 　기상

06:30 　아침 운동

07:00 　기숙사에서 나와 1위안짜리 채소 찐빵 2개와 1.5위안 짜리 흰 죽 한 그릇을 먹었다.

07:20 　10분을 걸어 정류장에서 셔틀버스를 기다렸다.

07:45 　셔틀버스 탑승

08:03 　공장 입구 도착

08:30~10:00 　제2작업장 회의실에서 공장별 교육. 교육 담당자가 제3작업장의 교육 강사였는데, 예의 바르고 인내심이 있었다. 그녀는 출퇴근 카드, 휴가 절차, 잔업 제도, 문명화 협약, 안전 수칙 등이 포함된 '제조 2부 신입 직원 고지서'를 나눠 주며 하나씩 설명했다. 특히 병가 절차를 자세히 설명하며, 작업장 주임 및 반장의 이름과 전화번호를 받아 적게 했다. 만약 아프거나 일이 있어 휴가를 낼 경우 반드시 사전에 전화해야 불필요한 일을 예방할 수 있다고 했다. 그녀는 업적 심사와 임금이 연관되어 있다고 소개하면서 업무 요구 수준에 도달하면 임금이 전액 지급되고, 미달하면 임금이 깎이며, 초과 달성할 경우 상여금이 지급된다고 했다. 신입 직원은 점진적으로 숙련되기 때문에 첫 달은 70%, 두 번째 달은 90%, 세 번째 달은 정상적으로 업적 심사를 한다. 근무 시간표

를 나눠 줬는데, 오전 조는 6시 30분부터 15시까지, 주간 조는 8시 15분부터 16시 45분까지, 저녁 조는 15시부터 23시 30분까지, 야간 조는 23시 30분부터 다음날 아침 6시 30분까지다. 오전, 주간, 저녁 조는 30분의 식사 시간이 포함되어 있다. 사직할 경우에는 3일 전에 작업장 주임에게 사직서를 제출하고 서명을 받아야 한다. 그리고 교육 강사에게 사직서를 제출한다. 사직서는 주 2회 오후 시간에 접수할 수 있다. 그러면 교육 강사의 상담 시간(주 2회 오전)에 부장이 사직서를 회수하고, 인사부에서 수속을 마친다. 이 절차만 잘 준수하면 사직이 되고, 임금 이전 수속도 마칠 수 있다. 교육 강사가 우리 숙소에 셔틀버스 정류장이 있는지 확인해 줬다. 8명 중 한 명은 공장 맞은편에 살아서 정류장이 가까웠다. 나머지는 거리가 좀 있었고, 내 숙소는 한 정거장 거리로 가까운 편이었다. 이곳은 소주의 대만 자본 공장과는 매우 다르다. 그곳에선 이런 교육 과정이 전혀 없었고, 휴가나 사직 절차도 알려 주지 않았다.

10:30　　교육 강사가 우리를 작업장 주임인 종(鐘, 중)에게 데려 갔다. 중년인 그녀는 앉아 있었고, 우리는 선 채로 업무 배정을 받았다. 이곳은 하루 8시간 근무에 특근도 36시간을 넘을 수 없어 다른 공장보다 임금이 적다고 했다. 대신 언제든지 화장실에 갈 수 있고, 휴게실에서 물도 마시고, 전화도 하고, 음식도 먹을 수 있다고 했다. 우리는 3개 작업반에 배정됐고, 여성들은 같은 작업반에 배정됐다. 게시판에 관리 층 구조와 관리자 소개가 붙어 있었다. 우리 사업부의 부장과 작업장 주임, 작업반장은 모두 여성이며, 3개 작업장에 5개의 작업반이 있다.

■
작업장 의자와 발판
라인의 한 작업대. 등받이가 있고 높이 조절이 가능한 의자가
있어 앉아서 일할 수 있다. 하지만 생산 증대를 위해 다음 달에
의자를 치운다고 라인장이 말했다.

우리 작업반의 이 반장을 찾아갔다. 사물함은 2주 후에나 사용할
수 있다며 우리의 옷과 가방을 그녀의 사물함에 넣어 줬다. 그녀는
나와 다른 한 여성 노동자를 같은 라인에 배정했다. 그녀는 친절했
지만, 일하는 동안 말을 걸어 본 적은 한 번도 없다.

라인장의 첫인상은 아주 좋았다. 그녀는 내 직원 카드에 적힌 방방
(芳芳. 팡팡)이라는 이름을 보더니 내가 일하는 동안 계속 그 이름을
불렀다. 그녀는 이 공장에서 유일하게 내 이름을 불러 준 사람이다.

라인에서는 앉아서 일할 수 있다는 게 가장 좋았다. 게다가 앉아
있을 때 발과 다리의 피로를 풀 수 있는 발판도 있었다.

라인장과 선배 노동자들의 지도로 나는 빠르게 한 작업대의 임무
를 완성할 수 있었다.

현지 노동자와 외지 노동자

2013년 3월 6일 수요일

독일 자본 공장 생산 라인

05:00   기상

05:30   출근 전 찐빵 2개와 죽 한 그릇을 먹었다.

05:45   한 정거장을 걸어 셔틀버스 정류장 도착. 6시 10분까지 기다렸지만 셔틀버스가 오지 않아서 다른 버스를 탔다.

06:25   공장 도착

06:30   생산 라인에서 업무 시작. 오늘 업무는 받침을 만드는 것으로, 생산 라인의 첫 번째 작업이다. 이곳 라인의 컨베이어 벨트는 대만 공장과 다르다. 이곳은 앞쪽 작업자가 초급 제품을 만들면 자동으로 다음 작업자에게 전달되는 것이 아니라 윤활 트랙에 집적됐다가 다음 작업자에게 전달된다. 내 업무는 일정한 과정을 거쳐야 한다. 마지막에 2개의 부품을 받침 아래에 끼워야 하는데, 부품이 너무 얇아서 엄지로 구멍에 끼워 넣어야 했다. 이 동작은 손가락의 살과 철제 부품 사이의 '힘겨루기'다. 계산해 보니 대략 45초마다 하나의 초급 제품을 만들 수 있었다. 45초마다 2개를 끼우니 8시간이면 1280개의 부품을 엄지로 끼워 넣는 셈이다. 이렇게 종일 일하니 엄지가 푸르게 변하고 따가웠다. 그나마 장갑을 낀 오른손은 왼손보다 좀 나았다. 하지만 그 얇은 면장갑은 철심을 보호하기 위한 것이었다. 손이 철심에 직접 닿아서는 안 되기 때문이다.

우리 생산 라인에는 14명의 노동자가 일한다. 그중 2명은 오늘부터,

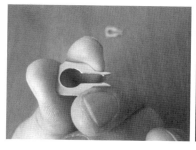

손가락과 부품 사이의 힘겨루기
손가락으로 구멍에 넣어야 하는 부품. 첫날 엄지로 밀어 넣었더니 손가락이 너무 아파서 반창고를 손가락에 둘렀다. 일주일이 지나자 엄지에 굳은살이 박였는데, 거친 일을 하는 노동자들이 왜 손힘이 센지 왜 부딪혀도 쉽게 다치지 않는지 이해가 됐다.

다른 2명은 어제부터 일했다. 남성은 1명뿐이고, 새로 온 4명을 제외한 나머지는 소주 현지인이다. 그들은 서로 웃으며 일하는데 집처럼 편안해 보인다. 하지만 그들이 소주 말로 이야기해서 나는 알아듣지 못했다.

오래 근무한 노동자들은 일할 때 거리낌이 없다. 예를 들어 하품을 엄청 크게 하는데, 그 모습에 옆 사람들이 모두 즐거워한다. 또 다른 뚱뚱한 여성 노동자는 "나 똥 싸러 가"라고 말하며 큰 걸음으로 뒤뚱거리며 화장실에 가서 우릴 웃기기도 한다. 하지만 나처럼 신입이자 외지인은 대놓고 화장실에 가지 못할 뿐만 아니라 방귀 뀌는 것도 조심스럽다.

오래 근무한 노동자들이 빈 상자를 '쿵'하며 땅에 던지듯 내려놓아도 아무도 뭐라 하지 않는다. 하지만 나는 매우 조심스러웠다. 빈 상자는 황색 선 안에, 작은 상자는 큰 상자 안에 넣어야 하는데 잘못했다가는 주의를 들을 것이기 때문이다. 편하게 물도 마시고 화장실에도 갈 수 있다곤 하지만, 다음 작업자가 제품을 기다리고 있고 내 작업 속도도 느리기 때문에, 식사할 때나 화장실 갈 때 외에는 8시간 내내 작업대에 앉아서 일해야만 했다.

라인장은 여전히 잘 대해 준다. 다섯 번 정도 부품 끼우는 걸 빠뜨렸는데, 그녀는 나를 안심시키며 "괜찮아. 처음엔 못하는 게 정상이지"라고 했다. 그래서 틀리지 않으려고 더욱 애를 썼다.

오전에는 나의 작업 속도가 너무 느려서 다음 작업자가 건너와 잠시 도와줬다. 눈치가 보여 속도를 더 내자고 스스로 다그치고, 점심 식사 후에도 쉬지 않고 제품을 만들었다. 그랬더니 오후부터는 속도가 붙었다.

오후에 누군가 조별 교육 완료 확인서를 가져와 서명하라고 했다. 교육 내용이 적힌 종이와 자재 수령지다. 직접 자재를 가져올 수도 있는데, 아무도 설명해 준 사람이 없었다.

퇴근 20분 전에 라인장이 바닥 청소를 시켰다. 앞으로 바닥 청소는 내 책임이라고 했다. 경험 많은 선배 노동자들은 이 시간을 이용해 작업을 더 했다.

인상 깊었던 건 깨끗한 화장실이다. 늘 청소하는 사람이 있고, 화장지도 있다. 휴게실도 깨끗하고, 온수와 정제수가 나오는 정수기가 2대 있다. 휴게실에는 긴 의자 2개가 있다.

오후엔 볶음밥을 먹었다. 한 동료가 배식하는 사람에게 좀 더 달라고 했다. 밥 푸는 동작이 느리면 노동자들에게 핀잔을 듣는다. 작업장과 근무 시간에 따라 식사 시간도 달라진다. 사람이 너무 몰리지 않게 하기 위해서다. 식당 밥은 먹을 만하다. 고기반찬 두 가지,

채소 반찬 두 가지, 탕, 죽, 과일, 음료 등이 나오고, 가끔 면 요리나
만두도 나온다.

신입 네 명

2013년 3월 7일 목요일
독일 자본 공장 생산 라인

05:10 기상
05:40 너무 피곤해서 찐빵 하나와 죽 한 그릇을 먹었다.
05:55 단지를 나와 1위안짜리 버스를 탔다.
06:15 공장 도착. 나와 함께 공장에 들어온 소염(小豔, 샤오옌)
은 31세로, 네 살짜리 딸과 한 살짜리 아들이 있다. 고향은 강소 서
주徐州의 농촌이다. 그들은 약 50만 위안을 들여 서주 읍내에 집을
사 놓았다. 그녀 부부는 소주의 채소 시장 좌판에서 2년 가까이 채
소를 팔았는데, 하루도 쉬지 못한 채 늦은 밤에 채소를 나르고 낮
에는 장사를 했다. 지금은 남편의 사촌이 호텔 식자재 공급 일을
넘겨줘서 남편이 대형 면허를 따기를 기다리는 중이다. 부부는 채
소 시장 좌판을 다른 사람에게 넘기고 이곳으로 왔다. 그녀의 첫
번째 공장 노동인 셈이다.
하루 먼저 들어온 두 신입은 우리보다 어렸다. 하나는 성격이 까다
로워 누구와도 이야기하지 않았다. 다른 하나는 매우 활발한 성격
이고, 이름은 가려(佳麗, 자리)다. 가려는 직업고등학교 학생으로, 달
방達方전자에서 두 달간 실습하다가 너무 힘들어서 그만뒀다. 졸업

장은 돈만 주면 살 수 있는데, 학교에서 더 배울 게 없어 이곳으로 왔다고 했다.

성격이 까다로운 신입은 일하는 모습이 어수룩해 보였다. 라인장이 다 쓴 상자를 갖다 두라고 하자 그녀는 어쩔 줄 몰라 했다. 답답해진 라인장이 그녀에게 소리를 질렀다. "어디서 이런 바보가 왔대! 머리는 어디에 쓰는 거야?" 행여 나도 라인장에게 혼날까 봐 걱정이 되어 더 조심하며, 라인장이 지시한 일을 하나하나 기억하려 애썼다. 간단한 일일수록 잘못하면 싫은 소리를 들을 것이기 때문이다. 점심시간에 가려는 "저 늙은 아줌마 정말 싫어. 욕만 하고"라고 했다. 나는 라인장에게 혼날까 봐 무서워서 정말 열심히 하고 있다고 했다.

공장에 들어갈 때 내 신분은 하남 출신의 31세였다. 라인장이 결혼했느냐고 물어서 불필요한 질문을 피하려고 "전 독신주의예요. 결혼은 사서 고생하는 거죠"라고 대답했다. 같은 라인의 여성 노동자가 "정말 쿨하네요"라고 대꾸했다. 그 이후로 누구도 내 사생활을 묻지 않았다.

화장실은 공장 한편에 있는데, 작업 속도가 늦을까 봐 종일 한 번밖에 가지 않았다. 하지만 그 딱 한 번 화장실에 갔다가 돌아오는데 라인장이 말했다. "앞으로는 우측으로 가도록 해. 돌아가지 말고." 어느 '노땅' 노동자도 거들었다. "그러게 말이야. 가까운 길 두고 멀리 가기에 이상하다고 생각했어." 나는 속으로 '당신들 정말 감시 카메라 못지않군요'라고 되뇌었다. 종일 꼼짝 않고 앉아 있어서 좀 걷고 싶었다. 화장실 가는 것조차 남의 시선을 느끼는 것이 여간 불편한 게 아니다.

오늘은 식당에서 네 번째 밥을 먹었다. 음식은 매번 바뀌었지만 며칠 먹으니 지겨웠다. 그래도 점심시간은 즐겁다. 배식 노동자가 우리에게 "안녕하세요"라고 인사했다.

머릿속이 텅 빈 하루

2013년 3월 8일 금요일

독일 자본 공장 생산 라인

어제와 마찬가지로 5시 반에 일어나 6시 15분에 공장에 도착했다. 오늘 오전에 화장실에 한 번 갔고, 점심시간에 한 번 더 갔다. 오후 4시간 동안 계속 앉아서 일했고, 화장실엔 가지 않았다.

제일 무서운 것은 '노땅'들이 건너와 일을 도와주는 것이다. 그럴 때면 내가 참 쓸모없다고 느껴진다. 한번 그러고 나면 속도를 내려고 애쓰며 마음이 조급해진다. 그때마다 평상심을 유지하자고, 괜찮다고 되뇐다. 난 이미 최선을 다했으니까.

작업 중에 머릿속이 텅 빈 듯했다. 오로지 '빨리, 더 빨리'만을 생각했다.

오늘은 입맛이 아예 없다. 고기를 보니 토할 것 같아 면 요리를 한 그릇 먹었다.

오후에 라인장이 다음 주 저녁 조 근무를 통보했다. 오후 3시에 출근해 밤 11시 30분에 퇴근한다. 라인장은 일반 작업원과 똑같이 출퇴근한다. 반장은 매일 주간 근무를 한다. 아침 8시 15분에 출근해서 오후 4시 45분에 퇴근한다.

가려의 남자 친구

2013년 3월 11일 월요일

독일 자본 공장 생산 라인

14:25   셔틀버스 정류장 도착

14:45   공장 도착

14:55   작업 시작

오늘 소염이 출근하지 않았다. 하지만 아무런 관심도, 언급도 없었다. 너무 궁금해 라인장에게 물었다. "오늘 소염이 안 나왔는데, 혹시 당신한테 이야기하던가요?" 라인장은 "내가 묻고 싶은 거였는데, 너도 모르는구나. 그런데 이런 일은 익숙하단 말이야. 가끔 둘째 날부터 안 나오는 애들도 있어. 2시간 만에 갑자기 사라진 경우도 있고"라고 했다. 이렇게 한 사람이 사라졌다. 지난주까지 그가 존재했음이 사실이 아닌 것만 같다. 그녀에게 무슨 일이 생긴 걸까? 지난주만 해도 매일 같이 밥을 먹었는데.

지난 토요일 노땅들만 특근했다는 걸 오늘에야 알았다. 특근은 마치 '복지' 혜택 같은 것이다.

오후 5시, 작업 시작한 지 2시간 만에 밥을 먹었다. 앞으로 6시간을 더 일해야 하는데 정말 견디기 어려웠다. 나만 이렇게 느끼는 건 아니었다. 이번 주에는 가려와 오후에 같이 출근하자고 약속했다.

버스에서 내려 공장 입구에 갈 때마다 가려는 "너무 힘들어서 못 버티겠어. 정말 출근하기 싫어"라고 했다. 그녀는 달방전자에서 나온 뒤 다른 공장에서 이틀 일했는데, 너무 힘들어서 그만뒀다고 했다. 달방전자에선 그나마 가끔이라도 앉을 수 있었는데, 그곳에선 12시간 꼬박 서서 일했다고 한다. 그녀는 "지금은 8시간밖에 안 되는데 허리와 다리가 왜 이렇게 아플까?"라고 했다.

우리는 100여 명이 동시에 퇴근한다. 그런데 출퇴근 카드기가 2개밖에 없어서 밤 11시 30분이 되면 그 앞이 매우 붐빈다. 카드기가 인파에 밀려 넘어갈 것 같다.

셔틀버스는 단지 바로 앞 정류장까지만 간다. 그래서 한밤중에 숙소까지 걷는 게 마냥 불안하다. 23시 30분에 퇴근하는데, 가려의 남자 친구가 공장 밖에서 우리를 기다리고 있었다. 그는 가려를 위해 가죽점퍼를 가져왔다. 오토바이가 작아서 내가 뒤에 타고, 가려는 앞에 쭈그려 앉았다. 셋이 한 대의 오토바이를 타는 건 위험해 보였지만, 사양하기 힘들었다. 게다가 더 나은 방법도 떠오르지 않았다. 곧 방전될 것만 같은 오토바이로 숙소까지 가는 데 15분 걸렸다.

그들 둘이 사는 셋방은 약 10평으로, 470위안의 월세를 낸다. 독립적인 시설은 없다. 나는 친구가 4년 전에 빌린 철거민 수용 지구의 친구 셋방에서 산다. 당시 월세는 900위안이었다. 이후 월세가 전반적으로 올랐지만, 오랜 세입자임을 감안해 집주인이 지난해부터 1450위안으로 약간만 올려 받았다(새로 입주한 경우는 같은 집의 월세가 1600~1800위안이다). 그 집에는 방 3개, 거실, 주방과 화장실이 있었다.

알맹이 없는 대화

2013년 3월 12일 화요일

독일 자본 공장 생산 라인

오늘 웃긴 이야기를 들었다. 우리 라인의 '노땅' 노동자와 가려의 대화였다. 이 '노땅'은 43세로(아무도 소개해 주지 않아서 그녀의 이름은 모른다), 이곳에서 일한 지 10년 되었다. 가려의 대답엔 알맹이가 없었다.

노땅이 물었다. "너 남자 친구랑 같이 살지?"

가려가 답했다. "설마요. 같이 안 살아요." (가려는 남자 친구와 같이 산다.)

노땅이 물었다. "직업고등학교 졸업했니?"

가려가 말했다. "네." (가려는 학교를 졸업할 생각이 없다.)

노땅이 물었다. "5월엔 왜 휴가를 내는 건데?"

가려가 답했다. "설날에도 집에 못 갔고, 집에 일도 있고 해서요." (가려는 15일 휴가를 내서 남자 친구 집에 갈 생각이다. 만일 휴가를 못 내면 공장을 그만두려 한다.)

마찬가지로 노땅의 대답에도 알맹이는 없었다.

가려가 물었다. "여긴 근속 수당이 있나요?"

노땅이 말했다. "없어." (나는 믿지 않았다.)

가려의 남자 친구가 오토바이 앞에 태울 때 쓰려고 작은 앉은뱅이 의자를 가져왔다. 어제 오토바이에 셋이 타서 그런지 힘에 부쳐서 2

위안을 주고 충전해 왔다고 했다. 그래도 여전히 오토바이는 힘에 부쳐 보였다. 너무 오래된 오토바이어서 그럴 수도 있고, 셋의 무게가 무거워서일 수도 있다. 특히 내가 너무 크다.

라인장이 47세이고, 이 공장에서만 20여 년 일했다는 걸 오늘에야 알았다. 이곳엔 10년 일한 사람도 있고, 6~7년 일한 사람도 있다.

작업 시수 계산법

2013년 3월 13일 수요일

독일 자본 공장 생산 라인

오늘은 라인장이 다른 라인에 가서 일하라고 했다. 어제 그녀들이 현지 언어로 말하는데, 가끔 표준어 몇 마디가 들렸었다. 그들은 휴가를 배분하고 있었다. 노땅들은 돌아가며 휴가를 내는데, 다른 라인의 여럿이 같은 시기에 휴가를 내서 사람이 부족하다고 했다. 오늘 내 작업은 훨씬 지루했다. 초급 제품은 작은 나사 2개와 큰 나사 2개 그리고 서로 합체되는 2개의 플라스틱 덮개로 구성된다. 플라스틱 덮개 하나를 깔고 작은 나사와 큰 나사를 끼워서 다른 덮개와 합체하면 된다.

작업 시수를 어떻게 계산하는지 오늘에서야 알았다. 지난주 화요일부터 매일 오전 라인장이 중문과 영문의 작업 시수 표를 가져와 서명을 받아 갔다. 전날의 내 작업 시수를 확인하라고 해서 처음에는 그냥 서명했지만, 두 번째는 용기를 내어 물었다. "혹시 설명 좀 해 줄 수 있나요? 그저 작업 시수를 어떻게 계산하는지 알고 싶어서요." 하지만 그녀가 너무 빨리 설명해서 이해할 수가 없었다. 곤혹스러운 내 눈빛을 보더니 그녀가 말했다. "다시 설명해 달라고요? 질문 있으면 반장을 찾아가요." 나는 침묵했다. 그 후 며칠 동안 그녀는 매일 아침 내게 서명을 받으면서 말했다. "70% 표준에 따라서 할당을 다 한 걸로 칠게요. 어차피 다 같이 하는 거니까." 나는 그녀에게 감사의 인사를 했다.

아침에 라인장이 작업 시수 표에 서명받을 때 표에 적힌 제목과 숫자를 자세히 보니 336이라는 숫자가 보였다. 어제 내가 336개의 작업 시수를 완성했음을 뜻한다. 다시 용기를 내서 작업 시수를 어떻게 계산하는지 물었다. 하지만 그녀도 너무 빨리 설명해서 제대로 이해할 수 없었다. 라인장이 간 뒤 이쪽 라인의 뚱보 라인장이 말했다. "작업 시수에 관해 물은 거야? 알아듣겠어?" 나는 잘 모르겠다고 대답했다. 뚱보 라인장이 가려는데 서둘러 물었다. "지금 내가 작업하는 제품은 작업 시수가 얼마인가요?" 그녀는 "0.26"이라고 대답하고는 가 버렸다. 한참 생각하고 나서야 이해됐다. 하루 8시간 일하면 총 480분이다. 작업자마다 완성한 공정이 하나의 작업 시수가 된다. 오늘 내가 작업한 제품은 0.26 작업 시수로 쳐 준다는 것이다. 따라서 내가 작업한 제품 개수와 제품 작업 시수를 곱하면 오늘 나의 작업 시수가 결정된다. 나의 작업 시수가 480분에 도달하면 임금 전액을 받고, 그렇지 않으면 임금이 삭감된다. 초과 달성하면 초과 달성 보너스를 받는다.

계산해 보니 오늘 나는 736개를 만들었고, 개당 0.26 작업 시수가 적용된다. 그러면 오늘 나의 작업 시수는 191.36이다. 그러면 70%

가 적용된다. 따라서 (전액을 받으려면 480분의 70%인) 336 작업 시수를 채워야 한다. 결국 오늘 내 임금은 삭감된다. 내가 이해한 것이 맞다면, 나는 임금의 57%밖에 받지 못한다. 그러니 더욱 속도를 내야 한다. 이 속도라면 2개월 후에(수습 기간이 끝나면) 임금의 40%밖에 받지 못할 것이다.

우리 라인에는 사람이 많지 않다. 내가 확인한 바로는 8명인데, 그중 남성이 1명이다. 작업은 다소 상호 독립적이어서 바로 제품을 다음 공정으로 넘기지 않아도 된다. 그래서 스트레스가 훨씬 덜하다. 그저 자기 작업대에서 일하면 된다. 오늘 4명이 대형 작업대에 같이 앉았다. 나와 신입 그리고 노땅 둘이다. 노땅 둘은 늘 소주 말로 이야기하는데, 6시간 동안 수다를 떨었다. 전혀 이해할 수 없는 말이라 시끄럽고 귀찮게 느껴졌다. 그래서 노래를 부르기 시작했다. 내 노랫소리에 집중해 그들의 수다가 들리지 않기를 바랐다. 30여 분 노래를 하니 가사를 아는 노래는 다 부르게 되었다. 그녀들은 아직도 수다를 떨고 있었다. 그렇게 수다를 떨 수 있으니 시간이 참 빨리 가겠다고 생각했다. 그때 처음으로 지난해 잠깐 품팔이했던 대만 자본 공장이 그리웠다. 두 공장 모두 소주에 있지만, 대만 자본 공장에서는 소주 현지인을 본 적도, 소주 말을 들어 본 적도 없다. 그곳에선 전국에서 온 사람들이 함께 고생했다. 그렇다고 분위기가 가족 같았던 건 아니다. 현지인이 외지인을 배척하진 않지만, 노땅이 신입을, 동향 사람이 타향 사람을 배척하곤 했다.

왜냐고 묻지 마

2013년 3월 14일 목요일

독일 자본 공장 생산 라인

출근 준비를 하는데 가려의 남자 친구가 전화해 가려와 함께 있는지 물었다. 기숙사에 없으니 공장에 가서 가려를 만나면 전하겠다고 했다. 그런데 출근해 보니 가려가 출근하지 않았다. 그에게 전화했더니 가려 대신 휴가를 내 달라고 했다.

가려의 결근으로 라인장이 나를 다시 원래 라인으로 돌려보내 가려의 작업을 대신하게 했다. 나사를 끼워 넣는 작업인데, 라인장은 작업의 위험성은 알려주지 않고 작업 속도만 강조했다. 그러다 내 왼손 검지가 실수로 나사 위쪽에 가 있었고, 오른손으로 압력을 가하려다 내 손가락이 프레스 아래 놓인 걸 발견하곤 식은땀이 흘렀다.

한번은 가만히 멈춰 조립 부품과 단자 사이의 위치와 관계를 생각하고 있었다. 라인장은 신경 쓰지 말고 그냥 하면 된다고 했다. 이런 일은 여러 번 있었다. 어떤 동작과 방법도 왜 그런지 물으면 안 됐다. 시키는 대로 하면 그만인 것이다.

오늘은 일찍부터 뚱보 라인장이 작업 시수 표에 서명을 받았다. 기록을 보니 내가 계산한 것보다 많은 250시수를 했다. 처음에는 각자 시수를 세라고 했는데, 도통 기억나지 않았다. 480시수가 8시간이라고 보면, 나는 어제 4시간 일한 셈이 된다. 분명히 8시간을 일했는데도 말이다.

혼자 점심을 먹었다. 라인장과 노땅 몇 명을 만나 배식을 기다렸다.

그중 하나가 배식 노동자를 나무랐다. "식단엔 있는데, 왜 우리가 먹으러 오면 없어?!" 다른 여공이 되받아쳤다. "너희가 해 놓은 음식을 봐. 쓰레기 같잖아!" 배식 노동자가 웃으며 말했다. "무슨 말씀을 그렇게 하세요. 그 정도는 아니죠." 라인장도 트집을 잡으며 말했다. "우리가 너희 점수 매기는 걸 잊지 마!" 다른 노동자에게 이렇게 악질로 대하는 걸 보니 환멸이 생긴다.

공장 노동자가 배식 노동자를 이토록 막 대하는 것은 그들이 피고용인 신분으로 자신들의 밥을 지어 주기 때문이다. 즉 한쪽은 임금을 지급하고, 한쪽은 서비스를 제공한다. 돈을 내는 쪽은 '사장'이고, 피고용인은 '자격'을 잃고 존엄도 없다. 돈을 주고 사는 물건은 존엄이 없는 셈이다. 우리 품팔이 또한 돈을 버는 쪽이므로 당연히 존엄이 없다. 이것이 노동관계에서 노동자의 위치다.

퇴근하려는데 가려가 문자를 보냈다. 기숙사까지 데려다 주라고 남자 친구에게 부탁한다고 해서 셔틀버스를 타면 된다고 했다. 하지만 셔틀버스에 내려 혼자 걷는 밤길이 너무 무서워 택시를 탔다.

기분 좋은 말다툼

2013년 3월 15일 금요일
독일 자본 공장 생산 라인

오늘은 가려가 출근해서 라인장이 나를 다시 옆 라인으로 보냈다. 그래서 작은 상자 작업을 계속했다.

성격 까다로운 신입도 나와 같은 라인에서 일했는데, 저녁 식사 시간 즈음 한 노땅이 그녀가 만들어 놓은 제품을 가져가며 말했다. "얼마나 만들었는지 잘 기억해 둬." 신입은 손동작을 멈추고 눈살을 찌푸렸다. 왜 그러냐고 노땅이 묻자 그녀는 "제가 뭘 어쩌겠어요. 다 당신 마음대로죠!" 노땅이 말했다. "선의로 알려주는데 왜 그렇게 말해?" 그녀가 "제 걸 가져갔잖아요. 제가 세어야 하는지도 몰랐는데"라고 해 둘 사이의 말다툼이 시작됐다. 옆에서 지켜보던 나는 속이 후련했다.

오늘은 912개를 작업했다. 480분을 일했지만, 0.26 시수로 계산하면 237.12분에 불과하다.

이렇게 독일 자본 공장 체험이 끝났다. 이제 떠날 수 있다. 월요일부터는 가려와 함께할 사람이 없을 것이다.

분석

1. 교육 문제와 주택 문제

대만 자본 공장과 독일 자본 공장에서의 노동은 아주 달랐다. 가장 큰 차이는 독일 자본 공장 노동자의 대다수가 소주 현지인이라는 점이다. 이 경험 많은 노동자들은 이곳에서 수년에서 십수 년간 일했다. 이들은 숙련되고 안정된 노동자이고, 상호 간에 친숙하며, 그래서 마음껏 웃고 화내고 욕한다.

외지에서 온 품팔이의 유동성은 매우 크다. 내가 공장에 들어가던 날, 10여 명이 속한 우리 라인에 4명의 신입이 있었다. 그리고 경험 많은 노동자들 가운데 외지인은 하나도 없었다.

소주 현지인이 안정적으로 즐겁게 일할 수 있는 이유는 무엇일까? 그리고 외지 품팔이들은 왜 하릴없이 떠돌게 됐을까? 외지 노동자가 현지 노동자보다 부족한 것은 무엇일까? 그 차이는 자녀의 교육 문제와 주택 문제에서 나온다. 현지인의 자녀는 공립 학교에 다닐 수 있고, 의무 교육 혜택을 받는다. 또한 현지인은 대부분 집이 있거나 부모에 의지해 산다.

따라서 외지인 자녀가 소주의 학교에 다닐 수 있고, 경제적으로 부담할 수 있는 주택이나 염가 임대 주택廉租房[34]을 제공받는다면, 외지인 또한 '떠돌지' 않을 것이다.

2. 억압의 체화와 전이

공장에서는 노동자가 대다수를 차지하며, 자본가와 관리자가 아무리 노동자를 깎아내려도 그들의 노동에 의존할 수밖에 없다. 노동자에 대한 그들의 헤게모니는 노동자를 '없애는 것'이 아니라 노동자의 '동의'를 얻음으로써 가능하다. 이는 그람시의 '문화 헤게모니'라 할 수 있다.

가치관 동의: 억압의 전달자와 피억압자는 같은 이치에 동의한다. 사장이 화폐를 지급해 사람을 고용하면, 피고용자는 모든 것을 수용해야 한다. 화폐로 살 수 있는 것은 '물건'이기 때문에 피고용자는 존중받지 못한다. 독일 자본 공장은 의자와 발판을 없애고 서서 일하게 한다고 했다. 내가 의문을 제기하자 라인장과 노땅 노동자들이 말했다. "생산 증대를 위해서라면 어쩔 수 없지!" 대만 자본 공장에서 나와 같은 라인에 있

---

34 [역주] 도시 저소득층의 주택 문제를 해결하기 위한 사회 정책으로, 정부가 임대료 보조나 현물 임대의 방식으로 주거 공간을 지원한다.

던 학생 노동자는 12시간 동안 서서 일하는 게 너무 힘들다며 "출근하면 쉴 수가 없어요. 기숙사에 돌아가서야 쉴 수 있죠"라고 불평했다. 고용주가 염가 노동력을 샀고, 근무 시간 중에 노동자를 처분할 수 있는 권력도 샀다는 점은 피고용인 또한 동의한다. 마치 상품을 사는 것과 마찬가지로 물건을 처분할 수 있다는 것이다.

억압자의 대리인화: 피억압자의 비애는 자신 또한 피억압자이지만, 억압자의 '대리인'이 되어 다른 피억압자를 억압한다는 것이다. 이는 서로 다른 형태를 취한다. 하나는 공식적인 '대리인'으로, 공장의 관리직을 포함한다. 물론 기층 품팔이는 반장이나 라인장 같은 기층 관리자와 가장 많이 접촉한다. 또 비공식적인 '대리인'이 있다. 자신이 기층 노동자지만, 의식적으로나 무의식적으로 억압과 통제의 사상을 일상에서 체현한다. 예를 들어 노땅이 신입을, 현지 노동자가 외지 노동자를, 한 공정의 노동자가 다른 공정의 노동자를 괴롭히는 경우 등이 그렇다. 이러한 억압의 전이는 자본의 관리 비용을 크게 절감한다. 게다가 노동자의 분화와 소외는 자본가의 통제력을 강화하고, 노동자는 수적으로는 많아도 모래알처럼 흩어진 상태가 된다. 대만 자본 공장에서 경험한 억압의 전이는 작업장 주임, 라인장, 노땅들에 나타났고, 독일 자본 공장에서 경험한 억압의 전이는 라인장과 대다수 현지 노동자에 나타났다. 그리고 노동자 또한 식당 노동자를 배척하고 존중하지 않았다.

가치관의 내재화: 노동자가 자본의 논리에 '동의'하는 상황은 품팔이를 위해 권익을 쟁취하려는 사람들에게 비관과 실망을 안겨 준다. 노동자는 억압받지만, 억압자와 투쟁하지 않을 뿐 아니라 오히려 다른 노동자를 억압한다. 그래서 희망을 찾기 어렵다. 파울루 프레이리는 이러한

상황을 다음과 같이 해석한다. 피억압자는 억압받을 때 저항을 먼저 생각하는 것이 아니라 "… 거의 언제나 … 억압자나 '아류 억압자'가 되기 위해 애쓰기 마련이다. … 이런 현상은 피억압자가 특정한 체험의 단계에서 억압자에게 '유착'하는 태도를 택한다는 사실에서 비롯된다. … 그렇다고 해서 피억압자가 자신들이 학대받는다는 것을 모르는 것은 아니다. … 이 단계에서는 … 한쪽 축이 해방으로 향하지 못하기 때문에 다른 쪽 축에 집착하게 되는 것이다."[35] 억압의 문화를 내재화한다는 것은 피억압자에게 있어 가장 심각한 상해이자 억압이다. 이 또한 자본/공장 문화가 계획적으로 실현하고자 하는 목표이며, 노동자는 이러한 문화에 규격화되어 억압자의 뜻에 따라 행동한다.

이러한 상황에서 사실상 "자산 계급 문화는 더는 순수한 '자산 계급' 문화가 아니며, 일종의 계급의 정박지로부터 서로 다른 문화와 이데올로기로 오가는 역동적인 연합이 되었다…'[36] 즉 노동자 집단이 자산 계급의 문화에 '동의'하고 '실천'할 때 이 문화가 단지 자산 계급에만 속하는 것이라고 말할 수는 없다.

3. 공장의 억압 문화

노동자는 자본의 억압 문화에 능동적으로 '동의'하지 않는다. 공장은 각종 제도, 특히 다양한 분위기를 만들어 노동자가 저항하지 않고 복종할 수밖에 없게 한다. 나의 공장 체험은 이를 보기 위함이었다. 이를 통

---

35 保羅·弗萊雷,《被壓迫者的教育學》, 顧建新等 譯, 華東師範大學出版社, 2001, 3頁. [역주] 한국어판은 파울루 프레이리, 남경태 옮김,《페다고지》, 그린비, 2002, 56쪽 참조.

36 羅鋼·劉象愚 主編,《文化研究讀本》, 17頁.

해 억압이 거세져도 노동자가 저항하지 못하는 이유를 이해할 수 있기 때문이다.

질문할 권리의 부재: '복종'은 억압 문화 아래서의 피억압자에 대한 요구다. 복종의 가장 전형적인 모습은 억압자나 억압 전이자가 말하면 그것으로 끝이라는 것이다. 이러한 분위기에서는 질문조차 할 수 없을 뿐만 아니라 질문의 행위 또한 '이질적인' 것이 된다. 예를 들어 어떻게 작업 시수를 계산하는지 물었을 때 라인장은 질문을 제지하거나 직접적인 답변을 거절했고, 다른 사람들은 의아한 눈빛으로 바라봤다. 공정 작업을 관찰하거나 사고하는 것 또한 '이단'적이고 불필요한 것으로 간주했다. 이는 단순한 '금지'처럼 보이지만, 억압적 분위기를 만들어 낸다.

제품보다 못한 인간: 이는 대만 자본 공장과 독일 자본 공장에서 모두 경험했으나 대만 자본 공장이 더 심했다. 그곳에서는 기계를 조작할 때 안전을 고려하지 않았고, 유해한 약품도 마음껏 쓰도록 했다. 장갑이나 손가락 싸개는 제품을 보호하기 위한 것이지 노동자를 보호하기 위한 것이 아니었다. 독일 자본 공장에서 프레스 공정을 한 적이 있었다. 산업 재해를 방지하기 위해 두 손으로 양쪽 버튼을 동시에 눌러야 프레스 아래쪽으로 압력이 가해졌다(몰래 버튼을 하나만 눌러 보니 움직이지 않았다). 게다가 압착하는 동작이 있는 경우에는 손잡이가 있었는데, 손과 기계의 거리를 확보하기 위함이었다(손가락이 눌릴 뻔했던 일은 라인장이 속도를 높이려고 안전 수칙을 알려주지 않아서이지 기술적 문제는 아니었다). 독일 자본 공장에서 인간이 제품만 못하다는 점을 체험한 것은 제품에 엄지로 부품을 끼워 넣는 조작에서였다. 기술적으로 볼 때 약간의 보호 조치만 되어 있어도 괜찮을 것이다.

개인의 책임: 중경 폭스콘의 주임인 왕미려는 개당 800위안의 중요한 자재를 관리하는데, 손실이 발생하면 그녀가 배상해야 한다. 그녀의 업무 스트레스는 극심했지만, 모든 기업이 마찬가지여서 이를 바꿀 수 없다고 생각했다. 자본가는 모든 비용을 계산하면서 노동자가 온전히 감당해야 하는 심신의 스트레스는 나 몰라라 한다. 이는 노동자 개인의 일이고, 문제가 생기면 개인이 후과를 책임져야 한다고 여긴다. 노동자들은 극심한 스트레스로 고통스럽지만, 동시에 이것이 합리적이라 생각한다. 망가트린 사람이 책임을 지는 것으로 생각하기 때문이다. 이는 자본논리의 비인간화가 인간을 기계처럼 대한다는 것을 반영한다. 기계에도 무리가 가서 불량품이 나올 때가 있지만, 노동자에게는 조금의 태만도 허용되지 않는다. 인간을 대하는 방식이 기계를 대하는 것만 못하다.

4. '유연'한 문화의 강력한 힘

구직 활동부터 작업장에서 일할 때까지 줄곧 모욕감에 시달렸다. 인력 자원 회사에서 일자리를 구할 때는 직원들이 열심히 일자리를 소개해 줬기에 그나마 나았다. 하지만 면접 보러 가면서 차 한 대에 가득 태워졌을 때는 마치 자루에 담긴 느낌이었다. 신체검사를 할 때도 의사는 멋대로 오라 가라 했고, 사생활도 전혀 보장되지 않았다. 계약서를 쓸 때도 인력 자원 회사 직원이 우리를 마치 바보처럼 대했다. 생산 라인에서는 노땅들이 신입을 질책했다. 이러한 모욕감은 모두의 마음에 쌓이지만, 노동자마다 이를 해결하는 방식은 다르다.

공장에서의 고통과 억압은 동일하지만, 이에 대한 인식은 모두 달랐다. 대다수가 이를 자연스럽고 원래 그런 것으로 생각했다. 노동자들은 옳고 그름의 가치 판단으로 이 상태를 형용하기를 거부한다. 만약 그러한 판단 기준을 가진다면 도덕적 선택을 해야 할 것이고, 옳지 않은 상황이라 판단되면 매일 불의를 마주하기 힘들 것이기 때문이다. 따라서 판단하기보다는 아무 생각 없이 순응하는 것이 낫다. 공장 문화는 치밀한 설계와 같아서 때로는 규정집에 따라 실행하는 것으로 보였고, 때로는 전혀 아랑곳하지 않는 것처럼 보였다. 프레이리는 다음과 같이 말했다. "문화 활동은 언제나 체계적이고 계획적이며, 사회 구조에 작용하면서 그 구조를 유지하거나 변혁하는 목적을 지닌다. 이렇듯 계획적이고 체계적인 행동이기 때문에 문화 활동은 그 목적과 방법을 규정하는 이론을 가지고 있다."[37] 억압 문화의 이 같은 '의도성'을 인식하는 것은 매우 중요하다. 그렇지 않으면 "따뜻한 물로 천천히 청개구리를 삶는" 상태가 되거나 노신이 말한 것처럼 "취한 새우"[38]와 같은 상태로 진입하게 될 것이다.

5. 신노동자의 소극적인 정신문화

현재 우리 사회에는 큰 문제가 있다. 사회 발전 목적에도, 인간의 삶의 목적에도 큰 문제가 생겼다. 이는 환경에 영향을 끼쳐 맑은 공기와 하늘, 밝은 별과 달이 일종의 사치가 되었다. 또 사회 공평에도 문제가 생겨 수많은 사람이 돈을 마구 쓰는데, 또 수많은 사람은 살 곳조차 없다. 품팔이의 현재와 미래에도 큰 문제가 생겨 견딜 수 없는 도시와 돌아갈 수 없

---

37 保羅·弗萊雷, 《被壓迫者的教育學》, 111~112頁. [역주] 한국어판은 《페다고지》, 231쪽 참조.

38 王曉明, 《無法直面的人生―魯迅傳》, 上海文藝出版社, 1993, 4~5頁. [역주] 새우를 식초, 술, 간장을 혼합한 양념에 넣어 산 채로 먹는 절강(상해) 요리로, 정신이 혼미하고 흐리멍덩한 상태를 말한다.

는 농촌 사이에서 길을 잃었다.

　품팔이 집단 거주지에서 그들과 함께 생활하면서 느낀 점은 대다수가 소극적이라는 것이다. 이러한 상태는 개별적 요인이 아니라 사회적 요인에 따른 것이다. 그 원인을 따져 보기 위해 내가 보고 느낀 노동자들의 소극적인 정신문화 상태를 열거해 본다. 이 상태가 바뀌지 않으면, 신노동자 집단과 우리 사회의 미래가 없기 때문이다.

　막막함: 목표를 실현하지 못하고 출구가 없어 멍한 상태를 말한다. 오늘날 사회 구조와 변화 발전 속에서 품팔이 집단의 막막함은 배가된다. 농촌에서 도시로 온 다양한 연령과 배경의 노동자들이 돈을 버는 목표는 가족 부양, 더 나은 물질적 생활, 도시 생활 등 여러 가지다. 이러한 목표를 추구하는 가운데 품팔이의 생활, 사상, 소비의 방식에도 변화가 발생한다. 그리고 도시와 품팔이 생활에 적응한 후에는 도시에서 생존과 발전의 꿈을 실현하기 어렵다는 것을 깨닫는다. 현실은 냉혹하다. 그들은 견딜 수 없는 도시와 돌아갈 수 없는 농촌 사이에서 길을 잃었다.

　길 잃음: 길 잃음과 막막함은 다르다. 길 잃음은 자신의 목표를 추구하는 과정에서 그 목표에 대해 의심과 의문이 생긴 것이다. 한 노동자는 중얼거리며 말했다. "BMW 한 대 굴리는 게 목표인지 행복 추구가 목표인지 모르겠어." 가족을 먹여 살리는 것이 목표인 사람은 그것을 실현하기 위해 힘든 노동을 거쳐야 하지만, 무엇을 추구해야 하는지 모르는 사람보다 정신적 고통이 훨씬 적을 것이다. BMW와 행복은 동시에 얻을 수 없다. 더 슬픈 일은 BMW와 행복은 일종의 상상일 뿐이며, 상상을 전제로 사고할 경우 기초를 잃고 결과도 없을 것이라는 점이다.

　분열: 품팔이의 사상과 생존에는 심각한 분열이 존재한다. 한 노동자

가 다음과 같이 물었다. "당신은 노동자 문제를 연구하잖아요. 당신이 말한 신노동자가 노동자 계급을 형성하거나 주체 의식을 형성할 가능성은 얼마나 될까요?" 내가 답했다. "어려운 질문이네요. 품팔이의 사상적으로 보면, 그들은 주류 가치의 영향을 받아 머릿속에 성공, 배금주의, 소비주의로 가득 차 있어요. 만약 그렇다면 이 집단뿐만 아니라 이 사회에도 출구가 없겠죠. 그러나 생존의 측면에서 보면, 품팔이들은 고된 노동과 물질생활의 고충을 체험해요. 이러한 체험은 이 집단이 노동자 계급 사상을 배태할 수 있게 해 주죠. 그러나 이는 그저 가능성일 뿐이에요."

조급함: 경제 발전과 발전 사유가 중심인 상황에서 자본은 빠르게 확장하고, 물질생활과 소비 관념도 빠르게 변화한다. 이 과정에서 일부가 우월한 물질생활을 영유하는 가운데 다른 사람들은 마음이 조급해진다. 이와 동시에 조화롭고 안정적이며 지속적인 사회 발전을 추구할 수 없게 된다. 또한 노동자는 품팔이 운명을 인정하지 못하고, 자신의 노동자 신분에 동의하지 못하며, '벼락부자'라는 아름다운 꿈을 더욱 믿게 된다. 수많은 노동자가 "나는 절대로 평생 품팔이를 하지 않을 거예요!"라고 말했다. 하지만 나는 '그럼 다른 출구라도 있나요?'라고 질문하고 싶다.

도피: 현실은 잔혹하고 사람을 고통스럽게 하는데, 이를 바꿀 방법이 없음을 알게 되면 무기력해진다. 그래서 노동자들은 개별적으로 바꿀 수 없는 현실을 마주하며 도피를 선택한다. 누군가는 피시방 게임이나 오락물과 한국 드라마 시청으로, 누군가는 가정생활과 사랑으로, 누군가는 근래 주목받는 '스마트殺馬特'[39] 현상과 같은 형식적인 저항으로 도피한다.

---

39 [역주] 영어 smart에서 유래한 것으로 원래 옷차림이 깔끔하고 똑똑하다는 뜻이지만, 중국에서는

나르시시즘으로 도피하는 경우도 있다. 독서회에서 한 노동자가 다음과 같이 말한 적이 있다. "내가 사장과 무슨 차이가 있는지 모르겠어요. 우리는 모두 사람이죠. 사람은 평등하고요." 한 사람, 한 집단, 한 사회가 자신의 현실을 직접 마주할 용기가 없다면, 희망도 없다.

무감각: 무감각의 전형적인 특징은 마땅히 반응해야 할 상황에 대해 반응이 없는 것이다. 사람의 몸이 외부에 반응하는 것은 우리가 풍부하고 민감한 신경 계통을 가지고 있기 때문이다. 그래서 우리는 신체가 상해를 입는 것을 피할 수 있다. 인간의 정신이 무감각해지면 여러 정신적 학대에 아픔을 느끼지 못한다. 아픔을 느끼지 못하면 반응 능력을 잃게 되고, 곧 어떤 저항 능력도 갖추지 못하게 된다. 무감각 상태는 영혼을 잃고 껍데기만 남은 상태와 마찬가지다. 토론회에서 한 대학생이 손항(孫恒, 쑨헝)에게 현재 하는 일을 어떻게 시작하게 되었는지 물었다. 손항은 한참을 생각하더니 말했다. "불면증을 겪을 정도로 너무 막막하고 고통스러웠기 때문이에요. 하지만 동시에 세상에는 반드시 길이 있을 것이라 믿었죠." 나는 노동자들의 모욕을 당한 후의 분노와 힘든 노동 후의 피로를 관찰하고 체험했다. 노동자들은 이런 분노와 피로 때문에 무감각해지기가 매우 어렵다. 그러나 잠시일지라도 노동자들은 능동적으로 일시적 무감각 상태에 빠져드는 방법을 찾는다. 다시 말해 잠시 통각을 잃어버리기 위한 도피 행위인 것이다.

현재 신노동자 집단의 문화 상태는 전혀 낙관적이지 않지만, 자신의 문화 속에서 적극적 요인을 만들어 냄으로써 진보적 발전을 추구할 수

---

*'기이한 것에 심취한 마니아', '별종'의 의미로 쓰인다.

있다. 이익 집단이 현존 사회 구조의 수익자이며, 능동적으로 신노동자의 발전을 돕지 않을 것이기 때문이다. 즉 신노동자의 어깨에 자신의 발전이라는 임무와 아울러 사회 개조의 임무가 함께 얹혀 있다. 신노동자 문화의 소극적인 상태를 보면 미래가 불투명해 보일지도 모른다. 그러나 우리는 다른 곳에서 희망을 찾을 수 없다. 그저 우리 자신의 적극적 요인을 키워 내는 수밖에 없다.

6. 자본의 논리와 인성의 충돌

궁극적으로 국가가 있어 그에 따른 국민이 있는 것일까, 아니면 인민이 있어 그에 따른 정권이 있는 것일까? 사장이 있어 그에 따른 노동자가 있는 것일까, 아니면 노동자가 있어 그에 맞는 사장이 있는 것일까? 아무래도 변증법적 유물론의 사유가 필요할 것 같다. 사유의 기초는 현실이다.

노동자가 자본의 논리를 체화하는 정도로 자본이 노동자를 통제하는 정도를 가늠할 수 있다. 자본 논리의 체화를 제대로 보여 주는 경우는 두 가지다. 첫째, 노동자가 사장이 됨으로써 피억압의 지위를 벗어나려 할 뿐 공평하고 평등한 사회를 추구하지 않는 것이다. 둘째, 일부 노동자가 다른 노동자를 억압하면서 사장의 대리인이 되어 억압 전이의 기능을 완성하는 것이다.

자본 논리의 체화가 보편적으로 성공한 현상은 다음과 같다. 품팔이가 자본 논리 속의 노동을 고용 노동과 같다고 보는 수법에 동의하는 것이다. 공장과 사회에서 유행하는 말이 있다. "돈을 벌기 위해 품팔이한다!", "돈 주는 사람이 사장이다!" 품팔이는 괴롭힘과 모욕을 당하거나 불만이 있어도 이러한 말로 서로를 위로한다.

사람은 모종의 사회적 의의를 위해 존재하며, 모종의 사회적 의의를 느끼고 실천할수록 생활은 더욱 충실해지고 동력을 갖게 된다. 자본의 논리가 가진 목적은 의의를 소멸시켜 금전으로 모든 것을 대체하는 것이다. 이러한 목적에 다다르는 수단 중 하나가 일을 단순히 고용 노동이나 돈벌이로 만드는 것이다. 일은 고용 노동과 같은 것인가? 일이 진정으로 노동을 팔아서 돈을 버는 과정이라면 돈벌이는 무엇을 위한 것인가? 돈벌이가 집을 사기 위한 것이라면 무엇을 위해 집을 사는가? 가정을 꾸리고 가족을 부양하기 위해 또는 허세를 부리기 위한 것이라면 돈벌이는 돈 자체를 위한 것이 아니다. 그것은 모종의 사회적 목적(가족 부양) 또는 사회관계(결혼, 허세)를 위한 것이다. 우리가 자본 논리에 통제된다면 그저 돈을 더 벌어 집을 사겠다는 단순한 사유에 머물 뿐 '왜 죽도록 노동해도 집을 살 수 없는지, 왜 집값은 임금보다 빨리 오르는지' 등은 생각하지 못한다.

자본의 동력과 목표는 매우 명확하다. 수단을 가리지 않고 이윤을 획득하는 것이다. 이 목표를 달성하기 위해 주로 두 가지 경로를 취한다. 임금을 적게 주거나 사회적 비용을 적게 부담하거나 아예 부담하지 않는 것이다. 임금을 적게 주기 위해서는 반드시 노동자의 노동 가치를 낮춰야 한다. 사회적 비용을 적게 부담하기 위해서는 각종 수단으로 노동자를 노동력으로 단순화해야 한다. 노동자를 완전한 사람으로 대해서는 안 되는 것이다. 그리고 이 같은 목표를 실현하기 위한 중요한 수단이 자본 문화를 실천하고, 이를 노동자 안에 체화시키는 것이다. 이로부터 앞서 묘사한 갖가지 문화 현상이 형성된다.

문제는 사람은 사람이지, 기계도 상품도 아니라는 것이다. 노동력으로서의 사람은 그들 자신의 물질생활의 수준을 높이기 위해 임금 인상을 요구한다. 사회적 인간으로서 그들은 주택, 의료, 자녀 교육, 가정 결합, 양로 등의 생활 수요 및 귀속감과 존중감 등의 정신적 측면을 포함한 완전한 인간의 수요를 갖는다. 자본 및 공장 문화의 통제와 억압 속에서 노동자는 물질적 요구를 실현할 수 없고, 정신세계는 고통스럽다. 이는 필연적으로 노자 쌍방의 충돌을 초래한다.

이 때문에 자본 논리에 대항하는 수단은 인성을 해방하는 것, 즉 인간의 사회적 의의를 찾는 것이다. 이와 같은 사회적 의의는 과장되거나 공허한 것이 아니다. 오히려 실재적인 삶의 여정이다. 이에 대해서는 제3부에서 구체적으로 다루기로 한다.

[부록] 공장 문화 토론

2013년 10월 6일 대만 자본 공장 체험에서의 발견과 성찰에 대한 작은 토론회를 조직했다. 품팔이를 위한 공익 기구에서 일하는 여러 지역의 담당자들이 토론에 참여했다. 다음은 토론 일부다.

토론자

소매(小梅, 샤오메이): 광주의 사구社區 공익 기구 활동가. 공장에서 일한 경험이 있다.

소몽(小夢, 샤오멍): 북경 노동자 교육센터 활동가. 공장에서 일한 경험이 있다.

소월(小越, 샤오웨): 대학 졸업. 운남 공익 기구 활동가.

소패(小貝, 샤오베이): 대학 졸업. 사구 공익 기구 활동가.

소국(小菊, 샤오쥐): 대학 졸업. 사구 공익 기구 활동가.

소맹(小猛, 샤오멍): 노동자 기구 활동가. 공장에서 일한 경험이 있다.

토론 목적

소매　　당신 이야기는 모두 현상이에요. 전 '결과'와 '출구'가 알고 싶어요. 당신의 토론이 얼마나 설득력 있을까요? 그런 이야기는 힘이 약하고, 영향력을 만들어 낼 수 없어요. 당신이 하려는 게 대체 뭐죠? 당신의 이야기가 와닿지 않아요.

려도　　인간이자 노동자로서 이 부분에 대해 와닿는 게 없다면 아마 출구도 없을 거예요.

소몽　　당신이 말한 현상은 일상적이에요. 당신에겐 충격이겠지만, 별거 아니죠. 당신 이야기에 공감하지 못한다고 해서 무감각한 것도 아니에요. 하지만 그런 것들이 노동자에 대한 의도적 상해라고 보진 않아요. 당신 이야기를 들으며 예전에 겪은 공장 노동을 돌이켜봤지만, 특별한 느낌은 없었어요.

소월　　이런 연구는 행동을 끌어내는 데 의의가 있으니까 연구를 위한 연구는 아니라고 생각해요. 노동자 문제를 해결하기 위한 첫 번째 돌파구는 문화제도라는 측면에 있어요. 이 분석은 하나의 방법을 제시하죠. 이를 통해 노동자들에게 어떤 시각을 제공할 수도 있고. 노동자로서 비교할 수 없다면 이 생활이 어떤 의미가 있는지, 자신의 위치, 미래, 운명 그리고 출구가 어디에 있는지도 알 수 없거든요. 이 과정이 인간에 대한 상해와 말살을 드러낼 수 있고, 노동자는 이를 통해 '사람이 주체가 되는' 시각에서 문제를 고려할 수 있어요.

소패　　전 당신 이야기가 크게 와닿아요. 예전에 한 달 정도 공장에서 일할 땐 별 생각이 없었는데, 이야기를 듣고 나니 아, 원래 그런 거구나 하는 생각이 들어요.

려도　　두 가지 층위의 문제가 있어요. 하나는 우리가 이 문제를 어떻게 인식하고 무엇을 할 것인가, 또 하나는 이에 대해 와닿는 것도 없고 인식도 없다면 제도에 대한 저항도 이야기할 수 없다는 거죠. 이런 관찰이 단지 체험에 그치는 게 아니라 노동자의 억압 상태를 구체적으로 분석할 수 있기를 바라요. 하지만 사유와 표현에 힘이 없다면, 저도 어떻게 해야 할지 모르겠어요.

문화 및 경제 분석

소국　　　컨베이어 벨트 작업은 정말 기계적이라 내가 사람 같지 않아요. 소월은 이런 생산 방식이 존재해선 안 된다고 생각하는데, 제 생각은 달라요. 노동자들은 고통스럽게 생산 라인에서 일하면서도 착취가 없다고 생각할지 모르거든요.

소월　　　대학을 막 졸업하고 노동자가 착취당하는 걸 토론회에서 들었는데, 정말 놀랐어요. 설마 우리가 자본주의 국가에 사는 건가 싶어서요.

려도　　　자본가는 절대로 착취에 관해 이야기하지 않아요. 자본주의와 제국주의는 상당히 기만적이죠. 미국을 봐요. 전쟁을 일으키는 이유가 민주를 위한 거라고 하지만, 본질적으로 패권과 약탈을 위한 거예요.

소국　　　공장 문화라는 건 미시적이고 온화해요. 마치 통증을 주지 않는 것 같아요. 라인장과 논쟁을 벌인 적이 있는데, 그녀가 "사람은 다 똑같아. 그래서 이런 거야"라고 했어요. 전 다른 사람이 그렇다고 해서 나도 똑같이 받아들여야 하는 건 아니라고 했죠. 라인장은 사안 자체를 이야기하지 않고 그저 대다수가 받아들인다고 주장했어요. 공장 문화 외에도 경제적 측면에서 분석할 수 있는데, 그게 더 직접적인 것 같아요. 한 보고서에서 아이폰을 만들어 얼마나 버는지, 노동자 임금은 얼마인지 계산해 놓은 걸 본 적이 있어요.

소패　　　핵심을 찌르는 게 경제적 측면에서의 분석이라면, 이 또한 주류적 사고로 분석하는 거 아닌가요? 그들의 규칙으로 가늠하고 사고하는 거죠. 그런데 우리는 문화적 측면에서 분석해요. 그다지 직접적이지 않고 통증도 유발하지 않지만, 그것이 더 본질적이고 잘 먹히는 것 같아요. 문화는 구석구석까지 편재해 있으니까요. 그래서 이런 시각에서 근본적으로 사고할 필요가 있어요. 금전 가치로 따지는 건 아닌 것 같아요.

소국　　자본 문화와 인간 해방에 대해선 사람마다 체감하는 게 다르죠. 교사나 화이트칼라들은 이 제도하에서도 한 인간이라 느낄 수 있어요.

려도　　한 대학 졸업생이 방송국에서 일하는데, 근무 환경이 좋더라고요. 그런데 그녀는 기업 문화가 강력하다는 느낌을 받았대요. 인간은 일을 위해 서비스를 제공할 뿐, 인간관계도 없고 억압적이라는 생각이 든다고요.

소맹　　이 연구는 중국뿐 아니라 세계적으로 의의가 있어요. 전 세계 노동자가 서로 통하죠. 앞으로 이 책은 다른 언어로 번역될 거예요.

소몽　　이 책에선 구체적인 사례로 문제를 설명해요. 그리고 노동자의 자각을 환기해 노동자의 동의를 얻어 내려 하죠. 동의를 얻는 데는 문제가 없다고 봐요. 공장 노동자는 모두 동의할 거예요. 하지만 성찰에 이르기는 쉽지 않아요. 그 정도 힘은 없는 거 같아요.《나는 흩날리는 꽃송이我是一朵飄零的花》[40]라는 책이 출판됐을 때 대학생들이 크게 감동했죠. 당시 전 공장에서 일하면서 자원 활동

40　房憶蘿(필명 楊海燕), 《我是一朵飄零的花》, 現代出版社, 2008. [역주] 작가가 직접 목격한 수많은 품팔이의 고통과 비참함을 담아 세간의 주목을 받았다.

을 했었는데, 대학생들이 독서회를 조직해 이 책을 읽어 보라고 권했어요. 그런데 뭐 대단한 것도 아니더라고요. 그러다 나중엔 독서회도 잘 안됐어요. 려도가 말하는 내용에는 동의해요. 그런데 당신 목적에 다다를 수 있을지는 모르겠네요.

제2부

우리의 생활

　제1부에서는 '우리의 노동'에 관해 다뤘다. 넓은 의미에서 '생활'은 노동을 포함하지만, 여기서 '우리의 생활'이 가리키는 것은 '노동을 제외한 생활'이다. 나는 노동과 생활이 명확하게 구분된다고 생각하지 않지만, 많은 사람이 노동과 '노동을 제외한 생활'을 분리하기 때문에 여기서는 '노동을 제외한 생활'을 따로 다루기로 한다.

　노동을 제외한 생활에는 어떤 것이 있을까? 노동에 따른 성과가 있고, 배우고자 하면 가르쳐 주는 곳이 있고, 병이 나면 치료해 줄 의사가 있고, 거주하려 하면 머물 곳이 있고, 나이 들면 부양할 사람이 있는 것 등이 평범한 노동자들의 기본적인 요구다. 제2부에서는 주택, 사랑과 결혼, 출산과 양육, 소비, 여가 생활에 대해 논의할 것이다. 그 이유는 품팔이들의 삶이 이 문제들과 가장 긴밀하게 얽혀 있기 때문이다.

　노동자는 공장에서 공장 문화의 압박을 받는다. 퇴근 후에도 자본의 통제를 벗어날 수 없다. 노동자들은 안정적인 거주, 가족이 모여 사는 가정, 아름다운 결혼과 사랑, 양호한 물질생활과 즐거운 정신문화 생활을 열망한다. 그러나 이러한 열망은 냉혹한 현실에 부딪힌다. 자본 논리와 금전 중심적 가치관은 우리 삶 곳곳에 침투해 욕망을 유발하며, 아름다운 열망과 참혹한 현실 사이에서 발버둥 치고 방황하게 한다. 여기서 몇몇 노동자 친구의 이야기를 소개할 것이다. 이들의 이야기는 저마다 집, 결혼과 사랑, 아이, 소비 관념 등 노동자 삶을 중점적으로 반영한다. 노동자의 생활 방식을 드러낸 이들의 삶 이야기를 통해 노동자의 삶과 운명의 관계를 분석했다. 또한 자본 논리의 압제, 도시와 농촌 사이를 오가는 혼란과 단절, 심리 상태의 모호함과 변덕 가운데서 어떻게 노동자의 생활이 다층적인 요인의 영향을 받아 전개되는지 분석하고자 한다.

제4장

왕복유의 이야기
— 집과 제로섬 게임

삶 이야기: 죽을힘을 다해 번 돈으로 집을 지었어요

왕복유와는 세 차례 만났다. 첫 번째 만남은 《중국 신노동자의 형성》을 쓰기 위해 광동성 동관東莞시 장안長安진의 셋방에서 왕복유 부부를 인터뷰한 2010년 11월 14일이다. 두 번째는 2011년 11월 9일로, 동관시에서 책의 초고를 들고 그들을 만났다. 2012년 11월 21일에는 중경시 봉절현 청룡靑龍진에 부부가 새로 산 집에서 세 번째로 만났다. 이후 2014년 3월 16일, 그에게 전화를 걸어 근황을 물었다.

가정 환경[41]

왕복유는 1980년생이며, 초등학교를 졸업했다. 그의 아버지 왕개길(王開吉, 왕카이지)은 1953년생이며, 학교에 다닌 적이 없다. 아버지는 거름을 메고 산비탈에 있는 밭에 가다 넘어져 장애인이 됐다. 당시 부상이 심해 다리에 철심을 박아 지금도 절뚝거리며 걷는다. 2010년 초에는 동관시로 가서 공장 청소부 일을 얻었다. 월급은 약 950위안이었으며, 숙식은 포함되지 않았다. 이후 왕복유와 함께 중경시에서 품팔이를 했고, 현재(2014년 3월)는 강소성에서 철거 일을 한다.

왕복유에게는 몇 살 위인 형이 있다. 그는 2010년 안휘성에서 품팔이를 했고, 2011년에는 아내 될 사람을 만나 데릴사위로 들어갈 준비를 했다. 형수의 전남편은 탄광에서 일하다가 붕괴 사고로 목숨을 잃었다고 한다.

왕복유의 아내 하귀란(何貴蘭, 허구이란)은 1985년생이며, 귀주貴州성 출신이다. 이들은 동관의 한 스케이트장에서 만나 백년가약을 맺었다. 부부에게는 2005년생인 아들이 하나 있다. 2012년 11월에 이들을 만났을 때 귀란은 둘째를 가진 상태였고, 2013년 5월 딸을 낳았다.

품팔이 경력

초등학교 졸업하고 공부를 그만뒀어요. 집에 돈도 없고, 성적도 안 좋았거든요. 1997년부터 외지로 나와 품팔이를 시작했어요. 처음에는 한 자영업자 밑에서 면 요리를 팔았는데, 숙식 포함해서 한 달에 500위안을 받았어요. 그런데 일이 영 익숙해지지 않아 몇 달 하고는 그만뒀어요. 이후 한동안 고향에 있다가 형이 있는 복건福建성으로 갔어요. 그다음에는 의창宜昌시의 한 식당에서 일했고요. 하지만 그 일도 손에 안 익더라고요. 전 늘 공장에 들어가 일하고 싶었어요.

2000년 동관시 당하塘厦진에 있는 한 가구 공장에 들어갔는데, 직원이 1000명이 넘어서 북적거리는 게 참 좋았죠. 하지만 임금이 겨우 200위안이라 그만두고 집으로 돌아갔는데, 달리 할 수 있는 일이 없더라고요. 그래서 다시 공장에 들어갔어요.

2003년에 지금 일하는 공장에 들어왔어요. 독일 브랜드인 시저 Schiesser 제품을 생산하는 곳이었는데, 홍콩이 인수해서 지금은 시저와 비코어러Becorer 두 브랜드를 생산해요. 중간에 두 번 그만뒀다가 다시 돌아왔어요. 여기는 그나마 자유로운 편이고, 임금도 괜찮아요. 한 달에 2000위안 정도고, 잔업이 많을 땐 3000위안까지도 받아요.

당분간은 이직하거나 그만둘 생각이 없어요. 1~2년 더 해도 괜찮을 것 같아요. 월세도 내야 하고, 일을 안 할 수는 없으니까요. 주문량이 없을 땐 26일치 기본급이 1500~1700위안이에요. 주문량이 없어도 장기 휴무에 들어가지 않고, 조장이 26일씩 근무를 배정해 줘요. 그래야 조장도 돈을 버니까요. 금융 위기 때도 임금이 높은 사무직만 몇 명 해고했죠. 이 공장은 주문량이 부족하지 않아요. 시저가 유명 브랜드인 데다가 다른 브랜드도 몇 개나 생산해서 외주가 비교적 많은 편이에요.

올해(2010년) 6월부터 사회보험[42]에 가입했어요. 예전 공장에서도 들었는데, 그만두면서 해약했거든요. 1년 넘게 내서 2000위안 정

■
42　[역주] 중국의 사회보험 체제는 크게 양로, 산재, 의료, 출산, 실업의 5대 보험과 주거비를 지원하는 주택공적금으로 구성되며, 이를 '5험1금五險一金'이라 부른다. 납부 기준액과 대우 및 보상 기준은 전년도 평균 임금에 따라 달라지며, 개인과 직장이 나누어 부담한다.

도 돌려받았어요. 하지만 이제 공장을 그만둬도 사회보험을 해약하진 않을 거예요. 공장이나 거주지를 옮길 때 사회보험을 어떻게 이전하는지는 잘 모르겠지만요.

2004년에 귀란을 만나 2005년에 아이를 낳았어요. 아이가 한 살이 넘어서야 호구 문제 때문에 혼인 신고를 했죠.

지출

월세로 300위안이 나가요. 아침과 저녁은 집에서 먹고, 점심은 공장 식당에서 2.5위안짜리를 먹어요. 한 달 생활비는 1000위안 정도 들어요. 지금까지(2010년 11월) 총 4000위안 정도를 고향에 보냈어요. 아이 양육비와 부모님 농사짓는 데 필요한 비용이죠.

주택 구입

왕복유　2009년 12월 중경시 봉절현 청룡진에 개인이 내놓은 집을 하나 샀어요. 방이 112m²이고, 맨 아래층에는 가게가 하나 딸려 있어요. 계약금으로 4만 위안을 냈고, 조만간 중도금 5만 위안을 줘야 해요. 잔금은 열쇠 받을 때 내고요. 집 사는 데 총 14만 5000위안쯤 들었어요. 모자란 돈은 친척이나 친구에게 빌려야죠. 집을 사는 이유는 무엇보다 아이를 위해서예요. 시골 길은 불편하거든요. 2년 정도 돈을 더 벌면 진으로 돌아갈 수 있을 거예요. 고향에 가면 장사를 하고 싶어요. 구체적으로 무슨 장사를 할지는 모르겠지만요.

하귀란　인테리어가 끝나면 저 혼자라도 돌아가서 아이와 함께 지낼 계획이에요. 아이를 진에 있는 초등학교에 보내려고요. 이곳 학교에 보낼까도 생각해 봤는데, 학비가 너무 비싸요. 저흰 형편에 따라 계획을 세우는데, 돈이 있었으면 벌써 고향으로 돌아갔을 거예요. 무엇보다 밑천이 좀 마련됐으면 좋겠어요. 그럼 고향에 가서 장사라도 할 수 있잖아요. 집 아래층에 가게가 있거든요. 부동산 개발업자와 정부가 합작해서 만든 집이라 재산권이 어떻게 되는지는 아직 잘 모르겠어요. 정부가 부동산 개발업자에게 일부 공공시설을 지으라고 했으니, 재산권은 그리 큰 문제가 없을 거예요. 우리 진에는 공업 시설이 없어서 현성에 가려면 차로 3시간쯤 가야 해요.

왕복유 원래 고향 집은 오래된 흙집이에요. 50년 정도 된 집이라 무너지기 직전이죠. 거기서 어머니가 아직 살고 계세요. 아이를 데리고 광동으로 오시라고 했는데 원치 않으시네요. 나중에 형이 살 곳이 없어질까 봐 걱정하시는 거죠.

■
왕복유 부부의 2010년 동관 셋방
2010년 11월 14일 동관에서 품팔이를 하는 왕복유 부부의 집을 방문했다. 방이 너무 작아서 몇 사람이 들어가니 꽉 찼고, 집안에 주방이 없어 문 앞 복도에서 식사 준비를 한다.

임금[43]

왕복유　올해(2011년) 8~9월부터 잔업이 별로 없어요. 우리 공장은 시저 브랜드의 속옷과 내복을 만들어요. 우리 부부가 이 공장에 다닌 지 거의 10년째인데, 올해 같은 불황은 없었어요. 잔업이 없을 때는 8시에 출근해서 5시 반에 퇴근해요. 하루 8시간 일하는데, 6일 연속 출근하고 일주일에 하루 쉬고요. 잔업이 없을 때 임금은 1900위안이에요. 예전엔 1700위안이었는데, 지난달에 올랐어요. 여기서 보험료와 점심 식사비 공제하면 1500~1600위안이에요. 보험료는 사회보험 117위안, 주택공적금 67위안이 나가요. 주문량이 많았으면 3000여 위안은 받았을 거예요. 올해처럼 주문량이 없으면 집 대출금 상환도 늦어져요. 빚을 어서 갚았으면 좋겠는데. 그래도 친척이나 친구에게 진 빚이라 이자가 없어서 그나마 부담이 덜하죠.

우리 공장은 1900위안만큼의 건수를 못 채워도 1900위안의 월급을 줘요. 1900위안이 넘으면 그때부터는 건수에 따라 계산하고요. 다들 1900위안 이상의 성과급을 받고 싶어 하니까 게으름 안 피우고 열심히 일하죠.

일터에서의 관계

왕복유　공장 직원이 900명 정도 돼요. 공장 건물은 3층인데, 층마다 300여 명이 일해요. 건수에 따라 임금을 받는데, 돈이 더

43　2011년 11월 9일 광둥성 둥관시 장안진에 있는 왕복유 부부의 셋방에서 인터뷰한 내용이다.

되는 제품이 있어서 다들 그걸 맡으려 다퉈요. 그건 억세게 구는 사람이 차지하고요. 저는 이틀째에도 돈 되는 걸 맡지 못하면 조장을 찾아가 싸워요. 아내는 너무 순해서 그런 걸 못하고요. 조장과 사이가 좋으면 좋은 제품을 받죠.

동료끼리 다투기도 하지만, 다 시시콜콜한 일 때문이에요. 가령 조장이 자리에 없을 때 누군가 좋은 제품을 맡으면, 뒷사람이 자기도 그걸 하겠다고 싸워요.

하지만 일할 때 서로 돕기도 해요. 작업장까지 혼자 물건을 들고 오지 못 하면 여럿이 도와줘요. 그래도 여기서 친구 사귀는 일은 드물어요. 어쩌다 잘 맞는 사람을 만나 친해지기도 하지만, 이 관계도 작업장 안에서만 유지되고 밖에선 연락을 안 해요.

사회 현실에 할 말이 있냐고요? 딱히 없어요. 생각해 본 적도 없고요. 돈이 많고 적은 건 자기 능력에 따른 거죠.

■
왕복유 부부의 2011년 동관 셋방
2011년 11월 9일 동관에 있는 왕복유 부부의 셋방을 찾았다. 부모님을 모셔와 함께 살 생각으로 작년보다 훨씬 큰 집을 얻었지만, 가구 사는 비용을 아끼기 위해 매트리스를 바닥에 놓고 쓴다. 방 안의 작은 베란다를 주방으로 사용한다.

미래에 대한 생각

왕복유   문 짜는 일을 배우고 싶다고 형에게 말한 적이 있어요. 빚 다 갚고 나면 돈을 모아서 조그맣게 장사를 할 생각이었어요. 먼저 스승에게 배우고 기술을 터득한 뒤에 혼자 만들어야죠. 문 짜는 일은 벌이가 괜찮아요. 우리 작업장의 소조장 남편이 2006년에 이 사업을 시작해서 몇 년 후에 차도 사고 집도 샀어요. 그런데 이 일을 하려면 10만 위안 정도가 필요하대요.

고향의 새집[44]

2012년 11월 17일부터 24일까지 중국·유럽 잔류 아동 대화 프로젝트의 후속 프로그램을 진행하기 위해 3명의 루마니아 민간 기구 대표와 함께 중경시 봉절현의 두 지역을 방문했다. 앞서 나는 루마니아에서 잔류 아동(부모가 유럽의 선진국으로 품팔이하러 가면서 루마니아에 자녀만 남는 경우)을 만났는데, 이번에는 루마니아에서 중경시의 잔류 아동 집중 지역을 방문한 것이다. 왕복유 부부가 청룡진으로 돌아왔다는 소식을 듣고 그들에게 점심 식사를 대접했다.

부부는 2012년 설을 보낸 뒤 동관으로 돌아가지 않고 중고 트럭 한 대를 사서 과일 장사를 시작했다. 도매 시장에서 과일을 사서 시장마다 차를 몰고 다니며 노점을 펼치는데, 처음 몇 개월은 어느 정도 돈을 벌었다. 하지만 같은 장사를 하는 사람이 점점 많아져서 힘들어졌다고 했다. 최근 몇 달은 생활만 겨우 유지할 정도로 수입이 미미했다.

---

44   2012년 11월 21일 중경시 봉절현 청룡진에서 왕복유 부부를 만나 인터뷰한 내용이다.

연초부터 부부는 아들을 데리고 와 함께 지냈다. 아들은 진에 있는 중심中心초등학교에 다닌다. 아이들을 만나러 학교에 갔을 때 담임선생님과 함께 교실에서 점심을 먹는 그의 아들을 만날 수 있었다.

왕복유는 아내가 둘째를 가져서 다시 품 팔러 나가야 한다고 했다. 그

■ 왕복유 부부의 중경 새집
2012년 11월 21일 중경시 봉절현 청룡진에 있는 왕복유 부부의 집을 방문했다. 아직 가구를 마련하지 못해 텅 비었다.

■ 왕복유 부부의 중경 새집과 과일 장사 트럭

가 일하던 공장의 조장에게서 다시 일하러 오라는 전화를 몇 번이나 받았다고 했다. "공장이 새로 설립돼서 신입이 많아요. 그래서 우리 같은 숙련자가 일해 주기를 바라죠."

부부는 저축해 놓은 돈을 모두 털어 진에 집을 샀다. 넓은 새집에는 침실이 3개 있고, 주방과 화장실도 잘 꾸며져 있다. 하지만 창문이 꼭 들어맞지 않았고, 알루미늄 새시도 부실해 방음이 되지 않았다. 생활 하수는 그대로 집 뒤 작은 강으로 흘러갔다.

왕복유의 아버지는 아직 동관에서 청소부로 일하고, 어머니는 중경시 봉절현 청룡진 홍양紅陽촌에서 혼자 산다. 나중에 그의 어머니를 만났는데, 당뇨병 약값으로 매달 410위안이 필요하지만 돈이 없어 제대로 치료받지 못한다고 했다.

■
왕복유 어머니와 옛집
2012년 11월 20일 왕복유 어머니의 집을 방문했다. 그녀는 지은 지 50여 년 된 옛집에서 혼자 산다. 주변 집들은 사람이 살지 않은 지 오래고, 금방이라도 무너질 것 같은 상태다.

다시 품팔이 생활[45]

2014년 왕복유는 강소성에서 철거 일을 하고 있었다. 2013년에는 3개월 동안 중경에서 터널 굴착 일을 했다. 그 후 집에서 아내와 함께 2013년 5월에 태어난 딸을 돌봤다. 그는 임금도 낮고 자유롭지 않아서 공장에 가고 싶지 않다고 했다. 그래서 2014년 3월 초에 소주시로 와 철거 일을 막 시작한 참이었다. 월급은 약 5000~6000위안이고, 근무 시간이 자유로운 편이며, 동료와의 분위기도 좋다고 했다. 다만 비바람과 햇볕을 고스란히 맞아야 해서 일이 좀 더 고되단다. 집 살 때 진 빚은 다 갚았지만, 아직 5만 위안의 빚이 남았다. 그중 3만 위안은 딸을 낳은 벌금이고[46], 2만 위안은 장사할 때 밑진 돈이다. 그래서 지금 버는 돈으로 이 빚을 갚고 있다. 하귀란은 집 아래층 가게에서 그릇을 팔 생각이다. 어찌 됐든 자기 가게니 파는 대로 다 수입이 될 것이다. 지금은 새집에 가구를 모두 갖췄다.

분석

1. 이민의 시대

(1) 독일의 터키 이민자

지난 몇 년간 중국의 품팔이, 독일의 터키 이민자, 루마니아의 잔류 아

---

45   2014년 3월 16일 전화 인터뷰 내용이다.

46   [역주] 중국에서는 2015년까지 1가구당 1명의 아이만 낳도록 하는 산아 제한 정책이 시행돼 이를 어길 시 벌금을 내야 했다. 2016년부터는 노령화와 노동력 부족 문제를 해결하기 위해 1가구당 2명의 아이를 낳을 수 있도록 정책을 변경했다.

동을 만났다. 이 과정에서 한 가지 법칙을 발견했는데, 이민자들은 언제나 3대에 이르러서야 고향으로 돌아갈 수 없음을 명백하게 인식한다.

2010년 10월 20일 독일 프랑크푸르트에서 역사가 가장 오래된 이주민 활동 센터인 '터키인의 집'을 방문했다. 중국의 품팔이들처럼 독일의 터키 이민자들 역시 언젠가 자국으로 돌아갈 마음을 품고 사는지 궁금했다. 1956년 독일에서 대학을 다녔고, 1965년에 이 복지 기관을 세운 슈나이더 부인은 다음과 같이 회고했다.

1965~1970년대 중엽 터키인들이 독일에 와서 이주 노동자로 일하기 시작한 시기예요. 당시 많은 사람이 덜 먹고 덜 입으며 모은 돈으로 나중에 돌아갈 집을 지었어요. 1세대 이민자들은 나중에 터키로 돌아가 평안히 노년을 보내리라고 확신했죠. 하지만 그런 일은 일어나지 않았어요.

1970년대 중엽~1990년대 초 1세대 이민자들은 터키로 돌아가지 않았어요. 그들은 점차 독일의 신新시민이 되었고, 그들 자녀 세대에 이르자 언어 장벽이 점차 해소됐어요. 하지만 여전히 많은 사람이 언젠가 터키로 돌아갈 수 있다고 생각해 자신이 모은 돈을 터키에 투자했어요.

1990년대 초~현재 마침내 그들은 터키로 돌아갈 수 없음을 깨달았어요. 그래서 독일에서 집을 사고 투자하기 시작했죠. 현재 독일에 거주하는 터키인들은 자신이 독일의 일부라는 점을 인식하고 있어요. 50년의 이민사에서 고향으로 돌아간 사람은 소수에 불과하고, 대부분이 독일에 남았죠. 독일에서 8년간 살고,

범죄 이력이 없으며, 독일어를 할 줄 알고, 국가國歌를 부를 수 있으면 외국인도 독일 국적을 취득할 수 있어요.

2002년부터 10년 동안 나는 아인슈타인의 고향 울름Ulm 옆에 위치한 독일 남부의 작은 마을을 여러 차례 방문했다. 이 과정에서 한 가지 곱씹어볼 만한 현상을 포착했다. 많은 독일인 식당 및 산업이 점점 터키인 후손의 손에 넘어가고 있었다. 독일인에게는 우리와 다른 풍속이 있다. 가령 평생 한 가정의에게 진찰받고, 한 이발소만 다니며, 주말마다 한 식당에서만 식사하곤 한다. 그렇기 때문에 한 가게가 수십 년간 존재하고, 세대에서 세대로 계승되는 것이 보편적이다. 그런데 이 모든 것에 '조용한' 변화가 일어나고 있다. 50년간 자리를 지켜오다 최근 운영이 어려워진 한 스포츠 센터를 터키인이 사들여 터키인들의 예식장으로 바꾸는 것을 본 적이 있다. 2010년 독일에 방문했을 때는 독일에서 태어나는 아이 5명 중 1명이 외국인 혈통이었다. 의심의 여지없이 이민자의 후손이 독일을 바꾸고 있다. 그리고 이런 현상은 독일뿐 아니라 유럽의 많은 나라에서 보인다.

(2) 루마니아의 잔류 아동

2012년 10월 23일부터 27일까지 루마니아 이아시Iasi에서 잔류 아동들을 만났다. 루마니아 인구는 약 2100만 명이며, 노동 인구는 950만 명이다. 그중 300만 명이 외국에서 일한다. 현지 기관의 조사에 따르면, 루마니아의 아동 인구 400만 명 중 35만 명이 잔류 아동이다. 이들은 부모가 유럽의 다른 나라로 일하러 가 남겨진 아이들이다.

10월 26일 이아시 도심과 수백 킬로미터 떨어진 곳에서 열린 잔류 아동 사회 복지사 양성 프로그램을 답사했다. 가는 도중 보이는 풍경이 중국의 농촌과 흡사했는데, 논밭 사이에 새로 지은 빈집들이 불쑥불쑥 솟아 있었다. 언젠가 돌아와 살 것이라는 희망으로 외국에 품을 팔러 간 사람들이 지은 것이다. 하지만 루마니아 불황 때문에 돌아와 살지 못하고 외국에서 계속 품팔이를 한다.

외국에서 18년간 품팔이를 하고 돌아온 한 남성은 이제 가족과 함께 살고 싶다고 했다. 그와 아내는 현지에서 일자리를 구했다. 하지만 그는 약 1600위안, 아내는 약 1800위안을 받는다. 이 금액으로는 네 식구가 쓰기에 부족할 때가 많다. 그래서 어쩔 수 없이 이탈리아에서 청소부로 일하는 어머니의 도움을 받는다.

2008년 금융 위기는 유럽 경제에도 타격을 주었다. 대다수가 서유럽의 경제 불황으로 루마니아인이 자국으로 돌아갈 것으로 생각했지만, 그런 일은 일어나지 않았다. 루마니아인은 계속 서유럽에서 일했고, 소수는 북유럽으로 이동했다.

(3) 중국의 품팔이

1세대 품팔이와 신세대 품팔이: 일반적으로 1970년대 및 그 이전에 태어난 품팔이를 1세대 품팔이라 한다. 그리고 80후(八零後, 바링허우)[47]는 2세대 품팔이, 90후(九零後, 주링허우)는 3세대 품팔이인데, 이들을

---

47 [역주] 1980년대 출생자들을 이르며, 1990년대 출생자들은 '90후'라고 부른다. 해당 세대의 특징을 시사하는 표현이다.

통틀어 신세대 품팔이라 지칭한다. 이러한 정의는 품팔이가 처한 시대, 품팔이의 연령과 시대의 관계를 중점적으로 묘사한다.

1대 품팔이와 2대 품팔이: 세대 관계에 따라 품팔이를 정의하려면, 1대 품팔이, 2대 품팔이라 불러야 한다. 2대 품팔이는 1대 품팔이의 자녀이기도 하다. 현재 중국의 많은 2대 품팔이가 노동 연령에 접어들었다. 3대 품팔이는 아직 태어나지 않았거나 어려서 노동 시장에 진입하지 않았다.

독일의 터키 이민자 사례는 한 가지 시사점을 준다. 터키 이민자들은 3세대가 지나서야 자신들이 독일의 일부이며, 자국으로 돌아갈 수 없다는 것을 인식했다. 중국의 품팔이들이 이런 이치를 깨닫는 데에 3대라는 시간이 걸리지 않기를 바란다. 길을 잃고 방황하는 동안, 즉 실현되지 않을 계획을 위해 모든 자원을 투입해 집을 짓는 동안, 우리는 평생의 피땀을 헛된 곳에 쏟을 뿐 아니라 현재 사는 곳에서의 권리 쟁취를 지체하게 된다.

2. 집과 일터에서의 분열된 삶

왕복유 가족의 상황을 수년간 살펴보면서 내 마음도 그들과 함께 오르락내리락했다. 왕복유 부부는 2010년에 동관의 협소한 셋방에 살다가 2011년에 좀 더 넓은 셋방으로 옮겼다. 2012년에 진에 사둔 새집으로 이사했지만, 고향에서 생계를 유지할 수 없어 2013년에 다시 외지로 나가 품을 팔아야겠다고 생각했다. 그래서 2014년 초부터 왕복유는 강소로 나가 철거 일을 하고, 아내는 고향에서 아이들을 돌본다.

그들은 품팔이로 모은 전 재산인 14만5000위안을 들여 고향에 빌라

한 채를 마련했다. 이 집은 아들이 진에서 학교 다닐 때 머물 곳, 그리고 부부가 고향에 돌아가 머물 곳이었다. 그러나 진에서는 취업 기회가 적고 장사도 되지 않아서 장기적으로 살 수가 없다. 즉 진에 있는 새집은 일종의 완충 장치이자 후방 기지일 뿐이다. 하지만 14만5000위안으로 집을 사지 않았어도 이 돈을 쓸데가 마땅히 없다. 물가와 집값의 상승세를 보더라도 몇 년 후 이 돈으로 살 수 있는 것은 아무것도 없을 것이다.

왕복유 가족의 미래를 상상해 보자. 아내는 진에서 자녀를 돌보며 장사하고 싶지만, 돈을 벌지는 못할 것이다. 그러면 가족의 생계는 왕복유의 외지 품팔이에 의지해야 한다. 왕복유는 외지에서 표류하며 품팔이로 나날을 이어갈 것이다. 10년 후 아이들이 중학생이 되면, 아내도 외지로 나가 품을 팔 것이다. 즉 그들의 새집은 아이 낳을 때와 잠시 일을 쉴 때를 위한 것이다.

사람들은 어느 한곳에 정착해 자식을 낳아 기르며 삶을 꾸려 나가기를 바란다. 하지만 도시와 기업은 일자리만 제공할 뿐이어서 품팔이는 다른 필요를 고향에 의탁할 수밖에 없다. 이는 품팔이의 삶의 분열과 가족의 별거를 초래한다. 이 문제를 본질적으로 해결하는 방법은 도시와 농촌의 공동 발전이다. 여기서 핵심은 도시가 품팔이에 안정적으로 생활하고 일할 수 있는 환경을 제공하는 것이다. 문제는 자본의 논리에 따른 발전이 '사람 중심'으로 고려되거나 설계될 리 만무하다는 것이다. 품팔이는 도시에서의 정착과 발전을 스스로 쟁취해야만 한다. 그러나 1980년대 이후 출생한 품팔이의 분열된 삶의 방식은 자본이 더욱 편리하게 이윤을 얻는 데 기여할 뿐 개인 및 가정, 사회 발전에는 장기적인 불안과 손상을 가져온다. 하지만 사람이 살아가기 위해서는 현재의 필요를 충족해야 하고, 도시에서는 발붙일 곳 하나 없기에 고향에라도 잠시나마 쉴 수 있는 항구를 마련할 수밖에 없다. 그리고 평생 쉬지 않고 일해야 하는 자신 대신 자녀에게 미래의 희망을 찾는다.

3. 집과 제로섬 게임

채경(柴靜, 차이징)[48]이 보도하는 〈에카르트 뢰베Eckart Loewe를 떠나보내며〉[49]를 본 적이 있다. 에카르트 뢰베는 독일에서 온 자원봉사자로, 중국의 빈곤한 산간 지역에서 오랫동안 교육 활동을 했다. 그가 인터뷰에서 한 말이 마음에 크게 와 닿았다. 그는 현재 중국인들이 너무 조급해서 어떤 바람이든 당장 이루고 싶어 한다고 했다. 이는 현재 중국인들의 심리 상태 중 한 측면을 잘 나타낸다. 중국인들은 필사적으로 앞을 향해 종종걸음 치지만, 자신이 누구인지, 목적지가 어디인지 알지 못한다. 사실 이는 자본주의와 소비주의가 가장 바라는 바다. 이들이 쫓기는 양 떼처럼 필사적으로 노동해 돈을 벌면서 자본 증식에 기여하기 때문이다. 하지만 이들이 번 돈은 빠르게 증발하고, 결국 자신이 어떤 삶을 살고 싶은지 모르게 된다.

청룽진에 갈 때마다 슈퍼마켓을 운영하는 왕포차(王包車, 왕바오처)의 집을 찾았다. 그의 가족이 집을 짓거나 사는 속도가 이 시대의 발전 속도를 잘 설명해 준다.

48　[역주] 중국 언론인. 한때 중국중앙방송(CCTV) 앵커였으며, 중국 대기 오염에 관한 고발성 다큐멘터리 〈돔 지붕 아래穹頂之下〉를 제작해 큰 반향을 일으켰다. 그녀가 중국중앙방송 앵커 시절 체험을 담은 책 《보다看見》는 베스트셀러에 오르기도 했다.

49　"告別盧安克", 〈鳳凰視頻〉, http://tv.cntv.cn/video/C35518/0f5c9251361d4eec84d9938b75df9636(검색일: 2014년 5월 16일)

1996년 그는 6만 위안을 들여 홍양촌에 집을 지었다. 그리고 2006년 4만 위안에 이 집을 팔았다. 2010년에는 20여 만 위안을 들여 청룡진에 3층 집을 지었다. 1층에 슈퍼가 있고, 2~3층에 가족이 거주한다. 아들과 딸은 현縣 정부 소재지의 학교에 다니고, 할머니가 그곳에 집을 임대해 돌본다. 2012년에는 50여 만 위안을 들여 봉절현에 110㎡의 집을 샀다.

15년간 세 곳에 집을 살 수 있는 사람은(그것도 매번 더 발달한 곳에) 그리 많지 않다. 이렇게 빨리 집을 사는 것은 왕포차 가족에게는 좋은 일이다. 하지만 이는 중국 사회의 기형적인 발전 양상을 반영한다.

집을 사는 것은 '제로섬 게임'이다. 첫째, 집이 생겼지만 그곳에 살지 못한다. 생계를 도모하기 위해서는 외지로 나가 품을 팔아야 하기 때문이다. 이는 고향에 집을 사 둔 대다수 노동자의 현황이다. 돈을 벌어 집을 짓거나 사는 것이 잘못은 아니다. 문제는 집과 일터가 분열될 때 집의 존재 의의가 크게 떨어진다는 것이다. 둘째, 농촌에 집을 지었으나 나중에 후회하고, 진에 있는 집을 샀으나 사회 발전을 따라잡지 못한다. 이때쯤이면 현에 있는 집은 가격이 뛰어 살 수 없다. 이렇게 평생 고생해서 번 돈으로 집만 산다. 시대에 뒤떨어진 집을 사는 것이 돈을 버는 이유가 되어 버렸다. 죽을힘을 다해 자신이 돌아갈 수도 없는 고향에 집을 마련하면서도 왜 대도시의 집값이 불합리하다고 생각하지 않을까? 노동자로서 누려야 할 거주권을 왜 쟁취하지 않을까? 셋째, 이들은 집을 샀으니 그곳에서 노년을 보낼 수 있으리라 믿는다. 하지만 자녀가 농촌이나 고향에서 생계를 꾸려나갈 수 없을 것이 분명하기에 노후 역시 막막하다. 넷째, '80후'의 자녀들은 부모가 평생 피땀으로 산 집에서 살지 않을 것이다. 게다가 자신들의 부모처럼 자본에 코가 꿰어 끌려다닌다면, '80후'는 고향과 도시 어디에서도 집을 살 수 없을지 모른다. 또한 '80후'의 자녀들이 자랄 때까지 농촌과 농업이 지금처럼 경시되고 방치된다면, 중국의 위기는 비단 분열된 삶의 제로섬에 그치지 않을 것이다. 이는 국가의 존망과 식량 위기의 문제다.

집은 삶의 필수품이다. 그렇기 때문에 자본과 권력은 이것을 이용해 노동자의 모든 피와 땀을 착취한다. 농촌과 지방 소도시에서는 종종 지역의 생산 경제가 매우 낮은 비율을 보인다. 지역의 각종 소비와 부동산 경제를 유지하는 것은 외지 품팔이의 수입이며, 품팔이의 최대 지출은 주택 건축이나 매입이다. 품팔이는 도시에서 생산, 건설 및 서비스업의 주력군이지만, 도시에는 이들이 뿌리내리고 발전할 수 있는 사회 정책과 환경이 마련되어 있지 않다. 사람을 사회 발전의 수혜자가 아닌 염가 노동력으로 간주하기 때문이다. 사회 발전은 빨라야 하는 것이 아니라 반드시 모든 사람을 위한 것이어야만 한다. 일과 삶을 지탱해 줄 건강하고 조화로운 거주 환경 건설이야말로 지속 가능한 발전으로 가는 길이다.

4. 중국과 유럽의 집값

여기서는 유럽과 중국의 상황을 비교해 본다. 전체 유럽의 정황을 알 수는 없지만, 벨기에의 사례를 보자. 한 친구가 얼마 전 벨기에에서 집을 샀다. 그녀는 1985년생이며, 2004년에 고등학교를 졸업하고 벨기에로 유학을 갔다. 그런데 언어 시험을 통과하지 못해 어쩔 수 없이 예정보다 오래 학업을 계속해야 했다. 그녀는 불법으로 벨기에에 체류하면서 줄곧 식당에서 일했다. 2012년 벨기에가 서류 미비 이민자 합법화를 시행하면서 그녀는 합법적인 신분을 갖게 되었다. 그녀는 근로 계약을 체결할 수 있고, 세금을 내고 사회보험 혜택을 받는다. 2013년 그녀와 남편은 꽤 괜찮은 동네에 50년 된 낡은 연립 주택을 샀다. 크기는 160㎡, 가격은 16.5만 유로다. 12.5%의 부동산세는 일시금으로 정부에 내야 한다. 이들 은 현재 매월 930유로의 주택 융자금을 내며, 초기 납부금은 없다. 그녀 는 가사 도우미로 일해 매월 약 1000유로(세후)를 번다. 그녀의 남편은 식 당에서 일하며 월수입은 2000유로 안팎이다. 이들의 수입은 벨기에에서 중하층에 속한다. 그녀는 자신과 비슷한 시기에 합법 신분을 취득한 중 국인 중 절반이 벨기에에 집을 샀다고 했다.

북경은 5환 바깥에 위치한 집값이 1㎡당 4만 위안까지 올랐다. 100㎡ 집 1채면 400만 위안이다. 반면 품팔이 월급은 2000위안이 채 안 된다. 한 달에 2000위안을 벌면서 먹지도 마시지도 않는다 해도 167년 뒤에야 이 집을 살 수 있다. 그런데 12년 전 이 구역의 집값은 고작 3000여 위안 이었다. 그야말로 말도 안 되는 상황이다. 중국의 임금은 유럽보다 훨씬 낮지만, 집값은 훨씬 높다. 그 돈이 다 어디로 갔는지 묻지 않을 수 없다.

삶은 선택

려도(2013년 1월 31일)

품팔이 생활은 지옥이나 다름없어요
난 여기서 벗어나고 싶어요

어디로 가야 하나요?
농민이 되고 싶진 않아요
도시에선 일자리를 찾을 수 없고요
장사를 해도 잃는 것이 버는 것보다 많네요

집이 있었으면 좋겠어요
진에 있는 집은 15만 위안
현성에 있는 집은 50만 위안
도시에 있는 집은 100만 위안
지금껏 모은 돈과
지금 벌고 있는 돈과
앞으로 벌 돈으로
진에 있는 집을 샀답니다

진에 있는 30평 내 집은 얼마나 넓은지요
그런데 거긴 일자리가 없어요
결국 대도시로 가서 하루하루를 살아야 해요

설마 삶은 어쩔 수 없는 선택뿐인가요!

생각해 보세요
우리는 노동자예요
생각해 보세요
우리는 공민이에요

삶은 선택!

노동자에겐 일을
시민에겐 삶을
삶이란 남편, 아내, 아이가 단란하게 모여 사는 것
삶이란 도시에 주방과 화장실이 딸린 둥지 하나 갖는 것

생각해 보세요
토지는 국가 소유예요
집은 노동자가 건설해요
삶을 능동적인 선택으로!

제5장

왕가의 이야기
— 사랑과 결혼

삶 이야기: 이 결혼 생활에는 희망이 없어요

2010년 취재차 광동성 동관시를 찾았을 때 왕가를 처음 만났다. 그녀는 정과 의리를 중요하게 생각해 가족, 친구, 동료에게 언제나 정성을 다했고, 무슨 일이 있으면 서로 도왔다. 우리는 수년째 서로 연락하며 지낸다.

2010년 11월 12일: 광동성 동관시에서 인터뷰했다.

2011년 11월 20일: 광주시 중산中山대학교에서 만나 이야기를 나눴다.

2011년 12월~2013년 2월: 인터넷 채팅과 문자 메시지로 수차례 연락했다.

2013년 12월: 동관시에서 만나 이야기를 나눴다.

2014년 5월 8일: 노동자 친구들을 만나기 위해 동관시에 갔다가 왕가를 찾았다.

가정 환경

왕가는 1981년 귀주성의 한 농촌에서 태어났고, 오빠가 하나 있다. 그녀는 세 살 위의 남자와 결혼했으며, 시부모는 60대다. 남편은 대학 졸업 후 고향의 시에서 일한다.

동관시에서의 품팔이

동관시 인쇄 공장 중학교 졸업하자마자 1998년에 오빠 부부와 함께 외지로 나왔어요. 예쁘게 차려입고 고향에 돈도 가져 오는 품팔이들을 보고 외지로 나가 일해야겠다고 생각했어요. 친구 5명과 가방 하나씩 메고 동관시 요보寮步진까지 갔어요. 친척 오빠가 마중 나와 있더라고요. 부모님과 오빠는 외지로 나가는 걸 반대하셨어요. 공부를 계속하길 바라셨거든요. 그땐 집에 전화가 없어서 편지를 썼어요.

맨 처음 들어간 곳이 인쇄 공장이에요. 산화제가 놓인 산화대에서 글자를 금색으로 만드는 일을 했어요. 그 일을 하다 보니 손 피부도 벗겨지고, 옷에 묻은 얼룩이 지워지지 않고 산화돼 버렸어요. 거기서 5개월 일했는데, 첫 달 월급이 250위안이었어요. 제게는 아주 큰돈이라 월급 받고 얼마나 기뻤는지 몰라요. 요보진에 가서 옷 사느라 200위안이나 써 버리고, 일주일 만에 50위안만 남았어요. 오빠에게 말했다가 욕만 진탕 먹었죠. 우린 그때 아무것도 몰랐어요. 그저 월급을 많이 주니 옷을 사야겠다고 생각했어요.

하루에 10시간 넘게 일했어요. 휴일은 없지만, 할 일이 없으면 외출할 수는 있었어요. 그렇게 얼마간 일하다가 오빠에게 다른 공장 월급이 얼마인지 들었는데, 이곳 월급이 너무 적다는 걸 알았죠. 작업 환경도 열악해서 그만뒀어요.

동관시 플라스틱 공장　　　한 플라스틱 성형 공장에서 사람을 구하더라고요. 사는 곳에서 그리 멀지 않아서 그곳으로 갔어요. 그때가 1999년인데, 거기서 1년 일했어요. 저축도 안 하고 버는 대로 썼죠.

동관시 요보진 일본 전자 공장　　　2000년 4월부터 2003년 7월까지 동관시 요보진에 있는 일본 자본 전자 공장에서 일했어요. 직원이 3000명 정도 됐죠. 기본급은 동관시 관련 규정에 따라 책정했는데, 2000년에는 약 300위안이었어요. 그러다 2001년에는 450위안, 2003년에는 650위안으로 매년 인상됐고요. 잔업 수당이 기본급의 1.5배, 주말 업무는 2배여서 매월 1500위안 안팎의 임금을 받았어요. 숙식도 제공됐는데, 과장은 1인실에 살고, 나머지 직원 숙소는 8인실이었어요. 직원들 복지에 비교적 신경 쓰는 공장이라 차별 대우는 없었어요. 2002년부터는 회사에서 사회보험을 들어줬어요. 3년 동안 일하면서 돈도 어느 정도 모았어요.

그땐 집에도 이따금 돈을 보냈어요. 많이는 아니고, 몇 개월에 한 번씩 몇 백 위안에서 1000위안 정도요. 지금 생각하면 너무 적게 드린 것 같아서 후회돼요. 참 이상하죠. 좋은 음식을 먹는 것도 아니고 좋은 옷을 입는 것도 아닌데 돈이 없으니 말이에요. 덜 먹고 덜 입으며 아껴 쓰다가도 친구에게 돈 쓸 때는 막 쓰고, 살다 보니 그렇게 되더라고요.

일본어를 배우다

2003년 8월부터 2004년 7월까지 흑룡강黑龍江성 계서雞西시에 있는 성실誠實외국어학교에서 일본어를 배웠어요. 딱히 일본어가 배우고 싶었던 건 아니고, 한 공장에 너무 오래 있었다는 생각이 들었거든요. 돈도 좀 모았으니 다른 환경에 있어 보고 싶었죠. 그래서 몇몇 동료와 함께 공장을 그만뒀어요. 반장(35세)이 일본어를 1년 배우고 다시 공장에 들어왔는데, 일본인과 막힘없이 소통하더라고요. 그걸 보니 일본 기업에서 일하려면 일본어를 할 줄 아는 게 도움이 되겠다 싶었죠. 저희가 다닌 곳은 사설 일본어 학교였는데, 외지에서 품팔이하다가 온 사람이 많았어요.

공부하는 동안에는 절약하며 살았어요. 학교 식당 음식은 별로였어요. 학비는 그리 비싸지 않아서 한 학기에 1200위안이었고, 1년에 총 2400위안 들었어요. 주로 방세와 기타 생활비에 돈이 나갔고요. 일본 전자 공장에서 일하는 동안 약 1만 위안을 모았는데, 일본어 배우는 동안 다 써 버렸어요.

중학교를 나와서 일본어 배우는 게 어렵진 않았어요. 한자를 쓸 줄만 알면 돼서 일본어는 초등학생이라도 배울 수 있어요. 다른 나라 사람들에게는 좀 어려울 거예요. 한자를 배워야 일본어의 50음도를 배울 수 있으니까요. 처음 시작하는 사람은 초급반, 그다음이 심화반이에요. 심화반에서는 1년이 채 안 되는 기간에 1년 반 과정을 배워야 해요. 선생님은 세 분이고, 아침 8시부터 12시까지, 다시 오후 2시부터 6시까지, 하루에 8시간씩 수업했어요.

일본 자본 공장에서의 품팔이

일본어 학교를 졸업하고 새로운 일자리를 구했는데, 일본 자본 공장이라 일본인이 많았어요. 면접 때는 일본인 면접관이 묻는 말을 하나도 못 알아들었어요. 창고로 출근하라는 얘기였는데, 인사부로 출근하라는 줄 알았어요. 다음날 인사부 여직원이 전화해 월요일부터 출근하라면서 월급이 얼마인지 안 묻느냐고 하더라고요. 저는 월급은 상관없다고 했어요. 여직원이 월급 1500위안에 숙식 제공, 하루 8시간 근무라고 알려줬어요. 그 정도면 정말 좋은 것 같아서 월요일부터 출근했어요. 콘덴서를 생산하는 작은 공장이었고, 저는 입·출고를 담당했어요. 일본어 쓰는 일은 거의 없었죠. 거기서 2004년 중반부터 2005년 초까지 8개월 일하고 그만뒀어요.

식당 운영

2006년 7월부터 2007년 12월까지 학교 친구 몇 명과 식당을 운영했어요. 처음에는 의기투합해서 열심히 일해 돈도 좀 벌었어요. 나중에는 이런저런 이유로 장사를 계속하지 못해 12월에 해산했죠.

대만 자본 전자 공장에서의 품팔이

2008년 5월부터 지금까지(2013년 2월) 동관시 요보진에 있는 대만 자본 공장에서 일하고 있어요. 구인 정보는 '탁박인재망卓博人才網'이라는 사이트에서 봤고요. 이 공장은 2008년에 8000명 가까이 일했는데, 지금은(2013년 1월) 5000명 정도밖에 안 돼요. 최근 2년간 주문이 줄어서 일이 거의 없었거든요. 현재 제 업무는 해외 구매 업무 및 일본어 번역이에요. 구체적으로 공장 자재 수입 안배, 일본 인 연락 업무, 재료비 납부 재촉 등이죠.

현재 월급은 2000여 위안이에요. 처음 공장에 들어왔을 때는 한 동안 월급이 오르지 않았어요. 일반 노동자 기본급이 920위안이 고, 여기에 잔업 수당을 더하면 매월 1500~2000위안을 받을 수 있어요. 모든 직원이 똑같은 잔업 수당을 받는데, 평일에는 시간당 8.5위안, 일요일에는 10.5위안이죠. 그리고 공장에 들어온 지 2개 월부터 사회보험에 가입해요. 숙식도 제공되는데, 일반 노동자는 12인실, 간부는 4인실, 과장은 1인실을 써요. 복지 혜택이 괜찮은 편이지만, 직급에 따라 차등이 있어요.

2011년부터 여길 떠나고 싶은 생각이 들었어요. 예전에는 일하다 가 어려운 일이 생겨도 참아 냈는데, 언제부터인지 그만두고 싶더 라고요. 2011년 1월에 공장 노동자 임금을 30~60% 인상했어요. 그런데 저는 부서를 옮긴 지 3개월이 안 되었다며 상급 간부가 1년 지켜보고 올려 준다는 거예요. 제가 공정부工程部에서 일하다가 구 매부로 옮겼거든요. 그 후부터는 믿음도 안 가고, 일을 계속하겠다 는 의지도 안 생겨요. 그렇다고 더 좋은 일자리가 있는 것도 아니니 그냥 눌러앉아 있어요.

그러다 나중에 제 월급도 올려줬어요. 2011년에 200위안 올랐고, 2012년 7월에 조장으로 승진하면서 450위안이 더 올라서 현재 기 본급이 1250위안이에요. 거기에 수당을 더하면 한 달에 3500위안을 받을 수 있어요. 여기서 주택공적금과 사회보험료 제하고 나면 3200위안이 남아요. 직원 기본급은 다 똑같이 1250위안이에요. 일반 노동자는 잔업이 많으면 월급도 높아지고, 잔업이 줄어 주말에 쉬면 2000여 위안밖에 못 받아요.

조장이라고 해서 월급이 높은 것도 아니고, 부담만 커요. 저는 관리 업무 경력을 쌓아서 나중에 과장이나 관리자 같은 높은 직위의 일자리를 찾을 거예요.

결혼과 출산

2007년 무렵 가족들이 제 결혼 문제로 무척 조급해했어요. 그때 제 나이가 스물여섯이었어요. 고향을 떠난 뒤로 집에도 거의 안 가고, 외지에서도 만나는 사람이 없었어요. 2008년에 친구가 남자를 소개해 준다고 하더라고요. 이미 많은 사람을 소개받은 터라 별 뜻 없이 만나보겠다고 했죠. 일주일 후 그 남자가 전화했고, 두 달간 문자나 전화로 대화를 나눴어요. 그 사람과는 말이 참 잘 통했어요. 친구가 그를 우리 집으로 데려가서 부모님께 소개시켰는데, 그 정도면 괜찮다고 하시더라고요. 나이도 비슷하고, 양가가 그리 멀지 않아서 좋다고요. 그 후에 인터넷 화상 통화로 서로의 얼굴을 확인하고, 계속 연락을 주고받았어요. 그 사람 부모님도 저를 마음에 들어 하셨어요. 그 사람도 그 나이가 되도록 마땅한 사람을 못 찾았거든요. 고향에 간 김에 그 사람 집에 들렀어요. 최소한 그 사람이 어떻게 사는지는 알아야 하니까요. 그러고는 그 남자를 직접 만났죠. 그 정도면 괜찮은 것 같고, 그 사람 집에서도 서둘러서 결혼까지 갔죠. 한 달 여름휴가를 내고 고향에 내려가 2008년 10월에 결혼했어요. 결혼식 마치고 다시 출근했고요.

얼마 후에 아이가 생긴 걸 알았어요. 뭐가 이렇게 빠른가 싶었죠. 공장에 컴퓨터가 있는데, 전자파가 태아에게 안 좋을까 봐 걱정이 됐어요. 그래서 전자파 차단용 옷을 사 입었는데 정말 민망하더군요. 동료들이 임신이 너무 빠른 거 아니냐며 놀렸어요. 나중에는 부푼 배를 안고 출근했는데, 그런 상태로 일하는 게 쉽지는 않았어요. 계단을 오르내리는 것만 해도 힘들었거든요. 그렇게 8개월을 채우고 나서야 1년 휴가를 내고 집으로 돌아갔어요.

무의미한 결혼 생활

집에서 머문 8개월 동안 남편이 돈을 보내준 게 고작 2~3개월뿐이에요. 한 달에 1000위안 정도 주다가 나중에는 그마저도 안 줘서 시아버지 돈으로 생활했죠.

당시(2009년) 남편 월급이 1700위안밖에 안 됐어요. 그는 먹는 데에는 아꼈지만, 매달 옷과 신발을 사들였어요. 그 사람 숙소에 가 보니 흰색 운동화 십 수 켤레가 나란히 놓여 있더라고요. 그는 보름에 한 번이나 한 달에 한 번 집에 왔어요. 남편 직장이 준의遵義시에 있는데, 집에서 무척 먼 곳이거든요. 게다가 매일 출근해야 하고, 바쁠 때는 휴일이 한 달에 이틀밖에 없었어요.

그 사람은 집에 올 때마다 새 옷을 입고 왔어요. 또 새 옷을 샀냐고 하면, 오래된 옷이라든가 30~40위안짜리라고 둘러댔어요. 어떻게 나한테는 옷 한 벌을 안 사 주냐고 따졌더니 치수도 모른다고 하더라고요. 나중에는 그런 말도 점점 무의미해졌어요. 결혼 전에 산 옷은 너무 작고, 임부복밖에 없어서 입을 옷이 없어요. 그래서 아이 키우는 동안 옷 두 벌을 번갈아 입었어요. 그것도 진에서 한 벌에 29위안 주고 산 옷이죠.

남편이 인테리어 사업을 하겠다며 2만 위안을 대출받았는데 망해버렸어요. 제가 1만 위안을 갚았죠. 결혼은 한 가족으로 더불어 사는 거라 생각했어요. 바보 같이 너무 좋게만 생각했던 것 같아요. 이런 문제가 생길 줄은 몰랐어요.

사실 번갯불에 콩 볶아 먹듯 결혼할 때부터 예견된 일이었죠. 하지만 시간이 흘러 서로 더 알게 되면 결혼을 못 할 것 같더라고요. 그러기 전에 얼른 결혼하는 게 낫겠다 싶었어요. 그런데 혼자 사는 게 익숙해져서 종일 같이 있으면 불편하더라고요. 그래서 자유롭고 독립적으로 살기 위해 서로 멀리 떨어져 살기로 했죠. 저는 무슨 일이든 잘해야 하는 완벽주의자예요. 저는 요리 잘하는 남자를 좋아하는데, 남편은 정반대죠. 주방에는 발도 안 들이고, 담배 피우고, 마작도 해요. 그나마 술은 안 마셔요.

나중에는 외지에 혼자 사는 게 좋더라고요. 아이와 멀리 떨어져 있는 게 마음에 걸리지만, 시아버지가 세심하셔서 마음이 놓였어요. 외지에 있으면 제 수입이 있으니 금전적으로 구속받지 않잖아요. 집에 있으면 남편이 주는 돈으로 살아야 하고, 그마저 대부분 아이에게 들어가니 제 옷 한 벌 사지 못할 거예요.

가족들이 뜻을 모으면 고향에 사는 것도 좋을 거예요. 준의시에 함께 살 셋방을 얻어서 아이도 키우고 집안일도 하면서요. 하지만

2000위안도 안 되는 남편 월급으로는 집세와 공과금 내고 나면 빠듯해요. 그래서는 세월이 흘러도 돈을 못 모으겠죠. 아파도 몇천, 몇만 위안 되는 입원 선금이 없어서 병원에도 못 갈 거예요.

저는 공장에서 일하는 게 정말 싫어요. 고향에 일자리만 있으면 아이와 함께 살면서 돌볼 수 있을 텐데, 지금은 돈이 없어서 제힘으로는 창업도 못 해요. 남편과 시어머니한테 상의했더니 2~3년 더 일해서 고향에 집을 지어 줬으면 하더라고요. 정말 어떻게 해야 할지 모르겠어요.

2011년 초에 공장에 유치원을 만든다고 했어요. 아이 있는 직원이 많은데, 대부분 같이 살지 못하거나 같이 살아도 돌보지 못하거든요. 공장에 유치원이 생기면, 저도 아이를 데려와야겠다고 생각했어요. 그런데 유치원이 지어지긴 했지만, 관리자가 없어서 텅 빈 건물로 남아 있어요. 회사에서 아이 돌보는 사람 월급을 부모들이 부담하라고 했거든요.

2011년 11월에 남편이 일을 그만뒀어요. 동료와 갈등이 있었던 것 같아요. 그러고 한동안 놀았어요. 제가 동관시에 일자리를 찾아 줬는데, 처음에는 오겠다고 하더니 12월이 되자 고향에서 살고 싶다는 거예요. 여기서 그 사람과 함께 살고 싶었는데, 헛된 기대였어요. 제가 매력이 없나 봐요.

남편이 새로 찾은 일자리는 월급이 4000위안이에요. 그런데 집안에 돈 쓸 일이 생길 때마다 돈이 없대요. 거기서 아이와 함께 살자고도 해 봤는데 부담돼서 싫대요. 도대체 어쩌려는 건지 모르겠어요. 부부 관계를 유지하려면, 어떤 식으로든 변화가 필요해요. 그런데 자기가 오는 것도 싫다고 하고, 제가 간다고 해도 미지근한 반응을 보이니 방법이 없어요.

이제 우리 결혼 자체가 잘못이란 걸 알았어요. 남편과 연락 안 한 지도 한 달 가까이 됐어요. 제가 전화하지 않으면, 남편은 아예 전화를 안 해요. 그는 아이도 부모님도 신경 쓰지 않아요. 우리는 정말이지 결혼을 위한 결혼을 했을 뿐이에요. 일종의 사명감처럼 말이죠. 처음에는 노력도 해 봤지만, 달라지는 게 없으니 참 안타까워요. 연애를 막 시작했을 때는 서로 얼굴도 모르는 상태인데도 매일 밤 한두 시간씩 통화해 전화비도 많이 들었죠. 제가 집에서 아이 키울 때만 해도 자주 전화했어요. 적어도 일주일에 두 번은 했어요. 하지만 지금은 다 변해 버렸죠.

2012년 설날에 특근을 해서 설날 지나고 고향에 갔어요. 원래는 휴가가 5일이었는데, 이틀밖에 쉬지 못했어요. 설 연휴에는 3분의 1 정도가 고향에 내려가니 일손이 부족해요. 그때 특근하면 특근 수당 외에도 상여금 100위안과 활동 경비 50위안을 줘요. 설 연휴에 남편이 전화를 했는데, 전 이제 아무 감정이 없어요.

출산 휴가 마치고 출근한 지 2개월 됐을 때, 월급 2800위안에 출산 보조금 9000위안이 나왔어요. 시부모님이 아이 보느라 고생하셔서 전부 집에 부쳤죠. 분유 값도 비싸고요. 이 공장은 90일의 출산 휴가를 줘요. 혼인 증명서, 출산 자격 증명서[50], 출생증명서를

---

50 [역주] 산아 제한 정책에 위배되지 않는 자녀임을 증명하는 서류. 출생증명서를 발급받을 때도 필요하며, 정규 병원에서는 출산 자격 증명서를 소지하지 않은 산모의 출산을 불허하기도 한다.

제출하면 출산 보조금도 받을 수 있어요.

2012년 1월에 시어머니가 집수리를 해야 하니 대출을 받으라고 하시더군요. 시어머니는 지금껏 아들에게 이런 얘기를 꺼낸 적이 없어요. 아무래도 제게 돈을 바라시는 것 같은데, 이제 바보처럼 살지 않을 거예요. 대출을 받으면 제가 갚아야 하잖아요. 저는 이미 남편 빚절반도 갚아 줬어요. 이런 결혼 생활을 지속하고 싶지가 않아요. 남편이 변한다고 해도 이 결혼 생활에는 희망이 없어요. 너무 지치기도했고, 남편에게 아무런 감정이 남아 있지 않아요. 이혼하더라도 재혼은 안 할 거예요. 뭐 좋을 게 있다고 또 이런 수렁으로 들어가겠어요. 1월 18일에 아이를 보러 갔는데, 명절이라 이혼 얘기를 꺼내진 못했어요. 그리고 2월 5일에 돌아와 6일부터 다시 출근했죠.

새 남자 친구

왕가의 새 남자 친구 이야기를 들었다. 그녀보다 두 살 어리고, 알게된 지는 3~4개월 되었다고 했다. 하지만 그가 아이와 연락을 끊으라고해서 고민 중이다.

*2012년 3월 1일

려도　　　정말 큰 문제네요. 그가 당신의 아들을 사랑하지 않을순 있지만, 당신이 아들을 사랑하는 것까지 막아선 안 된다고 생각해요. 그가 계속 이기적으로 나온다면, 한번 잘 생각해 봐요. 그래도 아이는 자주 만나야죠.

왕가　　　그 사람 입장도 이해가 돼요. 예전에 맞선 장소에 도착해서야 상대방이 이혼남이라는 걸 안 적이 있어요. 상대방이 오기도 전에 빠져나왔죠. 이혼남을 만날 이유가 없었거든요. 미혼인 지금 남자 친구는 제 과거를 생각할 때마다 가시 박힌 것처럼 마음이 아프대요. 그래도 그는 극복할 방법을 찾을 거예요.

*2012년 10월 15일

왕가　　요즘은 우리 둘 다 일하느라 바빠요. 남자 친구는 내년에 결혼해 빨리 아이를 가졌으면 해요. 둘 다 젊지 않은 나이니까요. 사이는 무척 좋아요. 저는 숙소에서 사는데, 같이 있을 때는 늘 그 사람이 식사 준비를 해요. 저를 무척 위해 주죠. 남편은 집안일을 하나도 못 해서 제가 늘 챙겼어요. 이혼하면 아이를 어떻게 해야 할지 모르겠어요. 시부모님은 분명 아이를 안 주려 하실 거고, 남자 친구도 아이를 데려오는 것에 반대할 테니까요.

려도　　당신이 안식처를 찾아 행복하게 살았으면 좋겠어요. 하지만 그 사람에게 가기 위해 아이를 포기하진 않았으면 해요. 저는 아이를 위해 가정을 지켜야 한다는 주장에도, 여자는 아이를 1순위에 두어야 한다는 주장에도 동의하지 않아요. 자신에 대한 사랑을 잃어버리면 다른 사람을 사랑할 힘도 잃는다고 생각하거든요. 아이를 사랑할 힘까지도 말이에요. 그러나 부디 당신이 새로운 삶을 선택할 때 아이를 잊지 않았으면 좋겠어요. 그동안 가까이서 아이를 보살펴 주지 못했으니 아이가 크는 동안 갈등이 많을 거예요. 하지만 아이에 대한 사랑을 놓지 않는다면, 그 아이가 자라서 당신을 이해하게 될 거라고 믿어요.

*2013년 1월 31일

왕가　　최근에 집 문제로 남자 친구와 다퉜어요. 그 사람 고향인 광동성의 작은 도시에 집을 살지, 제 직장 근처에 살지 정하지 못했거든요.

려도　　그 사람 고향에 집을 사려는 이유는 뭔가요?

왕가　　그는 제 직장 근처에 집을 구하자고 하는데, 제가 내키지 않아요. 지금 일하는 공장에선 돈을 많이 벌지 못해요. 집 때문에 계속 이 공장에 갇힐까 봐 두렵고요. 언제까지나 공장에서 품팔이하고 싶지는 않아요. 나중에 창업하거나 조그만 장사를 하고 싶어요.

려도　　3억 명의 품팔이가 창업하고 싶어 해요. 찬물을 끼얹고 싶진 않지만, 창업하면 열의 아홉은 실패해요. 살길을 찾는 건 언제나 당신 몫이에요. 절대 남자에게 모든 걸 쏟아서는 안 돼요. 그렇지 않으면 문제가 생겼을 때 당신에게 아무것도 남지 않게 돼요.

왕가　　지방 소도시로 돌아가도 별다른 게 없을 것 같긴 해요. 고향과 마찬가지로 상가가 있어도 장사가 잘되긴 어려울 거고요.

려도　　사회보험을 꾸준히 내는 건 어떨까요? 지금 하는 일이 마음에 들지 않는다면 다른 일자리를 구한 다음 계속해도 돼요.

왕가　　정말 계속 이렇게 품팔이로 살아야 한다는 거예요? 사회보험이 정말 그 이후의 생활을 책임질 수 있을까요?

려도　　당신이 농민이 될 수는 없잖아요. 당신은 사장이 되길 바라지만, 그것도 쉽지 않아요. 현재 품팔이의 처지는 매우 열악해요. 다들 떠날 생각만 하고, 노동자의 처우 개선을 위해 노력하는 품팔이는 거의 없어요. 갈 곳이 없지만 인정하지 않죠. 그런 임시적 심리 상태 때문에 자본가들에게 이용만 당하고, 노동자의 권익은 무자비하게 박탈당하죠. 당신은 사회보험이 없어도 이후의 생활이 보장된다고 생각하나요?

왕가　　몇 푼 안 되는 사회보험 때문에 15년을 낭비할 순 없어요. 그동안 실업 수당도 받았고, 사회보험을 넣지 않은 직장도 있었어요. 그걸 제외하면 겨우 4년 조금 넘게 누적됐을 거예요. 그러면 앞으로 10년 남은 건데, 그 시간에 조그만 장사라도 하는 게 품팔이보다 훨씬 나을 것 같아요.

려도　　무슨 장사를 하고 싶어요?

왕가　　작은 옷 가게를 열고 싶어요. 그 사람 고향이 시에 있으니까 거기서 장사하면 지방 소도시보다는 나을 거예요.

려도　　괜찮은 생각이네요. 그런데 왜 다툰 거예요?

왕가　　내가 그에게 집을 요구한다고 생각하거든요. 그 사람도 모아둔 돈이 많지 않아요. 10만 위안 정도 있으려나. 그래서 우린 헌 집을 사려고 해요. 그의 고향에서 그런 집을 사려면 30만 위안 정도가 필요한데, 초기 납부금을 내려면 돈을 빌려야겠죠. 올해 설 연휴에는 집 보러 가려고요.

려도　　지금 두 사람 사이는 어때요?

왕가　　그는 절 많이 생각해 줘요. 책임감도 강하고요. 그래서 그와 함께 있으면 속 끓일 일이 없어요. 그저 해 주는 밥 먹고, 빨아 주는 옷 입으면 돼요. 남편과 함께 있을 때는 정반대였어요. 집 안일은 할 줄도 모르고, 하려고 들지도 않았죠. 생계비도 책임지지 않았고요. 그래서 남편과 함께 있으면 너무 지쳤어요. 저라고 계속 그런 삶을 살고 싶겠어요. 게다가 그이는 제가 외지에서 어떻게 지내는지 신경도 안 써요. 몇 달째 전화도 없잖아요.

려도　　남자 친구가 그토록 진심으로 당신을 대하면, 당신도 노력해 주세요. 그에게 바라기만 해서는 안 돼요.

왕가　　당신 애길 들어 보니 아무래도 제 직장이 있는 동관에 집을 마련하는 것이 좋을 것 같아요.

려도　　구체적인 건 제가 판단할 수 없지만, 노후를 위해 지방 소도시에 집을 사는 건 절대 안 된다고 말하고 싶어요. 반드시 현재의 일과 생활을 위한 선택을 해야 해요. 도피할 생각은 하지 마세요. '편안한 미래를 위해 오늘 고생한다'는 생각도 하지 마시고요.

　2013년 12월 1일 왕가와 남자 친구를 만나기 위해 일요일 오전 동관에 갔다. 둘은 동관에서 약 8㎡짜리 작은 셋방을 빌려 주말마다 함께 지냈다. 월세는 300위안이고, 베란다에 작은 화장실이 있었다. 오전 10시가 조금 넘어 그들의 집에 도착했고, 왕가와 이야기를 나누는 사이 그가 장을 봐 와서 식사 준비를 했다. 생선찜 요리를 비롯해 풍성한 상차림이었고, 맛도 훌륭했다.

　왕가는 남편에게 말을 꺼내지 못해 아직 이혼을 못 했다. 하지만 남자 친구는 빨리 결혼하자고 재촉해 매우 난감한 상황이다. 남자 친구는 그녀에게 2014년에도 아이를 낳지 못하면 헤어지자고 통보했다.

분석

1. 자본주의와 여공

인터넷판 월간 〈녹차서정綠茶書情〉의 총 편집자인 녹차는 자신의 블로그에 '5대 품팔이 서적'을 소개했다.[51] 이 중 여공에 관한 저작이 3권인데, 이 시대에 여공이 갖는 중요한 의의를 보여 준다.

국가 통계국 자료에 따르면,[52] 2012년 중국 품팔이 수는 2억6000만 명에 달한다. 그중 남성이 66.4%, 여성이 33.6%다. 제6차 전국 인구 총조사 자료에 따르면,[53] 2010년 광동성의 농민공 인구는 2635.89만 명이다. 이는 전국 농민공 인구의 10.9%, 광동성 상주인구의 25.3%를 차지한다. 이 중 남성이 57.3%, 여성이 42.7%(약 1126만 명)로, 남성의 비율이 여성보다 약간 높다. 심천시의 경우 2010년 상주인구가 1036만 명인데, 그중 약 798만 명이 비非호적 인구다[54]. 상주인구의 77%가 외지 호적을 가지고 있고, 상주인구 중 여성 인구가 약 474.39만 명이라는 점에서 300만명 넘는 여공이 심천에서 외지 호적을 가지고 살아간다고 짐작된다.

---

51 "近來出版愛'打工'", http://bjyouth.ynet.com/3.1/1305/03/7986563.html(검색일: 2014년 3월 18일). 《품팔이 소녀打工女孩》(張彤禾, 上海譯文出版社, 2013), 《출량장기出粱莊記》(梁鴻, 鐵葫蘆圖書, 2013), 《중국 신노동자의 형성: 도시와 농촌 사이에서 길을 찾는 사람들中國新工人: 迷失與崛起》(呂途, 法律出版社, 2013), 《중국 여공中國女工》(潘毅, 九州出版社, 2011), 《중국 농민공 조사中國農民工調查》(魏城, 法律出版社, 2008) 이 외에도 《공장 소녀工廠女孩》(丁燕, 鐵葫蘆圖書, 2013)가 있다.

52 "2012年全國農民工監測調查報告",
    http://www.stats.gov.cn/tjsj/zxfb/201305/t20130527_12978.html(검색일: 2014년 3월 18일)

53 夏凌燕, "廣東省農民工問題研究",《學術天地》(2011年12月, 第67页)

54 "深圳市2010年第六次全國人口普查主要數據公報",〈深圳政府在線〉.
    http://www.sz.gov.cn/tjj/tjj/xxgk/tjsj/pcgb/201105/t20110512_2061597.htm(검색일: 2014년 5월 16일)

전 세계 자본이 중국에 몰려들고, 중국 자본이 끊임없이 확장되는 원인은 값싼 노동력과 자본 편향적인 정책 때문이다. 게다가 중국에는 노동자가 스스로 조직한 노동조합이 부재하다. 그래서 자본은 광활한 중국 시장을 차지하면서도 사회 비용을 부담할 필요도, 노동자의 요구를 두려워할 필요도 없는 정책의 보호 아래 있다.

자본주의가 주도하는 체제하에서 여공은 자본주의와 가부장제의 이중 착취에 놓이게 된다. 이는 자본주의의 본질상 필연적인 결과다. 이러한 체제에서 여성이 직면한 상황은 다음과 같다. 첫째, 여공의 또 다른 역할, 즉 출산과 양육이 사적 영역과 개인의 책임으로 취급될 때, 여성은 무보수의 가사 및 육아 노동을 떠맡을 수밖에 없다. 여성은 일자리를 잃거나 시부모에 의탁해 일을 계속한다. 이렇게 해서 여성을 통제하는 가부장제는 더욱 공고해진다. 둘째, 출산과 양육으로 인한 경력 단절로 여성은 취업 시장에서 냉대받는다. 따라서 여성은 고용주 앞에서 이것저것 따질 수 없는 형편에 놓이고, 더욱 순종적이고 착취당하는 노동력이 된다. 이렇듯 자본이 노동력 재생산의 대가를 가정에 전가한 탓에 여성은 남성과 자본의 이중 압박에 시달리게 된다.

2. 기억을 잃어버린 시대

신중국 건립 이후 처음 몇십 년은 여성이 작업복을 입고 여공이 된다는 것이 자랑스러운 일이었다. 비록 그 시절에도 관료주의가 존재했지만, 여공에게 일이란 여러 측면에서 의미가 있었다. 첫째, 여공은 노동 계급의 일원이라는 자부심이 있었다. 그 시절에는 노동자의 노동이 가치 있는 것으로 존중받았고, 일반 노동자와 간부 사이의 임금 격차도 크지 않았다. 관료주의나 상하 관계는 있었지만, 노동자의 사회적 지위가 높았다. 여공과 남공 모두 노동 계급의 일원으로서 직업이 주는 지위와 자부심을 지녔다. 둘째, 여공이 경제적으로 독립할 수 있었다. 여공이 독립적인 경제 수입을 갖게 되고, 가정의 생계를 책임질 수 있게 된 것이다. 이는 생명의 가치와 의의를 실현하는 중요한 요소다. 셋째, 여공의 출산과 육아가 일을 계속하는 데에 아무런 장애가 되지 않았다. 육아의 사회화를 제창하던 시절이었기에 단위[55]와 기업마다 유치원을 갖추고 있었고, 여성이 엄마가 되었다는 이유로 기업에서 차별받는 일도 없었다. 그렇기에 시댁에 의지하지 않고도 일을 계속할 수 있었다. 하지만 그 시절은 이미 지났다.

왕가는 평범한 여공이자 여성이다. 그녀는 자신을 시대적 배경 속에서 사고하지 못한다. 그녀 주변의 무수히 많은 여공이 같은 운명을 안고 살아가는데도 그녀는 이를 '운명 공동체' 시각에서 보지 않는다. 그녀는 각자의 삶은 스스로 감당해야 하는 것이라 생각한다. 그녀가 회사에 유치원이 생기면 좋겠다고 말한 적이 있다. 그러면 아들을 데리고 와 함께 지낼 수 있으니 말이다. 하지만 그녀는 회사가 복지를 제공하는 것이 회사의 마땅한 책임이라 보지 않는다. 그래서 개인이 불편을 감당할 수밖에 없다고 생각한다.

---

55 [역주] 중국의 단위 체제單位體制는 비단 노동력의 관리뿐만 아니라 노동자의 주거와 교육, 일상생활에서의 노동력 재생산 등을 비교적 안정적으로 보장하려는 일종의 복지 시스템이었다. 개혁·개방 이전까지 단위 체제는 노동자에게 일자리와 생활 안정을 보장해 주는 중요한 기능을 했지만, 개혁·개방 이후 점차 해체되고 있다.

3. 사랑과 결혼=집과 자동차

몇 가지 장면이 눈앞을 스친다.

왕가와 남편은 만난 지 얼마 되지 않아 결혼해 아들을 낳았다. 왕가가 아들을 돌보던 8개월 동안 남편은 양육비를 부담하지 않았고, 그녀에게 생활비 한 푼 주지 않았다. 시어머니는 왕가가 계속 돈을 벌어 고향에 집을 지어 주기를 바란다. 왕가는 현재 자신을 살뜰히 챙겨주는 남자 친구를 만난다. 그녀는 집을 사는 것은 남자 친구의 몫이며, 그가 집을 살 때까지 결혼을 미룰 수밖에 없다고 생각한다.

지난 주말(2014년 3월 15일 토요일) 한 여공이 우리 지역 공회[56]를 찾아와 이혼 절차에 관해 상담했다. 그녀와 남편은 하북河北성 출신으로, 두 사람이 살던 마을은 서로 이웃해 있었다. 이들은 가족의 소개로 만나 결혼했고, 아들 하나와 딸 하나를 낳았다. 그런데 남편은 요즘 그녀에게 전혀 애정이 없다. 심지어 다른 여자를 만난다. 아이들은 고향에서 시어머니가 돌보고, 집안의 생계는 그녀가 품을 팔아 번 돈으로 꾸린다.

앞서 이야기한 왕복유와 하귀란의 이야기도 떠오른다. 두 사람은 자유연애로 만났다. 이들은 가진 것 하나 없이 시작했지만, 함께 노력해 산 고향 집에서 일남일녀를 키운다.

서로 아끼고 사랑하는 사람을 만난다면, 그래서 가정과 미래를 함께 꾸릴 수 있다면, 대다수 여성은 기꺼이 그와 결혼해 동고동락하려 할 것이다. 이때는 여성이 결혼 전에 남자 쪽에 과도한 요구를 하지 않는다.

56　[역주] 전국적 노동조합 조직인 중화전국총공회中華全國總工會 산하에 각 성이나 현급의 지방공회, 기업공회가 있다.

문제는 따로 있다. 첫째, 현재 많은 남녀가 상대를 잘 알지 못하는 채로, 즉 어떤 결혼 생활이 펼쳐질지 장담할 수 없는 상태로 결혼한다. 이때 여성은 최소한 결혼 후의 물질생활을 보장해 줄 물질적 조건을 요구한다. 감정은 장담 못해도 적어도 물질은 보장되기 때문이다. 둘째, 현재와 같은 남성 주도적 성별 관계에서는 육아 대부분을 여성이 감당한다. 그렇기에 여성은 독립적인 경제력을 상실할 가능성이 매우 높다. 이런 상황에서 결혼 전 남자로부터 받는 것이 없으면, 여성은 너무 많은 희생을 치른다고 느끼게 된다.

아래 조사는 결혼과 물질의 관계에 대한 미혼 남녀 품팔이의 견해 차이를 명확하게 보여 준다.

[표10] '무일푼 결혼'에 대한 북경 피촌 미혼 남녀의 입장[57] (남성 11명, 여성 11명)

	매우 긍정적	긍정적	보통	부정적	매우 부정적
남	1	7	3		
여			7	1	3

이 조사에서 남성들은 모두 '무일푼 결혼'에 보통이거나 긍정적이라고 답했다. 반면 긍정적이라고 답한 여성은 1명도 없었다. 이것이 여성이 남성보다 물질을 중시한다는 뜻은 아니다. [표10]은 젠더 관계에서 여성과 남성이 서로 다른 위치에 처해 있음을 보여 준다. 남성은 무일푼으로 결혼해도 잃는 것이 없다. 그들의 입장에서는 오히려 얻는 것이 더 많다. 반면 여성의 경우 좋은 사람을 만나면 그나마 괜찮겠지만, 책임감 없는

---

57 2014년 3월 초, '북경 노동자의 집' 지역공회대회 홍보 때 실시한 현장 조사다.

남자를 만난다면 결혼을 통해 정서적 안식처를 얻지 못하는 것은 물론, 자녀와 가정을 책임지느라 많은 대가를 치러야 한다.

왕가의 남자 친구는 올해 안에 아이를 갖지 못하면 관계를 정리하자고 통보했다. 그녀는 어떻게 해야 할지 모른다. 두 사람은 아직 집을 사지도 못했다. 동관에 집을 사자니 비용을 감당할 수 없을뿐더러 둘 다 동관에서 일할 수 있을지도 장담할 수 없다. 남자 친구는 고향 진에서 장사를 하고 싶어 하지만, 그녀는 그를 따라갈 생각만 하면 걱정이다. 광동은 남존여비 관념이 심하다. 그녀가 아들을 낳지 못한다면, 아이를 계속 낳거나 시어머니와 남편 눈치를 보며 지내야 할지도 모른다.

사랑과 결혼이 집과 자동차의 유의어가 되어 버렸다. 이는 여성의 일이 여성에게 독립적인 경제인 및 사회인이 되도록 보장하지 못하는 데에서 기인한다. 오늘날 일을 한다는 것은 그저 노동력을 팔아 돈을 버는 것을 의미하지만, 1949년 이후 30년 동안 누군가 일한다는 것은 기업과 단위가 그 사람에 대한 사회적 책임을 진다는 것을 의미했다. 여기에는 주택, 탁아 문제, 자녀 교육 및 문화 여가 생활이 포함되었다. 그 시대의 종신고용제나 철밥통이 야기한 부정적 영향은 분명 재고해야 할 문제다. 그러나 당시의 많은 제도, 특히 여성에게 해방을 주었던 제도는 긍정해야 마땅하다.

탈정치화된 오늘날 '노동계급'이나 '여성 해방' 같은 담론은 자취를 감추었다. 하지만 노동자 및 여공의 일과 생활을 분석하는 과정마다 이러한 담론이 시대에 뒤떨어진 것이 아니라 오히려 현실에 부합한다는 것을 발견한다. 그리고 자본 문화의 강대함에 감탄해 마지않는다. 자본 문화는 계급 담론을 소멸시켰을 뿐 아니라 과거 혁명 시절을 폄하함으로써 계급과 여성 해방 담론을 '반反 인간적', '반 개성'과 연결해 왠지 모를 반감을 갖도록 했다. 왕가와 여러 차례 만나면서 서로를 진심으로 아끼는 친구가 됐지만, 공동체 차원에서 품팔이와 여성에 관한 생각을 나눌 언어와 접점은 아직 찾지 못했다.

4. 사랑과 결혼을 지키는 것

대중적인 의미에서 아름다운 결혼 생활이란 '감정적 연합체', '경제적 협력체', 그리고 '생육 공동체'를 가리킨다. 이것은 결혼의 삼원색이나 마찬가지다.

감정적 연합체에서 가장 이상적인 상태는 한 남자와 한 여자가 결합해 서로 사랑하고 소통하며 즐겁게 살아가는 것이다.

경제적 협력체는 부부가 공동으로 가정의 생계를 유지하는 것을 의미한다. 특히나 현대 사회에서는 출산과 양육에 따른 경제적 부담을 모두 개인이 감당한다. 이런 상황에서 여성이 육아로 인해 경제적 수입이 없으면, 남편이 가정 경제를 부담해야 한다.

생육 공동체란 남녀가 결합해 2세를 출산하고 양육함으로써 두 사람 사이에 견고한 유대가 형성되는 것을 말한다. 아이가 있기에 두 사람은 쉽게 헤어질 수 없으며, 여성은 남편의 대를 잇는 아이를 낳음으로써 시댁에서 '합법적' 지위를 확립한다.

사랑을 지키는 것은 두 사람이 아니다. 즉 두 사람의 사랑과 결혼을 유지하는 것은 두 사람이 아닌 '제삼자'라는 의미다. 감정적 측면에서는 두 사람이 함께 나누는 기쁨이, 경제적 측면에서는 가정의 생계가, 생육의 측면에서는 아이가 '제삼자'가 된다. 두 사람이 처음 만났을 때의 열정은 시간이 지나면서 시들해지기 마련이다. 이때 두 사람에게는 감정을 유지할 공동의 무언가가 필요하다. 과거 혁명 시절을 묘사하는 영화를 보면 혁명 속의 사랑이 가장 애틋하고 아름답다. 두 사람이 공동으로 추구하는 이상과 가치가 있기 때문이다. 이들은 사상을 공유하고 함께 분투하는 과정에서 사랑을 키워 나갈 수 있었다. 또 남편이 돈은 벌지만 가정에 경제적 공헌을 하지 않는다면, 사랑과 결혼이 성립될 수 없다. 어떤 부부는 아이에 의지해 감정을 유지한다. 아이는 두 사람에게 함께 분투할 공동의 목표가 되어 준다.

사랑은 눈으로 볼 수 없고 손으로 만질 수 없는 감정적 차원이다. 하지만 다른 한편으로는 '제삼자'라는 기반이 필요하다. 두 사람이 서로를 바라보는 것만으로 사랑이 유지될 수 없기 때문이다.

결혼의 삼원색 중에서 주색主色은 감정일 것이다. 비록 무형인 감정이 유형인 생계와 육아에 종종 가려지긴 하지만, 우리의 인생과 감정적 경험은 서로에 대한 이해와 유대가 행복한 결혼의 기반이라는 점을 분명하게 알려 준다. 왕가와 남편은 결혼 전에 전화로만 연락했다. 왕가는 서로를 좀 더 알게 되면 결혼하기 힘들어질 것을 인식하고 있었다. 그래서 그녀는 '일부러' 약간의 감정이 생겼을 때 결혼을 서둘렀다. 그 후 그녀는 여러모로 노력했지만, 소득은 없었다. 그러나 그녀는 무형의 열매 대신 유형의 열매를 얻었다. 귀여운 아들이 태어난 것이다. 이들은 결혼해 아이를 갖고 부모가 되었다. 하지만 아이라는 요소만으로 이 결혼이 유지될 수는 없었다.

사랑은 문학 작품의 중요한 주제 중 하나다. 인류의 진보와 번식에는 언제나 사랑이 함께했기 때문이다. 모든 사람은 살면서 한 번쯤은 사랑하고 싶어 한다. 그러나 사랑에는 매우 강대한 두 가지 천적이 있다. 하나는 감정의 변화다. 열정이 사그라지면 대체 사랑이 무엇인지 곤혹스러워하며, 그렇게 많은 대가를 치르면서까지 사랑해야 하는지 묻는다. 또 다른 천적은 '자본의 논리'다. 자본의 논리에서는 물질이 사람보다 우선이다. 따라서 돈이 한 사람의 능력을 판가름하는 기준이 된다. 이러한 논리에서는 결혼 상대를 찾을 때도 집이 있는지, 차가 있는지, 월급이 얼마인지가 기준이 된다. 물질화된 기준과 감정이라는 본질은 기름과 물의 관계다. 혼인 관계가 물질화된 기준을 토대로 성립될 때 감정이라는 본질에 대한 요구는 부차적인 위치로 밀려난다. 하지만 사람은 어디까지나 사람이다. 기름이 물에 용해되지 못하듯 물질적 조건은 감정이 필요로 하는 바를 채워 주지 못한다. 그렇다고 해서 기름이 반드시 나쁘다는 말은 아니다. 결혼에서 사랑의 수온이 매우 높다면, 기름은 물에 녹아들어 사랑과 생활을 윤택하게 할 수 있다. 그러나 온기 없는 결혼의 냉수에서 물질이라는 기름은 의미를 잃어버리고 차갑게 굳은 채 떠다닐 뿐이다.

5. 결혼의 이유

왕가가 1998년에 외지로 나와 품팔이를 시작했으니 그녀의 품팔이 생활도 올해로(2014년) 벌써 16년째다. 그녀는 지금 어쩔 수 없는 선택의 갈림길에 서 있다. 무엇 하나를 선택하기가 무척 어렵지만, 그녀는 반드시 선택해야만 한다. 동관에는 6년 다닌 공장과 2년 넘게 만난 남자 친구가 있다. 이 일본 자본 공장에서 일한 지 6년째이지만, 그녀는 종종 떠나고 싶다. 더 나은 거처가 없어 남아 있을 뿐이다. 일에 대한 소속감이 없다 보니 도시에 발붙이기도 어렵다. 그녀는 앞으로 어디로 가야 할지 생각할 때마다 근심이 앞선다. 고향에는 시부모, 남편, 아들이 있다. 하지만 고향인 귀주로 돌아가자니 우선 경제적 문제가 걸린다. 고향에서는 일자리를 구하기가 쉽지 않고, 장사는 손익을 장담할 수 없다. 게다가 남편이 가정을 돌보지 않고 그녀에게 충실하지 않다. 하지만 고향에는 아들이 있다. 시부모님 역시 손자와의 관계 때문에 가정에서 그녀의 지위를 인정해 준다. 게다가 진에 그녀 부부를 위한 부지를 사 놓고 왕가가 돈을 벌어 집짓기를 기다린다. 다른 선택지는 남자 친구와 함께 그의 고향인 광동으로 가는 것이다. 그녀는 광동의 풍습에 익숙하지 않으며, 남존여비 문화 속에서 아들을 낳을 때까지 압박받을까 봐 두렵다. 또한 두 사람의 관계가 지금은 좋지만, 결혼 후 먹고사는 문제로 지지고 볶다 보면 거리가 생길지도 모른다. 그렇게 되면 외지에서 온 그녀는 생존 공간을 찾기 어려울 것이다. 이 과정에서 한 가지 사실을 알 수 있다. 왕가가 동관에서 발붙이고 살아갈 수 있다면, 귀향에 대한 고민은 깨끗이 사라진다.

올해(2014년) 설 이후 한 노동자의 SNS에서 '돈은 알고 사람은 모르는 농촌에서 빨리 떠나자'라는 제목의 글을 보았다. 그는 다음과 같은 몇 가지 이유를 적었다.

① 최근 몇 년간 농촌의 생활 방식은 점점 도시를 닮아 가고 있다. 농민들의 고난이 멀지 않았다. 중국 농촌이 인도처럼 되지는 않았으면 좋겠다.

② 돈, 집, 자동차. 그들은 이런 것들을 더욱 이야기하고 싶어 한다.

③ 그들은 자신이 인간으로서 어때야 하는지 더는 생각하지 않는다.

④ 전 인민의 상품화, 수많은 하우스 푸어House Poor. 농민 역시 여기에 참여하고 있다.

⑤ 이들은 대규모 농업을 장려하지만, 농민을 대표해 발언하는 이는 없다.

왕가는 도시에 정착해 삶을 꾸려 나갈 수 없기 때문에 자신의 고향으로 돌아갈지, 남자 친구의 고향으로 돌아갈지 고민한다. 그리고 이 노동자 친구는 '돈은 알고 사람은 모르는' 농촌 고향에서 도망가자고 외친다. 하지만 자본이 사회 전체를 사로잡은 시대에 '돈은 알고 사람은 모르는' 것은 도시가 더 심하지 않은가?

그 즈음 강요에 의한 결혼에 대한 언론 보도를 여럿 볼 수 있었다. 젊은 세대가 부모의 강요에 굴복하는 것은 부모를 사랑해서이거나 부모의 권위가 높아서가 아니라 자신의 미래를 정확하게 인식하지 못하는 데서 비롯된다. 가령 이들이 미래의 거처를 도시로 정했다면, 결혼 상대가 같은 마을이나 이웃 마을 출신일 필요는 없을 것이다.

왕가와 연락하며 지내던 몇 년간 그녀는 몇 번이나 일을 포기하고 고향으로 돌아가 남편 곁에서 아이를 돌보며 지내려고 생각했지만, 결국 그렇게 하지 않았다. 차마 일을 그만두지 못한 것이 아니라 시어머니가 고향에 집을 짓는다며 돈을 더 벌어 오라고 요구했기 때문이다. 또 남편이 가족과 함께 사는 것을 암묵적으로 거부했기 때문이기도 했다. 생각해 보자. 그때 왕가가 고향으로 돌아갔다면 어떻게 됐을까? 그녀는 자기 일과 독립성을 잃어버리고, 그녀가 상상했던 아늑한 가정 또한 얻지 못했을 것이다. 아늑한 가정이 존재하지 않는다는 말은 아니다. 하지만 그녀의 남편이 아늑한 가정을 꾸리기에 적합한 배우자는 아니다.

현재 왕가는 새로운 가정을 꾸릴 준비를 하고 있다. 그녀는 다시 그의 고향에서 살아가려 한다. 하지만 그런 그녀가 무척 걱정된다. 아늑한 가정에서든 그렇지 못한 가정에서든 여성이 자신의 사회적·경제적 역할을 잃어버리고 나면 수동적 상태에 놓이기 마련이다. 여성이 독립적 지위에 있을 때 남자와 여자는 평등하게 상호 작용하는 좋은 동지다. 서로 평등해야만 진정으로 서로를 사랑하고 위해 줄 수 있다. 여성이 자신을 잃어버리고 얻은 남성의 사랑과 보호에 의지하는 것은 종종 훗날 각종 갈등의 근원이 된다.

차가 없고 집이 없어도 한 번은 사랑을

작사·작곡: 노동자의 집 활동가

나와 그녀는 작업장에서 만났다오
검고 긴 머리카락은 사랑의 강물이었지
우리는 서로의 손을 잡아주었다오
출근길과 퇴근길에 서로를 꼭 안아주었다오

청춘이 가네, 돌아보지도 않고
서로의 위로가 필요했던 젊은이의 마음이
청춘이 가네, 돌아보지도 않고
품팔이 외길 위에서
우리 있는 힘껏 사랑하게 해 주오

어느 날 그녀가 말했다오
멀리 가고 싶다고, 높이 날고 싶다고
돈 많은 남자를 찾으러 가겠다고
이 길이 힘들어서
포장마차에 들러 취하도록 마셨다오

청춘이 가네, 돌아보지도 않고
컨베이어 벨트 위에 흩뿌려진 젊은이의 땀과 눈물이
청춘이 가네, 돌아보지도 않고

차가 없고 집이 없어도

단 한 번만 깊은 사랑을

제6장

정용방의 이야기
— 출산과 양육

삶 이야기: 아이는 꼭 필요한 존재예요

2010년 11월 동관시에서 귀주성 준의시 출신의 노동자 10여 명을 인터뷰했다. 자녀가 있는 노동자들은 아이를 고향에 두고 온 경우가 많아 아이를 데리고 외지로 나와 품팔이하는 여성을 인터뷰해 보고 싶었다. 그러던 참에 만나게 된 사람이 정용방(程勇芳, 청용팡)이다. 11월 11일 저녁, 정용방과 함께 식사를 하기로 했다. 그녀는 다섯 살인 아들과 함께 외지로 나왔다. 그녀의 아들은 똑똑하고 활발했다. 이야기를 나누는 동안 그녀는 어떤 주제에 대해서는 말을 아꼈다.

그 후 2013년 12월 1일 정용방을 다시 만났다. 3년 만에 만난 우리는 오랜 친구를 만난 것처럼 반가워했다. 지난번 만났을 때는 깡마른 체구에 울적해 보였는데, 이번에는 반짝이는 진주 목걸이에 굽 높은 구두를 신고 생기 넘치는 얼굴로 나타났다. 이야기를 나누는 동안에도 어떤 이야기든 해맑게 꺼내 놓았다. "지난 인터뷰 때는 정말 힘든 시기였어요.

죽고 싶다는 생각을 할 정도였으니까요. 당신들과 이야기를 나누다 보니 우리에게 관심을 두는 사람도 있구나 하는 생각이 들었죠. 그래서 뉴스를 보기 시작했고, '신노동자'라는 호칭에 관한 기사도 봤어요. 당신 책의 영향이 아닐까 싶더군요. 삶에 한 줄기 희망이 생기는 것 같았어요. 이제 아들도 많이 커서 예전처럼 힘들지 않고요." 3년 전 고작 2시간의 인터뷰가 이토록 영향을 끼쳤다는 것이 뜻밖이었다. 그녀의 말은 내게도 큰 위로가 되었다.

가정 환경[58]

저는 1974년생이고, 고등학교를 졸업했어요. 남편은 저보다 다섯 살 어리고, 중졸이에요. 우리에겐 2006년생 아들이 하나 있고요.

남편이 처음 공장에 들어갔을 때는 죽어라 고생해도 월급이 1500위안이 안 됐어요. 올해 들어서는 좀 나아졌죠. 얼마 전에 고정 임금을 받는 관리직으로 승진했거든요. 하지만 남편은 이번 달 말에 그만둘 거예요. 지금 동관시 당하진에 있는 공장으로 갈 준비를 하고 있어요. 이곳에 살면서 해결하기 어려운 문제는 그 사람 구직이 아니라 아이 교육 문제예요. 사립 학교를 보내자니 학비를 감당할 수 없고, 교육의 질도 낮아요.

저는 부모님이 안 계세요. 다른 가족들도 뿔뿔이 흩어져서 연락도 안 해요. 각자 먹고살기 바쁜데 뭘 더 바라요. 장거리 전화가 있긴 하지만, 전화해 봐야 마음만 불편해서 안 하는 게 나아요. 마흔 살

58 2010년 11월 11일 동관시 석갈石碣진 횡교橫窖촌에서 인터뷰한 내용이다.

넘은 오빠가 하나 있는데, 지금은 결혼해서 두 딸이 있어요. 그런데 얼마 전 오빠가 정신병원에 들어갔다는 소식을 들었어요. 일로 인한 스트레스 때문이라고 하던데 그럴 만도 해요. 재작년에 고향에 갔을 때도 스트레스가 심하다고 했거든요. 고향에 한 번 다녀오려면 1000~2000위안이 드는데, 지금 제 형편으로는 갈 수가 없어요. 친정은 준의시 변두리에 있어요. 광석을 채굴하는 곳이죠. 이제 그곳에도 고층 건물들이 들어섰어요. 다른 사람들은 광석을 캐서 돈을 벌었는데, 우리 집은 그러지 못했어요. 부모님 돌아가시고 남동생은 아직도 결혼을 못 했어요. 동생은 사교성이 없어서 혼자 할 수 있는 게 없어요. 살던 집도 채광 때문에 위험 주택이 돼서 더는 살 수가 없게 됐고요. 새집을 보조해 준다는데, 7~8만 위안을 보태야 한대요. 살던 집은 1m²당 80위안으로 쳐서 보상해 주고요. 그러니 돈 있는 사람일수록 보상을 많이 받고, 가난한 사람들은 자기 주머니를 털어야 간신히 살 곳을 마련할 수 있어요. 지역마다 빈곤 가정에 대한 정책이 다르다는데, 가서 알아봐야겠어요.

대학 진학을 포기하다

저는 대학에 합격했었어요. 명문대는 아니지만요. 그런데 하필 그해부터 등록금 자비 부담이 시행되는 바람에 대학 다닐 기회를 잃었어요. 명문대였으면 국가 지원을 받았겠죠. 아버지는 제가 중점대학[59]에 합격하길 바라셨어요. 제가 중점고등학교에 다녔으니까

---

59 [역주] 정부의 중점적인 지원을 받는 대학을 말한다. 현재 국가 차원의 중점대학으로 약 100개 대학

요. 학비가 한 학기에 1800위안이었는데, 처음에는 아버지가 학비를 대 주지 않으셨어요. 집안에서 제가 공부하는 걸 반대했거든요. 여자가 공부해 봐야 무슨 쓸모가 있겠냐면서요. 그래서 제가 채소 장사를 해서 학비를 마련했어요. 매일 편도 1시간 반을 걸어서 중학교 3년, 고등학교 3년을 다녔어요. 기숙사도 없고, 교통편도 없어서요.

준의시 염업 회사에서 일하다

1995년 고등학교 졸업 후 준의시에 있는 염업 회사에서 1년 정도 일했어요. 보수는 성과급으로, 한 달에 200~300위안 정도 받았죠. 거기서 월세 60~70위안 내고, 생활비 쓰고 나면 남는 게 없었어요. 그래도 그때가 지금보다 나았던 것 같아요.

교사로 일하다

1996년에 중경시의 한 공립 학교 교사 자리를 소개받았어요. 중경은 교육 환경이 무척 좋아요. 진 중심지에 학교가 있고, 산간 지역에는 분교가 있어요. 각각 진과 산간 지역에 사는 아이들의 교육을 맡죠. 분교에는 담임과 과목 교사만 있고, 중심지의 초등학교 교장이 두 학교를 함께 관리해요. 시험도 두 학교가 똑같이 보고요. 모두 평등한 교육을 받을 수 있죠. 저는 그곳에서 대리 교사로 일했어요. 월급은 200위안 정도고, 학기 상여금도 있었어요. 그곳 사람

─────
이 선정됐으며, 성 또는 시 정부 차원에서 정한 중점대학도 있다.

들도 참 좋아서 안 좋은 기억이 하나도 없어요. 학교에서 저를 정교사로 전환해 주려 했는데, 제가 그 지역 호구가 없어서 무산됐어요. 나중에는 중심초등학교로 옮겨 주려고도 했는데, 개인적인 이유로 가지 않겠다고 했어요. 그래서 1년 정도 일하고 그만뒀어요. 거기서 계속 일하지 못한 게 후회로 남아요. 나중에 사립 학교에서도 일해 봤는데, 공립 학교보다 못하더라고요. 그때 계속 일했더라면 안정적일 테고, 지금처럼 힘들지 않겠죠.

그 뒤로 곤명昆明시 옆의 작은 도시를 비롯한 여러 지역의 사립 학교에서 일했어요.

결혼과 출산

우리는 2003년에 결혼하고 다음 해에 아이를 가졌죠. 임신한 동안에는 고향에서 교사로 일하다가 2006년 아이가 4개월이 됐을 때 어머니에게 맡기고 동관으로 왔어요. 예전에는 더 노력하면 일이든 공부든 잘할 수 있었어요. 한번은 공장 관리자가 하루 저녁 안에 부품 이름을 다 외우면 고용하겠다는 거예요. 그래서 새벽 2시까지 부품 이름을 다 외우고 합격했어요. 아이가 옆에 없으니 마음만 먹으면 뭐든 할 수 있었죠.

전자 공장에서 4개월 일하다 아이 때문에 어쩔 수 없이 고향으로 돌아가야 했어요. 어머니에게 아이를 맡길 때는 아이 체중이 9kg이었는데, 4개월 후에 7kg이 됐어요. 뼈와 가죽만 남을 정도로 마르고, 울 때마다 기침을 했어요. 공장에 처음 들어갔을 때만 해도 동료들이 저를 스물네댓 살로 봤는데, 아들과 함께 지낸 지 한 달

만에 마흔 살은 돼 보이더군요. 매일 아이를 안은 채 식사 준비하고, 아이 밥 먹이고, 데리고 나가서 놀아 주고, 아이가 잠들면 겨우 밥 먹고, 그렇게 지냈어요.

나중에 고향의 한 유치원에 일자리를 구했어요. 다행히 원장이 교사 자격증이 없는 저를 경력만 보고 받아 줬어요. 음악을 배운 적이 없어서 유아반은 맡지 못하고, 아동반에서 국어와 수학을 가르쳤어요. 그곳에서 1년 넘게 일하다가 일이 좀 생겨서 홧김에 그만뒀어요. 구체적인 이유는 말하지 않을래요.

동관시로 돌아오다

2008년 아이가 두 살 됐을 때 동관으로 데려왔어요. 처음에는 부업거리를 받아와 집에서 일하다가 사립 학교에 일자리를 구해 반학기 다녔어요. 유치원부터 중학교 과정까지 있는 제법 큰 학교인데, 거기 분교에서 일했어요. 제 아이가 그 학교에 들어가면 학비 100위안을 감면받을 수 있었어요. 그런데 퇴근 후에도 아이를 돌보려니 정말 고단하더라고요. 나이가 들어 정신적으로나 체력적으로 힘들기도 했고요. 유치원에서 일하는 동안 피아노 등 새로운 것도 배워야 하는데, 젊을 때처럼 쉽지 않았죠. 조금만 신경 써도 잠을 제대로 못 자서 다른 일에도 영향이 갔고요. 그리고 아들이 늘 아팠어요. 병이라도 나면 직장에 데리고 가야 했는데, 그러면 동료들이 눈치를 줬어요. 그렇다고 휴가라도 내면 벌금이 60~70위안이고요. 배보다 배꼽이 더 큰 것 같아 그만뒀죠.

그래서 지금은 다시 공장에서 부업거리를 가져다가 집에서 일하고 있어요. 아이를 돌보면서 출근하는 건 불가능해요. 고향 진에 있는 유치원 학비는 한 달에 약 200위안인데, 여기는 350위안이에요. 근무 시간이 길어져서 제시간에 아이를 못 데려가면 1시간에 10위안을 더 내야 하고, 주말에 맡길 땐 하루 30위안이에요. 경제적으로나 아이를 위해서나 제가 데리고 있는 수밖에요.

건물 관리 일을 하다[60]

원래는 고향으로 돌아갈 생각이었는데, 올해(2010년) 5월에 예전 집 주인을 만났어요. 예전에 건물 관리인이 그만두면 제가 그 일을 하고 싶다고 말한 적이 있거든요. 주인이 지금이라도 일하겠냐고 물어서 좋다고 했어요. 월급은 500위안이고, 방세와 수도세, 전기세가 무료에요. 경비실도 따로 있고요. 부업거리가 있으면 가져와서 하는데, 한 달에 100~200위안 정도 벌 수 있어요. 화장실과 주방이 딸린 이 방 한 칸도 빌리려면 한 달에 150위안이에요. 온수도 안 나오는데 말이에요.

어느 날 위층에 우울증을 앓는 여자가 이사를 왔어요. 제가 긍정적인 성격이 아니었다면, 진작 우울증에 걸려 죽었을 거란 생각이 들더군요. 요즘은 다 긍정적으로 생각해요. 아들만 바라보며 살고, 다른 생각은 하지 않아요.

'농민공이 아닌 신노동자라고 부르자'라는 인터넷 기사를 봤어요. 보자마자 당신들이 제안한 건가 싶었어요. 당신 전화번호를 몰라

---

60 2013년 12월 1일 동관시 석갈진의 한 식당에서 인터뷰한 내용이다.

서 3년간 연락도 못 했어요. 얼마나 물어보고 싶었는지 몰라요.

지난번에 당신을 만났을 땐 남편도 여기 석갈진에서 일하고 있었어요. 지금은 당하진에 있는 공장에서 일해요. 일주일에 한 번 집에 오죠. 여기서 일할 때는 월급이 1800위안이었는데, 지금은 3000위안 정도 받아요.

저는 몇 년 동안 집에서 부업만 했어요. 보통 하루에 10시간 정도 일하고 30위안을 벌어요. 가장 많이 일한 건 16시간인데, 그날은 60위안을 벌었어요. 한 달에 500위안, 많으면 800위안 정도 돼요. 주로 아이가 학교에 가거나 잠들면 일하죠.

최근 한 달은 근처 작은 공장에서 일용직으로 일하고 있어요. 처음에는 시간당 5위안이었다가 이번 달에는 6.5위안까지 올랐어요. 아이가 있는 여성이 돈을 벌 기회죠.

전 당신들이 참 고마워요. 지난번 인터뷰 때 큰 힘을 얻었거든요. 그 뒤로 제가 긍정적으로 변한 것 같아요. 아무리 힘들어도 나를 지켜보며 관심을 갖는 누군가가 있으니 삶에 희망이 있다는 생각이 들었죠. 또 다른 희망도 있어요. 어느 날 갑자기 당신이 나타나 내게 의미 있는 일을 할 기회를 줄지도 모른다는 그런 희망이요.

이제 아이 이야기를 할게요. 아이가 없다면, 많은 결혼이 진작 깨졌을 거예요. 그래서 결혼하면 아이는 꼭 낳아야 한다고 생각해요. 단순히 대를 잇기 위해서가 아니라 사랑을 지속하기 위해서죠. 연애할 때는 서로 열렬히 사랑하겠지만, 시간이 지나면 두 사람을 하나로 묶어 주는 무언가가 필요해요. 또 아이가 없으면 다른 일이 잘 풀린다 해도 뭔가 부족하잖아요. 그리고 모두가 아이를 낳지 않는다면 인류가 어떻게 존속할 수 있겠어요. 아무리 피곤해도 아이가 뛰노는 모습을 보면 뿌듯해요. 아이가 제 품에서 '엄마'라고 부를 때면 모두 잃더라도 그럴 만한 가치가 있다고 느껴져요. 어쨌든 아이는 여러 이유로 꼭 필요한 존재예요.

저는 삶의 방식을 바꾸고 싶어요. 내년엔 일을 시작하고 싶은데, 고향 진에 유치원을 열고 싶어요. 아이를 가르치기에 충분한 경력이 있다고 생각하고요. 여기서 유치원을 열기엔 경제적으로 감당이 안 돼요. 하긴 고향에 유치원을 연다고 해도 자금이 없기는 마찬가지예요. 고향에서 양식장을 하는 것도 괜찮을 거예요. 농장주가 되어 농장 생활을 하는 거죠. 또 다른 계획도 있어요. 말도 안 되는 생각이지만, 전 글 쓰는 걸 좋아해서 컴퓨터가 생기면 글을 쓰고 싶어요. 다음 세대에 가르쳐 주고 싶은 글이나 제 또래에 깨달음을 줄 만한 글이요. 저와 비슷한 처지인 사람들에게 힘을 주고 싶거든요.

분석

1. 아이를 낳는 이유

여성들에게 아이를 낳은 이유를 물었다. 아들 둘을 낳은 여성이 "가진 게 아무것도 없다는 생각이 들었어요. 제가 돈이 있기를 해요, 능력이 있기를 해요. 아이가 있으니 적어도 인생을 헛살진 않았다는 생각이 들어요"라고 답했다.

아들 하나와 딸 하나를 둔 엄마가 답했다. "아이는 기쁨이에요. 아이가 있어야 집안이 활기차죠. 둘을 낳으니 아이들끼리 함께 커서 좋고요."

딸 셋을 낳고 현재 아들을 임신한 여성이 답했다. "도시에서 살 거면 몰라도 아들을 낳지 못하면 고향에서 설 자리가 없어요. 그러니 낳는 수밖에 없어요."

또 한 여성은 이렇게 말했다. "만약 아이가 생기지 않았더라면, 전 진작 남편을 떠났을 거예요."

즉 아이를 낳는 일, 이 지극히 '자연스러워' 보이는 현상은 결코 필연이 아니다. 물론 정상적인 남녀가 결합하면 아이가 생기기 마련이라는 점에서 '자연적인' 요소도 있다. 그러나 남녀가 성생활만 하고 아이를 낳지 않는 것을 선택할 수도 있다. 아이를 낳는 일은 "생육 제도生育制度"[61]의 종용으로 이루어진다.

아이를 낳고 기르는 데에는 큰 수고가 따른다. 그러나 희생정신으로 무장한 듯한 이 일에는 많은 이기적 요인이 포함되어 있다.

첫째, 앞서 이야기한 여성은 반드시 아들을 낳고자 했다. 그 이유는 그녀가 태어날 아들을 너무 사랑해서가 아니라 농촌과 가정에서 자신의 사회적 지위를 확보하기 위해서다. 이 여성을 탓할 일은 아니지만, 이 선택을 모성애라고 찬미할 수는 없다.

둘째, 아이를 낳는 많은 부부의 잠재의식 속에 결혼의 안정을 꾀하려는 목적이 있다. 물론 아이가 있어도 헤어지는 부부도 있다. 하지만 두 사람이 아이를 가진다는 것은 부부 관계를 안정적으로 유지하는 데에 일정 부분 도움을 준다. 인류학자의 눈으로 본 사회 구조의 가장 원초적

---

61   費孝通,《鄕土中國生育制度》, 99頁. "세계 어디에서든 남녀가 결합하여 부부가 되고, 아이를 낳고, 함께 그 아이를 성인으로 양육한다. 이 일련의 활동을 나는 생육 제도라 부른다."

인 세 가지 역할 분담은 아버지, 어머니, 그리고 자녀다.[62]

셋째, 자신에게 삶의 이유를 부여하고, 나아가 아이를 자기 삶의 열매로 삼으려는 목적이 있다. 사람이 살아가는 세계는 과거, 현재, 미래의 세 가지 차원으로 나뉜다. 아이는 부부에게 공동의 비전이 되어 주는 존재이자, 까마득한 미래를 구체적으로 보여 주는 존재다.[63] 노동자들은 종종 이렇게 말한다. "내가 힘들게 일하는 건 다 아이를 위해서예요." 언뜻 보면 엄청난 희생이 담긴 말 같지만, 여기에는 또 다른 의미가 있다. 자신의 과오를 합리화하고, 책임은 다음 세대로 가볍게 떠넘기는 것이다.[64] 이상과 현실 사이에 큰 괴리가 존재하는 사회 변천 과정에서는 이런 현상을 자주 볼 수 있다. 물론 이렇게 비판하는 나 자신도 예외는 아니다. 종종 나는 아이가 없었다면 이렇게 큰 용기를 갖고 살아가지 못했을 거라고, 이렇게 큰 사회적 책임감을 느끼지 않았을 거라고 생각하곤 한다.

2. 출산을 강요하는 사회

현대 사회의 많은 부부가 등 떠밀려 아이를 낳는다. 이들의 '등을 떠미는' 것은 다름 아닌 생육 제도의 문화 헤게모니다. 사회 존립을 위해서는 인류의 번식이 필요하다. 사회 제도는 이 목적을 실현하는 데에 도움을 줄 생육 제도를 갖추고 있으며, 아울러 각종 문화적 수단을 통해 사람들이 의식적으로든 무의식적으로든 생육 제도가 요구하는 대로 부모의 의무를 이행하도록 한다.

62　같은 책, 159頁.

63　같은 책, 163頁.

64　같은 책, 203頁.

첫째, 인류의 존속은 생육 제도를 통해 보장된다. 사람은 누구도 사회에 속하지 않고 홀로 생존할 수 없으며, 사회적 분업은 인류의 존속에 필요한 중요 요소다. 사회적 분업이 이루어지기에 노동자가 땅을 경작하지 않고도 충분한 양식을 얻을 수 있다. 사회가 이러한 분업 및 질서를 유지하려면, 반드시 '자격을 갖춘' 사회 구성원이 새로 태어나고 보충되어야 한다. 그리고 이러한 사회 구성원을 공급하는 것이 바로 생육 제도의 임무다.[65]

둘째, 출산과 양육은 인류가 자연적으로 완수할 수밖에 없는 임무가 아니다. 인류는 성애에서 생식으로, 생식에서 양육으로 이어지는 생물학적 기능의 고리에서 빠져나올 수 있는 능력이 있다. 성생활을 하면서도 아이를 낳지 않을 수 있고, 아이를 낳았더라도 돌보지 않을 수 있다. 따라서 생육의 고리를 깨뜨린 사람에 대한 징벌, 즉 사회적 제재가 없다면 인류는 충분히 생물학적 기능의 고리를 이탈할 수 있다. 그리고 이렇게 되면 종족 존속이라는 자연적 보장도 사라지게 된다. 즉 생육 제도는 인류의 존속을 위한 인위적 보장이다.[66]

마지막으로, 부모가 양육 임무를 이행하도록 사회 제도는 생육 제도를 정밀하게 기획해 놓았다. 부모와 아이 및 부부의 관계는 생물학적, 감정적, 사회적으로 서로 연계되어 있다. 먼저, 부모와 아이는 생물학적으로 연계된다. 하지만 아이를 낳은 뒤 방기하는 부모도 있기 때문에 부모와 아이의 생물학적 연계만으로 반드시 양육 관계가 성립하는 것은 아니

---

65 같은 책, 115頁.
66 같은 책, 109頁.

다. 둘째, 부부는 아이를 통해 감정적으로 연계된다. 어떤 부부는 둘 사이의 감정이 돈독하지 않아 하루에 나누는 말이 몇 마디 되지 않는다. 그럼에도 자녀 양육의 책임만큼은 함께 짊어진다. 따라서 부부가 원해서 공동으로 자녀를 양육한다기보다는 공동으로 자녀를 양육해야 하므로 양쪽에 지속적인 감정적 연관이 필요하다고 보는 편이 옳다. 마지막으로, 이들은 사회적으로 연계된다. 법률 제도, 도덕규범, 사회 여론 등은 부모와 자녀의 관계를 유도하고 제약하는 역할을 한다. 이처럼 생육 제도는 생물학적 연계, 감정적 연계, 사회적 연계를 통해 부모가 생리적 부양과 사회적 부양이라는 두 가지 기능을 완수하도록 보장한다.[67]

의식적으로든 무의식적으로든 생육 제도가 요구하는 대로 '자격을 갖춘' 사회 구성원을 양성하는 동안 부모는 자녀의 소망과 특기, 관심사를 뒤로한 채 규범에 맞는 인간으로 훈육한다. 그러면서 부드러운 목소리로 '엄마는 아이의 첫 번째 선생님'이라고 말한다. 이 말에 동의는 하지만, 다만 이렇게 덧붙이고 싶다. 가정은 사회가 각종 불평등한 제도와 문화를 공고히 하고 전승하는 데에 조력하는 공간이기도 하다. 학교에서 좋은 아이와 나쁜 아이를 판단하는 유일한 기준이 성적일 때 부모는 아이의 학습 흥미를 끌어낼 방법을 고민하는 것이 아니라 덩달아 성적으로 아이를 평가한다. 사회에서 좋은 직업과 나쁜 직업을 판단하는 기준이 월급일 때 부모는 아이에게 사회적 책임감을 가르치며 공평하고 평등한 사회를 위해 공헌하라고 일러주는 것이 아니라 자녀에게 물질로 효도할 것을 요구한다. 이 모든 것은 '자격을 갖춘' 도구를 양성하고자 하는 현

67　같은 책, 119頁.

대 자본주의 사회의 요구에 충실하게 부합한다. 이것이 아마도 인류 최대의 소외인 '사랑'의 소외일 것이다.

3. 아이를 낳은 여성의 득과 실

2010년 정용방은 37세에 불과했지만, 많은 일을 겪은 뒤였다. 그녀는 무엇보다 엄마가 된 후 어쩔 수 없는 일이 많았다며 다음과 같이 말했다.

> 예전에는 제가 더 노력하면 일이든 공부든 잘할 수 있었어요. … 그때는 아이를 데리고 있지 않았으니 마음만 먹으면 다 할 수 있었죠. … 그런데 아이를 데려 온 뒤로는 저녁에도 아이를 돌봐야 해서 너무 고단했어요. 나이가 들어 정신적으로나 체력적으로 힘들기도 했고요. 유치원에서 일하는 동안 피아노 등 새로운 것도 배워야 하는데, 젊을 때처럼 쉽지 않았죠. 조금만 신경 써도 잠을 제대로 못 자서 다른 일에도 영향이 갔고요. … 그래서 그만뒀죠. … 어느 날 위층에 우울증을 앓는 여자가 이사를 왔어요. 제가 긍정적인 성격이 아니었다면, 저도 진작 우울증에 걸려 죽었을 거란 생각이 들더군요. 요즘은 다 긍정적으로 생각해요. 아들만 바라보며 살고, 다른 생각은 하지 않아요.

정용방은 대학에 합격했지만, 학비 낼 형편이 안 돼 공부를 더 하지 못했다. 그녀는 교사로 일한 경험이 있는 능력 있는 여성이다. 그러나 영민하지만 몸이 약한 아들이 생긴 뒤로 전업주부가 될 수밖에 없었다.

아이가 태어나면 여성의 삶은 어떻게 되는가? 일과 육아를 겸하거나 자신이나 아이를 잃을 것이다. 일과 육아를 함께할 수 있는 여성은 운이 좋다. 이들은 아이를 돌봐 줄 가사 도우미를 고용할 만큼 경제적 조건이 우월하거나 아이를 돌봐 줄 부모와 친척이 있다. 전업주부가 된 여성은 정용방처럼 1년 내내 집안일을 하며 아이를 돌본다. 현재 많은 여성이 아이를 부모에게 맡기고 외지로 나와 품팔이를 한다. 이 경우 돈은 계속 벌 수 있지만, 부모의 책임은 다하지 못한다.

도시에서 품팔이하는 여성 중 대다수는 아이를 맡길 수 있는 여건을 갖추기 어렵다. 따라서 아이가 태어난 후 이들이 할 수 있는 선택은 대부분 두 가지다. 자신을 잃거나 아이를 잃는 것.

대도시에서는 직장에서의 대우나 생활 조건이 비교적 우월한 도시인 중 '딩크DINK'[68] 가정이 생겨나고 있다. 그들이 이 같은 선택을 할 수 있는 것은 경제적 조건과 자아 정체성이 일정한 수준에 도달했기 때문이다. 즉 이들은 전통적인 가족 정체성을 통한 보호와 안전감이 필요치 않다.

이렇듯 품팔이 여성의 출산이 '손해' 보는 일임에도 여성들은 왜 출산을 선택할까? 여성 또한 생육을 통해 몇 가지 중요한 것을 얻기 때문이다. 즉 전술한 바와 같이 결혼의 안정화, 사회·지역·가족의 인정, 생명의 가치와 의미에 대한 긍정(헛살지 않았다는 안도)이다.

일은 불안정하고, 도시 생활 역시 아무런 보장이 없다. 그래서 품팔이 여성에게 부모님의 인정과 결혼이 주는 안전감이 매우 중요하고 생육은 보호와 안전감을 얻기 위한 필요조건이 된다. 따라서 많은 경우 여성의

---

68 [역주] 'Double Income, No Kids'의 약자로, 정상적인 부부 생활을 영위하면서 의도적으로 자녀를 두지 않는 맞벌이 부부를 일컫는 용어다.

선택지는 '아이를 낳느냐 마느냐'가 아니라 아이를 낳은 뒤 '자신을 잃느냐 아이를 잃느냐'다.

4. 아이가 주는 기쁨과 번거로움

아이는 물론 기쁨을 가져다주는 존재다. 문제는 그것을 누릴 조건과 능력이 있는가이다. 여기서 조건이란 아이와 함께 생활하며, 아이의 기본적인 생활을 보장하는 것이다. 또 능력이란 아이의 성장 과정에 나타날 여러 문제에 대응할 수 있는 부모의 지식 및 방법, 인내심을 말한다. 아이의 문제는 식습관, 학습, 놀이 등 어디서든 나타날 수 있다. 아이에게 좋지 않은 습관이 나타났다면, 이는 분명 아이 자신의 문제가 아닌 부모의 조건 혹은 능력의 문제다.

하지만 아이가 있으면 번거롭기도 하다. 아이가 생기면 반드시 감당해야 하는 부분이 있는데, 아이의 의식주와 교육을 보살피는 것이 이에 속한다. 또 어떤 문제는 부모의 교육 과실이나 아이의 미숙함으로 생기며, 이는 아이와 부모가 함께 감당해야만 한다.

사람이 있어야 교류나 정도 있기 마련이다. 정방용은 이렇게 말했다. "가끔 돈을 많이 벌면 뭐 하나 싶어요. 돈을 덜 벌어도 지금처럼 (아이와) 웃을 수 있으면 되죠." 이처럼 혈육애와 사람 간의 교제는 삶이 충만하다고 느낄 수 있는 가장 중요한 요인이다.

아이가 기쁨을 가져다줄 수 있지만, 단지 이를 위해 아이를 낳는다면 기쁨보다 번거로움이 더 많다는 사실을 발견할 것이다. 아이로 인해 기쁨을 충분히 누리고, 양육의 책임과 번거로움을 충분히 인식하는 것, 기쁨과 번거로움이 공존하는 것이 진정한 삶이다.

2014년 2월부터 한 달간 나는 북경 피촌의 동심실험학교 5~6학년에게 사회 조사 과목을 가르쳤다. 우리는 실습 삼아 반 친구 34명의 가장 큰 고민을 정리해 봤다. 이를 통해 아이들의 고민 중 상당 부분이 부모에서 비롯됨을 알 수 있었다. 하지만 부모의 걱정 역시 대부분 아이에서 비롯될 것이다.

[표11] 북경 피촌 동심실험학교 5학년 2반 학생들의 고민

고민	사연	인원 (N=34)
부모와의 관계	"여동생이 하루걸러 아파요. 그때마다 엄마 기분도 좋았다가 나빴다가 하는데. 기분 좋을 때는 웃고, 안 좋을 때는 종일 우리에게 욕을 해요." "아빠랑 엄마는 늘 싸워요. 두 분 다 성격이 안 좋아서 어느 쪽을 설득해도 듣지 않아요." "아빠는 말이 너무 많아요." "아빠가 술 마시고 들어와서 마음에 안 드는 사람에게 물건을 던져요." "아빠 성격이 너무 안 좋아요." "집에 갈 때마다 아빠가 숙제 검사를 하는데. 다 안 했으면 매를 맞아요."	6 (19%)
친구와의 관계	"친구와 항상 작은 일로 싸우고 금방 화해해요. 그리고 또 싸우고. 또 화해하죠. 그런 게 짜증 나요." "제가 놀 때는 친구를 데리고 가는데, 친구는 저를 안 끼워 줘요." "친구들끼리 싸웠는데. 왜일까요?" "저는 친구가 없어요. 소심하게 보일까 봐 항상 다른 애들한테 씩씩대거든요."	5 (16%)
학업 성적	"늘 건성으로 시험을 봐요." "공부를 잘하지 못 해요." "성적이 오르지 않아서 3등 안에 들지 못해요."	5 (16%)
성격	"항상 다른 사람과 싸워요. 안 그러려고 하는데. 마음대로 되지 않아요." "저는 성격이 너무 급해요." "제 성격을 고칠 수가 없어요."	3
수업	"수업을 열심히 듣지 않아요." "수업 때 집중이 잘 안 돼요." "수업 듣다 보면 어느새 딴생각을 하고 있어요."	3
숙제	"숙제가 너무 많아요." "수업을 마치고 집에 가면 숙제를 다 해야 나가 놀 수 있어요."	2

부모의 습관	"아빠한테 담배 끊으라고 했는데, 끊었다가 또 피워요."	2
	"아빠 엄마가 마작을 너무 좋아해요. 꼬맹이인 동생도 마작을 할 정도예요."	
기타	"담임 선생님이 이번 학기 끝나면 전근 가신대요."	1
	"무슨 일을 하든지 자신이 없어요. 잘 안될까 봐 겁이 나요."	1
	"엄마가 외출하셔서 여동생과 나가 놀았는데 갑자기 배가 아픈 거예요. 화장실에 같이 가자고 했더니 자기는 집에 가겠다고 했어요."	1
	"집이 가난해요."	1

5. 무보수 혹은 최저가의 여성 노동력

앞서 '문화는 인류가 욕구를 충족하기 위해 사용하는 인위적 도구'[69]라고 언급한 바 있다. 생육 제도 역시 이러한 도구 중 하나다. 이는 직·간접적으로 자본 문화가 필요로 하는 바에 기여한다.

첫째, 자본은 노동력을 필요로 한다. 그래서 자본 문화는 영화, 소설, 광고를 통해 아늑한 가정을 동경하게 하며 생육 제도 안으로 들어가도록 한다. 그 결과 정답고 낭만적이던 부부는 결혼 후 먹고사는 문제에 맞닥뜨린다. 아이를 낳기 전에는 공주 같았던 여성이 아이를 낳은 후 집안일을 책임진다.

둘째, 사회주의와 자본주의의 큰 차이 중 하나는 사회주의가 가사 노동 및 육아를 사회화한다는 것이다. 반면 자본주의에서는 육아에 드는 노동과 비용을 모두 개인과 가정이 감당한다. 즉 자본은 영리라는 유일한 목적을 실현하기 위해 끊임없이 노동력을 공급받으면서 여성의 무보

69　費孝通, 《鄕土中國生育制度》, 109頁.

수 가사 노동을 이용하고, 생육에 필요한 모든 비용을 개인 및 가정에 전가한다.

자본이 필요로 하는 것은 단순한 노동력이 아닌 염가의 노동력이다. 일정한, 아니 상당히 높은 실업률을 유지하는 것은 자본이 노동력을 착취하고 고액의 이윤을 벌어들이는 중요한 수단이다. 그리고 여성은 자본이 필요로 하는 바에 꼭 들어맞는 '최저가' 노동력이다. 여성은 출산 전후에 상관없이 언제나 노동력 시장에서 중요한 일원이다. 많은 여성이 아이를 낳은 뒤에도 경제적인 이유로 노동력 시장에 나가 일자리를 찾아야 한다. 그러나 출산과 육아로 인해 경력이 단절됐거나 아이를 돌보느라 시간이 자유롭지 못한 여성은 노동력 시장에서 가장 협상 능력이 없는, 그래서 가장 저가이자 통제하기 쉬운 노동력이 된다.

6. 여성의 행복한 삶을 위해

여성이 '가정 안에서 자신의 지위를 확보하기 위해' 아이(주로 아들)를 낳는다면, 이해는 되지만 안타깝다. 어떤 생명도 다른 무엇을 위한 '도구'로 취급되어서는 안 된다. 그 생명이 어떤 기능이 있다고 해도 말이다. 사회적 풍습과 압력, 지위에 대한 갈망에 굴복한 많은 부부가 아들 낳기를 중요한 목표로 삼는다. 이는 이따금 천륜과 인륜을 훼손하는 결과를 낳기도 한다. 산아 제한 정책으로 한 부부가 하나 혹은 둘까지만 낳을 수 있는 상황에서 딸을 임신하거나 낳았을 때 아들 낳기 목표를 위해 부득이하게 극단적인 조치를 취하기도 한다. 임신 기간에 성별 검사를 해 낙태하거나 영아를 유기하는 등의 행위다. 인구의 성비 불균형 역시 심각한 결과 중 하나다. 중국 일부 지역은 신생아 남녀 성비가 130대 100

에 이르렀다. 이는 나아가 많은 성인 남성이 아내를 찾지 못하는 중국의 중요한 사회 문제를 낳았다.

'자식을 키워 노년을 대비하기 위해' 아이를 낳는다면, 이 또한 안타까운 일이다. 첫째는 사회 정책이 내포한 부도덕함과 이로 인해 사회가 치르게 될 대가 때문이고, 둘째는 품팔이 가정의 선택과 이로 인해 품팔이 가정이 치르게 될 대가 때문이다. 도시 인구, 특히 공무원 중에는 산아 제한 규정을 어기고 아이를 더 낳는 사람이 거의 없다. 사회 정책에 대한 이들의 절대복종은 이들이 받는 사회 보장과 관련 있다. 공무원이 산아 제한을 어기면, 공직을 박탈당하고 체제 내에서 받던 대우를 잃는다. 이런 대가를 기꺼이 치르려는 사람은 매우 적다. 하지만 품팔이 집단은 애초에 사회 보장 울타리 안에 들지 못했기 때문에 반드시 자기 계획을 세워야 한다. '자식을 키워 노년을 대비하는 것'이 바로 그들이 자신을 위해 할 수 있는 일이다. 따라서 품팔이 집단 중 많은 사람이 산아 제한을 위반하는 것은 한편으로는 사회 정책 때문이다. 사회 정책이 이 때문에 치러야 하는 대가는 두 가지다. 산아 제한 정책이 제대로 실현되지 못하고, 심각한 성비 불균형이 야기된다. 품팔이 집단이 치러야 하는 대가 역시 두 가지다. 산아 제한을 어기고 출산했을 때 경제적 대가를 지급해야 하고, 성비 불균형으로 성인 남성이 배우자를 찾기 어려워진다.

'부부 관계를 견고하게 하려고' 아이를 낳는다면, 이것도 안타까운 일이다. 부부의 감정은 둘 사이에서 키워나가고 유지해야 하며, 아이를 포함한 다른 외재적 힘에 의지해서는 안 된다. 어떤 경우에 아이는 부부 관계를 견고히 하는 유대가 되지 못할 뿐 아니라 오히려 좋지 못한 부부 관계의 희생물이 되기도 한다.

만일 '기쁨이 되고 동반자가 되어 줘서, 즉 자신의 생활을 충만하게 하려고' 아이를 낳는다면, 이해하고 동의하지만 못내 걱정이 남을 것이다. "아이는 태어나는 순간부터 하루하루가 부모와 멀어지는 과정이야. 아이는 낳아 뭐 하겠어. 마음 아픈 일만 생기지!"라고 한 친구가 한탄한 적이 있다. 나는 그에게 "그건 아이를 낳는 목적이 무엇이냐에 따라 달라질 거야. 아이가 '점점 멀어지는 과정'이 아이가 조금씩 독립한다는 것을 의미한다면, 아이에게 좋은 일이지. 너 자신을 위해 아이를 낳았다면 아이의 독립은 상실이 될 테고, 아이 자체를 사랑해서 낳았다면 아이의 독립은 기쁨이자 위안이 될 거야"라고 답해 주었다.

만일 '아이를 좋아해서' 낳는다면 매우 좋은 일이지만, 명심해야 할 것이 있다. 아이는 귀여울 때도 있지만, 부모를 힘들고 번거롭게 할 때도 있다. 부모는 아이가 사랑스럽지 않은 순간까지도 아이를 받아들이고 사랑할 준비가 되었는지 묻는 시험을 마주해야 한다.

이처럼 아이를 낳는 여러 이유는 그 자체로 아이에 대한 무책임함을 내포한다. 하지만 무슨 이유로 아이를 낳든지 우리는 아이를 책임져야 한다. 그리고 이 책임은 개인과 가정, 사회가 함께 감당해야 한다. 자녀 교육을 위한 비용과 대가는 개별 가정이 떠맡아서는 안 된다. 도시와 기업은 발전을 위한 염가의 노동력만 원하고, 노동자 자녀들의 교육비는 감당하지 않으려 했다. 이 때문에 '잔류 아동'이 생겼다. 이는 사회 정책의 도덕성에 의혹을 품게 한다. 또한 아이를 낳고 기르는 데에 따르는 책임과 대가를 여성이 떠맡아서는 안 된다. 여성의 '귀가'는 여성의 개성 추구에 위배된다. 많은 여성이 집에만 가면 삶이 답답하다고 느끼곤 한다. 여성의 '귀가'는 여성 해방 운동에도 위배된다. "여성 해방의 첫 번째 선결 요건은 여성 전체가 공적 산업에 복귀하는 것"[70]이다. 여성의 공적 산업 참여는 자본 논리의 도구적 합리성에서 비롯되는 것이 아니라 남성과 여성의 행복한 삶을 향한 공동의 추구에서 비롯된다.

---

70 《马克思恩格斯选集》, 人民出版社, 1995, 72頁. [역주] 한국어판은 칼 맑스, 프리드리히 엥겔스 지음, 최인호 외 옮김, 《칼 맑스 프리드리히 엥겔스 저작 선집 6》, 박종철출판사, 1997, 86쪽 참조.

[부록] 엄마의 일기

내게는 두 딸이 있다. 1999년생인 큰 딸은 계계(溪溪, 시시), 2002년생인 둘째 딸은 천천(泉泉, 취안취안)이다. 아이들이 태어난 후 나는 아이들의 성장 일기를 쓰곤 했다. 이 일기에는 아이들을 키우면서 관찰한 것과 느낀 것이 기록되어 있다. 그중 몇 편의 일기를 독자들과 공유한다.

자기만의 장단점

2009년 12월 11일

저녁 식사 시간. 아이들은 숙제를 끝냈고, 나는 주방에 있었다. 계계가 오더니 "엄마, 사람들은 천천이 총명하다는데, 저는 아무리 봐도 모르겠어요. 제가 보기엔 정말 멍청하거든요. 제가 1 더하기 1이 뭐냐고 물었더니 2라고 대답하고는 10 더하기 10이 뭐냐니까 대답을 못 해요"라고 했다. 나는 웃으며 "천천이 수학을 잘하지는 않지만, 그 아이만의 총명한 분야가 있어"라고 대답했다. 계계는 "어떤 분야에서 총명한데요?"라고 물었다. 나는 "천천은 철학적으로 생각해. 삶의 깊은 이치를 이해할 줄 알지. 계계, 우리가 어제 읽은 이솝 우화 기억하니? 호랑이는 모기를 어쩌지 못했지만, 거미는 쉽고 간단하게 모기를 잡았잖아. 모든 사람에게는 자기만의 장단점이 있단다"라고 말했다.

싱가포르 엄마

2010년 5월 30일

계계와 천천은 날마다 싸운다. 하루라도 싸우지 않으면 둘 중 하나가 아픈 게 아닌가 싶을 정도다. 두 아이가 싸우는 이유는 매우 다양하지만, 천천이 무언가를 잘못할 때마다 계계가 심하게 지적하고 가르칠 때가 많다. 그때마다 천천은 계계를 때리거나 소리를 지른다. 그러면 계계는 천천을 위해 그런 거라며 억울한 울음을 터뜨린다.

나는 영화를 통해 아이들을 지도해야겠다고 생각했다. 그래서 아이들과 함께 싱가포르 영화 〈아이는 바보가 아니다小孩不笨〉 1·2편을 봤다. 영화는 싱가포르 부모가 아이들의 심리를 이해하지 못하는 모습과 아이들이 잘못했을 때 그 내막을 묻지 않고 호통치고 매질하는 모습을 보여 줬다. 흐뭇하게도 영화를 본 아이들은 전보다 더 나를 세상에서 가장 좋은 엄마라고 생각하게 됐다.

계계는 늘 천천이 바보 같다고 타박했다. 천천에게는 자기만의 특성이 있다. 어떤 면에서는 천천이 계계만큼 똑똑하지 못한 게 사실이다. 가령 구구단 외우는 일이 그렇다. 천천은 한참이 지나도록 구구단을 외우지 못했다. 그래서 매일 구구단 외우기를 시켰다. 인내심 있게 매일 반복하다 보니 조금씩 느는 게 보였고, 2주가 지나자 거의 다 외웠다. 그런데 계계는 우리가 구구단 연습을 할 때마다 무시하는 말투로 참견했다. 한번은 계계가 이렇게 말했다. "그렇게 간단한 것도 기억 못 해? 바보!" 천천이 그 말에 소리를 질렀고, 계계도 화를 냈다. 나는 "계계, 천천이 잘하는 편이 아니라는 건 나도 인정해. 하지만 네가 말하는 방식은 옳지 않

아. 네가 맞는 말을 하더라도 그 방식이 잘못되면 소용없어. 싱가포르 엄마처럼 말이야. 모두 아이를 위해 한 일이라도 방법이 잘못됐을 때 그 결과가 어땠니? 좋은 효과를 얻지 못했지. 가만 보니 너희가 늘 싸우는 이유를 알겠구나. 네가 싱가포르 엄마 같기 때문이야"라고 말했다. 우리 셋다 이 비유가 매우 적절하다고 생각했다. 하하하. 계계가 크게 웃었다.

퀴리 부인

2012년 2월 13일

1년 전 천천에게 퀴리 부인 전기를 읽어 준 적이 있다. 퀴리 부인은 라듐을 발견했는데, 그녀가 특허를 신청했더라면 세계에서 제일가는 부자가 될 수도 있었다. 하지만 그녀는 라듐이 지구에 속한 것이라며 라듐 추출 과정을 비롯해 자신이 개발한 것을 무상으로 사회와 공유했다. 그 결과 미국 상인들만 큰돈을 벌었고, 정작 퀴리 부인은 실험용 라듐을 1g도 살 수 없었다. 여기까지 읽더니 천천이 말했다. "너무 불공평하잖아요." 나는 "불공평하지. 하지만 퀴리 부인 같은 사람들은 이렇게 할 수밖에 없었어"라고 말했다.

최근 딸아이가 다윈 전기를 읽었다. 전기에는 다윈이 5년간 항해하며 수집한 표본과 기록을 정리하느라 천지를 들썩인 명예도 아랑곳하지 않았다고 나와 있었다. 천천이 예전에 읽은 퀴리 부인 전기가 생각났는지 이렇게 말했다. "퀴리 부인도 명예에 아랑곳하지 않았죠." 나는 "그들이 사랑하는 건 그들이 하는 일 자체란다. 그들이 사랑하는 건 진리와 이 세계지"라고 대답했다.

사회 진보가 너무 느려요

2013년 1월 20일

천천이 말했다. "엄마가 하는 일은 얼마나 많은 사람을 도울 수 있나요? 다른 사람들은 엄마가 하는 일을 좋은 일이라고 생각해요?" 나는 "엄마가 하는 일은 다른 사람에게 좋게 보이기 위한 게 아니야. 나는 마땅히 해야 한다고 여기는 일을 하는 거란다. 그 누구도 혼자서 그렇게 많은 일을 할 수 없고, 그렇게 많은 사람을 도울 수 없어. 한 사람은 제한된 일을 할 수 있을 뿐이야"라고 말했다. 천천은 "그러면 너무 느리잖아요. 저는 당장이라도 아프리카 어린이들이 아동 노동을 못 하도록 하고 싶어요"라고 토로했다. 나는 "그래, 아주 느리지. 하지만 그래도 변화하고 있어. 200년 전까지만 해도 노예와 주인이 있었어. 그때는 많은 사람이 그게 정당하다고 생각했어. 하지만 이제 더는 (명목상의) 노예가 없잖니. 그러니 변화하고 있는 거야"라고 했다. 하지만 천천은 그래도 너무 느리다고 투덜댔다. 나는 "천천, 네가 나아지는 모습을 보렴. 넌 이제 열 살이야. 네가 사람들에게 짜증내면 엄마는 매일매일 야단을 쳐. 넌 나아지고는 있지만, 아주 느리지. 너의 진보도 이렇게나 느린데, 어떻게 사회 진보가 그렇게 빨리 이루어지길 바라니? 사회에는 정말 많은 사람이 있는데 말이야"라고 했다. 천천은 아무 말도 하지 않았다. 눈물이 났다.

제7장

장점파의 이야기
― 소비와 소비주의

삶 이야기: 저항 능력을 잃은 정신 승리법의 비극

장점파(張占波, 장잔보)는 내성적인 사람이라는 인상을 준다. 하지만 그와 이야기를 나누면서 내향적인 것과 표현에 서툰 것은 전혀 다르며, 내향적인 것과 표현을 꺼리는 것 역시 다르다는 사실을 발견했다. 그는 하고 싶은 이야기를 모두 털어놓았다. 그와 만난 후 진심을 터놓을 수 있는 조건이 정말 존재한다는 생각이 들었다. 진실하고 솔직하게 소통해 준 그에게 깊이 감사한다. 다음은 장점파의 이야기다.

가정 환경[71]

저는 1983년생이고, 하남성 영보靈寶현 출신이에요. 2002년에 고등학교를 졸업했고요. 저는 지금의 상황에 그다지 만족하지 않아요.

---

71 2011년 6월 2일 소주시 목독진에서 인터뷰한 내용이다.

그래서 결혼도 안 했어요. 고향에는 부모님과 남동생 하나가 있어요. 남동생은 저보다 다섯 살 아래인데, 정주에서 음식 장사를 해요.

품팔이 경력

이런저런 이유로 대학에 안 갔어요. 어린 시절을 허송세월한 거죠. 제가 살던 곳은 금광 채굴을 많이 했어요. 금광에 지원해 2004년부터 2010년까지 일했죠. 우선 채굴을 한 다음에 광석을 분쇄해요. 임금은 그저 그랬어요. 한 달에 2000위안 정도 받다가 조금씩 올라서 작년(2010년)에는 3000여 위안을 받았어요. 거의 채굴이 끝난 금광이어서 매년 6개월만 일했고, 임금도 반년치만 받았어요. 제가 아주 성실한 것처럼 보였겠지만, 사실 일에 충실하진 않았어요. 금광이 쉬는 동안에는 많은 일을 했어요. 재작년에는 상주常州에서 다른 사람과 함께 식당을 열었어요. 운영이 잘되진 않았죠. 요리를 할 줄 몰라서 사부를 모셔 왔는데, 돈만 들고 솜씨는 늘지 않았어요. 식당은 자기가 요리사여야 할 수 있겠더군요. 그래서 반년만에 문을 닫았어요. 그렇다고 손해 보진 않았어요. 다만 반년이라는 시간을 허비했죠. 돈 한 푼 못 벌고 다시 금광에서 일했어요.

작년에 쉴 때 정주郑州에서 다른 사람과 동업으로 '소병협육烧饼夹肉'[72] 가맹점을 냈어요. 약 2만 위안을 투자했죠. 장사는 잘되는 편이었는데, 역시 동업은 좋지 않더군요. 그래서 남동생에게 넘겼어요. 동생이 그 일을 할 줄 알거든요. 정주는 사람이 많은 편이라 장

---

72   [역주] 둥글고 납작하게 구운 빵에 고기와 야채 등을 끼워 파는 중국의 프랜차이즈 상호다.

사하기에 괜찮아요. 순이익이 월 4000~5000위안은 돼요.

동향인이 있어서 이곳 소주에 왔어요. 그는 작년부터 컴퓨터 공장에서 일했어요. 저도 한동안 에이수스ASUS 노트북 공장에 다녔어요. 거기는 직원이 많아서 관리가 잘 되지 않았어요. 중개소에서는 기본급이 1140위안이라고 했는데, 막상 가 보니 매일 12시간 일하고, 정상 업무 시간인 8시간 외에 2시간 반 동안 잔업해도 2시간만 쳐 줬어요. 또 어떤 때는 의무적으로 잔업을 해야 했고요. 일주일에 6일 일하고 하루 쉬고, 임금은 월 1900위안 정도 나왔어요. 거기서 두 달간 일했죠.

지금은 다른 전자 공장의 생산 라인에서 일해요. 생산 라인에서 일하는 사람들은 대부분 나이가 어려요. 사람을 많이 뽑기도 하고, 연령 제한도 없어서 쉽게 공장에 들어갈 수 있거든요. 저도 오늘부터 일한 터라 구체적인 건 잘 모르겠네요.

미래의 목표

젊은이들은 나중에도 도시에 남을 거예요. 틀림없어요. 고향으로 돌아가는 사람들이 거의 없을걸요. 요즘은 항상 20년 후에 내가 어떤 모습일지 생각해요. 제가 지금 이런 모습으로 사는 중요한 이유 중 하나는 인생의 비전이나 목표를 세우지 않았기 때문이에요. 그러니 지금부터라도 20~30년 후를 생각하며 살아간다면, 지금의 한걸음은 30년 후의 목표를 향할 거예요. 그럼 너무 많은 길을 돌아가지 않아도 되겠죠. 생각해 봤는데, 저는 고향에서 사는 게 더 좋은 것 같아요. 공기도 좋고, 조용한 생활을 좋아하거든요. 전

시끄러운 도시 생활을 좋아하지 않아요. 그래서 고향에서 살 가능성이 커요.

영화 〈대진제국大秦帝國〉은 큰 깨달음을 줬어요. 어떻게 일개 소국이었던 진나라가 중국을 통일할 수 있었을까요? 처음부터 나머지 6개 나라를 통일하겠다는 목표가 있었기 때문이에요. 한 걸음 한 걸음이 이 목표를 향해 있었죠. 반면 다른 나라들은 이렇다 할 목표가 없었어요. 그저 생존할 수만 있으면 그만이었죠. 그래서 그들의 국왕은 하나같이 우둔하고 무능했어요. 그러다가 나중에 다른 나라에 합병됐죠. 하지만 가장 작은 나라였던 진나라는 결국 통일을 이루고 가장 큰 나라가 됐어요. 그러니 목표라는 것이 얼마나 중요해요. 진나라는 300여 년의 시간, 30여 대의 왕조를 거쳐 마침내 중국을 통일했어요. 그들이 장기적인 목표를 세웠기 때문에 가능한 일이었죠. 한 사람의 인생도 마찬가지예요. 목표를 크게 잡을수록 실현할 수 있는 것도 커지고, 목표가 작을수록 실현할 수 있는 것도 작아지죠. 저는 그렇게 생각해요.

그래서 20~30년 동안 무엇을 목표로 삼을지가 중요해요. 20만 위안의 돈을 버는 것? 아니면 관리직으로 승진하는 것? 그것도 아니면 집을 짓는 것? 혹은 이 모든 것? 생각해 봐도 알 수 없는 게 참 많아요.

나는 어떻게 변해야 할까

왜 돈 있는 사람은 점점 더 많은 돈을 갖게 되고, 돈 없는 사람은 점점 더 돈이 없을까요? 돈 있는 사람이 그렇게 된 데에는 분명 이유가 있어요. 우리는 돈 있는 사람이 되어야 해요. 그것이 사람의 궁극적인 목표가 아니라도 말이에요. 돈 있는 사람이 되려면 그들이 어떻게 사는지 잘 봐야 해요. 내가 돈을 많이 벌어서 BMW를 몬다고 상상하면서 거리를 걷는 거예요. 그럼 BMW와 점점 가까워질 수 있을 거예요. 현실이 될지는 장담할 수 없지만요.

돈 있는 사람은 우리처럼 총총거리며 출근하고 일하지 않을 거예요. 그리고 매일 원망하며 살지도 않겠죠. 그럴 리가 없어요.

지금은 명확한 계획이 없어요. 시간이 지나면서 사람 마음도 변하는데, 저는 심경의 변화가 큰 것 같아요. 예전에 공장 다닐 때는 흐리멍덩하게 일만 했어요. 출근했다가 퇴근하고, 퇴근했다가 출근하는 게 일상이었죠. 하지만 공장에서 나와 많은 일을 겪으면서 충격을 받았어요. 사회에 이토록 큰 격차가 존재한다는 걸 알게 됐죠. 예전에는 격차를 봐도 딱히 느낌이 없어서 많이 생각해 보지 않았어요. 하지만 2년간 여러 일을 겪으면서 많은 생각을 하게 됐어요. 요즘 계속 드는 생각은 '나는 어떻게 변해야 할까?'예요.

불공평한 사회

사회 발전이 빨라질수록 경쟁이 치열해져요. 하지만 경쟁력이 높아야 사회가 더 빨리 발전할 수 있어요. 사회에는 분명 여러 불공평이 존재해요. 모든 일을 공평하게 처리할 수는 없겠죠. 지금 제가 일하는 것만 봐도 불공평한 게 많은 걸요. 하지만 합리적이죠. 가령 농민공이 어려운 조건에서 사는 건 매우 불공평해요. 겨우 생활만 유지할 정도의 임금을 주고, 다른 건 전혀 고려하지 않잖아요. 임금이 이렇게 낮은 건 무엇보다 중국에 노동력이 너무 많기 때문이에요. 외지로 나와 일해도 월 2000위안을 벌어요. 하지만 고향에서는 생활을 유지할 수가 없으니 계속 도시에서 일할 수밖에 없죠. 그런데 솔직히 말해서 사장과 일하는 사람은 착취와 피착취의 관계예요. 이런 관계에서는 많은 사람이 원망을 품게 돼요. 그것도 아주 강렬한 원망을요. 그러니 불공평은 좋은 게 아니에요. 하지만 그런데도 존재하는 모든 것은 합리적이죠. 어쩔 수 없어요. 이렇게 현실에 존재하잖아요. 그러니 정상이라고 할 수 있죠.

하지만 격차를 느낄 때면 정말 불공평하다는 생각이 들어 원망스러워요. 나는 자전거를 타는데 저 사람은 BMW를 타니 격차가 안 느껴지겠어요? 정말이지 격차가 너무 심하잖아요. 소득도 그렇고, 거주 환경도 그렇고, 업무 조건도, 임금도 모두 그래요. 저는 셋방에 살아요. 약 7㎡에 월세가 260위안이죠.

하지만 또 이런 생각도 들어요. 왜 이렇게 된 걸까? 어떤 사람은 BMW를 타는데, 우리는 왜 자전거를 탈까? 분명 우리 자신에게도 원인이 있겠죠. 너무 복잡해요. 어떤 경우에는 격차가 정상이라고 생각하지만, 그래도 바꿔야 한다고 봐요. 다른 사람이 BMW를 타는 걸 보기만 할 게 아니라 우리도 열심히 돈을 벌어서 BMW를 탈 수 있어야죠. 어떻게 하면 돈을 벌어 BMW를 살 수 있을지는 모르지만, 분명 누구나 가능할 거예요.

인민의 행복

지금 중국은 표면에만 치중하고 있어요. 현재의 이익만 보고, 멀리

내다보는 시각이 없어요. 예컨대 경제 발전이 그래요. 사람들의 행복이 아닌 경제 발전 속도만 신경 쓰잖아요. 진정으로 한 사회가 발전했음을 보여 주는 건 인민의 행복감인데 말이에요. 교육 문제도 마찬가지예요. 시험 결과만 중시하죠.

교육의 진정한 목표는 바른 인성을 기르는 것이어야 해요. 구체적으로 무엇이 바른 인성인지는 모르겠지만요. 지금까지 학교에서 배운 것 중 실제로 사회에 나와 쓰이는 건 거의 없어요. 초등학교는 중학교 입시를 위해, 중학교는 고등학교 입시를 위해, 고등학교는 대학교 입시를 위해 다녔죠. 입시라는 목적과 결과에만 치중하고, 과정은 소홀했어요. 배우는 과정 자체가 행복이 될 수도 있는데 말이죠.

우리의 마음가짐

또 한 가지 어려운 문제가 있어요. 제 목표를 어디에 둬야 할지 모르겠어요. 앞으로 저는 즐거운 사람이 되어야 할까요, 아니면 돈 많은 사람이 되어야 할까요? 어떻게 살아야 할지 모르겠어요. 돈과 즐거움은 서로 모순되는 것 같아요. 돈을 벌고 싶으면 많은 즐거움을 잃어야 할 거예요. 돈을 벌기 위해 꼭 양심을 버려야 하는 건 아니지만, 많은 시간을 투자해야 하니까요. 시간 투자가 싫은 게 아니라 돈을 추구하는 과정에서 많은 즐거움을 잊어버릴까 봐 걱정돼요.

그리고 한 가지 문제가 더 있죠. 품팔이만 해서는 영원히 돈을 모으지 못한다는 거예요.

즐거운 사람이 되는 걸 목표로 삼는다면 아주 간단해요. 당장이라도 실현할 수 있죠. 마음가짐만 바꾸면 되니까요. 하지만 이렇게 말하는 사람도 있더군요. 사람이 살아가는 주된 목표는 즐거움이고, 사람들이 고통스러운 이유는 즐거움을 추구하는 과정이 고통스럽기 때문이라고요.

사람들이 원망을 품는 이유, 자기 상황에 불만을 느끼는 이유는 바로 사회의 가장 밑바닥에서 살고 있기 때문이에요. 하지만 사회에 경쟁이 존재하는 것도, 사회적 차별이 존재하는 것도, 따라서 불만이 존재하는 것도 정상이에요. 우리는 세상이 너무 야박하다고 원망하지만, 그건 이익을 중시하는 우리의 마음가짐 때문이에요. 요컨대 우리의 불만은 두 가지에서 비롯되죠. 한 가지는 이 사회의 문제고, 다른 한 가지는 마음가짐의 문제예요. 하지만 사회가 불공평하다고 해서 사회를 바꿀 수는 없잖아요. 그저 우리의 마음가짐을 바꿀 수 있을 뿐이에요.

분석

1. 노동자의 소비 현황

나는 노동자의 소비 현황이 결코 단순하지 않음을 절감했다. 예컨대 집을 짓기 위해 저축 중인 노동자는 저축을 위해 나머지 소비는 가장 낮은 수준으로 제한해야 한다. 따라서 언뜻 보기에는 잉여금 비율이 높은 듯하지만, 집을 짓기 시작함과 동시에 부채 상태에 진입한다. 다른 예를 들어 보자. 한 미혼 노동자는 월급을 받는 족족 핸드폰이나 컴퓨터를 산다. 이는 노동자들 사이에 흔한 현상이어서 3년 동안 핸드폰을 아홉 번 바꾼 노동자도 있다. 다소 극단적인 사례일 수는 있겠지만, 새로 나온 핸드폰을 사들이는 노동자는 결코 소수가 아니다. 이는 집 지을 돈을 마련하기 위해 저축하는 부류와는 상반된 소비 현상이다. 또 다른 부류도 있다. 일부 노동자는 임금이 너무 낮아 일상 소비만으로도 월급을 거의 다 쓴다. 두 가지 구체적인 예를 살펴보자.

[표12] 왕복유 부부의 수입 지출 내역(2010년 11월 동관)

월수입	5000위안
월세	300위안
생활비	1200위안(아침·저녁 식비, 기타 생활비) + 300위안(구내식당 점심)
자녀 양육비	333위안(1년 4000위안)
잉여금	2867위안

[표13] 엽자의 수입 지출 내역(2011년 6월 소주)

월수입	1900위안
월세	370여 위안(약 10㎡ 크기, 시설 없음)
식비	600위안(야간반 출근 시 식사 본인 부담)
생활비	500위안(가장 싼 바지 한 벌도 80~90위안이어서 10년 넘게 입은 옷도 있다. 가끔 친구를 만나 밥을 먹기도 한다.)
전화비	100여 위안

기타	100여 위안
저축	200위안(광동에 있을 때는 임금이 낮아도 어느 정도 저축했는데, 여기서는 많아야 200위안이 남아 스트레스가 크다.)

1990년생인 섬서성 출신의 엽자(葉子, 예쯔)의 수입은 장점파와 비슷하다. 그리고 [표12]는 표본을 통해 북경 피촌 노동자의 수입 지출 내역을 조사한 결과다. 표본의 크기가 작아 대표성에 의문이 제기될 수 있기에 이 표는 통계라기보다 노동자의 소비 현황 사례 정도로 제시한다. 그러나 이 사례에서 보이는 현상을 일정 비율의 노동자에게서 보편적으로 발견할 수 있으리라고 확신한다.

이 조사에 따르면, 피촌 노동자들은 1.46명당 4.23명을 부양해야 한다. 즉 한 사람이 3명(2.89명)을 부양해야 한다. 피촌 노동자들의 평균 월급은 4479위안이다. 이 수입으로 3명을 부양하므로 한 사람당 평균 소비 능력은 1493위안이 된다.

피촌 노동자들의 월 지출이 월수입에서 차지하는 비율은 평균 60%다.[73] 이 비율은 노동자들이 자신의 수입에 맞게 지출한다는 것, 즉 그들이 매우 절약하고 있음을 말해 준다.

---

73 여기서는 손박(孫博, 쑨보), 왕학(王學, 왕쉐), 우경뢰(尤慶磊, 유칭레이), 왕민을 제외하고 계산했다.

[표14] 북경 피촌 노동자의 수입 지출 내역

이름	직업	나이	가족	가계 경제를 공유 하는 사람	수입이 있는 가족 구성원	평균 1인당 월수입 (위안)	월 총수입 (위안)	월 총지출 (위안)	월 잉여금 (위안)	평균 1인당 월 지출 (위안)
손박	자영업자	34세	4명	4명	1명	2500	10000	10025	−25	2506
왕학	퇴직 노동자	50세	4명	4명	1명	1000	4000	12430	−8430	3108
여쌍연(餘雙燕, 위샹옌)	페인트공	28세	5명	5명	2명	1400	7000	2990	4010	598
양력(梁力, 량리)	페인트공	32세	6명	4명	1명	1000	4000	2810	1190	703
양려평(楊麗萍, 양리핑)	모형 제작자	28세	4명	4명	1명	1500	6000	5130	870	1283
맹소문(孟小問, 멍샤오원)	영세 상인	43세	5명	3명	2명	2333	7000	5380	1620	1793
소상금(邵常金, 사오창진)	목공	51세	4명	4명	1명	1250	5000	1910	3090	478
우경뢰	영세 상인	30세	6명	4명	2명	1875	7500	7400	100	1850
왕민	식료품점	31세	6명	6명	2명	1417	8500	8020	480	1337
장금(張琴, 장친)	스테인리스 공장	30세	6명	5명	1명	1600	8000	4000	4000	800

하자 연(夏 紫妍. 샤쯔옌)	래커 공장	25세	4명	4명	1명	1250	5000	1990	3010	498
정복 보(程 福寶. 청푸바 오)	목문木門 공장	35세	4명	4명	2명	1875	7500	1667	5833	417
고봉 연(高 鳳娟. 가오펑 쥐안)	잡화점	30세	4명	4명	2명	1500	6000	3773	2227	943
평균			4.23명	1.46명	1500					835

* 인터뷰이가 전업주부인 경우 '직업'란에 남편 직업을 적었다.
* 가족 수에는 조부모가 포함되며, 조부모가 고향에 사는 경우 '가계 경제를 공유하는 사람'에 합산하지 않았다.
* '평균 1인당 월수입'의 평균치는 손박을 제외하고 계산했는데, 그의 수입이 유난히 높은 데다 개인 사업가이기 때문이다.
* '평균 1인당 월 지출'의 평균치는 4개 가정(손박, 왕학, 우경뢰, 왕민)을 제외하고 계산했다.

[표15]는 북경 피촌 노동자들의 월 지출 내역을 조사한 결과다. 이를 통해 우리는 다음과 같은 사실을 알 수 있다.

지출에서 가장 큰 비율을 차지하는 것은 '식비'로, 노동자들의 월 가계 지출 중 43%를 점한다. 개인 소비 지출 총액에서 식료품비 총액이 차지하는 비중을 엥겔 지수라 한다. 엥겔 지수가 높을수록 해당 가정이 빈곤함을 뜻한다. 두 번째로 큰 비율을 차지하는 것은 교육비로, 12%를 점한다. 교육비가 높은 주된 원인은 피촌을 비롯한 북경의 유치원비가 비싸기 때문이다. 자녀가 고향에 남아 공부하는 경우에는 교육비가 훨씬 낮다. 세 번째는 집세와 아이들 용돈으로, 각각 9%다.

[표15] 북경 피촌 노동자들의 월 지출 내역

성명	식비	의복	자녀용돈	생활비	집세	자녀교육	병원비	오락	교통	전화비	여행	예물	총지출
손박	1000	300	300	550	400	125	1000	1000	100	250	4000	1000	10025
왕학	2000	300	0	500	330	0	0	300	0	0	9000	0	12430
여쌍연	1500	100	280	200	260	100	30	0	20	300	200	0	2990
양력	2000	200	100	0	210	0	300	0	0	0	0	0	2810
양려평	2000	340	200	50	150	840	500	250	300	300	0	200	5130
맹소문	3000	200	400	100	480	900	0	100	0	0	0	200	5380
소상금	300	500	400	30	190	200	0	70	20	0	0	200	1910
우경뢰	1800	800	600	300	900	800	50	50	1000	0	100	1000	7400
왕민	3220	100	300	200	3450	0	50	0	500	100	100	0	8020
장금	2000	200	500	200	270	660	30	0	10	50	80	0	4000
하자연	400	30	100	100	300	400	200	0	200	100	160	0	1990
정복보	600	200	300	200	0	167	30	0	20	100	50	0	1667
고보연	1000	100	300	200	830	233	1000	0	10	100	無	0	3773
평균치	1422	208	287	120	299	389	232	47	64	106	61	67	3294
백분율	43%	6%	9%	4%	9%	12%	7%	1%	2%	3%	2%	2%	100%

* 평균치와 백분율 계산 시 4명(손박, 왕학, 우경뢰, 왕민)을 제외했다.
* 손박은 자녀 1명이 학교에 다니며, 한 학기 학비는 750위안이다.
* 여쌍연의 자녀는 고향에서 할머니와 함께 지내며, 학기마다 큰딸 학비로 100위안, 둘째 딸 학비로 100위안, 유치원에 다니는 셋째 딸 학비로 400위안이 든다.
* 양려평은 아이가 둘 있으며, 큰 아이만 유치원에 다닌다. 한 달 학비는 840위안이다.

* 소상금은 아이가 둘 있으며, 작은 아이에게는 생활비 외의 비용이 들지 않는다. 큰 아이는 고등학교에 다니며, 한 학기 학비가 1200위안이다.
* 우경뢰는 자녀 1명이 유치원에 다니며, 한 달 학비는 800위안이다.
* 하자연은 큰딸이 유치원에 다니며, 한 달 학비는 400위안이다.

2. 필요를 위한 소비, 욕망을 위한 소비

이 조사에 따르면, 대다수 품팔이의 소비 능력이 매우 낮다. 첫째, 지출에서 식료품비가 차지하는 비율이 매우 높다. 둘째, 잉여금이 있더라도 집(일하는 곳에서 멀리 떨어진, 그래서 돌아가기 어려운 집)을 사거나 짓기 위한 돈이며, 저축해도 집을 살 수 없을 거라고 생각하는 노동자들은 월광족月光族[74]이 된다.

그런데 1980년대와 1990년대 이후에 출생한 품팔이의 소비 욕망은 매우 높다. 2011년 11월 중경시에서 품팔이하는 노동자 윤○○을 만났다. 윤○○은 1990년생으로, 자동차 제조 공장에서 일하며, 월 2000여 위안을 받는다. 그는 중경시 정부에서 제공하는 민심가원民心佳園 '염가 임대 주택'을 신청해 추첨을 통해 입주할 수 있었다. 그의 집에 가 보니 근사했다. 총면적이 거의 30㎡ 정도 되었고, 주방과 화장실이 말끔하게 갖춰져 있었다. 그는 약 2만 위안을 들여 가구를 사고 나무 바닥을 깔았다. 이 집은 5년간 임대 후 구매할 수도 있다. 현재 임대료는 전기세와 수도세를 포함해 매월 약 600위안이다. 나중에 이 집을 구매할 것인지 그에게 물었다. 놀랍게도 그는 "집을 살 때쯤이면 결혼할 때가 됐을 텐데, 어떻게 이 집에 만족할 수 있겠어요. 남들은 별장에 사는데 저만 저소득 임대 주택에 살면 체면이 서지 않잖아요"라고 했다.

---

74   [역주] 월수입을 모두 소비하는 사람들을 일컫는다.

나는 윤○○이 저소득 임대 주택에 입주한 것을 행운으로 여길 줄 알았다. 이는 장점파의 심리 상태와 매우 흡사하다. 월수입이 1900위안인 장점파는 BMW를 몰 수 없다면 성공이 아니며, BMW를 몰아야 비로소 자신을 증명할 수 있다고 여긴다. 월수입이 2000위안인 윤○○은 별장에 살 수 없으면 결혼할 면목이 서지 않는다고 보았다. 이는 소비주의의 폐해다. 소비는 삶의 평범한 행위 중 하나다. 우리는 필요한 상품을 구매할 수 있다. 즉 소비는 필요를 채우는 행위다. 하지만 필요가 아닌 욕망을 채우기 위해 소비하면 소비주의의 함정에 빠지게 된다. 가령 윤○○이 원하는 주택은 거주 공간이 아니라 체면을 세워 줄 별장이다. 장점파가 BMW를 원하는 것은 이동 수단으로 필요하기 때문이 아니라 자신의 성공을 증명하기 위해서다. 품팔이들이 농촌에 집을 지을 때도 마찬가지다. 식구가 3~5명에 불과한데 그들은 3층짜리 집을 짓는다. 그렇지 않으면 체면이 서지 않는다고 생각하기 때문이다. 집을 짓는 것이 거주에 사용하기 위한, 즉 거주라는 필요에 의한 일이 아니라 일종의 기호이자 상징이 되었다. 경쟁하듯, 혹은 이를 통해 무언가를 증명하듯 소비한다.

2013년 2월 24일 심천시의 품팔이센터 블로그에서 〈최저 임금이 얼마여야 노동자의 괜찮은 생활을 보장할 수 있는가〉[75]라는 글을 보았다. "작년 심천시의 최저 임금은 1500위안이고, 올해 초 1600위안으로 조정됐다. 언론은 전국 최고 수준이라며 치켜세우지만, 이것이 심천시 노동자들의 생활 수준이 다른 지역보다 높다는 것을 의미하지는 않는다. … '괜

75 "最低工資應如何保障工人體面生活:調查報告摘要", 〈打工者中心博客〉, http://blog.sina.com. cn/s/blog_6b0ef6fc01019l37.html(검색일: 2013년 2월 24일)

찮은 생활'이란 돈과 지위, 자동차와 집이 있는 삶을 말하는 것이 아니라 균형적인 영양을 섭취할 수 있는 음식, 편안하고 안정적인 거주 환경, 일 정량의 여가 생활과 충분한 사회 보장이 있는 삶을 말한다." 품팔이센터 는 조사를 통해 "3인 가정이 심천시에서 생활하면서 고향의 부모가 필요 로 하는 구체적 소비(음식, 주거, 생활용품, 교통, 통신, 의복, 의료 보건, 귀향 비 용, 오락 등)를 책임질 경우, 이 가정의 월 지출은 약 5783.2위안이 될 것이 다. 즉 생활을 위해서는 부부가 각각 2891.6위안을 벌어야 한다. 이는 사 회 평균 임금의 약 60%이며, 일찍이 중화전국총공회가 제창한 수준이기 도 하다. 그러나 현재 심천시의 최저 임금 수준은 이에 훨씬 못 미친다. 따라서 우리는 최저 임금이 최소한 사회 평균 임금의 40%까지 올라야 하며, 장기적으로는 60%를 향해 나아가야 한다"라고 건의했다.

물론 품팔이센터에서 제기한 최저 임금 수준이 실현되더라도 노동자 들에게 BMW는 너무 먼 이야기다. 그렇다면 우리는 최저 임금 인상을 쟁취해야 할까, 아니면 BMW를 꿈꾸며 그것을 가질 수 없는 현실에 대 해 좋은 마음가짐, 나아가 마비 상태를 취해야 할까?

3. 제한 없는 욕망

에리히 프롬Erich Fromm은 다음과 같이 서술한 바 있다.

자본주의에 있어서 소득의 분배를 특징지워 주는 것은 개인의 노 력 및 노동과 이에 대해 베풀어지는 사회적 인정-재정적인 보상補 償- 간에 조화로운 균형이 결여되어 있다는 사실이다. 이 같은 소득 분배의 불균형은, 서구 사회보다도 빈곤한 사회에 있어서는, 우리의 도덕 기준에 비추어 참을 수 없을 정도로, 사치와 빈곤 사이에 극단적인 격차를 초래하고 있다. 그러나 나는 여기서 이 같은 불균형의 물질적 영향을 강조하는 것이 아니라 그 도덕적·심리적 영향을 강조하고 있다. 하나는 노동, 즉 인간의 노력과 숙련에 대한 과소평가다. 다른 하나는 나의 이득이 내가 기울이는 노력에 의해 한정되는 한, 내 욕망도 한정된다는 사실이다. 반면에 만일 나의 소득이 노력에 비례하지 않는다면, 내 욕망에도 아무런 제한이 없다고 하겠다. 왜냐하면 욕망의 충족은 일정한 시장 상황이 부여해 주는 기회의 문제이지 자신의 능력에 달린 문제는 아니기 때문이다.[76]

장점파가 현재의 소득 수준으로 BMW를 사게 될 가능성은 매우 낮다. 먹고 마시지 않는다 하더라도 50년간 돈을 모아야 한다. 그런데 그는 왜 자신이 원하기만 하면 BMW를 가질 수 있다고 생각할까? 지금 이 사회에서는 대부분의 경우 규칙적이고 꾸준한 수입이 아닌 어떤 기회를 통해 '돈벼락'으로 목돈을 마련하기 때문이다. 이것이 바로 프롬이 말한 소득과 노력의 비대칭이다. 이러한 비대칭은 제한받지 않는 욕망을 초래한다. 어떤 일이든 일어날 가능성이 있기 때문이다. 그러나 이는 긍정적인 역량이 아니라 파괴적일지도 모르는 부정적 역량이다.

76 弗洛姆, 《健全的社会》, 上海译文出版社, 2011年9月. [역주] 한국어판은 에리히 프롬, 《건전한 사회》, 범우사, 2017. 95쪽 참조.

4. 아Q에게 저항 능력이 없는 이유

장점파가 삶의 목표를 즐거움과 돈 중 어디에 둬야 할지 고민이라고 했을 때 다소 의아했다. 이 양자가 공존할 수는 없는 것일까? 둘 중 하나만 선택하는 것이 가능한가? 이어진 장점파의 말은 더 충격적이다. 그는 즐거운 사람이 되기는 아주 쉽고, 자신이 원하기만 하면 얼마든지 즐거워질 수 있다고 했다. 마음가짐이 즐거움을 결정한다는 것이다. 하지만 정말 즐거움이 마음가짐에 달려 있는가?

마음가짐은 즐거움의 필요조건이지만 필요충분조건은 아니다. 즉 좋은 마음가짐이 없으면 반드시 즐거움도 없다. 그러나 좋은 마음가짐을 지녔다고 해서 반드시 즐거운 것은 아니다.

장점파는 자신이 이렇게 많은 생각을 하게 된 것이 사회에 존재하는 격차를 봤기 때문이라고 했다. 모른 척할 수 없을 만큼 너무 큰 격차가 존재했고, 그것이 그에게 큰 자극이 됐다는 것이다. 그의 말처럼 거리에 나서면 어떤 이는 BMW를 타고 어떤 이는 자전거를 탄다. 이러한 격차를 마주했을 때 우리 앞에 놓인 길은 세 가지다. 돈 있는 사람이 되는 것, 마음가짐을 바꾸는 것(자신을 마비시키는 것), 사회를 바꾸는 것이다. 이 세 갈래 길 앞에 선 장점파는 우선 세 번째 길을 부정했다. 자신에게는 사회를 바꿀 힘이 없다고 생각하기 때문이다. 품팔이로는 돈 있는 사람이 될 수 없음이 분명하기에 첫 번째 길을 선택할 수도 없다. 그래서 지금 그에게는 자신의 마음가짐을 바꾸는 길만이 남았다.

마음가짐을 바꾸기 위해 장점파는 자기 암시를 한다. 이러한 자기 암시는 '존재하는 것들은 합리적이고, 불합리한 것이라도 정상적인 것'이라는 명제에 그럴듯한 이유를 부여하기 위해서다.

노신의《아Q정전》에서 아Q는 모욕을 당할 때마다 '정신 승리법'을 이용해 정신적 고통에서 벗어났다. 즉 모욕을 당해도 고통스럽지 않은 상태에 놓이는 것이다. 모욕을 당하고도 고통을 느끼지 못한다면, 그는 고통과 함께 희망을 잃은 것이다. 희망이 없는 이에게는 저항 의식이 없으며, 저항할 능력은 더더욱 없다. 정신 승리법의 비극은 바로 여기에 있다.

왕휘는《아Q 생명의 여섯 순간》에서 아Q의 생명 과정 속 여섯 순간을 분석했다. 곧 '실패의 고통', '어디로 가야 할지 모름', '성', '기아', '무의미함', '죽음'이다. 이러한 순간들은 아Q의 "자기 환경에 대한 본능적 접근"이다. 현실에 접근하는 이 짧은 순간들을 제외하면, 아Q는 늘 자신이 지어낸 이야기 속에서 살아간다. "아Q는 영원히 자신의 주체적 생각에 따라 사고할 수 없는 사람이다. 그는 영원히 환각 속에서 생활하며 끊임없이 자신과 타인의 전체 사회와 관련된 이야기를 꾸며 낸다. 그는 수많은 이야기와 자신과 관련된 '의식'이 있지만, 자기만의 자아는 없다. … 만약 고통을 느끼면 바로 한 가지 이야기를 꾸며 내 그 고통을 합리화할 필요가 있다." 이 여섯 순간은 "정신 승리법이 효력을 잃는" 순간이자 "현실이 적나라하게 자기 모습을 드러내기 시작"하는 순간이다.[77]

직관을 회복하는 것, 현실을 마주하는 것, 자신을 직시하는 것은 우리를 고통스럽고 막막하게 한다. 그러나 그래야만 우리는 자신의 주체가 될 수 있고, 사고할 수 있으며, 자신과 타인의 건강한 삶을 위해 이바지할 수 있다.

77　汪暉, "阿Q生命中的六個瞬間──紀念作為開端的辛亥革命", 《現代中文學刊》, 2011年 第3期, http://wen.org.cn/modules/article/view.article.php/2604(검색일: 2013년 5월 6일). [역주] 한국어판은 왕후이, 김영문 옮김, 《아Q 생명의 여섯 순간》, 너머북스, 2015, 85~93쪽 참조.

5. 자본의 논리와 자본주의

삶을 논할 때 중심 화두가 '좋은 삶'이란 무엇인가'가 아니라 '어떤 조건이어야 좋은 삶이 가능한가'가 되었다. 그러더니 끝내 '좋은 삶'마저 생략돼 버리고, '어떤 조건을 가졌는가'만 남았다. 마치 무엇을 '소유'한 뒤에야 나머지를 고려할 수 있는 것처럼 말이다. 더욱 낭패인 것은 이 '소유'라는 전제가 사람의 진정한 필요가 아닌 소비주의에 응답한다는 것이다.

소비는 원래 정상적 행위다. 의식주는 인류의 물질적·정신적 필요를 채워 주는 정상적인 소비 행위다. 문제는 오늘날의 소비 행위 중 많은 경우가 '만들어진 소비'라는 것이다.

장점파가 BMW를 갖는 것이 꿈이라고 했을 때, 게다가 자신이 이 꿈을 실현할 수 있다고 했을 때 정말 머릿속이 멍해졌다. 그의 2000위안쯤 되는 월급으로는 몇십 년간 먹고 마시지 않는다 해도 BMW를 살 수 있을지 장담할 수 없다. 그는 왜 더 높은 임금을 꿈꾸지 않을까? 왜 오롯한 가정을 꾸리는 것을 꿈꾸지 않을까? BMW는 기껏해야 차 한 대에 불과하지 않은가? 하지만 곰곰이 생각해 보니 BMW가 의미하는 것은 단순한 차 한 대가 아니었다. 오늘날 BMW는 성공, 지위, 품격을 의미하며, 심지어 미녀나 자동차 여행까지도 연상시킨다. BMW를 가진다는 것은 욕망의 충족을 의미한다. 이동 수단이라는 기능은 부차적인 위치로 밀려났다. 이것이 바로 소비주의의 힘이다. 소비주의는 상품의 기호화를 통해 상품에 여러 의미를 부여한다. 이러한 의미는 소비 욕망으로 전화轉化된다. 결국 의미 부여를 통해 연상하던 욕망도 연기처럼 사라지고, 그저 소비 자체가 목적이 된다.

"다이아몬드는 영원하다"는 유명한 광고가 있다. 화면에는 돈 많은 잘 생긴 남자가 웨딩드레스를 입은 아름다운 신부와 결혼하는 모습이 보인다. 분명히 다이아몬드 광고인데, 다이아몬드와 사랑의 연상 작용을 통해 다이아몬드를 사랑의 기호로 만들었다. 그 결과 다이아몬드 소비를 조장할 뿐만 아니라 이러한 소비에 비非상품화된 의미를 부여했다. "대중은 끝없이 계속되는 기호와 이미지의 만화경에 정신을 빼앗겼다. 그 속에서는 어떤 고정적인 의미 연계도 찾을 수 없다."[78] 이것이 우리의 가장 큰 비애다.

소비주의는 자본 논리의 산물이다. 이는 자본의 논리가 의도적으로 조장한, 인류를 해치는 이데올로기다. 소비주의가 자본에 얼마나 이로운지는 쉽게 알 수 있다. 첫째, 소비를 자극해 폭리를 취한다. 핸드폰을 불필요하게 자주 바꾸는 것도 이 때문이다. 사람의 생존을 위한 필요는 사실 매우 단출하다. 사람들이 소박한 생활 방식으로 산다면 자본은 폭리를 취하기 어려워진다.

둘째, 소비주의가 몰고 온 기호화된 의미들은 초조함, 막막함, 길 잃음, 현실 도피, 환각 상태에 빠지게 만든다. 언젠가는 자신도 BMW를 탈 수 있다고 여기는 장점파는 환각 상태에 진입한 것이나 마찬가지다. 자본의 논리를 지지하는 강대한 자본주의는 물질 소비에 있어 소비주의를 조장했을 뿐만 아니라 정신적으로도 노동자를 마비시킨다. 가장 대표적인 것이 할리우드 블록버스터의 정신 마비 작용으로, 영화 〈소스 코드 Source Code〉가 전형적인 예다. 영화는 '또 다른 세계'가 존재할 수 있고, '무

---

78 費瑟斯通, 《消費文化與後現代主義》, 譯林出版社, 2000, 21頁. [역주] 한국어판은 마이크 페더스톤, 정숙경 옮김, 《포스트모더니즘과 소비문화》, 현대미학사, 1999년, 34쪽 참조.

중생유無中生有'[79]가 가능한 것처럼 보여 준다. 그런 망상에 쉽게 빠지지 않는 나조차도 영화를 본 뒤 존재하지 않는 세계인 '그곳'으로 가고 싶다고 생각했다. 또 다른 영화 〈인셉션〉은 취생몽사하며 현실로 돌아오기 싫은 사람들의 정신적 마약 같았다. 마약이라는 걸 명백히 알면서 복용하는 마약. 이런 비정상 시대에 영화는 진실한 사회를 반영하는 것이 아니라 허구와 진실 사이의 경계를 무너뜨리는 역할을 하고 있다.

프랑크푸르트학파 학자인 테오도어 아도르노Theodor Adorno와 막스 호르크하이머Max Horkheimer는 1944년 출간된 ≪계몽의 변증법Dialektik der Aufklaerung≫[80]에서 문화 산업culture industry 이론을 제시하며 다음과 같이 지적한다.

> 문화 산업은 문화를 산업화하고 상품화할 뿐 아니라 공장과 같이 천편일률적인 문화 상품을 끊임없이 대량 생산하고, 대중이 자기도 모르는 사이에 기만당하도록 만든다. 상품 숭배는 맹목적으로 복종하고, 피동적이며, 자각적 판단 능력이 없는 대중을 만든다. … 문예 작품은 원래 계몽 역할을 담당했다. 대중의 성찰을 일으키고, 그들의 독립적 사고와 비판 능력을 일깨웠다. 그러나 문화 산업의 생산품은 정반대로 대중이 판단 능력 없이 자본가에게 끌려다니게 만든다. 그리고 상품 소비는 마치 마취제처럼 그들이 더욱 무심하게 복종하도록 만든다. … 허위의식이 생겨나고, 더 이상 현실을 성

---

79 [역주] 우주 만물은 무無에서 생겨난다는 뜻.

80 [역주] 한국어판은 아도르노·호르크하이머, 김유동 옮김, 《계몽의 변증법》, 문학과지성사, 2001 참조.

찰하거나 비판하지 않으며, 종내에는 그저 옷을 사고 노래를 부르고 드라마를 보고 인터넷을 하는 데에 몰두한다. 이로써 … 자본가의 지배적 지위는 더욱 안정된다.

자본의 논리는 물질적으로도 정신적으로도 우리의 세계를 점령했다. 그물을 빠져나간 물고기가 되기는 쉽지 않고, 죽음을 무릅쓰고 그물을 찢을 힘도 없다. 우리가 수역을 개척할 수는 없을까? 또 다른 작은 수역을.

소인물小人物

작사·작곡·노래: 손원(孫元, 쑨위안)

GDP가 오르든 말든 도대체 나랑 무슨 상관이람?

난 그저 존엄한 삶, 좋은 일자리, 휴식을 원할 뿐이야

고속열차든 조화호和諧號[81]든 도대체 그게 나랑 무슨 상관이람?

난 그저 설날에 집에 갈 수 있으면 좋겠어, 내 짐을 내려놓을 수 있으면 좋

겠어

중국 석유 회사든 중국 가스 회사든 도대체 나랑 무슨 상관이람?

난 그저 택시 미터기와 버스 요금표에 집중할 뿐이야

1·2·3급 도시이든 4·5·6급 도시이든 거기 집값이 나랑 무슨 상관이람?

어차피 다 똑같아, 어차피 난 못 사거든

독이 든 분유든 유전자 조작 식품이든 도대체 나랑 무슨 상관이람?

난 그저 큰 걱정 없이 오래 살고 싶을 뿐이야

대학 내 개혁이든 뭐든 도대체 그게 나랑 무슨 상관이람?

어차피 나도 내 아이도 못 다닐 텐데!

의료 수준이든 서비스 품질이든 도대체 나랑 무슨 상관이람?

81 [역주] 일반적으로 2007년 중국철로中國鐵路의 제6차 속도 상향 조정 후 운행되는 초고속 열차를
    말한다.

작은 병은 돌팔이 의사한테 가고, 큰 병은 혼자 앓을 수밖에 없는데!
산업 고도화든 호적 차별 시정이든 도대체 그게 나랑 무슨 상관이람?
우린 이미 저수지에서 나온 물인 걸, 이제 고향에 안 갈 거야

우린 고향에 안 갈 거야!

제8장
신노동자의 여가 생활

대다수 중국 품팔이는 주 5일, 하루 8시간 근무를 보장받지 못해 충분한 여가 생활을 누릴 기회가 없다. 제8장에서는 품팔이의 여가 생활 현황을 개괄하고, 이것이 미치는 영향을 논한다.

여가 없는 삶

노동자들은 근무 시간이 길고 잔업이 많아 여가 활동을 할 시간이 거의 없다. 2009년 국가통계국에서 발표한 〈농민공 감측 조사 보고서〉[82]에 따르면, "외지에서 일하는 농민공의 노동 시간은 긴 편이다. 피고용 형태로 외지에서 일하는 농민공은 평균 매월 26일, 매주 58.4시간을 근무하는 것으로 나타났다. 이들 중 주간 근무 시간이 '노동법'에 규정되어

---

82 "國家統計局(2009年) 監測報告稱9成農民工勞動時間超標", 〈中工網〉, http://acftu.workercn.cn/c/2012/05/03/120503163217734425271.html(검색일: 2014년 3월 29일)

있는 44시간보다 많은 경우는 89.8%를 차지한다. 농민공이 집중된 몇몇 주요 업종을 살펴보면, 제조업은 평균 58.2시간, 건축업은 59.4시간, 서비스업은 58.5시간, 숙박업 및 요식업은 61.3시간, 도소매업은 59.6시간 일하는 것으로 나타났다. 평균 노동 시간이 가장 긴 이들은 숙박업 및 요식업에 종사하는 농민공으로, 근무 시간이 주 60시간을 넘어선다"고 한다.

다음은 2009년 필자가 조사한 〈품팔이 주거 현황과 미래 발전 조사 보고〉의 결과다.

북경 도농 결합 지대城郷結合部[83]에 거주하는 품팔이의 상황은 다음과 같다. 북경 피촌에서는 많은 품팔이가 가게를 운영하는데, 더 많은 수입을 내기 위해 쉬는 날도 없이 매일 12시간에서 18시간 일한다. 일부 노동자는 일용직으로 일하는데, 근무 시간과 휴식 시간이 정해져 있지 않다. 또 다른 노동자는 공장에서 일한다. 피촌에 있는 공장들은 대부분 수십 명이 일하는 소규모 공장이다. 이들은 일용직보다 근무 시간과 휴식 시간이 상대적으로 고정적이지만, 근무 시간이 매우 길다. 하루 근무 시간이 평균 9.6시간이며, 한 달 휴일은 평균 2.5일이다.

하루 근무 시간이 가장 긴 업종은 입주 가사도우미로, 하루 15.2시간 일한다. 이들은 대부분 일주일에 하루 쉬는데, 필요에 따라 별도의 휴일을 정하거나 드물게는 휴일을 두지 않기도 한다.

소주시와 심천시 품팔이의 근무 시간과 휴식 시간 현황은 비슷하게 나타났다. 소주 품팔이는 매일 9.8시간 일하고, 매월 4.9일 쉰다. 심천 품팔이는 매일 9.4시간 일하고, 매월 5일 쉰다.

83 [역주] 도시와 농촌의 특성을 두루 갖춘 과도적 지역을 가리킨다.

아래는 두 노동자의 '일지'로, 두 사람의 하루가 고스란히 반영되어 있다.

[표16] 2012년 ○○월 ○○일 진○○의 일지[84]

진陳○○, 여, 1994년생. 광동성 불산佛山시의 식품 공장 컨베이어 벨트에서 일함.	
06:30~06:35	세수. 양치질
06:35~06:40	화장실
06:40~06:50	아침 식사
06:50~06:55	작업장 출근
06:55~07:00	출근 카드 체크
07:00~11:30	컨베이어 벨트 근무
11:30~12:00	점심 식사
12:00~18:00	컨베이어 벨트 근무
18:00~18:05	저녁 식사(기계를 멈추지 않을 때는 교대로 식사)
18:05~22:00	잔업
22:00~22:15	씻기 위해 줄서기
22:15~22:30	씻기
22:30	취침

84　2012~2013년 나는 북경 평속平穀 동심창업훈련센터에서 '지역 사회 조사 방법'을 강의했다. '일지'
　　라는 조사 도구를 설명하며 수강생들에게 실제 상황에 근거해 연습해 보도록 했다.

[표17] 2013년 9월 3일 손위의 일지

손위(孫偉, 쑨웨이), 남, 1992년생. 북경 피촌의 소규모 가구 공장에서 일함.	
08:00	기상
08:20	세수, 양치질
09:00	아침 식사
09:00~12:00	근무
12:30	점심 식사
12:40~21:00	근무
21:40	퇴근 후 집에 가서 씻기
22:00	취침

여가 없음의 의미

나는 노동자를 위한 민간 기관에서 일한다. 그곳의 일부 업무는 노동자들의 자원봉사로 이루어진다. 노동자들을 양성하기 위해서이거나 일손이 부족해서다. 그런데 어떤 노동자들은 자원봉사자로 일하는 과정에서 여가 생활이 풍부해지고, 지식과 견식이 넓어졌으며, 사교성과 표현력, 조직력이 좋아지고, 다른 노동자 친구를 돕기도 했다. 자원봉사자가된 노동자 중 대다수는 우연한 기회로 노동 기관을 접하게 되었다고 했다. 그리고 이 '우연'은 어느 날 잔업을 하지 않거나 쉬게 되어 이곳저곳 돌아다니다가 노동자에게 서비스를 제공하는 한 노동자 기관의 행사장을 보면서 비롯되었다. 이 우연한 만남에는 한 가지 중요한 필연이 내포되어 있다. 바로 여가가 없으면 노동자들이 노동자 기관을 접하기 어렵다는 것이다.

위의 일지는 여가 생활이 거의 없는 노동자들의 노동 및 생활 현황을 상세하게 묘사한다. 대다수 품팔이는 일하지 않으면 생계를 유지할 수 없기 때문에 이들에게 품팔이 생활은 부득이한 선택이다. 또한 품팔이는 많은 경우 자신의 일에 애정이 없다. 즉 이들은 경제적으로만 빈곤한 것이 아니라 행복감도 무척 빈곤한 상태다. 세상에서 가장 부유한 사람은 가장 많은 재산을 가진 사람이 아니라 마음대로 쓸 수 있는 시간을 가장 많이 가진 사람이다. 자신이 좋아하고 하고 싶은 일을 할 시간이 아주 많다면, 그는 분명 행복한 사람일 것이다. 한 가지 더 중요한 사실이 있다. '시간이 없다'는 것은 그 사람이 어떤 삶을 살지 선택할 권리를 잃었다는 것을 의미한다. 그에게는 사고할 시간이 없으며, 선택하고 추진할 시간과 기회 역시 없기 때문이다.

노동자의 합리적인 휴식 시간 쟁취는 노동 운동의 역사와 언제나 함께였다. 이는 또한 '노동절'의 유래이기도 하다. 1886년 5월 1일[85] 미국 시카고에 21만6000여 명의 노동자가 8시간 노동제 시행을 위해 대대적인 파업을 벌였고, 험난한 유혈 투쟁을 거쳐 마침내 승리를 거두었다. 이 위대한 노동 운동을 기념하기 위해 1889년 7월 제2인터내셔널에서는 매년 5월 1일을 국제 노동자의 날로 지정했다. 당시 파업 노동자들 사이에서는

---

85 "五一國際勞動節",〈百度百科〉, http://baike.baidu.com/link?url=8bOvGk0Kg4iMVBE9QlU
uS06PdGrcNqth8e_PoLjqPHW44MvdOPoD5l2b_E7ZOx1L(검색일: 2014년 4월 30일)

'8시간 노래'가 널리 퍼졌다. "8시간 노동을 쟁취하세, 8시간은 휴식하고, 남은 8시간은 자기 시간!"

단조로운 여가 생활

노동자들은 여가가 생겨도 다양한 제한 요인으로 풍부한 여가 생활을 누리지 못한다. 여가 활동을 할 적당한 장소가 없거나 오락에 드는 소비를 감당할 만한 경제적 능력이 없다. 또 휴식 시간이 고정적이지 않아 여가가 생기더라도 어떻게 써야 할지 모른다.

귀주성 품팔이의 여가 생활 조사에 따르면, 노동자들의 여가 생활 중 1위가 '텔레비전 시청'이고, 2위가 '수면'이다. 2012년 공청단共青團, 인민대회 대표, 전국인민정치협상회 위원의 좌담회에서 공청단 귀주성 위원회는 귀주성 신세대 농민공의 정신문화 생활 조사 결과를 발표했다. 통계에 따르면[86], 70% 이상의 신세대 농민공이 자신의 여가 생활이 "그다지 풍부하지 않다" 혹은 "매우 단조롭다"고 여긴다. 응답자의 79.12%는 근무 외 시간에는 텔레비전을 보거나 잠을 잔다고 답했고, "공부하거나 강습에 참여한다"는 응답자는 17%에 불과했으며, 도서관, 문화회관文化館, 박물관, 기념관 등에 간다는 응답자는 5%가 채 안 되었다. 다수의 신세대 농민공의 정신문화 생활은 카드놀이, 인터넷 등 단순한 오락 활동에 집중되어 있었으며, 능동적으로 학습형 활동에 참여하는 경우는 비교적

86 李豐, 趙福中, "調查稱七成農民工業余生活單調 看電視消磨時光", 2012年01月16日, 〈工人日報〉, http://www.ce.cn/xwzx/shgj/gdxw/201201/16/t20120116_23003363.shtml(검색일: 2014년 2월 20일)

적었다.

　다음 두 노동자의 '일지'에서도 노동자들의 여가 생활의 단조로움과 빈곤함을 볼 수 있다.

[표18] 2013년 3월 ○○일 혁지빈의 일지

혁지빈(赫志彬, 허즈빈), 남. 북경 피촌 ○○공장에서 배송 업무를 맡고 있음.	
05:00	기상
05:00~05:30	세수, 양치질
05:30~06:00	화물 인수
07:00~07:50	화물 적재
07:50~08:00	휴식
08:00~10:50	배송
10:50~11:30	식사
11:30~13:00	휴식
13:00~15:30	화물 인수
15:30~16:00	화물 적재
16:00~18:00	배송
18:00~18:30	식사
18:30~21:30	게임
21:30~22:00	세수, 양치질
22:10	취침

[표19] 2013년 7월 23일 양옥홍의 일지

양옥홍(楊玉鴻, 양위훙), 남. 절강성 금화金華시 ○○공장에서 일함.	
06:30	기상
06:40	포장 업무 시작
07:30	4일에 한 번 열리는 조회. 주임이 30분간 이야기함.
08:00	포장 업무 계속
11:30	식사
12:00	포장 업무 계속
14:30	퇴근(평소에는 16:30 퇴근. 주문량을 끝내서 일찍 퇴근함)
14:30	씻기
15:30~16:30	거리 구경
17:30	식사
18:00~22:00	컴퓨터로 대만 드라마 시청(노동 시간은 짧지만 체력 소모가 커서 일하지 않을 때는 주로 텔레비전을 보며 쉰다.)

빈곤한 여가 생활

'풍부한 여가 생활'이란 어떤 것일까? 노동자들의 여가 생활에는 노래방, 스케이트, 당구, 카드놀이, 인터넷, 텔레비전 등이 있다. 그렇다면 품팔이보다 경제적 여건이 나은 중산층 및 소자산 계급의 여가 생활은 얼마나 더 풍부할까? 아마 여행 정도를 더할 수 있을 것이다.

풍부함과 빈곤을 나눌 때 다양성보다 더 중요한 척도가 내용이다. 품팔이의 여가 생활이 빈곤한 이유 역시 내용의 '빈곤'에 있다. 표면적으로는 텔레비전에도 많은 채널이 있고 오락 영화도 매우 많으니, 이것을 보는 것만으로도 '풍부'해 보인다. 하지만 그 모든 프로그램에는 하나의 공통점이 있다. 바로 진실한 삶에서, 특히 품팔이의 진실한 삶에서 벗어나 있다는 것이다. 또한 이러한 '풍부함'은 표면적인 현상이다. 텔레비전에는 한국 드라마, 대만 드라마, 홍콩 드라마, 사극 등 수많은 드라마가 방영되지만, 품팔이의 현실과 관련된 것은 한 편도 없다.

이러한 내용의 빈곤은 품팔이의 정신적·사상적 '공백', 즉 현실 생활을 사색할 능력을 상실하게 한다. 텔레비전 프로그램에서 품팔이에 대한 표현은 극히 드물다. 중국 노동력 인구의 대다수를 차지하는 품팔이가 자신의 목소리를 내지 못하고, 자신의 형상을 보지 못하는 것이다.

풍부함이란 형식 자체의 다양함이 아니라 형식에 담긴 내용의 변화무쌍함이다. 가령 '담소'라는 형식이 있지만, 어떤 이야기를 나누느냐에 따라 매번 다른 일이 된다. '독서'라는 형식이 있지만 책마다 느낌이 다르고, 같은 책이라도 좋은 책은 시간이 흘러 다시 읽으면 느낌이 새롭다.

소주시에서는 정부와 기업의 연합 아래 노동자들이 모여 사는 밀집 거주 지역이 많이 건설되었다. 정부는 이곳에 투자하는 기업에 도서관이나 체육관 등의 부대시설을 반드시 건설할 것을 요구했다. 그러나 몇몇 밀집 거주 지역을 답사한 결과 도서관 문은 굳게 잠겨 있었고, 책도 얼마 되지 않았으며, 우수한 설비를 갖춘 체육관도 사용되지 않았다. 한번은 ○○ 밀집 거주 지역의 도서관과 체육관에서 노동자를 위한 프로그램을 만들어 달라는 공익 기관의 초청을 받았다. 활동은 활발하게 진행되었다. 많은 노동자가 이 '살아 있는' 공간 덕분에 그곳을 떠나지 않으려 했다. 그러나 정부의 탄압을 우려한 공익 기관이 활동을 중지해 그곳의 도서관과 체육관은 다시 장식물 신세가 되었다.

'8시간 노래'[87] 중에서

우리는 세상을 바꿀 거야

헛된 수고에는 진력이 났어

겨우 입에 풀칠만 할 수 있는 월급봉투에도

우리에겐 생각할 시간이 주어진 적이 없지

우리는 꽃향기를 맡고 싶어

우리는 햇볕을 쬐고 싶어

우리는 믿지, 신은 하루에 8시간 노동만을 허락하셨다고

우리는 독dock에서 작업장에서 공장에서

우리의 대오를 소집하네

8시간 노동을 쟁취하세, 8시간은 휴식하고, 남은 8시간은 자기 시간!

<hr />

87 "八小時之歌", 〈百度貼吧網〉, http://tieba.baidu.com/p/546270926(검색일: 2014년 4월 30일). 18
    세기부터 미국의 노동자 계급은 노동 시간 단축을 위해 한 세기 이상의 투쟁을 벌였다. 1886년 5월
    1일에 시작된 8시간 노동제 쟁취 파업은 국제 노동 운동 역사에서 중대한 의의가 있다. 1889년 7월
    엥겔스가 이끈 제2인터내셔널은 파리에서 열린 제1차 대표대회에서 '5월 1일'을 국제 노동절로 규정
    한다는 결의를 통과시켰다. 미국 정부는 이후 1938년 5월 1일이 되어서야 마지못해 '노동시간법'을
    반포했고, 비로소 8시간 노동제가 전국적으로 시행되었다. '8시간 노래'는 이 투쟁에서 가장 유행했
    던 노래로, 처음에는 시 형식으로 1878년 7월 21일 《Workers banner》에 실렸다가 1886년 8월 18
    일 《The Workingman's Advocate》에 노래로 발표됐다.

제3부

어떤 사람이 될 것인가

우리는 어떤 사람이 될 것인지 선택할 수 있을까? 유행가 중 '우리가 세상을 변화시키는가, 세상이 우리를 변화시키는가'라는 노랫말이 있다. 우리가 세상을 변화시키든, 세상이 우리를 변화시키든 인간의 모든 선택에는 대가가 따른다. 세상을 변화시키는 것이 기나긴 과정인 반면 세상에 의해 변화됨을 선택하기는 매우 쉽다. 그러나 쉬운 길을 선택한다는 것이 고통이 줄어든다는 의미는 아니다. 세상을 변화시키는 험난한 과정 대신 대다수 사람이 사회에 적응하는 것을 선택한다. 하지만 편안한 생활이 보장되지 않으며, 오히려 고통이 심화하면서 천천히 다른 모습으로 변해 간다.

도대체 무엇이 어떤 사람이 될 것인지를 결정할까? 개인의 삶의 과정은 매우 복잡하며, 인생의 모든 단계마다 어떤 중요한 요인이 결정적 역할을 한다. 그러나 삶의 전 과정을 돌아보면, 복잡한 요인이 종합적으로 작용함을 발견한다. 이것이 '삶 이야기' 분석을 통해 '문화의 문제'와 '어떤 사람이 될 것인지의 문제'를 고찰하는 이유다.

속류 마르크스주의의 '경제 결정론'적 시각은 한 개인의 경제적·계급적 지위가 그 사람의 사상과 행위를 결정한다고 보았다. 일련의 문화 연구자들은 이러한 시각에 비판적 태도를 보였으며, 특히 레이먼드 윌리엄스는 속류 마르크스주의의 '경제 결정론'적 시각을 버렸다. 그는 민주 혁명과 문화 혁명은 경제 발전에 따른 자연적인 결과가 아니며, 오히려 사회의 전체적 발전 과정의 일부라고 보았다.[88] 나는 윌리엄스의 이러한 시각에 동의한다. 그러나 일상생활의 경험은 다음과 같은 사실도 말해 준다. 즉 경제적 지위가 한 개인의 사상과 견해를 결정하는 것은 아니지만, 종종 한 개인의 행동과 선택을 결정하기도 한다는 것이다. 다시 말해 사람들은 어떤 행동 방식에 동의하지 않더라도 생존의 압박과 물질적 요구로 인해 자기 생각에 어긋나는 일을 하기도 한다. 따라서 나는 한 개인의 전반적 생활에 관한 문화 분석에 특히 중점을 둔다.

　　제3부에서는 세 노동자의 삶 이야기를 다룬다. 이들은 모두 평범한 노동자지만, 일과 인생에 대한 견해는 매우 다르다. 이것이 어느 정도 '경제 결정론' 혹은 '지위 결정론'을 부정하는 근거일 수 있다. 그러나 이 노동자들에게 몇몇 공통점이 있다는 것을 부인할 수 없다. 이는 모두 낮은 수입, 불안정한 일자리, 억압적 노동 환경, 불투명한 미래 등의 사회 구조적 요인에 의해 초래된 것이다. 즉 비슷한 사회 경제적 지위에 있는 사람들은 일부 유사한 생활과 노동 체험을 가진다는 것이다. 그런데 이러한 유사한 체험이 어째서 유사한 사상적 인식을 초래하지 않을까? 이것이 여기서 토론할 중요한 주제다.

88　羅鋼·劉象愚 主編,《文化研究讀本》, 7頁.

제9장
장맹의 이야기
— 인민에 봉사하고 싶었지만 다단계 일을 하기까지

삶 이야기: 부자가 되려면 반드시 대가를 치러야 해요

장맹(張萌, 장멍)을 처음 만난 것은 2012년 3월 11일이다. 당시 그녀는 '소주 노동자의 집' 자원봉사자로 여러 활동에 적극적으로 참여했다. 처음 만났을 때 그녀는 어색한지 멀리 떨어져 앉았다. 내가 "뭘 그렇게 멀리 떨어져 앉아요"라고 말하자 내 옆으로 의자를 옮겨 와 허심탄회하게 이야기를 나눴다. 그녀는 진실하고 즐거운 마음으로 나와의 만남에 응했다. 그녀가 어린 시절 겪은 고생을 이야기할 때 우리는 함께 울기도 했다. 또 친구들과 함께 '인민을 위한 봉사'라는 꿈을 꿨던 이야기를 할 때는 더 친밀하게 느껴졌다. 그토록 많은 고난을 겪은 소녀가 이렇게 아름다운 꿈을 품을 수 있다는 사실에 정말 행복했다.

처음 인터뷰한 지 일주일 후 장맹의 집에서 다시 만났다. 그녀의 부모님은 매우 열정적이었고, 내게 끊임없이 음식을 권했다.

장맹을 세 번째 만난 것은 2012년 5월이다. '신노동자 예술단'과 함께 소주에서 연 영화 토론회에서였다. 하지만 전날 야근한 그녀는 엎드려서 잠만 잤다.

네 번째 만남은 2013년 3월 14일이다. 당시 나는 소주의 독일 자본 공장에서 노동 체험을 하고 있었다. 출근 시간이 오후 3시였기에 우리는 오전 11시에 점심을 먹기로 약속했다. 그녀와 만나기 전 그녀가 다단계 교육에 참여하고 있다는 소식을 듣고 큰 충격을 받았다. 불과 1년 사이에 장맹의 생활 세계에 변화가 생긴 것이다. 이날 그녀가 '소주 노동자의 집' 활동가들이 현재 자신이 만나는 사람들(다단계로 사장이 되기를 바라는 품팔이들)보다 덜 진취적이고 이상이 충만하지 않다고 말해 마음이 곤두박질쳤다. 그리고 다섯 번째 만남은 2014년 6월 7일이다. 그녀는 그해설 이후부터 남자 친구가 개업한 가게 일을 돕고 있었다. 그녀는 다단계의 장점을 설명하면서 돈이 있으면 그 일을 계속할 생각이라고 말했다. 2014년 6월 24일 우리는 SNS 메신저로 다단계 문제에 대해 1시간이 넘도록 대화를 나눴다. 아래는 장맹의 이야기다.

가정 환경[89]

> 저는 1993년생이고, 고향은 안휘성의 농촌이에요. 2010년에 중학교를 졸업하고, 소주로 왔어요. 가족은 아버지, 어머니, 할아버지, 할머니, 오빠, 남동생이 있어요. 어머니는 40세이고, 23세인 오빠는 대학에 다녀요. 13세인 남동생은 초등학교 5학년이고요. 부모님도 소주에 계시는데, 여기 온 지 5~6년 됐어요.

---

89 2012년 3월 11일 '소주 노동자의 집'에서 인터뷰한 내용이다.

첫 번째 직업: 플라스틱 성형 공장(2010년, 이틀 근무)

중학교 졸업하고 소주에 왔는데, 제가 너무 힘들까 봐 아버지가 일을 못 구하게 하셨어요. 학교생활에 익숙해서 공장에 적응하지 못할 거라 생각하셨나 봐요. 그냥 집에서 밥하고 빨래하라고 했죠. 그래서 다른 사람들도 다 적응하니까 저도 할 수 있다고 했어요.

엄마와 직업중개소에 갔는데, 임금이 많은 곳을 원하는지, 일이 좀 편한 곳을 원하는지 묻더라고요. 그러자 엄마가 "일이 편한 곳으로 알아봐 주세요. 돈을 많이 벌 필요는 없어요"라고 했어요. 그렇게 중개소에서 일자리를 알아봐 줬어요. 6명이 면접 봤는데, 저 외에 여자 2명만 취직이 됐어요.

거기는 플라스틱 성형 공장이었는데, 권총처럼 생긴 무거운 공구를 사용해요. 모두 서서 일하고, 과장 이상의 직급 높은 사람들만 앉아서 일해요. 우리가 앉아 있다가 들키면 50~100위안의 벌금을 내야 해요. 그래서 감히 앉을 생각도 못 하죠. 출근 첫날은 좁은 방에서 종일 서서 일했어요. 둘째 날은 작업장 생산 라인에 투입됐고요. 한 생산 라인에 6명이 일하는데, 다 서서 일해요. 권총 모양 공구는 정말 무거워요. 일을 시작하면 오전 내내, 오후 내내 서 있어요. 그렇게 이틀 일하니까 걷지도 못할 정도가 돼서 도저히 못 견디겠더라고요. 학교에서 종일 앉아 있는 게 습관이 됐는데, 갑자기 하루에 10시간 넘게 서 있으려니 정말 죽겠더라고요. 아침 7시부터 거의 자정까지 일했어요. 둘째 날은 원래 5시 퇴근이었는데 갑자기 야근을 하라는 거예요. 제가 못 하겠다고 했지만, 관리자가 들어주지 않았어요. 너무 화가 나서 밥을 먹자마자 신체검사증도 안 받고 그만뒀어요. 엄마가 신체검사증을 꼭 받아 오라고 했거든요. 그래야 다른 일자리를 구할 때 신체검사를 다시 안 받아도 되니까요. 어쨌든 저랑 같이 붙은 2명은 첫날 오후에 그만뒀는데, 저는 그래도 이틀이나 버틴 거죠.

두 번째 직업: 핸드폰 필름 공장(2010~2011년, 6개월 근무)

엄마가 집 근처의 작은 민영 공장을 알아봐 줬어요. 핸드폰 보호 필름을 만드는 곳인데, 거기서 6개월 일했죠. 여사장이 운영했고, 총 20여 명의 노동자가 일했어요. 출근은 월요일부터 금요일까지고, 오후 5시 이후부터는 특근으로 계산돼요. 일반적으로 매일 저녁 9시까지 특근을 했는데, 특근 수당은 1시간에 9.6위안이에요. 토요일과 일요일 특근은 기본 수당의 2배인 11위안 정도고요. 첫 월급으로 1300위안 정도 받았는데, 날아갈 만큼 기뻤어요. 처음 일해서 번 돈이니 기쁠 수밖에요. 600위안짜리 핸드폰 하나 사고, 용돈 200위안 정도만 남기고 모두 엄마에게 드렸어요. 월급이 제일 많을 때는 1800위안 정도 됐어요. 거기서 일하면서 조장 언니와 한 오빠랑 친해졌어요. 나이도 비슷해서 사이가 좋았죠. 그러다가 둘이 공장을 떠나게 되자 저도 거기 있기 싫더라고요. 계속 그 사람들 생각도 나고 해서 그만뒀어요.

세 번째 직업: 독일 자본 공장(2011~2013년 3월, 2년 계약직)

지금은 독일계 공장에서 일해요. 아버지 친구 딸이 여기서 일하는데, 좋다고 해서 오게 됐어요. 처음 고향을 떠나올 때는 신분증이 없어서 직업 중개소에서 가짜 신분증을 만들었어요. 여기에 들어올 때 100여 명이 지원했는데, 10여 명만 면접을 볼 수 있었어요. 우리 중개소에서 3명이 지원했는데, 저만 면접을 봤더라고요. 다른 2명은 왜 안 됐는지 모르겠어요. 어쨌거나 정말 기뻤죠.

처음 일했던 작업장에는 20여 명이 있었어요. 몇 안 되는 남자들은 기계 수리를 했죠. 거기서는 앉아서 일할 수 있어요. 앉아서 하든 서서 하든 자기 마음이에요. 거기서 1년 일했어요. 컨베이어 벨트 생산 라인에서 전자 제품을 만드는 일인데, 저는 잡일을 했어요. 정신없이 바빴죠. 월급이 가장 많을 때가 2300위안이었어요.

2012년 2월부터는 새로운 작업장에서 일했어요. 기술직 임금이 좀 더 많거든요. 처음에는 2000위안 정도만 받아도 만족했는데, 1년 후에 월 3000위안을 받겠다는 목표를 정했어요. 지난달에 3000위안 좀 넘게 받았으니 벌써 목표를 이룬 거죠.

오늘 컴퓨터를 샀어요. 아버지가 인터넷도 설치해 줬고요. 컴퓨터가 3200위안이니 거의 한 달 월급이에요. 컴퓨터를 사 달라고 엄마를 오랫동안 졸랐어요. 이번 달에 매일 야근하느라 얼마나 고생한지 모른다, 거의 죽을 뻔했다고 입이 닳도록 설득한 끝에 허락을 받아 냈죠.

처음 새 작업장에 갔을 때는 제가 신입이라고 따돌리는 분위기였어요. 그래서 얌전히 일만 했어요. 상급자가 시키는 대로 일하고, 아무런 반박도 못했어요. 정말이지 사람들과 어울리기 쉽지 않았죠. 그래도 '진심으로 사람을 대하면, 그도 당신을 그렇게 대할 것'이라는 말을 굳게 믿었어요. 언젠가는 제 진심이 그들에게 통할 거라고요. 지금은 많이 좋아졌어요. 그래도 여전히 사람마다 자기 이익만 추구하는 일종의 '벽'이 있어서 그걸 넘으려고 해서는 안돼요.

내 꿈은 인민을 위해 봉사하는 것

'소주 노동자의 집'에 있을 때 거기야말로 '진정한 집'이라는 생각이 들었어요. 사람들 간에 아귀다툼도 없고, 함부로 말하지도 않아요. 중학생 때 저와 친구는 인민을 위해 봉사하겠다는 꿈이 있었어요. '노동자의 집' 같은 단체를 만들고 싶어서 사람들을 조직하기도 했죠. 미래에 무엇을 할지 토론하고, 봉사도 하러 다녔어요. 모임 이름은 '환상의 천사 집夢幻天使一家'이라고 정했고요. 우리는 앞으로 어떻게 해야 다른 사람들을 전문적으로 돕고, 올바르게 인도할 수 있을지 고민했어요. 그리고 누군가 어려움을 당하면 손 내밀어 도와야 한다는 등 이런저런 생각이 많았어요. 당시 〈제8호 전당포第8號當鋪〉라는 드라마에 나오는 한 신부神父가 바로 우리가 생각했던 사람이었어요. 사람들을 설득해서 좋은 일을 하게 하는 거죠. 아무튼 그땐 인민을 위해 살아야겠다고 생각했어요. 모두 같은 지구에 사는데, 그렇게 시시콜콜 따지며 살 필요는 없잖아요. 짧은 인생이니 서로 행복하고 화목하게 지내면 좋으니까요. 이후 제가 고향을 떠나게 됐고, 중학교 여자 동창 8명과 5년 후에 우리 꿈이 얼마나 실현됐는지 보자고 약속했어요. 5년 동안 사람들을 더 조직하고 발전시키기로 했죠. 앞으로 어디에 가든지 도움이 필요한 사람들을 돕겠다는 내용으로 약관을 만들어 서명도 했고요.

'소주 노동자의 집'을 알게 된 후 8명의 친구에게 전화해 우리 꿈이 곧 실현될 것 같다고, 여기가 바로 우리가 꿈꾸던 곳이라고 말했죠. 지금 그중 일부는 학교에 다니고, 일부는 고향에 있거나 다른 지역에 가 있어요. 제가 이곳에서의 일을 이야기할 때마다 친구들은 매우 흥분하며 이곳에 와 보고 싶어 해요. 고향에 돌아가면 이곳 활동을 들려주고, 앞으로 어떻게 할 건지 토론해 보자고 했죠. 현재 우리 역량으론 큰일을 할 수 없어요. 그래서 이 단체에 가입해서 함께 꿈을 이뤄 가자고 했어요. 너무 행복했어요. 그리고 내년에 북경에 가서 '노동자의 집' 활동가 양성 센터에서 공부할 거라고 말해 줬어요. 내 꿈이고, 몹시 어렵게 얻은 기회니 내년에 반드시 갈 거라고요.

지금 다니는 공장은 2년 계약이에요. 내년 3월에 활동가 양성 학교가 개학하는데, 계약도 그때 끝나요. 저 혼자서는 엄두가 안 나서 오빠가 내년에 북경에 데려다주기로 했어요. 오빠는 대학에서 경영학을 전공하는데, 내년이면 3학년이라 실습을 나갈 수 있거든요.

독일 자본 공장에서 계속 일하다[90]

지난 인터뷰 때는 새 작업장으로 옮긴 지 얼마 안 됐었어요. 처음 3개월은 새로운 환경에 적응하느라 정말 힘들었어요. 주변 사람들도 낯설었고요. 사람들이 저를 따돌리기도 했고, 조장이나 생산 라인장도 혼내기만 했죠. 그래서 심적으로 너무 힘들었고, 아무것도 하기 싫었어요. 저와 함께 공장에 들어온 사람들은 다 그만둬 저 혼

---

90 2013년 3월 14일 소주 만풍가원萬楓家園의 작은 음식점에서 인터뷰한 내용이다.

자였어요. 대인 관계만 좋으면 몸이 힘들어도 견딜 수 있어요. 하지만 동료끼리 아무런 정이 없어서 정말 못 버티겠더라고요. 정말 그만두고 싶었지만 끝까지 버티자고 자신을 다독였죠.

2013년 3월 3일에 계약이 종료됐어요. 지난번에 제 월급이 3000위안 넘었다고 말했죠? 그때부터 계속 3000위안 좀 넘게 받았어요. 2교대냐 3교대냐에 따라 달라지는데, 그건 공장 주문량으로 결정돼요. 주문량이 많으면 2교대로 하죠. 주말에는 자원해서 특근할 수도 있고요. 출근 시간은 일정하지 않지만, 어쨌든 한 달에 3000위안 이상은 받아요. 어떤 사람들은 하루도 쉬지 않고 일하기도 하는데, 저는 한 달에 이틀 정도는 쉬었어요. 하지만 바쁠 때는 강제로 특근을 해야 해요. 쉬고 싶어도 못 쉬는 거죠. 작년에 여기에 온 뒤로는 다시 매일 서서 일해요. 3000위안의 대가가 이렇게 힘드네요.

계약 종료 후 퇴직 절차

계약이 종료돼서 좀 더 편한 일을 찾아보려고 해요. 주5일 출근하는 서비스직이나 관리직으로요. 이런 일은 컴퓨터를 할 줄 알아야 해서 학원에 등록했어요. 사무용 소프트웨어 전문반인데, 1강에 60분씩 총 100강이고, 1대1 수업으로 진행해요. 학원비는 950위안이고요. 등록한 지 얼마 안 돼서 아직 배운 건 없어요. 강의를 좀 듣고 나서 일을 찾아볼 생각이에요.

계약은 종료됐지만 퇴직 처리가 아직 안 됐어요. 우리 회사는 화요일과 금요일에만 퇴직 절차를 밟을 수 있거든요. 사장이 결재도 해야 하고요. 금요일에 처리하려고 했는데, 우리 일이 위험 직군에 속해서 신체검사증이 있어야 한대요. 그래서 오후에 병원에 갔더니 신체검사는 오전에만 한다고 해서 허탕만 쳤죠.

토요일 오전에 병원에서 신체검사를 했는데, 청력이 떨어졌더라고요. 작업장 내 소음도 크고, 게다가 프레스 기계 바로 옆은 소리가 엄청나거든요. 귀마개가 있기는 한데 아무짝에도 쓸모없어요. 신체검사증은 회사로 직접 발송돼서 결과도 몰라요. 인터넷에 검색해 보니 어느 정도의 청력 손상은 산업 재해라고 하더라고요. 내일 퇴직 절차 밟을 때 회사에서 뭐라고 하는지 들어봐야죠. 별문제 없기만 바랄 뿐이에요. 가끔 귀가 찌를 듯이 아파요.

오빠가 소주에 오다

오빠가 소주로 실습을 나왔어요. 처음 오빠가 왔을 때 창업 자금으로 2000위안을 주고, 그 후에도 500~600위안을 줬어요. 정말 짜증 나 죽겠어요. 오빠는 작년 여름부터 매일 일을 구하러 다녔지만, 성과가 없어요. 한번은 꽤 괜찮은 일자리를 구했는데, 일이 생겨서 이틀 휴가를 받고 3일이나 더 쉬었어요. 그랬더니 사장이 바로 해고해 버렸죠. 최근에는 500위안을 내고 달방達方 근처의 공장 단지 경비 일을 구했어요. 월급 2000위안에 4일 근무 2일 휴무예요. 오빠가 그 일자리를 구하는 데 드는 비용도 제가 냈어요. 그런 일자리는 인력 시장에 가면 쉽게 찾을 수 있는데, 쓸데없이 500위안이나 썼죠. 오빠는 그저 편한 일만 찾으려고 해요. 오빠는 제가 이런 말을 하면 싫어해요. 화가 나지만, 그렇다고 모른 척 할 순 없잖아요. 다음에는 돈이 없다고 해도 주지 않을 거라고 오빠에게 경고했어요.

생활 형편

한 달 월급이 3000위안 조금 넘어요. 몇 달이면 1만 위안 정도 버는 건데도 돈이 없어요. 계산해 보면 저를 위해 쓰는 게 거의 없어요. 비싼 옷을 사 본 적도 없고요. 200위안 넘는 옷은 아까워서 안 사요. 제가 돈을 버니까 부모님께 효도하고 싶어서 명절 때마다 1000위안 정도의 선물을 사 드려요. 지난 '어머니의 날'에는 엄마에게 400위안 넘는 은팔찌를 해드렸고, '아버지의 날'에는 아버지에게 800위안 넘는 옷 한 벌을 해 드렸어요. 추석에도 부모님을 위해 돈을 썼고요.

작년 여름부터 집에서 나와서 '노동자의 집'에서 알게 된 언니와 함께 살아요. 독립하고 싶었거든요. 한 달 월세가 550위안이고, 지난달에는 수도와 전기 요금으로 700위안이 더 나갔어요. 작년 10월경에는 셋방에 도둑이 들었는데, 제 컴퓨터와 지갑을 다 털어 갔어요. 컴퓨터를 다시 사진 못했어요.

변화가 생기다

요즘 '노동자의 집'에 가는 횟수가 줄었어요. 두 가지 이유가 있는데요. 첫 번째 이유는 연애를 시작해서예요. 남자 친구가 전자 설비를 공부해서 자기 가게도 하나 열고, 다른 사람 가게에서 점장으로 일하며 경험을 쌓고 있어요. 그는 진취적이고 재미있는 사람이에요.

그에게서 많은 걸 배웠죠. 그의 주변 사람들도 적극적이어서 여가 활동도 다양하게 해요. 우리처럼 감정이 메마르거나 기복이 심하지도 않아요. 그들이 그렇게 행복한 건 업무 스트레스가 없어서예요. 대인 관계나 사업을 할 때 긍정적인 마인드로 임하죠. 조금 좌절했다고 쉽게 주저앉지도 않아요. 그들은 전부 작은 가게 사장이어서 천천히 사업을 확장하고 발전해요. 역시 가정의 중심은 남자인 것 같아요. 남자가 사업에 성공해서 여자에게 좋은 가정을 만들어 주는 거죠. 제 월급 3000위안으로는 어림도 없어요. 그들은 여가 생활도 풍부해서 노래방, 헬스장, 체육관, 당구장, 클럽 등에서 놀아요. 밴드 같은 취미 생활도 하고요. 남자 친구는 노래도 잘해요. 어쨌든 우리는 최대한 즐겁게 살려고 해요.

두 번째 이유는 '노동자의 집' 사람들이 너무 안일하고 밑바닥을 지향하는 것 같아서예요. 거기서 알게 된 몇몇 오빠는 곧 서른 살이 되는데도 여전히 빈털터리예요. 정말 책임감이 없어요. 그저 아르바이트나 해서 버는 대로 쓰면 그만이에요. 어떤 때는 월세도 못 내요. 그런데도 여전히 외부 세계만 보려고 해요. 자신은 물론 부모도 챙기지 못하는 건 불효예요. 그들은 앞으로 가정도 제대로 못 꾸릴 거예요.

장맹과의 대화

장맹　남자 친구가 직업을 바꿨어요. 그의 형이 평범하게 일하면서 자신을 단련해 보라고 했다네요. 그래서 회사에서 인력 관리를 해요. 학력은 고졸이고요.

려도　　컴퓨터 대리점을 연다고 했었잖아요. 그래서 점차 큰 사업으로 발전할 거라고요. 왜 개업 안 했어요?

장맹　　남자 친구 지인들이 가게도 작으면서 자신감만 넘쳐서요.

려도　　진취적이라 좋다고 하지 않았나요?

장맹　　언제까지나 그렇게 안일한 상태에 머물러 있는 건 좋지 않아요. 그래서 그의 형이 그를 단련시키려는 거죠. 그 사람, 점장 일도 그만뒀어요. 자기 가게는 온라인에서 하는 거고요.

려도　　이미 창업도 했으면서 왜 사서 고생하려는 건가요?

장맹　　그 사업은 규모가 너무 작아요. 그는 이제 스물다섯 살이에요. 컴퓨터 대리점에서 일한 지 오래됐는데도 발전이 없고, 더 배울 것도 없어요. 그래서 다른 일을 하려는 거예요. 그래도 마음 가짐은 변함없어요. 미래를 위해 더 좋은 발판을 다지고 있어요. 창업하려면 많은 걸 배워야 해요. 할 줄 아는 게 없다면 자기가 하고 싶은 일을 할 수 없겠죠. 그래서 저도 능력을 키우려고 노력하고 있어요. '노동자의 집' 사람들에게 지금 하는 일이 아니라 자신들의 생각이나 미래를 물으면 아무도 대답하지 못할 걸요. 물론 몇몇은 자기 삶을 더 풍족하게 하고 싶다고 생각하겠죠. 그러나 근본적으로 실현 불가능해요.

려도　　그럼 당신은 어떤 삶을 살고 싶어요?

장맹　　일단 돈을 벌어서 부모님께 드리고 싶어요. 제가 하고 싶은 사업을 잘해서 경제적인 부담을 덜어 드리고 싶어요. 요즘은 집을 사거나 지으려면 많이 노력해야 해요. 엄마는 공장에서 매일

10시간 넘게 일해요. 아버지도 철거 일을 하시는데, 정말 힘든 일이에요. 제가 좀 더 벌면, 부모님 부담을 덜어 드릴 수 있을 거예요. 제 자신을 잘 챙기는 것도 부모님에 대한 일종의 보답이고요. 요즘은 다들 생활 형편이 좋아졌는데, 예전 상황에만 머물러 있을 수는 없죠.

려도　　모두의 형편이 좋아졌다기엔 제가 볼 때 아직도 많은 노동자가 그렇지 않은 것 같아요. 대다수가 셋방살이를 하고요. 생활 수준이 좋아진 사회라는 건 어떤 모습인가요?

장맹　　그래도 10년 전보다는 생활이 나아졌다는 말이에요. 예전엔 밥 한 끼 제대로 먹는 것도 어려웠잖아요. 10년 전 부모님은 1~2년에 한 번 정도 고향집에 와서 자식들을 만날 수 있었어요. 그리고 예전에는 100위안이 아주 큰돈이었는데, 지금은 남동생이 다니는 기숙사형 공립 학교 학비도 한 학기에 3000위안이 넘어요. 동생은 중학교에 진학하려고 고향에 가 있어요.

노동 경력[91]

부동산 판매원　　공장에서 나온 후 다시는 공장에 들어가지 않겠다고 결심했어요. 다양한 지식을 쌓기 위해 여러 직업을 경험해 보고 싶었거든요. 부동산 회사에서 3개월 정도 일했는데, 그쪽 내막을 좀 이해하게 됐어요. 인터넷에 올라오는 부동산 매매 정보는 모두 가짜예요. 그걸 보고 전화하면 온갖 이유를 대면서 그 집

91　2014년 6월 7일 소주 시내의 패스트푸드점에서 인터뷰한 내용이다.

은 당분간 팔 수 없으니 다른 집을 소개해 주겠다는 식으로 속이죠. 근무 시간은 오전 8시 반에서 저녁 7시 반까지로 돼 있지만, 실제로는 거의 매일 밤 11시까지 일했어요. 그리고 반드시 하루 100회 이상의 판촉 전화를 해야 하고요. 실제로 통화 연결이 된 것만 계산에 넣고, 모든 통화는 컴퓨터에 기록돼요. 또 주6일 근무라고는 하지만, 휴일에도 고객이 집을 보고 싶어 하면 반드시 동행해야 해요. 매일 출근해서 하는 일이 전화로 사람을 속이는 거예요. 원래부터 회사 수중에는 집이 없어서 고객이 직접 구하는 거나 우리가 보여주는 거나 가격이 똑같아요. 그냥 중간에서 속임수로 수수료를 갈취하는 거죠.

고급 남성복 가게 점원　　　그 후엔 남성복 가게에서 두 달 정도 일했어요. 거긴 양복 한 벌이 1만 위안도 넘어요. 와이셔츠 한 벌에 1000위안, 넥타이 하나에 2000위안이 넘고요. 나중에 그 가게는 폐업했어요. 주인이 고리대금을 쓰고 갚지 못해서 채권자가 가게를 난장판으로 만들었거든요. 기본급은 2500위안이고, 성과급도 매우 적었어요. 매일 6시간 반 정도 근무했고요. 장사가 잘 안돼서 거기서 일한 두 달 동안 고작 양복 10벌 정도 팔렸어요.

아동 교육 기구 영업 사원　　　아동 감성 교육 기구에서 영업도 했어요. 2013년 8월부터 2014년 1월까지 6개월 정도요. 감성 수업을 통해 아이들의 자신감, 사교성, 자율성, 자주성 등 9개 방면의 능력을 배양하는 곳이에요. 실습과 게임을 하면서 아이들 감성을 형성해 주는 거죠. 임금은 겨우 2000위안 정도였어요. 물론 실적에 따른 보너스가 있기는 했지만, 도저히 달성할 수 없는 판매량이 요구돼서 있으나 마나였죠. 그곳의 교사 월급은 5000위안 정도예요. 다들 그쪽 분야를 공부한 사람이고요. 교사와 학생, 학부모와의 관계는 친밀하고 좋은데, 사장과 직원 관계는 안 좋았어요. 사장이 아주 억압적이었거든요. 나중엔 실적 올리려고 교사한테도 영업을 시켰어요. 교사들은 회사 관리 방식과 억압적인 분위기에 불만이 많아서 하나둘씩 떠났죠. 영업 사원들의 이직도 잦았고요. 제가 비교적 오래 일한 편인데, 아이들 교육에 관한 지식을 많이 배울 수 있었거든요. 나중에 아이를 갖게 되면 거기서 배운 지식이 유용할 거예요.

패스트푸드점 점원 2014년 2월부터는 남자 친구가 개업한 패스트푸드점 일을 도왔어요. 그가 월급으로 2000위안씩 줬죠.

다단계 일 자금이 있으면 다단계 일을 열심히 해보고 싶어요. 상품을 다단계로 팔거나 상점에서 팔거나 별 차이가 없지만, 다단계 상품이 훨씬 좋아요. 판매원들도 쓰고 싶어 하거든요. 가격은 일반 상품보다 좀 비싸지만, 그렇게 많이 부풀리진 않아요. 다단계는 손해 보는 일이 아니에요. 다단계 영업을 가르쳐 준 제 사부가 이 일을 시작한 계기가 아주 흥미로웠는데요. 편찮으신 부모님께 속는 셈 치고 다단계 상품을 사 드렸대요. 그런데 부모님이 그걸 쓰고 몸이 좋아졌다는 거예요. 지금은 부동산 판매를 하는데, 총

지배인까지 올라갔어요. 다단계 일은 이윤을 남기지만, 다른 사람에게 해를 끼치진 않아요. 요즘 세상에 장사는 돈을 벌기 위한 거잖아요? 그게 세상 이치죠. 다단계에서는 아무도 강제로 일을 시키지 않아요. 자발적으로 하죠. 더 발전하고 성장하고 싶다면 정신 상태부터 바꿔야 해요. 모든 게 자신에게 달려 있죠. 성공엔 대가가 따르는 법이니까요.

장맹과의 대화

다음은 2014년 6월 24일 다단계에 관해 장맹과 나눈 메시지다.

려도　　장맹, 그날 다단계에 관한 당신의 생각을 듣고 많이 생각했어요. 자문도 구하고, 자료도 찾아봤고요. 이에 관한 제 생각을 당신과 나누고 싶어요.

저는 다단계에서 상품을 파는 것과 상점에서 상품을 파는 것에 차이가 없다는 의견에 동의하지 않아요. 상점에서 상품을 파는 대상은 소비자인데, 다단계의 판매 대상은 소비자가 아니라 또 다른 판매원이니까요. 소비자가 마트에서 샴푸를 사는 건 머리를 감기 위해서예요. 그러나 다단계 판매원이 샴푸를 사는 건 다른 다단계 판매원에게 되팔기 위해서죠.

그리고 다단계나 상점에서 상품을 파는 것이 방식만 다르지 돈을 벌기 위한 목적이라는 점에서 똑같다고 했는데, 저는 여기에도 동의하지 않아요. 모든 사람이 생존을 위해 돈을 벌어야 하는 건 맞아요. 하지만 개인과 사회의 도덕, 법률은 정당한 방법으로 돈을 벌

것을 요구해요. 인터넷에서 이런 자료를 찾았어요. 상무부에서 발표한 다단계업 발전 상황에 관한 보고서에 의하면, 2012년 현재 전국 다단계 판매원의 1인당 연평균 판매액은 8513위안에 불과하고, 더욱이 1인당 소득은 1437위안밖에 안 되죠.[92] 즉 다단계 네트워크에서는 오직 맨 꼭대기에 있는 극소수만이 이익을 얻어요. 그리고 이들이 이익을 얻을 수 있는 것도 절대다수 판매원의 손해를 전제로 한 거예요.

장맹　　선생님이 무슨 이야기를 하시는지 저도 알아요. 제 생각엔 다단계에 장단점이 있어요. 어떤 사람은 이익을 얻고, 어떤 사람은 가산을 탕진하기도 하죠. 부자가 되려면 반드시 대가를 치러야 해요. 어떤 일을 하든 마찬가지예요. 다단계는 소수만 성공하고, 대부분 실패해요. 성공한 사람들은 과감히 대가를 치르고 끝까지 버틴 사람들이에요. 관건은 자신의 마음가짐이에요. 저는 복잡하게 생각하지 않아요. 그저 일과 생활에서 적극적이고 긍정적인 마음을 가지려고 해요. 아무리 힘들어도 긍정적인 마음으로 대면할 거예요. 이 세상엔 좋은 사람도 있고 나쁜 사람도 있는데, 구분하기가 쉽지 않죠. 어떤 사람은 자기가 좋은 사람이라고 여기지만, 다른 사람들은 그를 나쁜 사람으로 생각하기도 해요. 이걸 어떻게 설명해야 할까요? 오늘날의 사회는 '좋고 나쁨'으로 설명할 수 없어요. 이 개념에 대해 성공한 사람과 실패한 사람의 생각이 다르기 때문

92　"直銷公司爲何帶7000人遊美國", http://view.news.qq.com/original/intouchtoday/n2809.html

이에요. 어째서 어떤 사람은 성공하고, 어떤 사람은 그렇지 못하나요? 그 원인은 개인에게 있어요. 다단계가 나빠서 그렇게 된 게 아니라요. 요즘 사람들은 나쁜 사람이 점점 많아지고, 좋은 사람은 점점 적어진다고 말해요. 그러면 내가 좋은 사람이 되어서 세상에 좋은 사람을 하나 더 늘리면 되잖아요. 우리는 다른 사람에 관여하거나 평가할 자격이 없어요. 다단계의 가장 큰 원동력은 어떻게 판매할지 가르쳐 준다는 거예요. 그리고 스스로 빛나게 해서 자신을 비롯해 모든 사람이 점점 더 좋아지게 만들어요.

려도　　　당신의 말 자체가 모순이에요. 당신은 자신이 좋은 사람이 되면 세상에 좋은 사람이 하나 더 늘어나는 것이니 자신과 사회가 모두 좋아졌으면 한다고 했어요. 그런데 또 한편으로 오늘날의 사회는 좋고 나쁨을 판단할 수 없다고 했죠. 다단계를 예로 들어 볼게요. 다단계로 성공한 극소수의 사람이 되려면, 대다수를 실패하게 만들어야 해요. 제 생각에는 이렇게 해서 성공한 사람은 나쁜 사람이에요. 이게 명백한 것 아닐까요?

장맹　　　현대 사회에서 일부는 반드시 희생해야만 해요. 그래야만 사회가 조화로워져요. 모두 부자가 되기를 원하면, 무서운 일이 벌어질 거예요. 돈을 벌기 위해서는 두 가지 방식이 있어요. 하나는 밝은 것이고, 다른 하나는 어두운 방식이에요. 모두들 목적을 훤히 드러내는 걸 꺼려요. 사람은 항상 모순적이에요. 하나에 만족하면 다른 것에 만족하지 못하죠. 우리는 매우 현실적인 공간에서 살아요. 하나하나 자기 생각을 실현해 나갈 필요가 있어요. 나부터 잘 챙겨야 다른 사람을 위한 일도 할 수 있어요.

려도 　　다단계의 위력이 정말 강하네요. 다른 사람에게 행복을 주는 걸 인생의 목표로 삼았던 소녀를 좋고 나쁜 것도 구분할 수 없게 하고, 그럴 마음도 없게 하고, 심지어 자신도 남도 속이도록 만들었으니 말이에요. 당신과 대화하면서 자본주의와 시장 경제 사회 자체가 본래 부도덕하다는 걸 분명히 알게 됐어요. 당신이 말한 것처럼 오직 돈 버는 것만이 목적이라면, 남는 건 그 방법의 차이일 뿐이에요. 그리고 돈을 얼마나 벌었는지가 성공 여부의 기준인 마당에 그 방법에 대해 좋고 나쁨을 평가하는 건 소용없겠죠.

분석

1. 세 가지 도덕

《중국 신노동자의 형성》에서 품팔이의 사회적 현황을 명확하게 분석하기 위해 '도덕'을 세 가지 차원으로 나눠 설명했다.[93]

제1도덕: 모든 사람은 생존하고 노동할 권리가 있다. 이것 자체가 일종의 도덕이다.

제2도덕: 개인의 발전과 요구를 실현하기 위해 타인과 사회의 이익을 훼손해서는 안 된다.

제3도덕: 사회적 책임을 져야 한다.

장맹의 변화와 혼란을 이러한 도덕의 세 차원으로 분석하면 좀 더 명료해진다. 우선 품팔이 집단의 절대다수는 제1도덕을 수호하려 한다. 이

93　[역주]《중국 신노동자의 형성》440~441쪽 참조.

러한 관점에서 품팔이 집단은 근면 성실하고 도덕적인 집단이라 할 수 있다. '신노동자 예술단'의 노래 중 '품팔이, 품팔이, 가장 영광스러워打工打工最光榮'에 나오는 노랫말이 이를 잘 보여 준다.

> 고층빌딩들은 우리가 지은 것, 밝게 빛나는 큰길도 우리가 놓은 것
> 더럽고 힘들고 고된 일들은 우리가 했지, 정정당당하게 사람답게
> - 노동해서 밥 먹는다!

장맹의 부모가 바로 이런 사람들이다. 그리고 그녀의 수년간 품팔이 생활도 이렇게 흘러왔다. 제1도덕에 만족하는 사람들이 자신의 이익을 위해 다른 사람의 이익을 침해할 것인지는 오직 이익 충돌이 실제로 나타났을 때만 판단할 수 있다. 근거 없는 상상은 아무런 의미가 없다.

장맹을 만난 뒤 감정이 매우 복잡해졌다. 그녀의 중학교 때 꿈은 8명의 친구와 함께 단체를 만들어 '인민을 위해 봉사하는 것'이었다. 그래서 그녀는 '소주 노동자의 집'에 강한 소속감을 가졌고, 그곳을 알게 된 후 진짜 '집'을 찾은 것 같다고 생각했다. 그리고 그녀의 친구들과 함께 이 단체에 가입해 자원봉사자가 되려 했다.

나는 이제껏 다른 사람에게 사회적 책임을 능동적으로 감당하라고 '감히' 요구해 본 적이 없다. 그것은 개인의 선택이기 때문이다. 그러나 사회적 책임감이 충만하고 실천에 옮기는 사람을 만나는 일은 항상 큰 격려와 희망이었다. 작년에 장맹을 만났을 때도 머지않아 함께 힘을 모아 싸울 동지를 얻을 수 있을 거로 생각했다. 그녀의 의지는 능동적이고, 마음에서 우러나온 것이기 때문이다. 그리고 '소주 노동자의 집'의 지향

과도 완전히 일치했다.

현재 장맹의 생각은 변했다. 그녀가 사회적 책임을 능동적으로 감수하는 것을 원치 않게 되었다고 비난할 수는 없다. 그러나 그녀가 계속해서 능동적으로 사회적 책임을 감당해 나간다면, 이 사회적 유기체 안에서 건강한 구성원이 될 수 있을 것이다.

사실 자신의 생존과 발전에만 관심을 두고 사회적 책임을 감내하지 않는 것은 대부분의 경우 자신과 타인에게 해를 끼친다. 간단한 예를 들어 보자. 공장에서 일하는 노동자들이 그저 월급만 잘 받으면 그만이라 생각하고, 이 과정에서의 사회적 불공평에 주목하지 않는다면, 결국 모두의 임금은 갈수록 줄어 물가 상승을 따라가지 못할 것이다. 예컨대 최저임금이 너무 낮아 야근을 해야만 어느 정도의 임금을 받을 수 있는 경우, 임금 인상을 쟁취하려 하지 않고 오히려 경쟁적으로 야근을 하게 된다. 야근을 많이 해서 임금을 더 받는 것은 개인의 힘만으로 실현 가능한 것이지만, 전체의 임금 인상 요구는 모든 사람이 사회적 책임을 감수해야만 실현할 수 있기 때문이다. 대다수가 사회적 책임을 감당하는 것을 원하지 않기 때문에 결국 모든 사람의 이익이 침해되는 것이다.

장맹과 두 번째 만났을 때 그녀는 다단계 교육을 받는다는 사실을 말하지 않았다. 하지만 그녀의 오빠가 작년부터 다단계 활동을 하고 있어서 짐작은 하고 있었다. 그녀의 오빠는 '소주 노동자의 집' 노동자와 접촉해 다단계에 끌어들이려고도 했다. 매일 단체에 나오던 한 노동자는 1~2년만 일하면 부자가 될 수 있다는 그의 꼬임에 넘어가 퇴근 후 다단계 교육을 받고 그 일을 시작했다. 그러나 1년 가까이 한 푼도 못 벌었고, 이제는 그만둘 수 없는 지경에 이르렀다. 이후 '소주 노동자의 집'은 어쩔 수 없이 그의 출입을 금지했다.

　장맹도 오빠의 설득에 넘어가 다단계 교육을 받았다. 나는 각기 다른 경험을 한 세 노동자로부터 다단계와 피라미드 판매에 대해 들었다. 한 노동자는 친구에게 속아 피라미드 회사에 갔다가 죽을힘을 다해 탈출했다(이 책 10장의 주인공인 소호민이다). 다른 노동자는 실제로 피라미드 판매를 하다가 끝내 벗어나긴 했지만, 이 시기의 경험이 지워지지 않는 악몽으로 남아 매일 자책감에 시달린다. 또 한 명은 피라미드 판매가 자신과 남을 속이는 일임을 알지만, 사리사욕에 눈이 멀어 수단과 방법을 가리지 않고 그 일에 매달려 마침내 피라미드 회사의 주력이 되었다. 다단계는 이와는 약간 다르지만 본질적으로는 유사하다.

　다단계와 피라미드 판매가 사람을 유혹하는 방법은 매우 간단하다. 벼락부자가 되려는 사람들의 욕망을 부추기는 것이다. 그리고 이를 위해 사용하는 첫 번째 수단이 자기 계발과 성공학成功學이다. 즉 끈질긴 노력과 굴복하지 않는 충만한 용기로 성공한 일부 사례를 통해 피라미드 참여자의 열정과 자신감을 선동하는 것이다. 사실 이러한 마음가짐 자체는 나쁜 것이 아니다. 문제는 어떤 목적을 위해 사용하는가이다. 잘못된 방향과 목적을 위해서라면, 열정을 갖고 꾸준히 할수록 더 심각한 잘못을 저지르게 된다. 다단계와 피라미드 회사의 리더들은 이러한 사실을 명확하게 인지한다. 이들이 원하는 것은 많은 사람의 실제 성공이 아니라 그저 성공할 거라고 믿게 만드는 것이다. 그리고 이러한 성공에 대한 믿음을 유지하도록 만드는 비결이 자기 계발과 성공학이다. 분명한 것은 절대다수가 성공하지 못해 뿔뿔이 흩어지더라도 이미 리더들은 충분한 이윤을 남겼다는 것이다.

두 번째 수단은 '다른 출로는 없다'고 주입하는 것이다. 피라미드 회사에 반년 다닌 한 노동자는 다음과 같이 말했다. "거기서는 한 가족처럼 지내요. 그러다가 큰 언니 같은 사람이 친근하게 말하죠. 외지에서 이토록 고생하는데도 월급이 고작 2000위안밖에 안 되니 나도 쓰고 가족도 보살피면 늘 부족할 수밖에 없다고. 그러니 품팔이해서 어떻게 돈을 벌 수 있겠느냐고요." 사실 이런 말은 피라미드에 끌어들이기 위한 구실이지만, 현실 상황에 부합하는 말이기도 하다. 그래서 현재 중국에서 피라미드와 다단계가 성행하는 것이다.

세 번째 수단은 '대중 심리'를 이용하는 것이다. 즉 어떤 사람이 반신반의할 때 많은 사람이 그 일을 한다는 것을 보여 주면서 대중 심리를 이용해 가입하게 한다. 피라미드 일을 했던 한 노동자에 따르면, 그들은 성대하고 엄숙하게 영업 교육을 진행한다고 한다. 이를 통해 많은 사람이 그 대열에 합류하는 것이다.

네 번째 수단은 자기도 속이고, 남도 속이는 심리 전술이다. 대다수는 다른 사람에게 손해를 입히는 일을 하고 싶어 하지 않는다. 그래서 피라미드 일을 하는 사람들은 '쓰레기 같은 논리'를 변조해 막 들어온 신입들을 설득한다. 즉 네가 많은 사람을 끌어들이면, 너로 인해 빨리 들어오게 된 사람일수록 더욱 감사하게 생각할 것이라는 논리다. 그리고 부자가 되려는 것은 모든 사람의 공통된 꿈이니, 네가 하는 일은 다른 사람을 위한 일이라고 기만한다. 얼마나 많은 사람이 이런 논리를 믿는지 알 수는 없다. 그러나 이런 논리를 믿고자 하는 것은 자신이 다른 사람에게 해를 끼치지 않으며, 오히려 도움을 준다고 믿고 싶은 것이다. 한 노동자가 피라미드 회사에서 배운 첫 수업 내용을 들려줬다. 맥도날드를 예로 들며 설명했는데, 처음에는 한 사람이 하나의 영업장에서 버는 한 달 수입이 10만 위안에 불과하다. 이후 그 사람이 영업장을 늘려서 100명에게 그 일을 하도록 하면, 총수입이 1000만 위안으로 늘어난다. 그렇게 되면 처음 맥도날드 창업자가 다른 사람들로부터 이윤의 10%만 받아도 100만 위안의 수입을 얻을 수 있다. 즉 처음에는 한 달 수입이 고작 10만 위안이지만, 영업장을 확장한 이후에는 100만 위안을 벌게 된다. 이러한 일련의 세뇌 과정을 거치면, 결국 나중에 입회한 100명이 실제로 1000만 위안의 이윤을 남겼는지는 관심이 없고, 오로지 창시자가 10%의 이윤을 챙긴다는 것만 생각하게 된다. 따라서 관건은 사람들을 끌어들여 가입시키는 것이다. 이러한 왜곡된 논리에 의해 자신을 속이고 남도 기만하는 운영 방식이 시작된다.

2. 자본의 논리와 세 가지 도덕

자본의 논리는 그 자체로 도덕에 어긋난다. 인류 사회는 원시 사회로부터 노예제 사회와 봉건 사회를 거쳐 자본주의 사회에 이르기까지 기술과 물질적 자산 축적이라는 측면에서는 확실히 진보했다. 그러나 사람 관계라는 측면에서 보면 그리 간단히 판단할 수 없다. 마르크스의 분석에 따르면, 상품 경제 제도하에서 화폐는 상품의 가치를 측정하는 표준이 된다. 그리고 하나의 상품은 사용 가치와 교환 가치를 동시에 가질 수 없기 때문에 상품 경제 사회에서 각종 분열이 발생하며, 화폐에 대한 맹목적인 숭배가 나타난다. 따라서 이제 상품이 어떻게 생산되었는지의 생산 과정 자체나 생산 과정에서의 사람 관계가 중요하지 않으며, 상품은 그저 팔리면 될 뿐 그 사용 가치는 중요하지 않게 되었다. 오직 상품의 화폐 가치만이 중요하며, 돈이 모든 것을 대표한다. 우리는 이런 세상에 살기에 장맹의 논리에 아무런 문제가 없는 것처럼 보이고, 심지어 일리가 있는 것처럼 여긴다. 자본주의 제도 자체가 상품 경제 논리에 기초하고 있으며, 정부와 사회 각계가 주장하는 '경제 건설 중심'과 '발전만이 확고한 도리'라는 말을 귀가 따갑도록 듣기 때문이다.

승마장 조련사와의 교류를 통해 사용 가치와 교환 가치가 노동자에게 주는 고통을 더욱 절감했다. 그는 원래 직업 군인으로, 기병 중대에서 말을 돌보며 말과 끈끈한 인연을 맺었다. 전역 후에는 상업 승마장에서 말을 조련하는 일을 하게 되었다. 그는 자기 일을 매우 좋아해 업무에 최선을 다했을 뿐만 아니라 조련 기술도 뛰어나 현재 한 고급 승마장에서 말 조련 관리를 맡고 있다. 그는 며칠 전 사장과 나눈 대화에 깊이 상처받았다고 했다. 사장은 그에게 "네가 아무리 말 조련 기술이 뛰어나더라도 한낱 마부일 뿐이야. 승마장에 이익을 가져다줘야만 비로소 너의 가치가 있는 거지. 부자들이 말에 흥미가 떨어지면, 너도 해고야"라고 말했다. 그는 "오랫동안 이 일을 하면서 말을 더 이해하게 됐고, 말의 온순하고 순박한 성품에도 푹 빠졌어요. 말과 소통하면서 생명을 더 사랑하게 됐고, 많은 사람에게 말 타는 방법과 말을 사랑할 수 있도록 교육해 왔어요. 성취감도 얻었고요. 그런데 사장은 저를 한낱 마부로 취급했어요. 그건 내가 사랑한 모든 걸 부정하는 거예요"라고 말했다.

자본주의는 이윤 창출과 세상을 통제하려는 목적을 달성하기 위해 제1도덕에만 만족하는 사람들을 이용해 제2도덕을 지키려는 사람들을 공격한다. 그리고 제3도덕을 실천하려는 사람들을 모함한다. 자본이 가장 좋아하는 부류가 제1도덕에만 만족하는 사람이다. 이들이 자본주의 사회에 쓸모가 있으며, 이윤을 창출하기 때문이다. 또한 이들은 이 과정에서 발생하는 불공평과 환경오염 등의 사회 문제나 인간과 사회에 미치는 여러 악영향에 관심을 두지 않기 때문이다.

자본이 가장 두려워하는 것은 사람들이 제3도덕의 중요성을 인식하고 연대하는 것이다. 따라서 자본주의 문화의 가장 중요한 특징 중 하나는 환상을 심어 성공의 가능성을 믿게 하는 것이다. 이러한 가능성은 반드시 개인의 노력을 요구하며, 더 많은 사람이 노력을 통한 성공을 믿게 될수록 사회적 책임을 감당하고 나아가 자본에 대적하려는 사람이 적어진다. 개인적 분투만을 강조함으로써 사람을 눈앞의 성공을 위해 수단과 방법을 가리지 않는 냉혹하고 무감각한 존재로 만든다. 이것이 자본가가 가장 원하는 일이다. 이제 개인 분투에 대한 미신은 많은 사람이 필사적으로 그것에 매달리게 하기에 충분해졌다. 그러나 결국 극소수만이 개인적 분투를 통해 성공할 수 있다. 자본의 본질은 이기적인 인간을 만들어 내는 것이다. 그러나 자본은 이기심을 지나치게 강조하는 것이 사회에서 환영받지 못한다는 것도 알고 있다. 그래서 자본은 계속해서 더 많은 이기적 인간을 양산해 내면서도 가식적인 담론으로 이러한 이기적 행위를 은폐한다. 이것의 구체적인 용례가 바로 개인 분투, 개성, 개인의 선택 등이다. 이를 통해 이기적 행위를 마치 개성이 풍부한 것인 양 둔갑시키며, 나방이 불 속으로 뛰어드는 것처럼 자신도 속이고 남도 기만하는 일에 앞다퉈 몰려들게 한다.

3. 노동자 의식의 문제

《중국 신노동자의 형성》에서 사회적 불공평에 관해 노동자들과 토론한 결과를 서술한 바 있다. 이 토론이 내게 '노동자 문화 연구'를 촉발한 계기가 되었다. 당시 토론에 참여한 대다수 노동자는 이 사회가 공평하다고 생각했다. 게다가 설령 불공평하더라도 그것이 매우 정상적이라 여겼다. 이를 통해 노동자가 받는 억압의 문제는 폭력적인 혁명을 통해 해결할 수 있는 것이 아니라 장기적인 사상 투쟁으로 해결해야 하는 문제임을 인식하게 되었다. 투쟁의 장기성은 투쟁이 긴박하지 않다는 의미가 아니다. 그보다는 노동자들이 왜 그렇게 생각하게 됐는지 분석할 필요가 있으며, 그것을 올바로 이해해야만 그들과 함께 노동자의 미래와 사회의 미래를 변화시킬 수 있다.

장맹은 공장에서 밤낮없이 노동했지만, (최소한 지금까지는) 노동자 의식이 형성되지 않았다. 이는 다음과 같은 에드워드 톰슨의 관점이 옳음을 보여 준다.

> 계급 경험과 계급 의식은 다르다. … 계급 경험이 생산관계에 의해 결정되는 것이라 한다면, 생산관계는 결코 계급 의식을 총체적으로 결정할 수 없다. 계급 의식 형성 과정에서는 문화가 더욱 중요한 역할을 한다. 그리고 이 과정에서 개인에게는 모두 자유로운 선택의 공간이 있으며, 그들은 결코 경제적 필연성에 속박된 포로들이 아니다.[94]

이는 브라질 교육 사상가인 파울루 프레이리의 말에서도 잘 드러난다.

94　羅鋼·劉象愚 主編,《文化研究讀本》, 中國社會科學出版社, 2000年 1月, 10頁.

피억압자는 자신의 내부에 깊숙이 자리 잡은 이중성으로 고통을 겪는다. 그들은 자유가 없으면 진정으로 존재할 수 없다는 것을 알고 있지만, 진정한 존재를 바라면서도 한편으로는 그것을 두려워한다. 그들은 자기 자신인 동시에 자신이 내면화한 의식의 소유자인 억압자이기도 하다. 따라서 여기에는 갈등이 있을 수밖에 없다. 피억압자는 선택해야 한다. 전적으로 자기 자신이 될 것인가, 분열할 것인가. 내부의 억압자를 거부할 것인가, 거부하지 않을 것인가. 인간적 유대를 택할 것인가, 소외를 택할 것인가. 명령을 따를 것인가, 선택을 할 것인가. 방관자가 될 것인가, 참여자가 될 것인가. 나서서 행동할 것인가, 억압자의 행동을 통해 자기도 행동하는 듯한 착각에 만족할 것인가. 말할 것인가, 침묵할 것인가.[95]

　'노동 가치'와 '자본 논리'의 관계는 정의와 악의 투쟁이다. 그러나 노동자는 자본의 논리를 내면화하기 때문에 자신도 모르게 프레이리가 말한 이중성 혹은 이중적 기준이 생겨난다. 자본의 억압성으로 고통을 겪을 때는 자본 논리의 사악함을 증오하면서 정의의 편에 서게 된다. 그러나 미래의 발전을 생각하고 상상할 때는 자신이 자본가이기를 희망한다. 이러한 '전혀 비밀스럽지 않으나 공개할 수 없는' 생각으로 인해 노동자는 자본가를 용서하고, 심지어 악의 편에서 이에 동의하거나 적극적으로 동조한다. 자본의 논리에 동의하는 것은 자신이 자본가가 되었을 때 그와 마찬가지로 행동할 것이라는 환상 때문이고, 이에 동조하는 것은 자본

95　保羅·弗萊雷,《被壓迫者的教育者》. [여주] 한국어판은 《페다고지》 59쪽 참조.

이 이윤을 추구하는 것은 자본의 논리에 부합하는 것이라 인정하기 때문이다. 그러나 현실에 직면했을 때 노동자는 다시 노동자의 정체성으로 회귀하며, 자본과의 투쟁을 전개하게 된다.

노동자 의식을 분열하는 생각은 주로 두 가지 측면에서 비롯된다. 하나는 성실하게 일하기만 하면 좋은 생활을 누릴 수 있을 것이라는 생각이다. 또 다른 하나는 자신도 성공해서 사장이 될 수 있다는 생각이다. 그러나 현실적으로 이러한 기대는 실현되기 어렵다. 이 환상이 깨졌을 때 노동자들은 저마다 다른 선택을 하며, 서로 다른 방식으로 자신의 삶을 지속해 나간다.

장맹과 다단계 문제를 논쟁한 후 다음에 그녀를 만나도 여전히 친절하게 맞아 줄지, 그녀와 예전처럼 담소를 나눌 수 있을지 알 수 없는 일이다. 장맹이 어떤 선택을 하든 자본주의 논리대로 물질적으로 풍요로운 생활만을 원한다면 다른 선택지는 없을 것이다. 그럼에도 소주에서 다시 장맹을 만날 수 있기를 기대한다. 물론 그녀에게 실질적인 도움을 줄 수는 없겠지만, 적어도 그녀의 이야기에 귀 기울여 줄 수는 있을 것이다. 다음의 노래를 장맹에게 들려주고 싶다. 장맹이 소녀 시절에 품었던 '어떤 사람이 될 것인가'라는 꿈을 잘 표현하기 때문이다.

내 곁의 너[96]

작사·작곡: 둥군(董軍, 둥쥔)

예전에 넌 날 몰랐지만
그때 난 널 알고 있었어
어쩌면 그저 스쳐 지나는 인연일 텐데
네가 나에게 손을 내밀었지

넌 조용히 내 곁을 지나가며
천천히 고개를 돌렸어
어쩌면 그저 평범한 너일 텐데
친숙한 그림자로 내 마음에 남아

난 이제 더 이상 외롭지 않아
더는 괴롭지도 않아
난 이제 더 이상 헤매지 않아
네가 내 곁에 있으니까

---

96   신노동자 예술단 3집 앨범 〈우리의 세계, 우리의 꿈〉(2008) 수록곡.

제10장

소호민의 이야기
― '평범한 사람'의 빛나는 품격

삶 이야기: 평범하게 살고 싶어요

소호민(苏浩民, 쑤하오민)의 경험은 매우 인상 깊었다. 그는 외삼촌이 운영하는 공장에서 4년간 일했는데, 그곳에서 매일 친척들의 성매매와 노름을 지켜봤다. 하지만 아무리 힘들어도 그들과 어울려 타락한 생활을 하지 않았다. 그런 행위는 잘못된 것이라 확신했기 때문이다.

또 하나 인상적인 것은 그가 자전거 여행에 '실패'한 일이다. 그는 가장 힘들었던 시기에 자전거 전국 여행을 계획했지만, 목표한 종착지에 이르지 못하고 47일 만에 끝내고 말았다. 그러나 온 체력을 쏟아 내달렸던 이때의 여행을 통해 인생의 가장 밑바닥이던 시기에서 벗어날 수 있었다. 그는 아무에게도 이 경험을 말한 적이 없다. 이 여행이 모험이나 낭만을 위한 것이 아니라 인생의 방향을 찾지 못했던 밑바닥 순간에 한 최후의 몸부림이었기 때문이다.

소호민과의 대화가 큰 울림이 되어 마음이 쉽게 진정되지 않았다. 나는 그에게서 '평범한 사람'의 빛나는 품격을 보았다. 그는 평범하지만 천박하지 않고, 위대한 것을 추구하지 않지만 타락하지도 않았으며, 과도한 욕구는 없지만 자신을 존중하고 사랑하고, 현실을 직시하지만 진보를 추구하며, 막막하지만 자기 성찰을 포기하지 않았다. 그의 이러한 성품에서 굳건히 내재된 강인한 역량을 볼 수 있었다.

아래는 그와의 두 차례 인터뷰 기록이다. 첫 번째 인터뷰는 2012년 3월 18일, 두 번째는 2013년 3월 16일에 진행했다.

가정 환경[97]

저는 1984년 호남성 신화新化현 영화榮華향 조가曹家촌에서 태어났어요. 친엄마는 1992년 제가 8살 때 돌아가셨고, 아버지는 2002년에 재혼했어요.

직업전문학교 진학

2000년에 중학교 졸업 후 친구와 함께 호남성 루저婁底시의 직업전문학교에 들어가 컴퓨터와 영어를 배웠어요. 그곳에는 중등전문학교와 고등전문학교 과정이 다 있는데, 학과는 비서, 영어, 컴퓨터 교육 등 다양해요. 저는 비서 업무용 영어를 배웠는데, 교과목만 이수한 거라 자격증을 따지는 못했어요. 그 학교에 1년 반을 다녔는데, 배운 게 거의 없어요. 학비는 생활비 포함해서 1년에 4000위안이에요. 그런데 집안 형편이 안 좋아져서 학교를 그만두고 빨리 취

97   2012년 3월 18일 '소주 노동자의 집'에서 인터뷰한 내용이다.

직해야겠다고 생각했어요.

학교에서 취업을 알선해 주는데, 만 18세 이상만 돼요. 당시 저는 17세라 생일을 고쳐 한 살 늘렸는데, 추천 시기를 놓쳐 버렸어요. 그때가 2001년 7월쯤이에요. 친구들은 다 취업했는데, 저만 취업을 못해서 너무 화가 났어요.

학교의 직업 알선

어쩔 수 없이 집에서 2001년 10월까지 대기했는데, 정말 못 견디겠더라고요. 그래서 학교에 12월 전까지 일자리를 찾아 달라고 요구했어요. 학교가 추천비 명목으로 690위안을 받았으니 반드시 소개해 줘야 하거든요. 결국 한곳에서 연락이 왔어요. 선생님이 기차역까지 데려다주며 50위안을 주더니 저 혼자 가라고 했어요. 차라리 잘 됐다 싶었죠.

그렇게 처음으로 광동성 동관시 요보진에 가서 연락해 준 사람의 주소를 찾아갔어요. 그가 삼성전자 공업 단지 앞에서 기다리라고 해서 저는 삼성전자에 들어가는 줄 알았어요. 삼성은 대기업이니까 많이 들떴죠. 좀 기다리니 젊은 여자가 저를 데리고 학교와 연락이 됐던 직업중개소로 데려갔어요. 그곳에서 한 공장을 소개해 줬는데, 삼성전자가 아니라 장난감 만드는 공장이었어요.

취업 사기를 당하다

장난감 공장에 취업 절차를 밟기 전에 우연히 전봇대에 붙은 구인광고를 봤는데, 월급이 1500~2000위안이라는 거예요. 시도라도 해 보자 싶어서 힘들게 그곳에 찾아갔어요. 고층 빌딩 안에 사무실이 있는데, 십몇 층인가 올라갔더니 일단 50위안을 내래요. 어쩔 수 없이 지갑에 있던 전 재산 50위안을 줬어요. 그런데 공장을 좀 보여 달라고 했더니 없다는 거예요. 그제야 속았다는 걸 알고 후회가 밀려왔죠. 돈을 돌려 달라고 했는데 줄 수 없다고 해서 말다툼이 벌어졌어요. 그러자 그들이 경비를 불러 저를 때리겠다며 협박하더라고요. 정말 때릴까 봐 겁이 나더라고요. 그렇게 사기를 당했죠.

동관 장난감 공장에서 일하다

그러고 나서 곧바로 장난감 공장에 들어갔어요. 당시엔 그곳 생활이 힘들다고 생각하지 않았어요. 오전 8시부터 저녁 8시까지 12시간 일했지만, 그때만 해도 외지로 나와 잡은 첫 직장이라 거뜬했죠. 처음에는 장난감에 색상이 잘못 들어간 부분을 물로 세척하는 일을 했어요. 며칠간 그 일을 하다가 조장이 장난감 도색을 가르쳐 줬어요. 그런데 이틀 정도 배우다가 다시 세척 일을 했어요. 동작이 굼뜨다고 조장이 저를 싫어했거든요. 그때 조장이 한 말을 아직도 또렷이 기억해요. 그렇게 느려 터져서 물 한 잔이나 얻어먹겠냐고 했죠. 동료들에게 이렇게 일하면 한 달에 얼마를 받느냐고 물어봤어요. 300~400위안 정도 받는다는 말에 머리가 하얘지더라고요. 최소한 700~800위안은 될 줄 알았거든요. 어떤 사람은 여기서 3~4년 일했는데, 고작 4000~5000위안 모았대요. 너무 실망해서 더는 일하고 싶지 않았어요. 그때가 거기 들어간 지 보름쯤 됐을 거예요. 2001년 12월 1일에 들어가서 12월 16일에 그만뒀는데, 한 푼도 못 받고 나왔어요.

동관 주물 공장에서 일하다

당시에 50위안을 사기당해서 돈이 한 푼도 없었어요. 그래서 외삼촌이 계시는 곳으로 갔죠. 외삼촌이 작은 완구점을 운영했는데, 50위안만 달라고 했더니 주더라고요. 딱히 갈 데가 없으니 일자리도 소개해 달라고 부탁했죠. 마침 막내 외삼촌이 동관시 장안진 근처에서 작은 주물 공장을 운영했는데, 거기 주소를 알려줬어요. 그래서 곧바로 장안으로 갔어요. 당시 장안에는 외삼촌, 큰엄마, 사촌형 등 친척이 많이 살았어요.

막내 외삼촌이 받아 주기는 했는데, 제가 뭘 해야 할지 모르겠더라고요. 일단 머물 곳을 찾은 것뿐이었죠. 사촌 형이 낡은 침상을 하나 주더니 "오늘 밤은 여기서 자라"고 하더군요. 침상에 누워서 앞으로 어떻게 해야 할지 생각했어요. 다음날까지 그러고 있는데, 외삼촌이 출근 안 하고 누워서 뭐 하냐고 하더군요. 그래서 어디로 출근해 뭘 하느냐고 물었죠. 작업장에서 스티커나 케이스 붙이는 일이라도 하라고 해서 곧바로 내려가 일을 도왔죠. 외삼촌에게 돈을 달라고 해서 공부를 계속할까도 생각했지만, 입 밖으로 꺼내진 않았어요.

그때부터 거기서 일했어요. 제게는 외삼촌이 셋 있는데, 막내 외삼촌이 거기 사장이에요. 이틀 정도 일하고 나서 막내 외삼촌에게 고향에 돌아가 공부를 계속하고 싶다고 말했어요. 들은 척도 안 하더라고요. 돌아갈 차비가 없으니 어쩔 도리가 없었죠. 한 달이 지나자 사촌 형이 100위안을 줬어요. 아주 기뻤죠. 이후에는 돌아가고 싶다는 생각을 접고, 2002년 4월까지 일했어요.

광주에 가다

주물 공장 일도 안 맞고, 공장에 종일 붙어 있는 것도 적응이 안 됐어요. 그래서 외삼촌이 광주廣州에 점포를 하나 낼 건데 사람이 필요하다고 해서 그리로 가겠다고 했어요. 그리고 2002년 5월에 광주로 갔어요. 거기서 주로 한 일은 밥하고 가게 보는 일을 돕는 거였어요. 6개월 일하고 1800위안을 받았는데, 장사가 잘 안돼서 10월 말쯤 다시 동관으로 돌아왔어요. 그때는 돈이 그리 필요하지 않았어요. 생활용품 사는 것 외에는 돈 쓸 일이 없었거든요. 당시에는 공부를 더 하고 싶었어요. 영어 공부를 더 해서 영어 교사가 되거나 영어로 밥벌이를 하고 싶었거든요. 하지만 현실적으로 외삼촌 공장에서 계속 일할 수밖에 없었죠.

아버지의 재혼

2003년 초 고향에 가는데, 차멀미가 심해서 죽을 뻔했어요. 그때 몸 상태가 정말 안 좋았거든요. 고향에 가니 집에 많은 변화가 생겼더라고요. 새엄마가 들어온 거죠. 숙부와 작은엄마가 그 사람을 엄마라고 부르라더군요. 그때는 아버지를 이해했어요. 얼마나 힘들었겠어요. 두 분만 좋다면 엄마라고 부르는 게 뭐가 어렵겠나 싶어 바로 엄마라고 불렀죠. 그때도 여전히 공부를 더 하고 싶어서 설 지나고 한 달 정도 집에 더 있었어요. 하지만 집안에 부담이 될 것 같더라고요. 새엄마가 여자아이 하나, 남자아이 하나를 데려왔는데, 둘 다 학교에 다니고 있었거든요. 제 친동생도 학교에 다녔고요. 저까지 다니면 총 4명이 학교에 다니는 셈이니 다시 외삼촌 공장으로 가야겠다고 결심했어요. 그제야 주물 일을 제대로 배워야겠다고 생각했죠.

다시 주물 공장에서 일하다

외삼촌네 공장 사람들은 너무 타락해서 함께 있기가 싫었어요. 그들은 모두 동향인데, 먹고 마시고 노름하고 매춘을 일삼았죠. 노름이야 그렇다 쳐도 성매매는 업소에 거의 매일 갈 정도로 심각했어요. 기숙사에서 음란 영상물도 봤고요. 어쩔 수 없이 저도 봤는데, 아주 불쾌했어요. 어쨌든 그들의 사고방식은 비정상이에요. 주운 돈을 주인에게 돌려주려고 하면 바보 취급을 하면서 욕을 해요. 그들에게는 공짜가 최고예요. 이런 환경에서 저도 부정적으로 변해갔어요. 물론 저는 성매매를 하지는 않았지만, 점점 아래로 추락하는 것 같았어요. 전 아주 소극적인 성격이라 무서워서 외지로 나가 직장을 구하지도 못했어요. 당시에는 뭔가 아주 두려웠죠.

거기서 2003년 한 해 동안 꼬박 일하고, 2004년 설에도 고향에 못 가고 계속 일했어요. 외삼촌이 다른 세상으로 나가 보라고 했는데, 저는 그럴 마음이 없었어요. 그래서 아무 생각 없이 그냥 일만 했어요. 한 달씩 주야 교대로 근무하는데, 밤 근무할 때 12시가 넘으면 식당에 텔레비전을 보러 가요. 어차피 일도 많지 않거든요. 나중에 동생도 공부를 그만두고 2004년 4~5월경 여기로 와서 이 일을 배우게 됐어요.

세상 밖으로 나가다

저도 외지로 나가 직장을 구하려고 시도해 봤어요. 그런데 아무도 경력 없는 저를 원하지 않더라고요. 제가 사용할 줄 아는 기계는 다른 공장에서 사용하는 것과 달라요. 그러다 2005년 10월에 외삼촌 공장을 그만두고 20일간 일자리를 찾아다녔어요. 천신만고 끝에 직장을 구해 2006년 4월까지 일했어요. 거기를 그만둔 후에는 기차를 타고 전국을 돌아다녔어요. 무한武漢, 서안西安, 북경, 남경南京, 상해上海, 항주杭州 등에 갔죠. 6월 심천에 갔는데, 거기서 오랫동안 헤매다가 어렵게 일자리를 하나 구했어요. 한 달 정도 갖은 고생을 하며 일했는데, 결국 잘렸어요. 몹시 속상했죠. 사장이 저를 못마땅해하더니 다음날부터 출근할 필요 없다고 하더라고요. 당시엔 정말 그 사람 눈알을 뽑아 버리고 싶을 정도로 미웠어요. 그렇게 해고되고 바로 고향으로 갔어요. 상처 깊은 그곳엔 다시는 가지 않겠다고 맹세했어요. 집에서 한 달쯤 놀았는데, 아버지가 나가서 일하라고 재촉하더군요. 그래서 추석 보내고 동향인과 함께 강소성 곤산시로 갔어요. 10월 26일에 한 주물 공장에 들어가 2007년 7월까지 일했어요.

자전거 여행

저는 책을 좋아해요. 특히 《장사중화행壯士中華行》이나 《자전거 전국 일주騎自行車旅行全國》 같은 여행 관련 책이요. 인터넷에서도 이런 내용을 주로 찾아보고요. 그때 저는 자전거를 타고 전국을 여행해 보고 싶었어요. 그래서 곧바로 실천에 옮겼죠. 자전거랑 배낭 등 필요한 장비를 사고, 여행 준비를 완벽하게 마쳤어요. 그러고는 2007년 7월에 직장을 그만뒀어요. 당시 월급이 2000위안 정도였고, 모아 둔 돈은 1만 위안 정도였어요. 그 돈으로 여행 장비를 사고, 경비로 썼죠. 그렇게 8월 1일 여행을 떠났어요.

어떤 사람이 여행지마다 엽서에 소인 찍는 걸 보고 저도 따라 했어요. 곤산에서 첫 소인을 찍었죠. 출발할 때 50kg나 되는 짐을 실었더니 너무 무거워서 힘들더라고요. 상숙常熟시를 지나 남통南通시에 도착해서는 배를 타고 장강長江을 건넜어요. 그 뒤부터는 짐을 조금씩 줄이고 국도를 따라 계속 갔어요. 숙소는 10위안 정도의 가장 싼 곳에서 묵었고요.

지금도 생생한데, 8월 5일에는 숨이 막힐 정도로 더웠어요. 그래서 더는 못 가고 나무 그늘에서 쉬었어요. 그래도 쉽게 포기할 수는 없었죠. 전국 여행의 꿈을 꼭 실현하고 싶었거든요. 그래서 염성鹽城시를 지나 강소성 북부까지 계속 달렸어요. 보지도 듣지도 않고, 목표도 없이 그저 기계처럼 달리기만 했어요. 저도 왜 그랬는지 모르겠어요. 왜 이러고 있냐고 자문도 해 봤죠. 그때는 나 자신을 단련하는 거로 생각했어요. 이 길에서 닥치는 어려운 일을 스스로 해결하는 거죠. 어떤 어려움이 있더라도 겁내지 않고 다 해결할 수 있을 것 같았어요. 자신을 단련하고, 외지 경험을 하는 데 의의를 뒀죠. 연운항連雲港을 지나 산동山東성, 일조日照시를 지나 청도靑島까지 달렸어요. 청도는 마침 맥주 축제 기간이라 사람이 너무 많아서 싼 방을 구할 수 없었어요. 결국 30위안짜리 비싼 방을 구할 수밖에 없었죠. 청도에 도착했을 때가 8월 하순이었어요. 비가 계속 와서 자전거 타는 게 정말 힘들었어요.

잘못해서 밥 먹을 곳을 지나치면 쫄쫄 굶은 상태로 가야 해요. 한 번은 너무 배가 고파서 사과를 몰래 따 먹기도 했어요. 그러면서 어쩜 이렇게 어리석을까 자책도 했죠. 겨우 1위안 아끼려고 사람들과 싸울 뻔한 적도 있어요. 한 푼에 쩔쩔매면서 애초에 뭐 하러 여행을 시작했나 싶은 마음도 들었어요. 그냥 아무 생각 없이 길을 떠난 거죠. 그저 여행을 위한 여행일 뿐 진정한 목표나 생각이 없었어요. 그렇게 기계처럼 비바람에도 멈추지 않고 계속 달렸어요. 청도의 작은 지역에서 하루만 쉬고, 매일 서둘러 길을 떠났어요.

산동성 봉래蓬萊시를 지나 연태煙台시에서 배를 타고 대련大連까지 갔어요. 거기서 자전거로 또 달렸어요. 9월이 될 무렵 요녕遼寧성 보란점普蘭店시에 도착했는데, 자전거가 망가졌어요. 보통 펑크가 나면 직접 고쳤는데, 이번엔 도저히 고칠 수 없겠더라고요. 바퀴 휠 자체가 변형됐거든요. 자전거가 덜컹거릴 때마다 엉덩이가 아파 죽겠는 거예요. 어쩔 수 없이 몇십 위안을 들여 수리하고 여행을 계속 이어 갔어요. 그리고 길림吉林성 백성白城시에 도착해서 다시 내몽고內蒙古까지 가는 노선을 잡았어요. 내몽고에 도착하니 정말 몸이 못 견디겠더라고요. 1달 넘게 달렸으니까요. 그래도 힘을 내서 호윤패이呼倫貝爾시를 지나 해랍이海拉爾까지 갔는데, 그땐 정말 꼼짝도 못 하겠는 거예요. 하루에 거의 7~8시간 자전거를 타고, 또 어떤 때는 깜깜한 밤에도 달렸으니 몸이 완전히 망가진 거죠. 전국 여행에 대한 열정도 점점 식고, 도저히 지속할 수 없어서 결국 실패로 끝이 났어요. 거기서 바로 20위안에 자전거를 팔았어요. 그때가 9월 16일이에요. 더는 자전거가 꼴도 보기 싫더라고요.

그리고는 기차를 타고 중국과 러시아 변경 지역인 만주리滿州里에 가서 한 바퀴 돌았어요. 그다음 계획은 없었지만, 그래도 계속 최선을 다해 보고 싶었죠. 물론 현실적인 방법으로요. 그래서 해랍이에서 기차를 타고 합이빈哈爾濱으로 갔어요. 거기서 며칠 지내다가 다시 기차를 타고 10월경에 광주로 돌아왔어요. 더는 주물 일을 하고 싶지 않아서 다른 일자리를 찾아봤지만, 적당한 게 없더라고요.

고향에서의 한 달

광주와 심천 지역을 돌며 계속 일을 찾아다녔어요. 하지만 적당한 곳을 찾지 못해 결국 고향으로 돌아갔어요. 그때가 2007년 10월이에요. 마을 사람들이 이제 와서 뭘 할 거냐고 물어봤죠. 민망해서 아무 말도 할 수 없었어요. 집에서 한 달 정도 쉬었을 때 아버지가 "자전거 타고 전국 여행했다며?"라고 묻더군요. 동생에게 들었대요.

동생에게 속아 피라미드 회사에 가다

2007년 말 일자리를 찾고 있는데, 동생이 자기가 있는 심양沈陽으로 오라더군요. 조장이 고향으로 돌아가는 바람에 자리가 비었다고요. 뭐 하는 곳이냐고 물었더니 남방 사람들이 일하는 주물 공장이라고 했어요. 주물 일이 제게 맞기도 해서 가겠다고 했죠. 그런데 북방으로는 가기가 싫어서 절강성 쪽으로 가서 금화, 태주台州, 영파寧波시를 돌았어요. 그쪽에 작은 주물 공장이 많거든요. 영파시에 있는데, 동생이 전화해서는 빨리 오라고 하더군요. 동생이 못 미더워서 정확한 주소를 보내라고 했더니 이리저리 둘러대면서 주소를 안 주는 거예요. 피라미드 회사가 아닌가 의심하니까 동생이 화를 냈어요. 동생을 한번 믿어 보기로 하고 영파에서 기차를 타고 심양으로 갔어요.

한밤중에 도착해 보니 동생이 동료와 마중을 나왔더라고요. 국수를 사 먹고 그들 숙소로 같이 갔어요. 침대도 없이 바닥에서 자더군요. 저도 대충 자리를 깔고 하룻밤을 보냈어요. 다음 날 배추랑 감자볶음으로 아침을 먹었어요. 그리고 밥을 먹자마자 마작을 하는 거예요. 제가 공장을 좀 보여 달라고 했더니 서두르지 말고 마작이나 하다가 다시 이야기하자더군요. 뭔가 이상했죠. 9시가 다 돼서야 저를 데리고 나갔는데, 좁은 골목을 돌고 돌아 마침내 한 개인 주택에 도착했어요. 그 안에는 양복을 차려입은 사람들로 가득했고, 저를 보더니 일렬로 손뼉을 치며 맞이하더라고요. 그리고는 한 사람이 화장품 판매 교육을 했어요. 그때 피라미드 회사라고 확신했죠. 그는 몇 년 안에 해외여행도 가고, 집과 차도 살 만큼 돈을 많이 벌 수 있다고 강조했어요. 저는 바로 도망치고 싶었어요. 그래서 뒤에 앉은 동생에게 화장실에 데려다 달라고 했더니 좀 기다리라는 거예요. 어쩔 수 없이 교육이 끝날 때까지 기다렸어요. 9시에 시작해서 12시까지 교육을 받았어요. 교육이 끝나자마자 도

망칠 계획을 세웠죠. 숙소로 돌아와서 동생에게 같이 도망가자고
했어요. 그러자 매우 기분 나빠 하더니 제 가방까지 숨기며 못 가게
막더군요. 다행히 돈은 호주머니에 있었고, 가방에는 생활용품과
잡동사니뿐이었어요. 동생을 반드시 데리고 나오고 싶었지만, 그는
한사코 거부했어요. 온 방 안을 뒤져서 이불 속에 있는 제 가방을
찾았어요. 그런데 가방을 들고 나가려니 문이 잠겨 있었어요.

한참 만에 겨우 방에서 나올 수 있었어요. 기차역에 어떻게 가는
지 몰라서 행인에게 물어 겨우 찾아갔어요. 그런데 동생과 그 무리
가 곧 뒤쫓아 와서는 기차역 앞에서 저를 막아섰어요. 가더라도 여
기에서의 일은 절대 입 밖에 꺼내지 말라더군요. 다급해서 일단 알
았다고 했죠. 그리고 저를 따라온 그쪽 팀장에게 욕을 퍼부었어요.
그랬더니 동생이 그를 욕하지 말라며 화를 냈어요. 하마터면 동생
과도 싸울 뻔했죠. 어쨌든 겨우 기차표를 샀는데, 그때까지도 동생
은 화장실까지 따라와 제발 가지 말라고 잡아끄는 거예요. 어쩔 수
없이 기차역 파출소로 달려갔는데, 순경들이 경찰서에 신고하라는
거예요. 그래서 기차표를 내보이며 왜 여행객을 도와주지 않느냐고
따졌죠. 그제야 그들이 동생 무리를 내쫓더라고요. 결국 경찰의 호
위를 받으며 기차에 올라탔어요.

지금은 동생도 피라미드에서 빠져나왔다고 해요. 그래도 동생을
믿진 않아요. 물론 용서는 했지만요. 자라 보고 놀란 가슴 솥뚜껑
보고 놀란다고, 그 애가 무슨 말을 해도 일단 경계부터 해요. 그렇
지 않으면 또 속을 수 있으니까요. 그날 이후 동생과 연락도 잘 안
해요.

소주 주물 공장에서 일하다

심양에서 도망쳐 나오자마자 소주로 왔어요. 소주는 처음이라 여
관을 못 찾아 피시방에서 하룻밤을 보냈어요. 그리고 인터넷에서
인력 시장 주소를 찾았어요. 인력 시장 근처에는 10위안 정도의 싼
여관방이 많거든요. 일주일 정도 일자리를 찾아 헤매다가 겨우 한
주물 공장에 취직했어요.

그때가 2007년 11월인데, 거기서 2008년 5월까지 일했어요. 그때
도 여전히 불안정했어요. 임금도 너무 적어서 다른 공장에 가 보고
싶었어요. 그때 여자 친구가 생겼는데, 같이 북경에 가자고 약속했
어요.

북경에서 파인애플 노점상을 열다

일을 그만두고 여자 친구와 함께 북경으로 갔어요. 그때가 2008년
6월인데, 노점상을 해 보고 싶어서 파인애플을 팔기 시작했어요.
그런데 며칠 해 보니까 도저히 못 하겠더라고요. 하루 매상이 겨우
20위안이고, 안 팔린 물건은 썩어 나가서 돈만 축냈죠. 더는 하기
싫어서 곧바로 일자리를 알아봤어요. 여자 친구는 북경에 있는 꽤
큰 공장에 취직했어요. 거기는 상장까지 된 회사예요. 저는 주물
일을 하고 싶었는데, 북경에는 그런 공장이 별로 없어요. 그래서 주
물 공장이 많다는 천진天津으로 갔죠. 하지만 3~4일 돌아다녀도
사람 구하는 곳이 없었어요. 그러다가 여자 친구가 자기 공장에서
사람을 구한다고 해서 바로 북경으로 갔어요. 하지만 제가 약속 시
간을 어기는 바람에 그 일도 날아갔어요.

북경 주물 공장에서 일하다

계속해서 일자리를 찾다가 한 기계 공장에 취직했어요. 그때가 7월 경인데, 북경올림픽 개막을 앞두고 인력 시장이 전부 문을 닫았어요. 어쨌든 기숙사가 공장 바로 옆이라 기계 소리 때문에 잠을 제대로 못 잤더니 못 견디겠더라고요. 그래서 여자 친구에게 말도 안하고 일을 그만뒀어요. 26일 치 임금으로 700위안 정도 받고요.

북경 식료품점에서 일하다

주물 공장에서 나온 후에 일자리를 계속 못 구했어요. 올림픽 기간이라 인력 시장이 문을 닫았으니 방법이 없었죠. 종일 빈둥거리기만 할 수는 없으니 일을 구해야만 했어요. 그러다가 한 식료품점에서 점원으로 일하게 됐죠. 거기서 2008년 8월부터 9월 말까지 일했어요. 일은 꽤 즐거웠어요. 종일 밀가루, 쌀, 식용유 등을 배달하러 다녔는데, 여기저기 둘러볼 수 있어서 좋았죠.

북경 방수 재료 공장에서 일하다

식료품점에서 일하고 있는데, 여자 친구가 자기네 공장에서 사람을 또 구한다는 거예요. 이번엔 면접까지 붙었어요. 어떻게 통과했는지 잘 모르겠는데, 아마도 여자 친구 연줄이겠죠. 작업장 주임이 저와 같은 현 출신이었어요. 저는 컨베이어 벨트에 서서 조립 일을 했어요. 그 공장은 방수 재료를 생산하고, 24시간 컨베이어 벨트가 돌아가요. 저는 비닐막 코팅을 담당했는데, 비닐막이 치우치지 않게 잘 붙었는지 확인하는 일이었죠. 그게 아스팔트 재료여서 한 번

치우치면 바로 눌어붙거든요.

일은 아주 힘들었어요. 월급은 약 3000위안이고, 많을 때는 3600위안을 받았어요. 근무 시간은 매일 아침 7시부터 저녁 7시까지, 12시간 일했어요. 우리는 이걸 '두 번의 어둠兩頭黑'이라 불렀어요. 아침에 출근할 때도 깜깜하고, 저녁에 퇴근할 때도 깜깜해서요. 그 시기에는 해를 거의 못 봤어요. 어느 날엔가 해를 한 번 봤는데, 감격스럽더라고요. 국경절도 쉬지 않았고, 휴일이 아예 없었어요. 일도 고되고, 몸도 못 챙겼어요. 퇴근하면 잠을 자야 하는데, 책을 보거나 다른 일을 했어요. 그러니 잠이 부족해서 저녁 근무 때 항상 졸았어요. 걸으면서도 졸곤 했는데, 쇠로 된 선반에 부딪힌 적도 있어요. 무척 아팠죠. 한 달씩 교대로 주야간 근무를 하니 불면증이 심해서 너무 힘들었어요. 작업할 때도 집중해야 해서 체력이 많이 소모됐고요. 조금만 부주의하면 바로 눌어붙어서 불량품이 나오거든요. 그러면 전체 생산 라인을 멈춰야 해요. 어떤 때는 하루에 몇 번씩 불량품이 나올 때가 있어요. 우리 조원들은 모두 동향인이라 웬만한 잘못은 서로 분담하거나 감춰 줘요. 그런데 도저히 안 될 경우에는 어쩔 수 없이 상부에 보고해요. 불량품이 생겨 생산 라인이 한 번 멈추면, 1~2시간 정도 작업을 못 해요. 그래서 근무 시간에는 온 신경을 집중하며 긴장해요. 게다가 작은 작업장 안에서 아스팔트 재료가 연기를 내면서 타니까 냄새가 지독해요. 거기서 일하면서 몸이 많이 망가져 병도 얻었어요. 만성 기관지염도 거기서 생긴 거예요. 일할 때 마스크를 쓰기는 하는데, 방독 마스크가 아니거든요. 그때 여자 친구와 거의 매일 다퉈서 서로 고통스러윘어요.

처음에 남자 기숙사에서 지낼 때는 도저히 적응이 안 돼서 잠을 제대로 못 잤어요. 그래서 셋방을 하나 얻어서 지냈더니 좀 낫더라고요. 그런데 옆집 사람들 때문에 힘들었어요. 저녁 근무할 때는 낮에 좀 자야 하는데, 낮에 덜그럭거리니까 도저히 잠을 이룰 수가 없었어요. 당시엔 정말 수면 부족에 시달렸어요. 게다가 몸도 잘 못 챙기고 불규칙적으로 생활하니까 나아지지도 않았고요.

2008년 10월 7일에 입사해서 2010년 1월 19일에 퇴사했으니, 거기서 1년 3개월 일했네요.

다시 소주 주물 공장에서 일하다

2010년 설에 고향에 내려가서 한 달쯤 쉬었어요. 그러고는 소주로 와서 작은 주물 공장에 취직했어요. 여기는 민영 기업인데, 30여 명쯤 일해요. 3월 10일부터 지금까지 일하고 있죠. 한 달에 31일 만근하고, 매일 야근하면 5000위안 좀 넘게 받을 수 있어요.

저는 밤 10시쯤 잠자리에 들고, 아침 7시 10분에 일어나 8시까지 출근해요. 셋방에서 공장까지 도보로 10분이면 되고요. 방은 7~8㎡ 정도 크기고, 월세는 225위안이에요.

여자 친구와의 관계

여자 친구와는 문제가 많아요. 만나자마자 연애를 해서 그런지 서로에 대한 이해가 부족했거든요. 당시 저는 심리적으로 매우 불안정해서 여자 친구와 자주 싸웠어요. 그녀도 걸핏하면 화를 냈죠.

서로에게 상처만 주고 정말 괴로웠어요.

제가 북경을 떠난 후에도 계속 연락하며 지냈어요. 1년 정도 제가 북경에 가지 못했을 때도 항상 그녀에게 문자를 보냈고요. 그런데 그녀는 답장을 잘 안 했어요. 제가 많이 보내면 그제야 한 번 회신 했죠. 어느 날 그녀가 연락하지 말라고 하더군요. 세상이 무너진 것 같았어요. 나중에 그녀에게서 연락이 왔는데, 자기는 이미 결혼했 다는 거예요. 거짓말이라는 걸 알았지만, 그만 끝내야겠다 싶었죠. 그래서 그녀에게 축하한다고 답신했어요. 그날 이후로 그녀와 연락 하지 않아요. 그때가 2011년 설 무렵인데, 최근에야 비로소 그녀의 그림자로부터 완전히 벗어났죠.

작년(2011년)에는 연애하고 싶은 마음에 조급했어요. 다른 사람들 은 벌써 아이도 다 키웠는데, 저는 아직 미혼이고 집도 없으니까요. 하지만 지금은 괜찮아요. 몸과 마음을 바르게 하고, 모든 면에서 수준을 높여야 배우자를 얻죠. 심신이 불안하고, 사람 구실도 못 하고, 일도 못 하면 아무리 여자를 소개해 줘도 제가 감당할 수 없 을 거예요. 그래서 지금은 제 수준을 높이는 것만 생각해요. 그러 면 집이나 결혼도 자연스레 따라올 거예요.

현재의 심리 상태

이제 저의 주물 실력이 많이 늘어서 기술자가 다 됐어요. 그럭저럭 주물 일도 마음에 들고요. 그 일을 특별히 좋아하는 건 아니지만, 생활을 유지하는 수단으로서는 만족해요.

현재 8만 위안 정도 모았어요. 올해까지 일하면 10만 위안쯤 모을 수 있을 거예요. 그러면 집 짓는 것도 문제없어요. 천천히 하려고 요. 동생도 아직 집이 없고, 결혼도 못 했어요. 전 이제 떠돌이 생활을 그만하려고 해요. 고생 끝에 낙이 온 거죠.

요즘은 《증국번가서曾國藩家書》[98] 같은 자기 수양 책을 보고 있어요. 저는 자기 수양에 힘쓴 증국번을 매우 존경해요. 그의 가르침을 따라 하면 고통이 사라지거든요. 그리고 옛 성현의 가르침이나 운명을 변화하는 것에 관한 책들도 봐요. 요즘 유행하는 성공학 말고, 참다운 인간이 되는 책이요.

저는 학교 다닐 때 참 열정적이었어요. 예술제나 문화제 등 모든 활동에 적극적으로 참여했고, 자신감도 충만했어요. 그런데 일하면서부터 조금씩 자신감이 사라졌어요. 열정도 소멸했고, 예리함도 사라졌어요. 그저 나약함과 의기소침, 무능함만 남았죠.

동료들과도 자주 싸웠는데, 작년(2011년) 하반기에 자기 성찰을 한 이후부터는 거의 다투는 일이 없어요. 뭐 그렇게 대단한 성찰을 한 게 아니라 자기반성을 좀 했어요. 매일 나쁜 습관을 반성하고, 빨리 고치죠. 하지만 어떤 습관은 고질이 돼 버려서 바꾸기가 쉽지 않아요. 최근 두세 달 사이에 성현들의 가르침이 담긴 책들을 보고 나니 어떻게 바꿔야 할지 천천히 깨달았어요. 지금은 무엇이 저의

98 [역주] 청나라 때 대학자이자 재상이었던 증국번(1811~1872)이 자신의 부모, 동생, 아들에게 보낸 1500여 통의 편지를 모아 편집한 책이다. 증국번은 이 책에서 수신제가를 기본으로 도덕심, 학문의 깊이, 관리로서의 전문성 등을 강조했다. 훗날 모택동(毛澤東, 마오쩌둥)과 장개석 등이 평생 손에서 이 책을 놓지 않았을 만큼 중국에서 베스트셀러로 손꼽히며, 서양과 일본에서도 번역되어 널리 읽히고 있다. 국내에는 증국번이 아들에게 보낸 편지들을 발췌하여 《증국번 가서: 아들에게 주는 수신, 학문, 처세의 길》(2014, 술이)로 출간됐다.

나쁜 습관이고, 무엇이 부족한지, 또 어떤 면을 고쳐야 할지 잘 알아요. 그리고 계속 지켜가야 할 장점도 알고요. 어떤 사람은 제가 성숙했다고 하는데, 조금 성장했을 뿐이에요. 작년보다 올해 더 성장했고, 계속해서 성장할 거예요.

어떤 사람들은 제 상황에서 감옥에 가지 않은 것만 해도 훌륭하다고 말해요. 아버지도 제가 집안에 걱정 안 끼치고, 다른 자식들처럼 돈을 요구하지 않는다고 기특해 하세요. 집 나와 일한 후부터는 집에 손을 벌리지 않았어요. 오히려 집에 돈을 좀 보내 드리죠.

과거에 저는 의기소침해서 큰일을 하지 못했어요. 열정도 거의 소진됐었고요. 지금은 그저 보통 사람들처럼 일생을 보내고 싶어요. 이것만으로도 충분해요. 평범한 사람들보다 못한 사람들이 얼마나 많은데요. 도둑질해서 감방에 가거나 매춘과 도박을 일삼으며 가정도 제대로 못 꾸리는 사람들 말이에요. 이런 사람들은 정상적인 생활조차 못 해요. 그러니 정상적인 인생을 사는 것만으로도 나쁘지 않아요. 앞으로도 저는 큰일을 하지는 못할 거예요. 지난 몇 년 동안 전국을 유랑하면서 열정과 정력이 모두 소진됐어요. 지금은 '수신修身'과 '제가齊家', 이 두 가지만 제대로 할 수 있으면 충분해요. '치국治國'과 '평천하平天下'까지는 바라지도 않아요. 그 임무는 정치가나 기업가처럼 지혜로운 사람들이 맡아야죠.

사회에 대한 견해

저는 좋은 사장을 만나 본 적이 없어요. 좋은 사장이란 인간적으로 회사를 운영하고, 복지도 제공하고, 규정도 잘 지키는 사람이에요.

그런데 제가 만난 사장들은 싼 값에 사람을 부리면서 부당한 수입을 얻으려고만 했어요. 우리의 노력과 그에 따른 대가는 확실히 편차가 있어요. 우리가 마땅히 받아야 할 것의 전부를 얻지 못하는 거죠. 예컨대 100위안만큼 생산했는데, 50위안만 주는 거예요. 비록 노동에 따른 소득은 있지만, 일부분일 뿐이에요. 직접 공장을 개업해 운영하지 않는 이상 어쩔 수 없이 불공평을 받아들여야 하죠. 어떤 기업가는 노동자에서 시작해서 회사를 설립해 고용을 창출해요. 이런 측면에서 기업가는 사회 가치를 창조해요. 비록 그들이 노동자를 착취하더라도 이런 좋은 측면을 부정할 수는 없어요. 현재 일부 기업이 제도를 정비해 정규화하기 시작했지만, 여전히 많은 기업이 그렇지 못해요. 그러니 노동자들에 대한 대우가 여전히 열악하죠.

저처럼 1980년대 이후에 출생한 사람들은 좀 부박한 것 같아요. 중국이 대국은 됐지만, 중국인의 도덕 수준은 한참 부족해요. 대국은 경제나 정치만으로 되는 게 아니에요. 먼저 자기부터 바르게 하고, 일도 올바르게 해야 하죠. 자신이 바르지 못하면, 많은 고통이 뒤따라요.

'소주 노동자의 집'과 품팔이 문화

이제까지 아무도 제게 관심이 없었어요. 제게 관심을 주는 건 저뿐이었지만, 그래도 괜찮았어요. 그런데 '소주 노동자의 집'에 가 보니 너무 따뜻하고 화목했어요. 걱정과 근심이 없는 좋은 곳이었죠. 친구들과 수다도 떨고, 탁구도 치고, 책도 읽다 보면 하루가 금방 가요. 정말 즐거웠어요.

저는 '소주 노동자의 집'에서 들려주는 노래를 아주 좋아해요. 많은 생각이 떠오르거든요. 특히 손항이 부른 '그 해를 떠올리며想起那一年'와 '노동자 찬가勞動者贊歌'를 좋아하죠. '품팔이, 품팔이 가장 영광스러워'도 좋긴 해요. 어떤 노동자는 품팔이가 영광스럽지 않은 것 같아 그 노래를 부르면 흥이 안 난다는데, 제 생각은 달라요. 저는 품팔이의 노동이 가치를 창조한다고 생각하거든요. 가치를 창조하지 않으면 어떻게 돈을 벌고, 어떻게 사회가 진보하겠어요. 품팔이가 저임금에 대우도 안 좋고, 사람들에게 무시당한다고 생각하는 사람들의 사고방식은 잘못된 거예요. 예를 들어 도시의 청소부들이 일하지 않으면, 악취가 진동할 텐데 그래도 괜찮겠어요? 이게 바로 노동이 창조한 가치고, 그러니 영광스럽죠. 자신을 깔보니까 그런 생각을 하는 거예요. 노동은 영광스럽고, 가치를 창조하기에 존엄한 거예요.

최대의 고민

제 최대 고민은 앞으로 어떻게 살아갈지 모르겠다는 거예요. 여기에 머물지, 아니면 고향으로 돌아갈지 잘 모르겠어요. 고향에 돌아가더라도 뭘 해야 할지 모르겠고요. 품팔이를 계속하면 가정도 꾸리고, 또 다른 일을 할 수 있겠죠. 그리고 최대한 여기서 버티면, 아이들을 학교에 보낼 수도 있겠죠. 그래도 여전히 갈피를 못 잡고 막막해서 걱정이에요.

아버지[99]

2006년 항주에 있는 서호西湖라는 호수에 간 적이 있는데, 나중에 성공하면 아버지를 모시고 가 봐야겠다고 생각했어요. 그때만 해도 아버지와 사이가 좋았거든요. 그런데 나중에 사이가 틀어졌어요. 아버지는 저를 위해 재혼한 거라고 하셨지만, 전 그렇게 생각하지 않았거든요.

2011년 설에 고향에 갔을 때 아버지와 집 짓는 문제를 상의했어요. 저는 2~3층으로 짓자고 했는데, 아버지는 4~5층을 고집했어요. 새엄마가 데려온 자녀들까지 데리고 살 생각이셨던 거죠. 그래서 제 돈으로는 부족하니 돈을 좀 보태 달라고 했어요. 그랬더니 아버지는 당신이 길에서 죽더라도 상관하지 말라며 화를 내시더라고요. 그렇게 설 전날 서로 큰 상처를 줬죠. 당시 아버지는 돈을 계속 벌어 오라며 스트레스를 줬어요. 저는 북경 공장에 다시 들어가 돈을 벌 생각으로 짐도 다 싸놨었는데, 신체검사를 받고 몸 상태가 안 좋다는 걸 알았어요. 그런데도 아버지는 스트레스만 주니 너무 밉더라고요. 어쨌든 결국 주물 일을 계속할 수밖에 없었어요. 그렇게 집을 나와 항주로 갔어요. 머릿속은 온통 증오심으로 가득했어요. 항주에 도착해서 더는 걸을 수 없을 때까지 걷다가 30위안짜리 모텔을 잡았어요. 너무 비싸서 물리려 했지만 안 되더라고요. 그날 차라리 익숙한 소주로 다시 가자고 결심했죠.

2012년 4월 어느 날 동생으로부터 아버지가 교통사고를 당했다는

99 2013년 3월 16일 '소주 노동자의 집'에서 인터뷰한 내용이다.

전화를 받았어요. 그때까지만 해도 말은 할 수 있었대요. 그런데 매부가 다시 전화해서는 아버지가 돌아가셨다는 거예요. 곧바로 비행기를 타고 집으로 가서 보상 문제를 처리했어요. 그날 밤 10시 쯤 도착했는데, 새벽 3시가 다 돼서야 상대방과 합의를 봤어요. 사망 보상금과 의료비를 합쳐 12만 위안을 받았죠. 거기서 의료비와 장례비를 제하니 8만6천 위안이 남더라고요. 동생과 제가 4만 위안씩 나눠 갖고, 새엄마에게 6천 위안을 줬어요.

친엄마

친엄마는 아버지 때문에 죽었어요. 두 분 사이가 매우 안 좋았죠. 아버지는 매일 마작하다가 늦게 들어왔는데, 엄마가 문을 열어 주지 않았어요. 아버지가 지붕으로 넘어 들어와 엄마를 놀라게 한 적도 있어요. 아버지는 일도 안 했어요. 엄마가 외지에 나가 품팔이 하며 돈을 벌었죠. 그러다가 엄마가 정신이 좀 이상해졌어요. 엄마가 자기 집도 못 찾는다고 사람들이 수군대던 것도 기억나요. 외지에서 집으로 돌아올 때도 다른 사람이 데리고 왔어요. 이모가 그러는데, 외할아버지가 저희 엄마를 아주 싫어했대요. 엄마가 7남매중 다섯째인데, 부모님 사랑을 못 받아 어려서부터 증오심이 많았대요. 게다가 가정도 화목하지 않았고요. 엄마는 제가 여덟 살 때 농약을 먹고 자살했어요. 어쩜 그렇게 모질게 우리만 남겨 놓고 갈수 있는지 엄마가 원망스러웠어요. 처음에는 외지로 일하러 가더니 그다음에는 자살까지 하고요. 낳기만 하고 돌보진 않더니 그렇게 무책임하게 떠났어요. 이런 가정 환경 때문에 어려서부터 집이 싫었어요. 늘 우리 집은 대체 왜 이 모양일까 생각했죠.

저는 자식들에게 건강하고 완벽한 가정을 주고 싶어요. 결혼 생활에 문제가 생겨 어쩔 수 없이 이혼하게 되더라도 아이들을 위해 재혼은 하지 않을 거예요.

새엄마

새엄마는 도박 구경하는 걸 좋아한다고 아버지가 살아계실 때 말한 적이 있어요. 새엄마는 집에서 밥하는 것 말고는 다른 일은 안 해요. 예전엔 돼지를 키웠는데, 지금은 그것도 안 하고요. 아버지 돌아가시고 잠깐 하다가 말았죠. 아버지는 안 계시지만, 저는 여전히 고향 집이 제집이라 생각해요. 거기서 태어났으니 그곳이 제 뿌리죠. 사람은 다 제 뿌리인 고향으로 돌아가게 돼 있어요.

새엄마는 48세예요. 올해 집에 갔더니 당숙이 새엄마를 집에서 살게 하라는 거예요. 그렇지 않으면 아버지도 죽은 마당에 이 집도 사라지는 거라면서요. 그러고 보니 새엄마가 설음식 준비를 다 해 놨더라고요. 그래서 따뜻한 밥을 함께 먹을 수 있었죠. 저도 당숙 말대로 하는 게 옳다고 생각해요. 친엄마는 아니지만, 친엄마라고 뭐 다를 게 있나요. 우리를 낳기만 하고 버렸잖아요. 제게 아이가 생기면 새엄마가 돌봐 줄 테니 걱정도 덜고 좋겠죠. 이번 설에 맞선을 두 번이나 봤는데, 잘 안 됐어요. 사실 적극적으로 신붓감을 찾는 것도 아니에요.

고향에 집짓기

내년에 고향에 집을 짓겠다는 생각만 하면 마음이 안정돼요. 사방으로 유랑하며 살았더니 이제 너무 지쳐서 집 짓는 생각 말고는 다른 생각이 없어요. 이제까지 15만 위안을 모았어요. 작년까지 모은 8만 위안에, 아버지 사망 보상금 4만 위안과 올해 모은 3만 위안을 합친 돈이죠. 앞으로도 매년 평균 3만 위안은 모을 수 있어요. 이미 아버지 사망 보상금 중 2만 위안으로 고향에 대지를 샀어요. 고향에 집 짓는 건 많은 고민이 필요 없어요. 농촌에서는 어떻게든 살 수 있거든요. 아버지 땅에서 농사를 지어 먹고살 수도 있고요.

집 짓는 데 돈을 다 쓰면 다시 외지로 일하러 나와야 할 수도 있지만, 다들 그렇게 해요. 그래서 새집이 우후죽순처럼 생겨나죠. 결혼하려면 반드시 집이 있어야 하고요. 집을 안 짓고 돈을 갖고 있더라도 제가 뭘 할 수 있겠어요? 투자도 못 하는 걸요. 저는 사장감이 아니라 분명 돈을 다 날릴 거예요. 차라리 집이라도 짓는 게 나아요. 집을 짓는 건 삶의 안정감을 얻기 위해서예요. 병이 나서 아무것도 할 수 없을 때 고향에 집조차 없으면 맘 편히 돌아가 쉴 곳이 없잖아요. 그러니 편히 쉴 수 있는 안식처가 있어야 해요.

하지만 고향에 돌아가더라도 활기라고는 전혀 없는 농촌에서 한평생 살 수는 없을지도 몰라요. 아마도 다시 외지로 나와 일하겠죠. 그리고는 돌아가서 좀 쉬고, 또다시 일하러 나오는 삶의 반복일 거예요. 우리 숙부님처럼요. 숙부님은 1995년부터 외지로 나가 날품팔이를 했는데, 벌써 쉰 살이 넘었어요. 대학 다니는 딸이 대학원에 가고 싶어 해서 평생 외지에서 일할 수밖에 없어요. 저는 생각이 많

지 않아요. 나이 서른이면 자기 입장과 뜻을 분명히 세우는 '이립而
立'이라는데, 저는 전혀 그렇지 못해요. 집 짓는 건 그저 해야만 하
는 일이에요. 집을 짓지 않는다면, 두고두고 이 일에 신경 쓸 거예
요. 집을 지으면 소원 성취하는 거죠. 사람들도 저를 무시하지 못할
거고요. 물론 고향 집에 머무는 날이 많지 않을 테니 그런 측면에
서 낭비이기는 해요.

그래도 집은 짓고 싶어요. 어릴 때 함께 놀던 친구 녀석은 2007년
에 집을 지었어요. 하지만 아무도 그 집에 살지 않아요. 도둑이 들
까 봐 겁이 나서 이모를 모셔와 집을 지키게 하죠. 집을 짓는 건 자
신의 염원을 매듭짓기 위함이에요. 우리 마을 사람들은 재산이나
지위를 중요하게 봐요. 집이 없으면 깔보고 무시하죠. 집이 있으면
평가가 달라져요.

평범한 사람이 되고 싶어요

예전에는 가족에 원망도 많았고, 아버지와 동생을 많이 미워했어
요. 지금은 그러면 안 된다고 생각해요. 아버지도 용서했어요. 이제
야 철이 들어 효도하고 싶지만, 부모는 기다려 주지 않는 법이죠.
이미 돌아가셨으니 원망조차 못해요. 자기반성이 없었다면, 예전처
럼 끝없이 원망만 했을 거예요. 작년에 아버지 돌아가시고 나서도
때때로 원망하곤 했어요. 그럴 때마다 아직 죽은 사람을 왜 용서하
지 못하느냐고 반성했어요. 원망은 고통과 괴로움을 가져다줄 뿐이
에요. 이후 전통문화, 불교, 자기 수양에 관한 책들을 읽었는데, 그
러고 나서 마음이 조금씩 변하기 시작했어요.

아버지가 좋든 싫든, 가족이니 포용해야죠. 아버지가 잘못한 것도 많지만, 그래도 용서해야 해요. 원망하는 마음 때문에 상처받을 필요는 없으니까요. 이렇게 생각하게 된 이유는 제 고통을 줄이기 위해서예요. 제 잘못도 있다는 걸 깨닫기도 했고요. 이젠 남의 잘못이 아니라 자신의 잘못을 찾고자 노력해요. 이렇게 자신을 바꿔나가면서 나쁜 습관을 많이 고쳤어요. 예전엔 생활이 불규칙적이었는데, 지금은 많이 달라져서 직장 생활도 잘해요. 동료들과의 관계도 좋아졌고요. 예전처럼 무지몽매하지 않고, 정신적으로 많이 성숙했죠.

물론 아직 부족한 면이 많아요. 특히 몸이 약해요. 감기에도 잘 걸리고, 더위도 못 견뎌요. 눈도 나빠서 현재 시력이 0.3, 0.5예요. 공장에서 일할 때 안 좋은 광선을 많이 봐서 그래요. 야근도 많았고, 오랜 시간 책을 봐서이기도 해요. 정서적으로도 불안정하고, 여전히 불면증도 있어요. 물론 예전처럼 심각하지는 않아요. 예전에는 밤새 못 잤는데, 지금은 좀 자요. 심리적으로는 여전히 의지가 부족한 것 같아요. 자신감과 자존감도 부족하고요. 예전에는 자존감이 뭔지도 몰랐어요. 그나마 많이 발전한 거죠. 이건 스스로 칭찬할 만해요.

증국번이 강조하는 유가 사상은 효도와 우애로 천하를 다스리는 건데, 정말 감동했어요. 불교책 중에서 가장 인상 깊었던 책은 《요범사훈了凡四訓》[100]이예요. 선을 행하며 자기 잘못을 고치면 운명을

---

100 [역주] 중국 명나라 때 학자이자 고위 관료를 지낸 원요범(袁了凡, 1533~1606)이 아들에게 운명을 바

바꿀 수 있다는 내용이에요. 아직 제 운명을 바꾸지는 못했지만, 마음가짐은 달라졌어요. 마음가짐과 운명은 분명히 연결돼 있어요. 마음이 어떠한지에 따라 운명도 달라져요. 마음속의 생각이 운명을 좌우하죠. 아직 제 운명은 큰 고통 속에 있지만, 천천히 정상궤도로 들어갈 거예요. 불교에서 말하는 것처럼 몸이 모든 고통의 근원이에요. 인간의 기본적인 욕망은 똑같아요. 좋아하는 사람을 보면, 마음이 동하고 욕정이 생기죠. 저도 보통 사람과 똑같아요. 결혼해서 아이를 갖고 싶다는 가장 기본적인 욕망이 있어요. 그리고 나이가 들어 할아버지, 할머니가 되는 거죠. 제가 원하는 건 이렇게 평범한 사람이 되는 거예요.

분석

1. 고통의 근원에 대한 끝없는 탐구

소호민은 자기 고통의 근본적인 원인을 찾고자 한다. 그의 삶의 경로를 거슬러 올라가면, 가정이 바로 고통의 근원이다. 친엄마는 그가 8살 때 자살했다. 이 때문에 엄마를 미워했고, 자신과 동생을 버리고 떠난 엄마가 잔인하다고 생각했다. 아버지도 그에게 가족을 위해 집을 지으라며 정신적으로 큰 스트레스를 주었다. 동생은 그를 피라미드 회사에 끌어들이려 해 더는 믿지 않게 되었다. 그는 외삼촌이 운영하는 주물 공장에서 4년 넘게 일했는데, 거기서 일하던 친척들이 도박과 매춘을 일삼았

꾸는 방법을 가르치기 위해 남긴 인생 지침서다. 한국어판은 원요범, 《요범사훈》, 하늘북, 2011 참조.

다. 그래서 극도로 침체되어 인생의 밑바닥을 경험했다. 그는 가족에 대한 극심한 증오 속에서 허덕였지만, 더는 이러한 고통에서 신음하고 싶지 않았기에 끊임없이 방법을 모색했다. 47일 동안 혼자 자전거 여행을 하면서 신체를 학대하고, 의지를 단련했다. 그리고 불교책을 정독함으로써 원한을 해소하고, 유교책을 읽으며 수양했다. 이러한 노력으로 그는 완전히 다른 사람이 되었다. 그는 쉽게 화내고 조급했으며, 다른 사람과 잘 어울리지 못했다. 항상 불면증에 시달리고, 생활도 불규칙적이었으며, 자신감도 부족했다. 그러나 이제 더는 가족을 원망하지 않고, 동료들과도 잘 지내며, 규칙적으로 생활한다. 또 건강해졌고, 자신감과 자존감도 향상됐다.

감정적 요구는 인간의 가장 기본적인 요구 중 하나이며, 개인과 개인, 개인과 사회의 관계 속에서 형성된다. 그는 혼자만의 힘으로 심혈을 기울여 자신의 고통과 상처를 성공적으로 타파했다. 그러나 '타파' 자체가 목적일 수는 없다. 감정의 근본적인 원인을 찾는 것이야말로 궁극적인 목적이다. 그리고 이 목적은 반드시 다른 사람과의 관계를 통해서만 실현될 수 있다. 그는 자신의 감정적 요구의 초점을 결혼과 양육에 맞췄다. 그러나 이는 일찍이 그가 받았던 고통의 근원과 같다. 즉 가정과 부모가 고통의 근원이었음에도, 자신 또한 결혼과 가정이라는 관념에서 탈피하지 못한 것이다. 부모의 행복하지 않은 결혼 생활이나 자녀를 잘 돌보지 못하는 모습을 보고, 비혼非婚이나 무자녀 가족을 결정하는 사람은 드물다. 이는 결혼, 자녀, 가정이 인간의 감정적 요구와 사람 관계의 핵심이며, 개인과 사회를 연결하는 중요한 기초 중의 하나이기 때문이다. 따라서 그는 가정 환경이 초래한 고통으로 인해 어떻게 좋은 가정을 만들 것인지를 고민하게 됐다. 심지어 결혼에 실패하더라도 자녀에게 충분한 사랑을 주기 위해 재혼은 하지 않겠다고 생각한다. 이러한 생각은 그가 고통의 감정을 파헤치는 과정에서 어렵게 발견한 것이다.

개인과 개인의 관계는 두 사람만의 관계가 아니라 개인과 사회의 관계에 뿌리내려 있다. 결혼으로 맺는 개인 간의 관계도 단순히 그들만의 감정 관계가 아니며, 다른 사회적 관계 및 그 부산물과 긴밀하게 연결되어 있다. 소호민과 그의 아버지가 가장 심하게 싸운 이유는 집 짓는 문제 때문이었다. 그는 자신을 위해 집을 지으려 했지만, 아버지는 배다른 동생들도 배려해 주기를 원했다. 또한 그는 맞선에 성공하려면 고향에 집을 짓는 것이 필수라고 생각한다. 고향 사람들에게 무시당하지 않으려면, 반드시 다층 주택을 지어야 한다. 이처럼 '집'은 결혼의 기준점이며, 사회적 지위와 성취감으로 집약된다. 집이 결혼 관계와 사회관계의 중요한 기준이며, 모든 감정 위에 군림하게 된 것이다. 그러나 집이라는 물질적 수단을 통해 추구하고자 하는 것은 비물질적인 감정 요구다. 하지만 물질적 수단을 통해 얻은 관계는 감정적인 충족을 주지 못한다. 물론 현실적인 사회관계에 도움이 될 수는 있다. 집이 있으면 맞선에 성공할 수도, 결혼할 수도 있다. 그러나 이렇게 성립된 결혼 관계가 쌍방에게 감정적인 만족을 줄 수 있는지는 확실하지 않다.

오늘날 현실 사회에서는 결혼이 비혼보다 좋은 것으로 인식된다. 결혼함으로써 얻는 것이 훨씬 많다고 생각하기 때문이다. 부부 사이가 나쁘지만 않다면, 동고동락을 함께할 평생의 동반자를 얻는 것이다. 그리고 아이를 양육함으로써 부모라는 사회적 역할을 수행할 수 있으며, 양육이라는 장엄한 임무가 부여되기에 삶에 대한 책임감이 강해진다. 또한 결혼은 타인과 사회로부터 사회적 구성원이 되었다고 인가받는 것이기도 하다. 그러나 상품 경제 사회에서 사람 관계는 일정 정도 상품 관계가 된다. 이는 혼인 관계에도 그대로 적용된다. 무엇보다 집의 소유가 결혼의 전제가 된 것이 이를 구체적으로 보여 준다.

그러나 이제까지 인류는 물질적 조건을 전제해야만 감정적으로 만족할 수 있는 상황에 저항해 왔다. 이는 그 자체로 자기모순이고 역설이기 때문이다. 내면을 제대로 직시하면, 빈부나 건강 상태와 관계없이 서로를 사랑하는 진실한 감정을 갈망함을 알 수 있다. 그러나 현실적인 평가 기준을 마주할 때면, 자기 내면을 왜곡하며 나름대로 합리적인 근거를 만들어 낸다. 즉 결혼한 부부가 가난해지는 것만큼 비참한 일도 없으니 서로 물질적인 조건을 요구하는 것은 매우 정상이라는 식이다. 이로써 진실한 감정은 부차적인 것으로 치부되며, 서로의 감정도 순수하지 않게 된다. 그래서 어쩔 수 없이 내면에 깊숙이 자리한 감정 추구를 축소하거나 회피하게 된다.

2. 개인의 고통과 집단의 출로

나는 소호민에게서 어떻게 고통의 근원과 열망이 서로 얽혀 하나로 일치되는지 보았다. 이는 고향에 돌아가 집 짓는 것을 진리처럼 여기는 것으로 귀결된다. 비록 그 집이 빈집이 되어도, 자신이 여전히 도시에서 떠돌이 생활을 계속하더라도 전혀 개의치 않는다. 다른 출로가 보이지 않으니 나방이 불에 뛰어들듯 맹목적으로 집을 짓는다.

이것이 바로 고통을 해결하는 수단과 방향에 대한 모색을 개인과 가정의 차원에만 제한한 결과다. 표면적으로 보면, 소호민이 받은 고통의 근원은 가정의 문제다. 그러나 깊이 사고해 보면, 문제의 근원은 사회 구조적인 것에 있음을 발견할 수 있다. 소호민의 친모가 품팔이 생활로 얻은 정신 질환은 결코 개인의 문제가 아니다. 품팔이 노동자가 일하는 작업장의 열악한 사회 보장 수준과 사회적 지원 네트워크의 결핍이라는 사회적 문제다. 소호민 부모의 불화도 단순한 가정 문제가 아니라 도박이라는 사회 풍조 및 사회적 성별 관계와 관련된 문제다. 또한 소호민이 집을 짓는 과정에서 받은 스트레스는 표면적으로는 아버지로부터 비롯된 것으로 보이지만, 근원적으로는 개인과 사회의 관계에서 비롯된 문제다. 고향에 집을 짓지 못하면 맞선에 성공하기 어렵고, 마을에서 사회적 지위도 얻을 수 없으며, 실패한 사람으로 취급되어 존엄성을 상실하고, 어떠한 성취감도 누릴 수 없다. 품팔이 노동자들이 실제로 사는 도시에서 안정감을 찾을 수 있다면, 나방이 불 속에 뛰어드는 것과 같은 '억측에 기초한 안정감'을 선택하지는 않을 것이다.[101] 그러나 도시에서 그들의 삶은 열악한 노동 조건과 주거 환경, 하늘 높은 줄 모르고 치솟는 집세에 허덕인다. 이러한 문제는 절대로 개인의 힘만으로 해결할 수 있는 것이 아니다.

따라서 소호민이 직면한 상황은 사회적 문제를 개인이 해결하려는 과정에서 필연적으로 마주친 곤경이라 할 수 있다. 나는 이 장의 서두에서 그의 훌륭한 품성에 감동했다고 했다. 그러나 개인적인 수양에 국한된 품성의 향상만으로는 품팔이 집단 전체의 출로를 찾을 수 없으며, 사회

---

101 [역주] 려도는 '정신적 억지'라는 개념을 통해 품팔이 노동자들이 근거 없는 억측으로 결코 돌아갈 수 없는 고향에 집을 짓는 현상을 설명했다. 《중국 신노동자의 형성》, 292쪽과 366쪽 참조.

발전을 위해 아무런 공헌도 할 수 없다. 개인적인 측면에서 보면, 소호민은 평범하지만 천박하지 않다. 그러나 집단과 사회적 측면에서 보면, 천박하지는 않더라도 여전히 세속적인 평가 기준에 얽매여 있다. 또한 개인적 측면에서 그는 위대함을 추구하지는 않지만, 결코 타락하지 않았다. 그러나 마찬가지로 집단과 사회적 측면에서 보면, 그는 타락하지는 않았지만 저항하지 않는다. 개인적인 측면에서 그는 과도한 욕심 없이 자신을 사랑하고 존중한다. 그러나 집단과 사회적 측면에서 자신을 사랑하고 존중하는 것만으로는 자신의 기본 권익을 수호할 수 없다. 마지막으로 개인적 측면에서 그는 현실이 막막하더라도 결코 자아 성찰을 포기하지 않는다. 그러나 집단과 사회적 측면에서는 이러한 자아 성찰이 자기 위안에 그칠 뿐이다.

이것이 집단과 사회적 측면에서 바라본 소호민의 삶에 대한 문화적 성찰이다. 그러나 이것이 개인으로서의 소호민의 뛰어난 품성을 부정하는 것은 결코 아니다. 이처럼 보통 사람들의 품성이 우리 사회가 완전히 부패하고 타락하지 못하도록 하는 기초다. 다만 안타까운 것은 자신의 안위만을 생각하는 품성만으로는 사회 문제를 야기하는 세력에 대해 어떠한 저항도 할 수 없다는 것이다.

3. 건강한 인간과 사회

2013년 9월 24일 열린 노동자 강습회에서 공장 노동을 하며 느낀 점이 무엇인지 물었다. 그들이 대답한 키워드는 다음과 같다.

공장-식당-기숙사(셋방)를 맴도는 단조로운 삶, 종일 줄서기, 밤낮

이 따로 없음, 기계 인간이 됨, 신입 괴롭힘, 연애 상대를 찾을 수 없음, 고생, 긴장, 피곤함, 지나친 규율, 복종, 이름 대신 번호로 불림, 낙인찍힘, 성희롱, 도둑으로 몰림, 게으른 사람 취급, 놀림감, 사람 취급 안 함, 자유가 없음, 울고 싶음, 집에 대한 그리움, 감옥살이, 전망 없음, 괴로움, 절망, 무력감, 무감각, 억압, 노예화, 멸시

현재와 같은 공장 환경에서 품팔이 노동자들은 정신적으로나 육체적으로 심각한 고통을 받아 심신의 건강을 유지하기가 어렵다. 그래서 나는 심신 건강을 유지하기 위한 소호민의 굴하지 않는 노력에 큰 용기를 얻었다. 그에게서 일종의 희망과 가능성을 보았기 때문이다. 인간은 정확한 인지 능력이 있어서 비인간적인 대우를 받으면 즉시 위에서 나열한 감정을 느낀다. 에리히 프롬은 정신적으로 건강한 인간을 다음과 같이 정의한다.

정신적으로 건강한 인간이란 생산적이고 소외되지 않은 인간이다. 즉 자기 자신을 사랑으로써 세상과 관련시키는 인간, 현실을 객관적으로 파악하기 위해 이성을 활용하는 인간, 자기를 독립적이고 개인적인 존재로서 경험함과 아울러 동료와 일체감을 갖는 인간, 불합리한 일에는 절대복종하지 않으며 양심과 이성의 합리적 권위를 기꺼이 받아들이는 인간, 살아 있는 한 생성 과정에 있으며 인생이란 선물을 그가 가진 가장 귀중한 기회로 생각하는 그런 인간이다.[102]

여기서 프롬이 말하는 '소외'는 다음과 같이 이해할 수 있다. 예컨대 노동해서 돈을 모으는 것은 더 나은 삶을 위해서이며, 이러한 의미에서 돈은 인간을 위해 존재하는 것이다. 그러나 부의 축적이 그 자체로 목표와 목적이 되고, 반대로 인간이 돈의 노예가 되는 것이 바로 '인간의 소외'다. 또한 프롬이 말하는 '이성적 권위'와 '비이성적 권위'는 다음과 같이 이해할 수 있다. '이성적 권위'는 교사와 학생의 관계로 비유할 수 있는데, 이들 사이의 이익은 서로 일치한다. 반면 '비이성적 권위'는 주인과 노예의 관계로 비유할 수 있으며, 이들 사이의 이익은 서로 대립한다. 프롬의 정의에 입각해 자신과 품팔이 집단의 상태를 평가하면, 오늘날 우리는 '아건강亞健康 상태'[103]에 처해 있다. 건강하지 않은 사회는 건강하지 못한 사람을 만들어 내기 때문이다. 그렇지만 결국 우리 힘으로 자신과 사회를 변화해 나가야 한다.

　동료들과 소호민의 삶을 토론했을 때 반응이 다양했다.[104] 어떤 친구는 그의 삶이 매우 의미 있다고 느꼈지만, 다른 친구는 주변 사람이나 자신의 경험과 큰 차이가 없다며 아무런 느낌을 받지 못했다고 했다. 이러한 반응을 충분히 이해하지만, 다음과 같은 사실을 인식해야 한다. 첫째, 보통 사람의 이야기는 의미가 없는 것이 아니라 오히려 매우 중요한 의미가 있다. 보통 사람과 평범한 일상에 대한 무시는 많은 경우 빈민과

102　艾里希·弗洛姆,《健全的社會》, 孫愷祥 譯, 上海譯文出版社, 2011年, 233p. [역주] 한국어판은 《건전한 사회》, 274쪽 참조.

103　[역주] 증상은 분명히 있으나 의학적 진단이 나오지 않은 상태를 의미한다. 질병과 건강한 상태의 중간 상태를 일컫는 용어로, 중국 정부가 세계에 공표한 신조어다. 국제적 표기는 'YAJIANKANG' 이며, 대표적인 증상으로는 피로, 통증, 분노, 소화 불량, 우울증, 수면 장애, 불안감 등이 있다.

104　이하는 2013년 12월 20일 저녁, 15명의 '북경 노동자의 집' 동료와 함께 소호민의 삶을 토론한 내용이다.

하층 민중을 주변화하는 수단으로 작용한다. 즉 보통 사람들이 유명 인사나 지식인을 우러러보게 만듦으로써 자기 삶의 의의는 경시하도록 한다. 둘째, 보통 사람의 이야기는 중요한 의미가 있지만, 개체로서의 보통 사람의 투쟁은 매우 제한적이다. 즉 소호민처럼 《요범사훈》에 의지해 마음가짐을 바꿈으로써 자신의 고통을 조금 줄일 수 있을 뿐이다. 그러나 여기에만 국한되어서는 결코 고통스러운 현실을 근본적으로 변화시킬 수 없다. 따라서 보통 사람들은 기회가 되는 대로 자기 삶 이야기를 공유함으로써 개체로서의 한계를 명확히 인식하고, 자신을 수양함과 동시에 연대 가능성을 모색해야만 한다. 셋째, 오늘날 사회 현실에서 볼 때 평범한 개인으로서의 소호민의 존재는 그 자체로도 소중하다. 그는 수많은 고통과 시련을 겪으면서도 최소한 소극적이거나 부정적인 사람이 되지는 않았다. 더 소중한 것은 품팔이 집단 가운데 소호민과 같은 사람이 적지 않다는 것이다. 그러나 현실에 직면했을 때도 과연 소호민이 적극적인 역량을 발휘할 것인지는 확실하지 않다. 예컨대 누군가 강도를 당했을 때나 노동자들의 투쟁을 목격했을 때, 그가 연대의 손을 내밀 것인지는 확실하지 않다. 한 개인은 순결한 마음을 갖고 있을지 몰라도 사회적 현실에 의해 점점 위축되고 작아짐으로써 사회적 역량으로 발현되기 어렵기 때문이다. 개인의 훌륭함과 역량은 올바른 방향의 사회적 환경이라는 조건이 충족되어야만 제대로 발휘된다. 그리고 이러한 사회적 환경을 만드는 것이야말로 중국이 직면한 준엄한 임무이자 역사적 사명이다.

얼어붙은 겨울[105]

(노래)

얼어붙은 겨울, 나도 꽁꽁 얼어 버릴 것 같아

끝없는 인생길, 나는 어디로 가야 하나

겨울이 가고 봄이 오면, 나는 또 차에 올라

여전히 공단을 배회하겠지

(랩)

희망에 가득 차 고향을 떠나던 그해를 기억해

환상적이고 매혹적인 도시로 왔어

뭔가 해볼 수 있으리라 생각했어

하지만 번번이 벽에 부딪혀 발붙일 곳 없어

(노래)

화려하고 낯선 도시에서

사람들은 붐비는데 도움의 손길은 없어

매일 기계와의 연애만 반복하지

이 차가운 사랑이 견딜 수 없이 쓸쓸해

---

105 2012년 겨울, 북경 동심창업훈련센터 7기 문예 수업에서의 집단 창작극.

(랩)

식료품 공장에선 사랑에 실패해

전자 공장에서는 산재를 당해

노점을 깔면 단속반이 무정하게 벌금을 내래

작은 가게를 열면 경영난으로 파산해

실패를 싫어하는 나는 새 출발을 결심해

(노래)

삶은 들풀과 같아

들불에도 다 타지 않고, 봄바람이 불면 다시 돋아나

비록 현실은 꿈을 좇아갈 수 없지만

나는 여전히 비바람 속에서 싸우고 있어

(랩)

삶은 때때로 시시한 일로 너를 열 받게 해

삶은 사방으로 떠돌아다니는 떠돌이 개

삶은 저울과 달라 그리 공평하지 않아

삶은 사기만 하면 당첨되는 복권이 아니야

(노래)

나도 자유로워지고 싶어

바다를 마주하며 따스한 봄꽃을 맞는

나도 불꽃처럼 타오르고 싶어

캄캄한 밤 홀로 불을 밝혀 다른 이를 따스하게 하는

(랩)
더는 체불 임금 없이 떳떳하게 노동하길 원해
질병으로 고통받지 않는 존엄한 삶을 바라
더는 기계와의 연애가 아닌 진정한 사랑을 원해
외지로 나갔던 이들이 즐겁게 집에 와서 설을 맞길 바라

제11장

왕해군의 이야기
― 노동자 권리 추구를 위한 삶

삶 이야기: 우리의 권리는 우리가 대표한다

　왕해군(王海軍, 왕하이쥔)을 알게 된 지 벌써 2년이 넘었다. 처음 그의 이름을 본 것은 '소주 노동자의 집'에서 발간하는 《노동자통신工友通訊》을 통해서였다. 그는 문장력이 뛰어나 이 매체에 자주 글을 발표했다. 2011년 《중국 신노동자의 형성》 초고를 완성했을 때에도 나는 그에게 초고를 보내 의견을 구했다. 그는 "이 책은 내 삶과 아주 밀접해 있어요. 예전에 읽은 책들의 시각은 대부분 관료적이라 별로였어요. 하지만 당신 책에 나오는 이야기엔 애틋한 감정이 들었어요. 특히 품팔이 부모를 따라 도시를 떠도는 '유동 아동'의 이야기는 정말 마음 아프더군요. 저의 어릴 때 고통과 지금의 아이들이 겪는 고통이 또 달랐어요. 아주 유익한 책이에요. 어떤 책을 읽고 그 사상에 공감한다면 문제를 사고하는 시각과 행동이 달라질 거예요"라고 말했다.

　2012년 3월 10일과 17일에 왕해군을 인터뷰했다. 17일은 토요일이라

마침 그가 쉬는 날이었다. 이야기가 끝날 때쯤 그의 숙소에 가 보고 싶다고 했더니 흔쾌히 받아들였다. 작은 동네에 있는 그의 아파트는 별장처럼 예뻤다. 아파트 건물 배열이 좁지 않아 작은 정원에 풀과 나무도 있고, 복도도 깨끗하고 밝았다. 그런데 건물 안으로 들어서자 쪽방들이 빼곡했다. 한 층에 10개의 방이 있고, 1개의 주방과 2개의 화장실을 공용으로 사용하는 구조였다. 토요일 오후라 건물 안은 매우 조용했다. 그는 방문마다 신발이 없는 걸 보니 대부분 외출한 것 같다고 했다.

그의 방은 매우 깨끗하고 잘 정돈돼 있었다. 이불도 잘 개어져 한쪽에 놓여 있었다. 그는 어제 먹던 생선이 한 마리 남았는데, 같이 먹겠느냐고 했다. 그가 사 온 만두와 함께 점심을 먹었다.

2014년 3월 28일 그가 소주에 집을 샀다는 소식을 들었다. 다음에 꼭 보여 달라고 했더니 그는 "내게 집이 생긴 건 제 친구들에게 집이 생긴 거나 마찬가지예요. 이 집은 우리 모두의 집이죠"라고 말했다.

가정 환경[106]

저는 1988년생이고, 고향은 산동성 임기臨沂시 기수沂水현 마참馬站진 서왕西旺촌이에요. 아버지는 48세, 엄마는 45세고요. 두 살 아래인 남동생이 하나 있는데, 청도 공장에서 일해요.

초등학교 3학년 때 엄마가 신장염에 걸렸어요. 엄마는 줄곧 약에 의지해 살았는데, 힘든 일을 하거나 스트레스를 받으면 안 돼요. 그 때부터 집에 빚이 늘기 시작했어요. 당시 저와 동생은 빈곤 자녀로

---

106 2012년 3월 10일과 17일 소주 목독진 근처에서 인터뷰한 내용이다.

분류돼 학비를 지원받았어요. 집이 가난해서 볶음 요리를 먹어 본 적도 없고, 거의 소금에 절인 음식만 먹었어요. 매일 배가 고파서 걷는 것도 힘들었어요.

저는 재수해서 고등학교에 들어갔어요. 중학교 졸업하고 외할아버지와 함께 공사장에서 막노동을 했어요. 한번 곯아떨어지면 일어나지 못할 정도로 일이 힘들었어요. 거기 십장이 언젠가 일을 시키려고 자는 저를 깨웠지만 일어나지 못하더래요. 고등학교 다닐 때도 여름방학마다 일을 했어요. 너무 더워서 하루에 물을 몇 통이나 먹었죠. 그때는 이모부가 십장이었는데, 그때도 낮에 몇 번 못 일어났어요. 그러다 집에 갔는데, 부모님이 못 알아보시는 거예요. 새까맣게 타서 아프리카에서 온 줄 알았대요. 그래도 저는 사회에 나와 단련하는 게 좋다고 생각해요. 부모님은 가난한 집에 태어나 죽을 고생을 한다고 걱정하지만요. 그래도 예전과 비교하면 지금은 행복한 거예요. 아버지는 아직도 공사 현장에서 일해요. 작년에는 저보다 돈을 더 벌긴 했지만, 일이 얼마나 고된지 아니까 마음이 아려요.

저를 공부시키느라 동생은 중학교도 못 보냈어요. 제 학비만도 버거웠거든요. 저는 외지로 나와 일하고부터는 절대로 집에 손을 벌리지 않아요. 동생은 저보다 먼저 외지에 나와 일했어요. 그래서 일찍 철들었죠. 예전에는 번 돈을 전부 드리기도 했어요. 동생은 16세부터 지금까지 집에 돈을 보내요. 제가 돈이 아까워 옷도 못 사니까 비싼 옷을 한 벌 사주더라고요. 부모님이 그러시는데, 작년에 동생이 보내는 돈이 좀 줄었대요. 자기 앞으로 돈을 모으기 시작해서일 거예요. 어쩌면 여자 친구가 생겼는지도 모르고요.

동생이 피부병으로 크게 아픈 적이 있어요. 입원까지 했었는데, 부모님께 알리지 말라며 제게 입원 수속을 부탁했어요. 병원비로 몇천 위안이 나갔죠. 동생은 어릴 때 손에 화상을 입어서 손이 반 정도 굽었어요. 그래서 손을 유연하게 움직이질 못해요. 나중에 청도의 큰 병원에 물어봤는데, 시기를 놓쳐서 고치기 어렵대요. 치료비도 십만 위안이 넘고요.

고등전문학교 진학

고등학교 졸업 후 고등전문학교에 들어가 수치 제어 이론과 조작 관련 전공으로 전문대 학위를 받았어요. 학비는 1년 반에 1만6000위안이었고, 졸업 때까지 2만 위안 넘게 들었어요. 2007년에 입학해 2008년 말에 Amp-Tyco 공장에서 실습을 했어요. 거기서 일하면서 2009년 7월에 정식으로 졸업했고요. 학교에서 배운 건 전혀 쓸모가 없었어요. 당시 그 공장의 월 평균 급여가 1800위안으로 너무 적어서 2009년 10월에 몇몇 동창과 같이 그만뒀어요.

소주 엡손 공장에서 일하다

당시 소주에 있던 동창생이 그 지역이 좋다고 해서 갔는데, 그를 만나지는 못했어요. 부모님이 빨리 결혼하라고 재촉해서 집으로 돌아가기는 싫더라고요. 가능한 집에서 멀리 떠나 있고 싶었어요. 나중에 청도에 있던 동료와 연락이 닿아서 소주에 있는 자기 친구의 연락처를 알려줬어요. 산동 출신의 동향인이지만, 일면식도 없던 사람인데 기차역까지 마중 나왔더라고요.

소주에서 며칠 놀다가 일자리를 구하기 시작했어요. 다른 사람 집에서 신세를 지려니 좁기도 하고 미안하더라고요. 처음 일자리를 구할 때는 기대치가 높았어요. 임금도 높고, 전공에 맞는 일자리를 원했죠. 하지만 결국 찾을 수 없었어요. 할 수 없이 눈높이를 낮춰서 엡손(Epson, 爱普生) 공장에 들어가 1년 좀 넘게 다녔어요. 거긴 동년배들이 많아서 좋았어요. 물론 안 좋은 점도 있었죠. 소조장이나 라인장이 말을 함부로 하며 상처를 줬거든요. 회의 때도 "너희 같은 품팔이는 일하고 싶으면 하고, 하기 싫으면 나가 버리지. 우리 공장에 너희 같은 사람은 필요 없어"라고 막말을 해요. 참는 사람도 있지만, 못 견디는 사람도 있어요. 전망도 별로 없죠. 월급이 고작 2000위안 정도여서 겨우 생계만 유지할 뿐이거든요. 한 달에 1000위안도 저축을 못 하니까 아무 의미가 없어요. 당시 제 평균 월급은 2300위안 정도였어요.

엡손은 거대한 주문자 생산OEM 방식의 기업인데, 대부분이 파견 노동자예요. 엡손에 속한 직업 중개소가 많아서 일손을 못 구할 걱정은 전혀 없죠. 8개의 대규모 노무 파견 회사도 있고요. 우린 직업 중개소를 통해 노무 파견 회사를 소개받아 계약을 체결했어요. 당시 저는 1년 계약했는데, 1년 후에 평가가 좋으면 정식 직원이 되는 거였어요. 그리고 1년 후에 정식 직원이 됐어요. 무단결근이나 지각도 없고, 품행이 좋았거든요. 그러다가 2011년 초에 그만뒀어요.

이직

엡손 공장을 그만두고, 부동산 판매 회사에 찾아갔어요. 그런데 면접에서 떨어졌어요. 왜 떨어졌냐고 물으니 제가 그 일에 적합하지 않다더군요. 얼마를 받고 싶으냐고 물어서 4~5만 위안이라고 대답했거든요. 30~40만 위안이라고 답해야 했대요. 어쨌든 나중에 결국 채용돼 교육도 받았어요. 그런데 입사하자마자 쑤저우시에서 부동산 구매 제한령을 공표해 주택을 사려는 사람이 매우 적었어요. 이 일은 기본급이 없고, 판매에 따라 성과급을 줘요. 보름 좀 넘게 일했는데, 결국 하나도 못 팔았어요. 300여 명 가운데 몇 명만 성과를 올렸죠. 그래서 대부분 그만뒀어요.

그러다가 이력서를 내고 한 독일 자본 기업에 취직했어요. 거긴 세계 500대 기업이에요. 면접 때는 제가 경험이 없다고 안 된다고 했는데, 작업장 책임자가 제가 그쪽 분야를 전공했으니 기회를 주겠다고 했어요. 그래서 수치 제어 가공 센터에 배속됐죠. 이 직무는 기술공과 조립공의 중간 정도예요. 우리 작업장에는 기술공이 없어서 제가 기계 조작과 생산을 동시에 담당했어요.

쑤저우 독일 자본 공장에서 일하다

이 공장에는 총 800여 명이 일하는데, 우리 작업장에는 30여 명이 있어요. 여기서는 전자저울에 들어가는 센서를 생산해요. 우리가 생산하는 제품의 중국 시장 점유율은 처음에는 2%였다가 지금은 50%까지 상승했어요. 그리고 여기는 파견 노동자가 없어요. 생산과 판매를 같이 하는데, 생산직이 약 400명이고, 나머지는 연구 개발부나 영업부에서 일해요.

직무 변경 최근에 직무가 변경됐어요. 간부가 현장의 절삭 공구

관리 일을 배정했거든요. 발주도 해야 하고, 매달 원가 소비 등도 계산해야 했죠. 이 일은 정신노동이어서 제게 큰 도전이었어요. 하지만 받아들이고 있어요. 이전 직무는 발전 가능성이 없었거든요. 이 직무를 통해 제 능력을 더 향상할 수 있을 거예요.

노동 시간 예전에는 오전 6시부터 오후 2시 반까지 오전반에서 일했고, 저녁 7시까지 초과 근무도 했어요. 엄청 피곤했죠. 오후반은 오후 2시 반부터 밤 11시까지고요. 지금 노동 시간은 오전 8시부터 오후 5시까지예요. 훨씬 편해요. 간부들은 모두 이 시간에 출근해요.

임금 여긴 임금도 괜찮은 편이에요. 예전에는 기본급이 월 1500여 위안이었는데, 지금은 1900위안이에요. 곧 2000위안으로 오를 거고요. 근속 수당도 있어서 오래 일한 직원은 기본급으로 2800위안도 받을 수 있어요. 현재 제 월급은 3400위안이 좀 넘는데, 여기에서 주택공적금 160위안과 사회보험료 203위안을 제해요. 한 달에 초과 근무가 70~80시간 정도 되는데, 이번 달에는 110시간을 했어요. 예전과 비교하면 정말 만족해요. 대우도 괜찮고, 물품 구매 카드도 주거든요.

사실 2000위안 벌던 시절에도 웬만하면 다 만족했어요. 집에서 농사짓는 것보다는 나으니까요. 하지만 지금은 물가가 많이 올라서 도무지 만족할 수가 없어요. 도대체 얼마나 더 벌어야 하는 건지도 모르겠고요. 그저 쪼들리지만 않길 바랄 뿐이에요.

[표20] 왕해군의 임금 변화

장소 및 시기	임금	비고
청도 건축 현장 2007년 여름방학 2개월	월 800위안	월 1회 휴무. 식사 제공. 숙소 미제공.
청도 Amp-Tyco 전자 공장 2008년 말~2009년 9월	기본급이 750위안이었다가, 나중에 850위안으로 오름. 하지만 휴무일이 많아져서 전체 급여는 큰 차이가 없음.	월 4회 휴무. 공장에서 숙식 해결. 각종 사회보험도 규정에 따라 제공됨. 미국 자본 기업이라 매우 체계적임.
소주 엡손 2009년 10월~2010년 2월 (수습 1개월, 노무 파견)	기본급 850위안에 월급 1850위안. 2010년 1월부터 기본급이 960위안으로 인상되어, 월 급여도 약간 오른 2200위안이 됨.	4일 출근, 2일 휴무. 주말 없이 월평균 24~26일 출근
소주 엡손 2010년 3월~2011년 2월 (정식 직원)	기본급이 1260위안으로 인상됨. 그러나 사회보험료 공제가 많아 월급은 여전히 2200위안. 2011년 1월 1일부터 기본급이 1450위안으로 인상되어 월급도 약간 오름.	정식 직원 대우는 비교적 좋은 편이나 보조 수당이 적어 특근으로 급여 수준을 유지함. 연말에 200% 이상의 보너스도 있음.
소주 독일 자본 공장 2011년 3월 23일~6월	기본급 1400위안에 총 월급 2500위안	기계 가공 업무가 상대적으로 고되지만, 독일 자본 기업이라 복지가 좋음. 사회보험료 및 주택공적금 보조. 연말 보너스 200%. 직원의 날, 생일 파티, 연말 회식 등도 있음.
소주 독일 자본 공장 2011년 7월~2012년 2월	기본급 1550위안에 총 월급 2800위안	직원의 유동성이 커져서 책임자가 임금 인상을 신청함.
소주 독일 자본 공장 2012년 3월~현재	기본급 월 2050위안에 총 월급 3200위안	기계 산업 업종 시세에 근거해 급여가 많이 인상됨. 그러나 매월 70시간을 초과해 특근할 수 없도록 제한됨.

사회보험　　　　　예전엔 사회보험이나 주택공적금이 필요 없다고 생각했는데, 지금은 늙으면 사회보험 혜택을 받고 싶어요. 동료가 병원 진료비를 청구하는 걸 보니 정말 좋더라고요. 다른 동료는

주택공적금을 이용해 집도 샀어요. 청도에서 1년쯤 일했을 때는 사회보험에 가입하고 싶지 않았지만, 지금은 계속 들고 있어요. 주변 사람들은 8~10년씩 보험료를 내더라고요. 만기 시에는 사회보장 혜택을 받아요. 자식들에게 기댈 순 없잖아요. 요즘은 빈부 격차가 커서 각자 짊어져야 할 부담도 크니까요.

복지   1년에 6회 100위안씩 쓸 수 있는 물품 구매 카드를 발급해 줘요. 단오절, 추석, 신정, 구정, 직원의 날 등에요. 구정 때는 추첨해서 100위안짜리 카드를 추가로 주고요. 당첨률은 60% 정도 돼요. 그리고 여름철 무더운 날씨에 근무하면 보조금으로 400위안이 나와요.[107]

생산 목표량   도대체 왜 그렇게 생산량을 많이 책정해서 모두를 힘들게 할까요? 그 이유는 몇몇 사람이 늘 초과 생산을 해서 성과급을 받아가기 때문이에요. 책임자가 볼 때는 생산 목표량이 낮아서라고 생각하니까 목표량을 올리는 거죠. 이런 사람들은 작은 이익을 위해 전체의 이익을 침해해요. 우리 작업장에는 30여 명이 일하는데, 그중 3명이 항상 초과 생산을 해요. 우리 가운데 쉬지 않고 가장 빠르게 일하는 사람의 생산량으로 전체 생산 목표량을 정하면, 모두가 고생하는 거죠. 우리 작업장의 생산 목표량은 매일 공고란에 게시돼요. 생산량을 못 채우면, 면담을 하거나 보너스가 깎여요. 작업장 책임자의 스트레스도 크죠.

---

107 [역주] 고온보조금高溫補貼이라는 제도로, 여름철에 기온이 35℃ 이상 되면 작업 안전과 노동 안전, 생산성 제고를 위해 야외에서 일하거나 작업장 온도를 33℃ 이하로 낮춰야 한다. 그러지 못할 경우 음료비 등 보조금 지급과 교대 휴식 등을 제공하도록 규정하고 있다.

우리는 생산 목표량이 너무 높고 노동 강도도 세서 회사에 불만이 많았어요. 그래서 상황을 파악하기 위해 동일 업종을 조사했더니 우리 회사의 임금 수준이 평균 정도로, 가장 높지는 않더라고요. 그래서 작업장 책임자에게 임금 인상을 요구했어요. 우리 작업장에 사람을 못 구하는 이유를 조사해 봤지만, 어느 공장의 임금이 높은지, 우리보다 얼마나 높은지 판단하기가 어렵더라고요. 우리보다 임금이 높은 공장은 모두 성과급 제도를 시행하고 있어요.

기층 관리 방식 우리 작업장의 조장과 팀장은 모두 삼십 대예요. 그들은 합리적으로 일을 처리하고, 무슨 일이든 친절하게 설명해요. 우린 그들을 존경하죠. 불편한 감정도 없고, 기꺼이 잘 따라요. 가령 매일 특근하고 싶은데 특근이 없으면, 관리자들이 "이번 주말은 푹 쉬세요. 며칠 지나면 주문이 많아져서 다시 바빠질 겁니다"라고 말해요. 이런 말이 사람을 편안하게 만들어요. 우리가 잘못을 저질렀을 때도 "어쩔 수 없는 일이었어요. 하지만 고과 기준이 있으니 다음부터는 주의하세요"라고 말해요.

설 회식 2012년 1월 15일에 샹그릴라 호텔에서 설 회식을 했어요. 5성급 호텔은 난생처음 경험해 봤어요. 5시 반부터 입장인데, 저는 좀 일찍 갔어요. 그런데 도무지 믿어지지 않아서 못 들어가겠더라고요. 2층을 통째로 빌렸는데, 한 테이블에 12명씩 총 60테이블이었어요. 마치 귀빈이 된 것 같았어요. 일종의 자긍심도 느껴졌고요. 예전에 다닌 회사는 설 회식도 없고, 복지도 열악했으니까요. 전 직원이 회식에 참석했고, 영국과 독일 등에서 관리자와 대표도 왔어요. 세 가지 공연 프로그램 선정 과정에서 기층 노동자가 준비한 프로그램은 다 떨어졌어요. 그나마 우리 작업장의 한 남성이 오프닝 무대에 선발됐어요. 그는 한 달간 춤 연습만 했는데 월급도 나오고, 보너스로 300위안의 물품 구매 카드도 받았어요. 그가 훌라춤을 추는데, 반응이 아주 뜨거웠죠. 외국인 노동자들도 공연했어요. 식견도 넓어지고, 잊지 못할 추억이었죠.

2011년은 뜻깊은 해였어요. 소주에서 회사를 창립한 지 15주년이었고, 눈부신 업적도 달성했거든요. 매출액을 연초 목표보다 373%나 초과 달성했어요. 실적이 좋으니 자부심도 생기기 시작했어요. 그런데 생각해 보니 저와는 상관없는 일이더라고요. 실적이 아무리 좋아도 우리에게 떨어지는 건 아무것도 없어요. 독일 자본 공장은 10년이 하루 같아요. 정월 초파일 출근 첫날에 설 보너스로 80위안을 주죠.

작년에는 '미스터 선발대회'라는 행사도 개최했어요. 많은 사람이 체면치레로 참가해 설 회식 때 결선을 했어요. 예전에 엡손 공장에 다닐 때는 이런 기회가 없었어요. 거기서는 아무것도 아닌 존재 같았죠. 누가 나가든 들어오든, 아무도 신경쓰지 않았어요.

월세 및 기타 지출

엡손 공장에 다닐 때는 삶이 참 궁색했어요. 다락방에서 지내고, 회사 식당에서 맛없는 밥을 먹고, 퇴근 후에는 만두나 사 먹는 그런 삶이었죠. 제가 살던 다락방은 크기가 6㎡ 정도로 매우 좁고, 손을 뻗으면 닿을 정도로 천장이 낮았어요. 창문도 작아서 마치 새장에 사는 것 같았어요. 그런 환경에서 오래 지내다 보니 엄청 갑갑하더라고요. 주변도 시끄럽고, 밥도 못 해 먹었어요.

올해 셋방을 새로 구했어요. 크기는 9㎡이고, 창문도 커요. 시설
은 공용이고, 월세가 430위안이에요. 한 층에 방 10개, 공용 화장
실 2개가 있어요. 이 건물 월세는 대체로 450위안 정도고요. 남향
은 500위안이고, 12㎡짜리 방은 560위안이에요. 북쪽 끝 방에는
두 명의 여자가 같이 지내는데, 거긴 월세가 480위안이에요. 지금
은 환경이 많이 좋아졌어요. 밥도 해 먹을 수 있고, 출퇴근 거리도
가까워졌어요. 현재 임금 수준으로 유지할 수 있는 정도고요. 중
고 오토바이도 하나 사서 출퇴근용으로 사용하고 있어요. 지금은
삶이 궁색하게 느껴지지는 않아요. 처음 소주에 왔을 때는 월세가
120위안 정도였고, 하루 식비도 10위안이 안 됐어요.

[표21] 왕해군의 2012년 3월~4월 지출 내역

월세	430위안
수도세, 전기세	30위안
식비	약 450위안(아침과 저녁은 집에서, 점심은 회사 식당에서 먹음. 주말 특근이 없는 경우에는 집에서 먹음)
전화비	50위안(인터넷 연결이 60위안인데, 아직 설치하지 않음)
일상용품	약 200위안
합계	1160위안

동료들의 새집

우리 작업장에서 가장 오래 일한 사람이 8년이에요. 작업장 동료
중 5명이 소주에 집을 샀어요. 하나는 감숙성 출신의 팀장이고, 4

명은 직원이에요. 직원 중 하나는 고향이 강소성 양주揚州시고, 다른 하나는 상주시예요. 그리고 또 하나는 강소성 회안淮安시 출신의 소조장이고, 나머지 하나는 산동성 요성聊城시 출신의 기계 설비와 수리를 담당하는 사람이에요. 그들은 모두 결혼해서 아이가 있어요. 부부가 맞벌이를 하니 불의의 사고가 있어서도 안 되고, 아파서도 안돼요. 그렇지 않으면 대출금을 갚을 수 없으니까요. 그래서 스트레스가 크죠. 동료 중 하나는 2005년에 연애를 시작해서 3년 동안 10만 위안을 모았대요. 그리고는 2008년에 소주에 집을 샀어요. 산수화청이라 부르는 작은 동네에 있는 약 90㎡의 집이에요. 그때 가격이 약 50만 위안이었는데, 지금은 100만 위안 정도 돼요. 20년 상환의 주택 담보 대출을 받고, 초기 납부금으로 약 20만 위안을 냈죠. 자신들이 모은 돈에 장모 돈을 좀 보탰대요. 그리고 두 사람의 주택공적금으로 한 달에 1500위안씩 상환하고, 추가로 300위안 정도 갚고 있어요. 현재 장모에게 빌린 돈은 다 갚았지만, 아이들에게 들어가는 경비가 늘어나서 1년에 2만 위안이나 들어간대요.

연애와 결혼

동생이 저더러 연애 좀 하라네요. 자기가 먼저 결혼할 수는 없다고요. 그런 전통은 따를 필요가 없으니 먼저 결혼해도 괜찮다고 했어요. 도시에 살 조건을 갖추지 못하면 결혼할 필요가 없어요. 자신도 성숙하지 못했는데, 어떻게 한 가정을 돌볼 수 있나 싶어서요. 하지만 농촌에서는 혼기가 됐는데도 결혼을 못 하면 비정상이라 생각하죠. 도시가 농촌에 미친 영향도 커요. 요즘은 결혼할 때 여자 집에서 제시하는 요구가 많아요. 승용차를 요구한다는데, 점점 더 조건이 많아질 거예요.

노래와 현실 사이

학교 다닐 때는 인생이 아름다울 거라고 생각했어요. 좋은 대학에 들어가 공무원이 돼서 부모님 호강도 시켜 드리고, 사람들에게 부러움도 받고요. 지금은 많은 일을 겪어서 그런 생각을 안 해요. 그저 평범하게 살면 그만이죠. 부모님께 걱정 덜 끼치면서요. 결혼해서 세 식구가 평범하게 살 수만 있다면, 설령 주택 담보 대출 스트레스가 있더라도 다른 사람에게는 선망의 대상일 거예요. 힘들어도 가정이 있으니 만족하겠죠. 하지만 지금은 돈도 없고, 시간도 없어요. 매일매일 출근만 해요. 저는 술 담배도 안 하고, 오락 시설에도 안 가요.

여기서 일하면서 늘 마음이 편치 않아요. 가족들은 제가 고향으로 돌아왔으면 해요. 하지만 고향에 가도 크게 달라질 게 없으니 가고 싶지 않아요. 돌아갈 집도 없고, 농사도 지을 수 없어요. 돈이 없어서 도시에 집을 살 수도 없고요. 대체 어디로 가야 할지 모르겠어요. 언제쯤이면 제가 나아가야 할 길을 분명히 알 수 있을까요? 애인이 생기면 알 수 있겠죠?

동료들과 함께 '노동자 찬가'나 '품팔이, 품팔이 가장 영광스러워' 같은 노동가를 부르곤 해요. 처음 노동자들이 직접 만든 노래를 들었을 때는 상당히 고무됐어요. 이런 노래를 함께 부를 때도 매우 열정적이었죠. 하지만 지금은 열정이 없어요. 노래와 현실 사이에 큰 격차가 있거든요. 예전에는 출근할 직장만 있어도 좋다고 생각했는데, 지금은 이깟 월급으로는 생계만 유지할 뿐이라는 걸 깨달았어요. 그래서 이런 노래를 부르는 건 그저 자신들의 기운을 북돋으려는 것뿐이라는 생각이 들어요.

회사와의 첫 투쟁

2011년 말 처음으로 파업을 경험했는데, 심리적인 충격이 컸어요. 2011년은 우리 회사에 뜻깊은 해였어요. 소주에 회사를 창립한 지 15주년이었고, 눈부신 업적도 달성했거든요. 매출액이 연초 목표보다 373%나 증가했고요. 그래서 설 회식 전부터 회사에서 보너스를 줄 거라는 소문이 돌았어요. 예년처럼 기본급의 200% 연말 보너스 외에 5년, 10년, 15년 근속 포상이 있을 거라고요. 5년 이상 일한 직원에게 일종의 장려금을 지급하는 거죠. 그때 듣기로 5년 근속 장려금이 최소한 1000위안 이상일 거라고 했어요. 하지만 뜬소문이었을 뿐 인사과의 정식 통지는 없었어요.

2012년 1월 15일 설 회식을 했어요. 음력설까지는 일주일이 더 남았었죠. 어쨌든 회식이 끝나고 고향이 먼 동료들이 고향에 가기 시작했어요. 며칠 늦게 고향에 가는 사람들은 여전히 연말 상여금과 신년 임금 인상 소식을 기대하고 있었어요. 1월 16일에 드디어 연말 상여금과 5년 근속 장려금이 입금됐어요. 모두들 연말 상여금은 불만이 없었는데, 5년 이상 근속 장려금이 500위안만 지급된 거예요. 소문으로 들은 1000위안과는 차이가 컸죠. 더구나 똑같이 5년 근속한 간부들은 3000위안을 줬어요. 이 때문에 사람들이 무척 화가 났어요. 5년간 일한 직원들에게 주는 장려금인데, 당연히 간부와 직원을 차별하면 안 된다고 생각했거든요. 우리 작업장에는 30여 명이 일하는데, 1월 17일에 출근한 사람이 20명이 채 안 됐어요. 그러다가 17일 오후에 다른 작업장에서 파업한다는 소식을 들었어요. 그런데 그날은 별문제가 없었어요. 인사과에서 장려금 문제를 신속하게 처리할 거라 약속했거든요.

하지만 인사과에서 시간만 질질 끌었어요. 그래서 18일 오전에 다른 작업장 직원들이 작업을 중지하고 식당에 모여 책임자의 답변을 기다렸어요. 우리도 참여해야 할지 머뭇거리는데, 다른 작업장 사람이 연대해 달라고 하더군요. 우리는 그들과 같은 전선戰線에 있고, 우리의 이익과 권리를 위해 함께 노력해야 한다고 의견을 모았어요. 그렇게 우리 작업장의 10여 명도 2층 식당으로 갔어요. 하지만 식당으로 가는 길에 정말 불안했어요. 파업 이후에 어떤 처지에 놓이게 될지도 모르고, 팀장이 이 사실을 알게 되면 불이익을 줄 수도 있으니까요. 마음은 불안했지만, 이번 파업에 참여하는 것에는 조금도 주저하지 않았어요. 식당에 도착했을 때의 순간은 평생 잊지 못할 거예요. 식당에 있던 동료들이 손뼉 치며 환호하는데, 온몸에 전율이 흐르며 감격스럽더라고요. 마치 지도자들을 대하는 것 같았어요. 동료들이 친절하게 의자를 내어 주는 것에도 감동했어요. 처음 보는 사람도 있고 잘 모르는 사이지만, 그 순간에는 모두가 형제자매가 된 것 같았어요. 너나 구분 없이 모두가 우리의 권리를 위해 투쟁했어요. 식당 분위기는 매우 떠들썩했어요. 서로 토론하고, 자신들의 불만을 호소했어요. 어떤 사람이 "간부와 직원의 임금 격차는 원래 큽니다. 그런데 장려금마저 수작을 부리면, 도대체 어떻게 살라는 겁니까? 정말 말도 안 되는 일입니다"라고 발언했어요. 그리고 "우리는 반드시 끝까지 싸워야 합니다. 절대 회사와 타협해서는 안 됩니다"라며 서로를 독려했어요. 우리 작업장 동료들도 파업 참여 이유를 토론하며 마음속의 불만을 하나하나 꺼냈어요. 기본급이 다른 업종에 비해 너무 낮다, 상여금이 너무 적다, 열악한 급식과 높은 생산 목표량 등이 제기됐죠. 또 어떤 이는 친구에게 전화해 현재의 파업 상황을 알리기도 했어요. 그때 현장 분위기는 회사가 합리적인 방안을 들고나와야만 하는 상황이었고, 우리 모두 초조하게 기다렸어요.

우리가 인사과 및 총본부의 관리직과 대치하고 있는데, 부서 소조장과 주임이 와서 우리를 설득했어요. 작업장으로 돌아가 일하면, 곧 인사과에서 통지할 거라고요. 그러자 말 잘 듣는 직원 몇몇이 작업장으로 돌아가려는 거예요. 식당에 있던 수백 명이 그들에게 야유를 보내자 그들은 다시 자리에 앉았죠. 박수가 터져 나왔어요. 상황이 이러니 관리직도 어쩔 도리가 없었죠. 고개를 가로저으며 식당에서 기다릴 수밖에요.

1시간 후에 공회 책임자가 왔어요. 그가 단상에 서서 "회사의 장려금 지급은 확실히 세심한 고려가 부족했습니다. 하지만 돌이킬 방법이 없어요. 그래서 지금 보완 조치를 고민하고 있습니다. 그러니 일단 작업장으로 돌아간 후에 대표를 선출해 회의 석상에서 의견을 제출하세요. 시간이 걸리더라도 협상 자리에서 해결합시다"라고

하더군요. 공회 간부의 말이 끝나기도 전에 야유가 쏟아져 나왔어요. 공회와 회사가 한통속이거든요. 말만 번지르르하고요. 우리는 "우리의 권리와 이익은 우리가 대표한다. 다른 사람이 대신할 필요가 없다"고 답했어요. 그도 더 말해 봐야 망신만 당할 걸 알았는지 가만히 서서 우물쭈물하더라고요. 그러다가 인사과 책임자인 여성이 와서 공회 간부를 나무랐어요. 하지만 그녀의 말도 똑같았어요. 대표를 선출해 문제를 해결하길 바란다는 거였죠. 우리도 매우 결연했어요. '후퇴하지 말고 반드시 끝까지 싸우자! 일치단결하여 흩어지지 말자!'라고 마음을 모았죠. 그래서 다시 교착 상태에 들어갔어요.

식사 시간이 다 됐는데도 사측에선 아무런 소식이 없었어요. 우리는 일단 밥을 먹고 투쟁을 계속하기로 했죠. 그 순간 뜻밖에도 인사과 총책임자가 오더라고요. 그가 몇 가지 방안을 제시했지만, 그중 많은 것이 거부됐어요. 가령 대표자 선출이나 각 작업장이 분리해서 대처하자는 것 등이요. 최종적으로 우리는 인사과의 의견을 듣는 공청회에 전 직원이 차수를 나눠 참여하는 방안을 선택했어요.

협상 자리에서 어떤 방안은 우리의 거센 항의를 받기도 했어요. 예컨대 처음 방안은 1년마다 10위안의 근속 수당을 기본급에 추가로 누적 지급하는 것이었는데, 모두가 반대했어요. 이후 협상을 통해 30위안으로 조정됐고요. 그러면 회사에 오래 다닌 직원들의 기본급이 대폭 인상되거든요.

오후 4시가 돼서야 초보적으로 의견 일치를 이뤘어요. 이로써 우리의 짧은 파업도 끝났죠. 꽤 좋은 성과를 거뒀으니 이번 파업은 성공적이에요. 우선, 근속 수당이 생겼어요. 더구나 근속 수당을 기본급에 포함해 이에 따라 특근비도 산정하도록 했고, 근속 1년당 수당을 30위안으로 했어요. 가령 기본급이 1500위안인 사람이 5년 재직하면, 이번 조정을 통해 기본급이 1650위안이 되는 거예요. 그리고 조정된 기본급에 따라 특근비도 산정되고요. 둘째, 2012년 임금 상승률을 최소 10%로 합의했어요. 셋째, 전담 공회를 설립하고, 정기적으로 노동자 회의를 열도록 했어요. 마지막으로, 매월 직원 생일 파티 전에 인사과에서 직원들의 의견을 청취하는 시간을 갖도록 했어요. 그리고 여기서 심사해 통과된 의견은 총본부에 제출하도록 했고요. 직원의 이익을 도모하고, 관리직과의 소통을 강화하기 위해서죠.

소주에 집을 사다[108]

2014년 2월 소주에 27만9000위안짜리 집을 샀어요. 복층으로 만드는 데 1만 위안, 취득세와 시설 유지 보수금으로 2만 위안 넘게 들었으니 총 31만 위안 정도네요. 위아래 층이 각각 40m²고, 높이는 5m 정도예요. 주상 복합 건물이고, 소유권은 40년이에요. 위치는 시내에서 그리 멀지 않은 영암산靈岩山 자락에 있어요. 초기 납부금으로 14만 위안, 복층 개조비로 1만 위안을 냈어요. 이제까지 제가 모은 돈에 집에서 몇만 위안 보태 줬어요. 나머지 14만 위안은 대출받았는데, 10년 동안 이자 포함해서 매월 1600위안씩 상환

---

108 2014년 3월 28일 왕해군과 전화로 인터뷰했다.

해야 해요.

예전에는 집 살 생각이 없었어요. 집을 사야겠다고 마음먹은 데에는 몇 가지 이유가 있어요. 저는 고향으로 돌아가지 않을 거예요. 소주에서 일한 지도 오래됐고, 여기가 좋아요. 그리고 소주에는 '소주 노동자의 집'도 있잖아요. 주말에 쉴 때는 항상 거기에 가거든요. 집에 있는 것처럼 편하고, 소속감도 들어요. 그래서 다른 지역으로 가고 싶지 않아요.

집을 사는 것도 전염되나 봐요. 우리 작업장의 30여 명 중 작년 한 해 동안 8명이 소주에 집을 샀어요. 이미 집을 산 사람까지 합치면 절반 정도가 집을 산 셈이죠. 그 사람들 집은 모두 제 집보다 비싸요. 보통 80㎡ 넘는데, 1㎡당 1만 위안 정도 하는 집이에요. 초기 납부금이 30만 위안이고, 나머지는 대출로 충당한대요. 그들이 집을 산 이유는 도시 호구를 취득하기 위해서예요. 소주시 규정에 따르면, 75㎡ 이상의 집을 사고, 3년간 사회보험료를 내면 호구 전환을 할 수 있거든요. 그리고 또 다른 이유는 자녀를 소주에 있는 학교에 보내기 위해서죠.

분석

1. 선택을 통한 권리 추구

개인에게 다른 선택지가 없으면 자신의 권리를 쟁취하기 어렵다. 왕해군이 최초로 품팔이 노동을 한 곳은 엡손 공장이다. 그곳은 대부분 파견 노동자가 일하고, 기층 관리가 단순하며, 임금도 낮다. 이후 왕해군은 독일 자본 공장에 취직했다. 이곳은 파견 노동자를 고용하지 않고, 기층 관리도 비교적 합리적이다. 만약 중국의 모든 기업이 엡손과 동일한 방식으로 운영되고, 도시에서 품팔이하는 것이 농촌에서 농사짓는 것보다 절대적으로 유리하다면, 품팔이들은 불만이 있더라도 다른 선택의 여지없이 엡손과 같은 기업에서 계속 일할 것이다.

중국이 개혁·개방을 한 지 30년이 넘었다. 농민들이 도시에서의 품팔이 생활을 선택한 것은 저소득의 농업 생산과 폐쇄적인 농촌 생활 방식에서 탈피하기 위해서였다. 그러나 현재 신세대 품팔이들은 더는 농촌과 비교해 일을 선택하지 않는다. 오히려 도시 취업자들과 비교하고, 이전 직장과 대비해 선택한다. 이러한 측면에서 보면, 신노동자 집단의 물질적 토대는 이미 형성됐고, 상대적으로 일치된 요구를 갖고 있다.

그러나 현재 품팔이 집단은 여전히 정체성이 모호하기 때문에 집단의식 또한 흐릿하다. 어렴풋하게나마 자신이 농촌으로 돌아갈 수 없다는 것을 인식하지만, 노동자로서의 신분도 확실하게 인정받을 수 없기에 직장이나 사회에 명확한 요구를 제시하는 경우가 드물다. 명확한 방향과 요구가 없으니 맹목적이고 저돌적인 선택을 할 수밖에 없다. 만약 노동자 간에 효과적인 소통과 연대가 이뤄진다면, 많은 일을 할 수 있을 것이다. 단순한 예로, 일종의 '기업 처우 명부'를 만들어 이를 참고해 일자리를 선택한다면, 좋은 기업은 더욱 장려하고 열악한 기업에는 타격을 줄수 있을 것이다.

노동자들과의 대화를 통해 대략적인 기업 순위를 매겨 보았다. 좋은 기업에서 나쁜 기업 순으로 나열하면, '독일 기업-영미 기업-한국·일본 기업-대만 기업-중국 기업' 순이다.

2. 사회 보장 제도의 의의

2010년 노동자들과 인터뷰할 때는 대다수가 사회 보장 제도를 중요하게 생각하지 않았고, 자발적으로 사회보험에 가입하지 않았다. 학계 및 단체는 사회가 품팔이에 사회 보장을 제공해야 한다고 호소하지만, 품팔이들은 사회 보장 제공을 달가워하지 않는다. 노동자들에게 그 이유를 물었더니 "나중에 어느 지역에 있을지 누가 알겠어요? 사회 보험은 지역을 옮기면 이전이 안 되잖아요. 이전할 수 있다고는 하지만, 아닐지도 모르고요. 차라리 손에 돈을 쥐고 있는 게 낫지요"라고 말했다. 그리고 "장래에는 화폐 가치가 떨어질 거예요"라거나 "15년이나 내야 하는데, 벌써 할 필요는 없죠. 퇴직까지는 아직 멀었고요"라고 말하기도 했다.

불과 1년이 지난 2011년에 다시 그들을 만났을 때는 생각이 달라진 것을 볼 수 있었다. 동관에서 40대 초반의 여성 노동자를 인터뷰했는데, 그녀는 "사회 보험을 탈퇴하지 않았다면, 곧 15년 만기를 다 채웠을 텐데요"라며 후회했다.

왕해군도 이와 같은 과정을 거쳤다. 처음에는 사회 보험을 중요하게 생각하지 않았지만, 이제는 그 중요성을 인정한다. 그의 태도가 달라진 중요한 계기는 그의 동료가 사회 보험을 통해 의료 혜택을 받는 것을 보았기 때문이다.

혹자는 사회 보험에 대한 노동자의 부정적인 태도가 그들의 사상과 의식이 낮기 때문이라고 한다. 하지만 어떠한 관점이나 태도는 학습을 통해 나온다. 중국의 신노동자 집단은 이제 막 형성됐으며, 노동자가 되기 위한 학습도 일련의 과정이 필요하다. 성인 기준으로 아이들을 평가할 수 없듯이 100년 이상의 역사적 경험을 거친 유럽 노동 계급의 사상적 수준으로 중국 신노동자 집단을 판단해서는 안 된다.

중국 신노동자 집단은 우선 자신들의 사회적 역할을 인식해야만 한다. 그런 후에야 비로소 이 역할을 감당할 수 있는 권리와 의무를 배울 수 있다. 우리는 중국 신노동자의 역할을 어떻게 감당해 나갈 것인지 함께 학습해야 한다.

3. 노동 가치에 대한 탐구

노동 가치에 대한 사유는 노동자가 되기 위한 학습의 시작이다. 처음에 왕해군은 월급 2000위안에도 만족했다. 농민이 1년간 고생해서 벌어들이는 수입과 비교했을 때 매우 훌륭했기 때문이다. 그러나 도시에서의 품팔이 생활이 길어질수록 그의 사유 방식이 변화했다. 왕해군과 동료들은 동종 기업과 비교해 자신들보다 높은 임금을 받는 기업은 모두 성과급 제도를 시행한다는 것을 알게 되었다. 이는 그들을 매우 곤혹스럽게 했다. 노동의 대가가 어느 정도여야 공평한 것인지를 알 수 없었기 때문이다.

진정한 경제학자라면 당연히 공평한 임금을 연구해야 한다. 그러나 자본주의 논리에서 경제학은 '비인간적'인 학문이 되었다. 즉 자본의 통치 아래에 있기 때문에 경제학의 목적은 인민의 복지를 향상하는 것이 아니라 자본 증식 방법을 연구하는 것이 되었다. 이에 대해 유영길(劉永佶, 류용지)은 다음과 같이 지적한다.

> 화폐는 부르주아 경제학에서 유일한 핵심이다. 화폐가 자본이 되며, 화폐에 물질적 자산이 집중적으로 체현되어 있다. 또한 화폐는

인간 가치의 표지이며, 인간 행위의 목적과 준칙이 된다. 그리고 화폐의 계량화를 통해 전체 경제 활동을 평가하는데, 이것이 부르주아 계급의 '정통' 경제학의 비밀이며, 동시에 부르주아 계급 의식의 직접적인 표현이다.[109]

이처럼 서구 경제학은 효용 가치로 노동 가치를 대체하며, 이를 통해 자본이 인간을 통치하려는 목적이 분명하게 드러난다. 이제까지 수행한 사회학 조사를 떠올려 보면, 농민의 경우 자신들이 생각할 수 있는 모든 수입의 출처를 끈기 있게 열거했다. 그리고 노동자들은 매월 받는 고정적인 임금을 대부분 솔직하게 말했다. 그러나 회사의 사장을 조사한다는 것은 상상조차 할 수 없었다. 이윤은 자본과 자본가들만의 최대의 영원한 비밀이기 때문이다.

우리가 적격한 노동자가 되기 위해 학습하려면, 노동의 사회적·경제적 가치에 대해서도 탐색해야만 한다. 이를 위해서는 먼저 '노동이 가치를 창조한다'는 마르크스주의 사상을 명확하게 이해해야 한다. 그래야만 노동의 가치와 공평한 임금을 떳떳하게 쟁취할 수 있다. 둘째, 우리의 세계관과 가치관의 핵심은 돈이 아닌 사람이 되어야 한다. 그래야만 공장과 기업에서 노동자가 기계보다 중요하게 여겨질 수 있다. 셋째, 우리는 '8시간 노동'과 같이 기본적인 문제부터 쟁취해야 한다. 초과 근무를 해야만 겨우 생계를 유지할 수 있는 임금이 아니라 8시간 노동만으로도 '생활 임금'을 충당할 수 있도록 해야 한다. '생활 임금'이란 한 개인의 수

---

109 劉永佶, 《經濟文化論》, 3頁.

입이 자신과 가족이 현재 사는 곳에서 존엄한 생활을 유지할 수 있는 임금 수준을 의미한다.

4. 자아 정체성 형성 과정

품팔이들은 도시 생활과 농촌 전통문화에 의해 동시에 짓눌린다. 한편으로 농촌은 도시로부터 소비문화와 세속화를 배운다. 그러나 다른 한편으로 전통문화를 포기하지 않은 채 자녀에게 혼인과 출산을 요구한다.

곧 30세가 되는 감숙성 출신의 남성 노동자는 미혼이라는 이유로 가족에게 엄청난 스트레스를 받는다. 그는 고향에서 맞선으로 신붓감을 얻으려면 고급주택뿐 아니라 정원에 승용차도 한 대 세워 둬야 한다고 했다. 그렇지 않으면 여자들이 결혼하려 하지 않는다는 것이다. 어차피 둘 다 외지에서 일하는데 집에 차를 세워 두는 이유를 물으니 "중요한 건 모두 그걸 요구한다는 거예요. 그러니 그렇게 해야 체면이 서죠"라고 대답했다.

왕해군은 2009년과 2010년에 고향에서 설을 지내지 않았다. 물론 그도 집에 가고 싶었지만, 집에서 맞닥뜨려야 할 많은 일이 생각나 이내 포기하고 말았다. 가족들은 돈을 얼마나 벌었는지, 애인은 있는지 끊임없이 묻는다. 왕해군은 "농민이 될 수는 없으니 고향에 돌아가진 않을 거예요"라고 말한다. 여기서 그가 고향에서 설을 지내지 않는 것과 앞으로 고향에서 사는 문제를 명확하게 구분할 필요가 있다. 그가 고향에서 설을 지내기를 꺼리는 것은 농촌 문화의 속박에 대한 거부고, 고향으로 돌아가지 않겠다는 것은 농민 신분에 대한 거부다. 부모의 전통적인 사고방식이나 사랑을 이해할 수는 있지만, 사랑의 방식을 거부할 수도 있다.

자녀에게 전통과 현대적인 방식을 모두 따르도록 요구하는 이중적 억압은 부모가 사랑이라는 이름으로 자녀를 강제하는 일종의 폭력일 수도 있다. 따라서 농촌의 전통적인 문화로부터 자유로운 독립적인 인간이 되기 위해 함께 학습해 나가야 한다.

5. 노동자 권리 추구

왕해군은 자신의 요구 수준이 전혀 높지 않다고 말했다. 삶이 고생스럽더라도 따뜻한 가정을 이룰 수만 있다면 만족한다는 것이다. 이는 지극히 평범하고 일상적인 요구처럼 보이지만, 수억 명의 품팔이에게는 실현하기 어려운 몽상이다. 임금, 주거, 자녀 교육 등의 악몽에 시달리는 품팔이에게는 평범한 생활을 하는 것조차 요원한 몽상에 불과하다. 따라서 평범한 생활을 영위하기 위해서는 우선 노동자 권리를 추구해야 한다는 것을 명확하게 인식해야 한다.

왕해군이 자신의 임금이 얼마나 올라야 하는지에 대해 의혹을 품는 것은 자본주의 시장 경제하에서 임금 노동자로서의 노동 가치를 사고했기 때문이다. 자본주의 시장 경제의 핵심적인 특징은 화폐가 모든 가치를 평가하는 유일한 기준이라는 것이다. 따라서 임금이 노동자 가치를 평가하는 유일한 기준이 된다. 물론 공평한 임금을 쟁취하는 것은 노동자들의 정당한 권리다. 그러나 노동자가 직면한 최대의 도전은 노동의 가치를 어떻게 매겨야 하는지, 혹은 공평한 임금의 자원은 어디에 있는지를 제대로 파악하지 못한다는 것이다. 노동자들에게는 노동의 가치를 계산할 정보나 수단이 없다. 이윤이 자본가들만의 비밀로 유지되고, 자본가들이 경제 체계를 통제하는 상황에서 노동자들은 공평한 임금과 노동의 가치를 산정할 정보와 수단을 획득하기 어렵기 때문이다. 경제학은 마땅히 노동의 가치에 관한 과학적이고 보편적인 지식을 제공해야 한다. 그러나 현재 경제학자들은 주로 자본을 위해서만 복무하고, 더욱이 이론 연구 중심인 그들의 저술은 평범한 노동자들이 이해하기 어렵다.

왕해군이 사회 보험을 받아들이고 그 중요성을 인식하게 된 것은 그가 온전한 사회적 '공민'으로 한 발 진입한 것이다. 공민은 국가와 사회에서 권리와 의무를 다하는 개인을 의미한다. 사회 보험은 노동자의 권리만이 아니라 환자와 퇴직자, 실업자의 권리도 보장해야 한다. 즉 사회 보험은 사회 공동체 구성원의 요구와 보호를 구현하는 것이다. 그러나 우리가 온전한 공민이 되려는 순간 '권익 수호의 함정維權陷阱'에 빠지게 된다. 공민권은 법률에 따라 유지 보호된다. 그러나 오늘날 중국에는 노동법, 노동계약법, 악성 임금 체불 처벌 등에 관한 법률적 조항이 있어도 하도급업자나 사장이 노동자의 임금을 체불하는 일이 비일비재하다. 이처럼 불평등한 사회에서는 평범한 노동자가 온전한 공민이 되기 어렵다. 가장 무서운 것은 노동자들을 보호한다는 법률이 평범한 사람들에게 근거 없는 희망을 준다는 것이다. 마치 자신에게 권력이 있는 것 같지만, 결국에는 그림의 떡이었다는 것을 깨닫게 된다. 이것이 바로 '권익 수호의 함정'이다. 이에 대해 이북방(李北方, 리베이팡)은 다음과 같이 말한다.

> 공민은 비非계급적인 개념이다. 즉 공민은 하나하나의 개체일 뿐이다. 그러나 인민은 계급적 개념이며, 총체적인 개념이다. 비록 권익 수호를 요구하는 무리가 연합하더라도 그것은 단지 각 개인이 단순히 합친 것에 불과할 뿐, 총체적인 요구를 생성할 수는 없다.[110]

인민은 개인의 정치성 표현이다. 정치적 담론과 정치적 조직이 모두 결핍된 오늘날 임금 노동자의 정치성은 공백 상태에 놓여 있다. 비록 오늘날과 같은 탈정치화 시대에 노동자들의 정치적 움직임이 조금씩 움트고 있지만, 여전히 맹아적 단계에 머물러 있다. 노동자의 정치성 발전을 촉진하기 위해서는 역사적 과정에 대한 보충 학습이라는 막중한 임무를 수행해야 한다. 여기에는 중국 신민주주의 역사, 신중국 사회주의 건설과 문화대혁명의 역사, 그리고 개혁·개방의 역사가 포함된다.

노동자와 인민의 권력을 쟁취할 때는 당당하고 떳떳해야 한다. 즉 노동이 가치를 창조한다는 진리를 고수하고, 공공 자원에 대한 공공 향유의 원칙을 견지해야 한다. 레이먼드 윌리엄스의 다음과 같은 말처럼 말이다.

> 발전과 편의는 개인적으로가 아니라 공통적인 것으로 해석된다. 생활 수단의 제공은 생산과 분배에 있어서 모두 집단적이고 상호적으로 이뤄지는 것이다. 개선은 자기 계급으로부터의 탈출이나 출세의 기회로서가 아니라, 모든 인원의 전체적이고 통제된 전진으로서 추구된다. 인간 자원은 모든 면에서 공동의 것으로 인정되며, 그것에 접근하는 자유는 각자의 인간성에 의해 성립된다.[111]

---

110 李北方, "打破'公民社會'的話語霸權", 〈草根網〉, 2012년 8월 30일.

111 雷蒙威廉斯, 高曉玲 譯, 《文化與社會: 1780~1950》, 吉林出版集團有限責任公司, 2011, 337頁. [역주] 한국어판은 레이먼드 윌리엄스, 《文化와 社會: 1780~1950》, 이화여대출판부, 1988, 428~429쪽 참조.

파이 만들기

작사·작곡·노래: 허다(許多, 쉬둬)

난 이 가을을 걷고 있어
햇살이 내 몸을 비추지
난 서둘러 파이를 만들러 가야 해

도시처럼 아름다운 파이를
하지만 이제껏 이런 단맛을 맛본 적 없지
수확의 계절은 언제나 아무것도 얻을 수 없게 해

우리는 한배를 타고 있어
저 바다를 떠도는 배
그들은 무수한 방향을 보지만, 영혼은 이미 죽었지

어떤 이는 계속 탈출하려 하고
어떤 이는 배를 팔아 버리려 해
하지만 파이를 만드는 우리는 어떻게 해야 하나

우리는 가을의 나뭇잎처럼
그들에 의해 이리저리 흔들리고
우리는 가을의 나뭇잎처럼
그들에 의해 소리 없이 떨어지지

이 배는 어디로 가야 하나
우리는 여전히 열심히 파이를 만들어
이 바다에는 피안이 없어
배 안의 사람만이 피안이야

내 청춘이 도시의 변경에서 뜯겨 나가
네 청춘이 높은 빌딩에서 추락해
그의 청춘이 생산 라인을 따라 묵묵히 흘러가
이런 청춘들로 파이를 만들자

우리는 파이를 만들고 또 파이를 만들어, 열심히 파이를 만들어
그들은 파이를 찍어 내고 또 파이를 찍어 내, 탐욕스럽게 파이를 찍어 내
도대체 누구의 파이이고 누가 파이를 나누나, 도대체 어떻게 나눠야 하나
에헤이~

너는 복 씨냐(행복하냐)? 너는 복 씨냐(행복하냐)?[112]
그는 복 씨가 아니야, 그는 증 씨야
너는 복 씨냐(행복하냐)? 너는 복 씨냐(행복하냐)?

---

112 [역주] '행복'을 뜻하는 '幸福'과 '성이 복 씨'라는 '姓福'의 중국어 발음[xìngfú]이 같은 것을 이용해
    품팔이의 행복하지 않은 삶을 풍자적으로 표현했다. 그 유래는 다음과 같다. 중국 CCTV 방송이
    2012년 국경절 기간에 기층 서민의 목소리를 듣는 프로그램을 기획해 전국의 서민들에게 "당신은
    행복합니까你幸福吗?"라는 질문을 던졌다. 그런데 농촌에서 올라온 한 품팔이 노동자가 이러한
    기자의 질문에 어이없어 하며 "내 성은 증이요我姓曾"라고 대답했다. '행복'을 생각해 본 적 없는 품
    팔이의 삶을 그대로 보여 준다는 해석이 인터넷에서 지지를 받으며 큰 반향을 일으켰다.

나는 복 씨가 아니야, 나는 허 씨야

제4부

신노동자 문화의 실천

제4부에서는 '북경 노동자의 집'의 실천과 핵심 활동가들의 이야기를 하려 한다. '노동자의 집'이 내가 일하는 곳이기는 하지만, 그곳이 무엇이든 잘하는 전범典範은 아니다. 전국적으로 이곳과 유사한 많은 조직이 나름대로 잘 활동하고 있다. 따라서 중국이 사회적 전환을 겪고 있는 이때 서로 다른 사람과 조직이 공동의 이상과 가치관을 추구하며 다양성과 혁신성을 갖추는 것이 중요하다. 그럼으로써 우리 사회에 생기와 생명력이 풍부해질 것이다. 우리는 기차역 안의 개미처럼 미미한 존재지만, 하나하나의 개체가 가진 이야기와 경험은 복제할 수 없다. 그렇더라도 가치관과 이상은 함께 추구할 수 있다.

'북경 노동자의 집'의 규모는 중국의 다른 풀뿌리 조직과 비교해 큰 편이다. 현재 동심실험학교(교직원 40여 명), 동심호혜공익상점(40명), 품팔이문화예술박물관과 피촌지역노동조합(5명), 대외연락부(2명), 동심창업훈련센터(5명), 신노동자 홈페이지(3명), 동심여공합작사(2명), 그리고 다른 여러 사업에 참여하는 핵심 활동가(5명)로 이루어져 있다. 이렇게 상대적으로 인원이 많은 조직을 효과적으로 운용하려면, 지도자나 핵심 인원뿐 아니라 모든 활동가의 적극성과 능동성에 의지해야 한다. 그러나 동시에 어떠한 단체에서든 핵심 활동가가 역할에 따른 능력을 발휘해야 한다는 것 또한 인정할 수밖에 없다. 이는 어떻게 지시할 것인지, 어떻게 자기 견해를 관철할 것인지가 아니라 모두가 이상을 실천하고 생활을 창조할 수 있게 하는 것이다. 따라서 핵심 활동가들의 이야기를 통해 단체의 곤혹, 실천, 사고와 성장을 드러내고자 한다.

이 장의 목적은 출로와 방향을 탐색하는 것에 있다. 한 기자가 《중국 신노동자의 형성》 출간 당시 신노동자의 상태를 총결해 달라던 기억이 난다. 나는 이렇게 말했다. "막막함은 신세대 품팔이 집단의 보편적인 상태다. 그러나 이 상태가 신노동자 집단의 것만은 아니다. 중국 사회 전체가 막막하다. 중국의 부자 대다수가 이민을 계획하거나 떠났다. 돈이 있더라도 중국에서는 안전하지 않기 때문이다. 식품조차 위험하다. 부자와 관료에 대한 혐오 심리의 만연도 불안을 느끼게 한다. 과연 미국으로 이민 가면 행복할까? 미국은 세계 대기 오염의 원흉이다. 미국으로 도망간다고 해서 지구 밖으로 도망갈 수는 없다!" 황기소(黃紀蘇, 황지쑤)의 연극 《체 게바라》에는 이런 대사가 있다. "아는가? 누가 빈자貧者인가? 돈이 없다고 빈자가 아니며, 권세가 없다고 빈자가 아니다. 힘이 없고, 배움이 없고, 번듯한 외모가 없고, 사회관계가 없고, 젊음이 없다고 해서 빈자라 할 수는 없다. 빈자란 무엇인가? 빈자는 출로가 없는 사람이다."

이 장의 또 다른 목적은 사람의 중요성 탐구다. '어떤 사람이 될 것인가'는 문화의 입체적 재현이며, 이 책의 문화 분석의 핵심 내용이다. 문화에 대한 이 책의 이해와 그람시의 논술은 일맥상통한다. 그람시는 문화를 이렇게 논했다.

> 그것은 한 인간의 내적 조직이자 도야이며, 자기 개성과의 타협의
> 일종이다. 문화는 더 높은 자각의 경지에 도달하는 것으로, 사람들
> 은 그것의 힘을 빌려 자신의 역사적 가치와 생활에서의 자기 역할
> 및 권리와 의무를 알게 된다. … 자신을 이해한다는 것은 자신이 되
> 고 자신의 주인이 되려는 것이며, 자신을 식별해 자신을 혼란 상태
> 에서 벗어나게 하려는 것을 의미한다. … 또한 우리는 타인을 인식
> 하고, 그들의 역사를 인식하며, 현재의 상태에 도달해 현재의 문명
> 을 창조하기 위한 그들의 끊임없는 노력을 인식해야 한다. 그렇지
> 않으면 우리는 이러한 면에서 성공할 수 없다.[113]

'북경 노동자의 집' 활동에서 여러 가지를 경험했는데, 그중 동지의 떠
남을 자주 겪었다. 사람마다 떠나는 이유는 달랐지만, 남은 사람 역시
같은 문제에 직면해야 했다. 우리의 생활 조건과 노동 조건은 매우 고달
팠고, 친척이나 친구들의 인정도 못 받았다. 이는 전혀 새로운 이야기가
아니다. '소주 노동자의 집'의 오랜 자원 활동가는 이렇게 말했다. "전계영
(소주 노동자의 집' 책임자)은 지금껏 그 좋은 청춘을 다 낭비했어요. 자신에
게 아무것도 안 남기고요. 이제라도 그는 안정적인 일자리를 구해야 해
요." 그의 눈에 전계영의 활동은 일이 아니었다. 북경시 목란木蘭 지역 활
동센터 책임자인 제려하는 이렇게 말했다. "이런 일을 하면서 제발 도덕

113 安東尼·葛蘭西, 李鵬程編, 《葛蘭西文選》, 人民出版社, 2008, 5~7頁.

적 우월감을 갖지 마세요. 명성이 길이 남을 수 있다고도 생각하지 말고요. 이 일을 하는 걸 자기 선택으로 여겨야 해요." 현대 사회에서 인격 분열 현상이란, 일이 그저 생계 수단일 뿐 인생의 목적을 실현하는 과정이 아닌 것에 있다. 일은 단지 돈을 벌기 위한 것으로, 돈을 벌어야 자신이 좋아하는 일을 할 수 있다. 이렇게 일하는 자신과 진정한 자신은 분열되어 있다. 나는 언행합일言行合一과 '생명을 통한 이상 실천'을 추구하며, 수많은 동료에게서 이를 발견한다. 이것이 내가 그들의 이야기를 기록하는 또 하나의 이유다.

'문화란 총체整體적인 생활 방식'이라는 말이 있다. 그러나 더 중요한 것은 '문화란 총체적인 투쟁 방식'이라는 점이다. '총체'라는 개념은 조직의 생활과 일, 이상과 실천을 정확하게 개괄한다. 첫째, 개인적인 층위에서 조직은 모든 활동가에게 현실에 발붙이고 이상을 실천할 장소를 제공한다. 우리는 말과 행동이 일치하도록 생활하며 일할 수 있다. 우리의 생활과 일은 분열되어 있지 않다. 둘째, 12년의 지난한 분투를 겪으면서 우리의 활동은 아동 교육, 성인 교육, 지역 사회 조직, 사회적 기업, 사회 선도와 같은 영역으로 확대되었다. 조직이 전략적으로 이것들을 이끌어 발전해 나갔고, 현재 우리의 총체적인 사고를 담아내고 있다. 셋째, 사회적인 층위에서 조직은 개인 성장, 조직 성장, 사회 성장의 통일을 모색한다. 사회적 책임을 지는 것은 조직의 중요한 의의며, 사회적 목표 실현을 위해 조직이 의지하는 것은 모든 활동가의 주도성과 적극성이다. 따라서 사회적 책임을 지는 것과 능력이 닿는 범위에서 모두의 생활을 개선하는 것을 중시한다. 세 가지 층위의 책임은 우리 조직의 총체성 문화를 잘 드러낸다.

여기서는 다섯 명의 이야기를 통해 조직의 전체 업무를 살펴봤다. 이들은 모두 조직의 핵심 지도층이다. 손항은 총체적인 업무를 담당하고, 심금화(沈金花, 선진화)는 동심실험학교를 맡고 있다. 왕덕지는 동심호혜 공익상점 책임자이며, 허다는 품팔이 문화예술박물관과 지역노동조합에서 일한다. 강국량(姜國良, 장궈량)은 사회적 기업의 운전기사이자 신노동자 예술단의 드러머다.

제12장

손항의 이야기
─ 문화 운동

삶 이야기: 노동하는 자, 노동을 노래하라

품팔이의 문화적 상태는 낙관을 허락하지 않는다. 수많은 품팔이가 자본 문화를 인정하거나 자본 문화에 기만당하고 있다. 품팔이들은 노동에 대한 자본의 착취를 인정하면서도 사장이 기업을 만들어 임금을 지불하고 노동자를 고용하는 것이 사회를 위해 생산과 취업 문제를 해결하는 것이라 생각한다. 자본 문화는 '노동이 가치를 창조한다'는 사실을 회피하고 노동력과 자본을 생산 요소로 병렬하며 '사람'을 '인적 자원'으로 물화한다.

자본 문화의 가르침 아래 사람들은 '물신 숭배교'의 신도가 되었고, 물질로써 사람의 사회적 지위와 사람 간의 관계를 가늠한다. 인터뷰 때 만난 노동자가 'BMW를 타는 것이 꿈'이라고 했을 때 이것이 특별한 사례라 생각했다. 하지만 그런 꿈을 가진 다른 노동자들을 만나면서 '물신 숭배교'의 대단함을 알게 되었다. 품팔이들은 결혼하기 위해 고향에 집을 짓고, 정원에 승용차를 세워 둬야 한다. 남에게 보여 주기 위해 빈집을 짓고, 혼인 관계의 성립을 위해 쓰지도 않는 승용차를 마련하는 것이다.

자본 문화의 목적은 이윤 창출이다. 그래서 소비를 자극하는 것이 자본 문화의 중요한 목적의 하나가 되었다. 자본 문화의 거대한 공세 속에 많은 품팔이가 소비문화에 동화되었다. 여기서 구매는 진실한 필요가 아니라 욕망을 위한 것이다. 이 소비 욕망의 만족은 모종의 성취감과 인정받는다는 느낌을 반영한다. 일례로 한 노동자는 수년간 아홉 번이나 핸드폰을 바꿨다. 이는 자극된 소비 욕망을 만족시키려는 데서 온 것이다. 명품 브랜드에 대한 소비자의 욕망 역시 같은 이치다. 브랜드 창조는 자본 이윤의 중요한 수단이다. 브랜드가 품질과 서비스에 연동되는 것이라면 환영할 만하겠지만, 수많은 브랜드 소비는 욕망에 연동된 것에 불과하다. 예컨대 어떤 브랜드의 가방을 드는 것이 신분을 나타내고, 어떤 브랜드의 신발을 신는 것이 멋있어 보이는 식이다. 노동자가 고생해서 번 임금을 소비 욕망을 통해 자본가가 손쉽게 빼앗는 것이다.

자본 문화에는 몇 가지 중요한 목적이 있다. 첫째는 '배금주의'의 합리화로, 자본 문화의 금전 지상주의, 이윤 제일주의를 목적으로 하는 각종 사상, 제도, 수법을 위해 길을 닦는다. 둘째는 '사람'을 도구나 '노동 기계'로 길들이는 것이며, 셋째는 '사람'을 '소비자'로 길들이는 것이다. 우리는 생활하기 위해 돈이 필요하다. 그러나 돈과 이익이 사회 복지와 행복을 가져오지는 않는다. 사람은 노동자이지만, '노동 기계'여서는 안 된다. 사람은 소비자이지만, 소비주의에 부식된 소비자여서는 안 된다.

자본이 어떻게든 '사람'을 길들이려 애쓰더라도 사람은 결국 사람이다. 사람은 생각이 있고, 감정이 있고, 사랑이 있다. 이러한 인류의 본성은 자본 문화가 세계를 조각하는 시대를 맞아 충분히 무력해졌다. 노동을 통해 기본적인 생활 요구를 만족시킬 수 없고, 정신과 문화의 필요를 충족할 공간도 없다. 따라서 '막막함'은 품팔이 집단의 보편적인 상태다.

[표22] 북경 동심창업훈련센터 7~9기 학생들의 고민

순위	7기 학생	8기 학생	9기 학생
1	▫ 인생의 방향을 못 찾아 막막함 ▫ 목표가 없음 ▫ 무력감 ▫ 자기 운명을 주도하지 못 함	▫ 어떻게 살아야 할지 모르 겠음 ▫ 막막함 ▫ 인생의 방향이 없음	▫ 왜 사는지 모르겠음 ▫ 미래의 방향을 모르겠음 ▫ 생활과 공부의 막막함
2	▫ 노동자대학 졸업 후 진로 를 못 찾음	▫ 사회적 교류를 못 함 ▫ 교류와 표현을 못 함	▫ 자신의 결점을 고칠 수 없음
3	▫ 무엇을 공부해야 할지 모르겠음	▫ 노동자대학 졸업 후 진로 를 못 찾음	▫ 표현을 잘 못 함
4	▫ 사람과 소통을 못 함	▫ 부모의 부정적인 영향으 로부터 어떻게 벗어날지 모 름 ▫ 가정 문제	▫ 부모와의 소통 문제 ▫ 부모와의 말다툼 ▫ 가족의 무관심
5	▫ 가족들에게 노동자대학 에 다니는 것을 지지받지 못 함	▫ 애정 문제	▫ 정서 불안
6	▫ 가족과의 관계가 원만하 지 않고, 소통이 안 됨	▫ 열등감	▫ 어떻게 돈을 벌어야 할지 모르겠음
7	▫ 사람들에게 불만이 많음		▫ 무료함

'동심창업훈련센터'는 '북경노동자의 집'이 2009년에 창립한 학교로, 젊은 품팔이에 직업 기능과 사회적 지식에 대한 훈련을 제공한다. 개교 목표가 노동자의 사회대학 건설이므로, 학생들이 '노동자대학' 혹은 '노대'라고 부르기도 한다.

사람들이 막막함으로 인해 고통스러워한다면, 자본 문화는 통제력을 상실한 것이다. 폭스콘 노동자는 고통과 절망적인 생활을 견딜 수 없어

투신을 선택했다. 막막한 사람이 고통을 느끼지 않게 하는 방법은 그를 둔하게 만드는 것이다. 주류 문화는 강대한 기능을 발휘함으로써 다음과 같은 목적을 달성하고 있다. 민중을 세뇌하고, 현실로부터 이탈하게 하며, 환각 속에서 무감각해져 고통을 못 느끼게 한다. 2013년 5월 입원 치료를 받을 때 〈험난한 사랑艱難愛情〉이라는 드라마를 보게 되었다. 남자 주인공은 젊고 잘생긴 부동산 개발업자고, 여자 주인공은 공익적인 이상을 품은 예쁜 대학 졸업생이다. 부동산 개발업자가 돈을 버는 것에는 도의와 인정이 있다. 공익적인 이상이 있던 대학 졸업생은 여전히 선량하다. 거상의 품에 안겼지만, 돈 냄새에 물들지 않은 순수한 사랑을 간직하고 있다. 여자 주인공의 옛 남자 친구는 공익적인 이상을 실천하는 가난한 농촌 출신 대학생으로, 여자 친구를 강간한다. 또 남자 주인공을 사기·갈취하고, 최후에는 비명횡사한다. 이 드라마는 자본가를 향한 전형적인 찬가로, 가난한 사람과 공익적인 이상을 가진 사람을 공격한다. 요양 중이던 2013년 6월, 통증과 무료함을 견디기 위해 장편 드라마 〈옹정황제의 여인甄嬛傳〉을 봤다. 이 드라마는 수많은 시청자로 하여금 현실을 벗어나고 싶게 하는 목적을 달성했다. 2012년 즈음 비행기에서 영화 〈소스 코드〉를 본 적이 있다. 미국 중앙정보국이 첨단 과학 기술을 이용해 중앙정보국 요원을 과거로 보내 임무를 수행케 한다. 이 요원은 신체 능력을 모두 상실하고 온전한 두뇌만 남은 인물이다. 타임머신은 그를 몇 차례 과거로 보내 테러 사건의 결과를 바꾸게 했다. 마지막 시간 여행에서 그는 테러리스트를 찾아내 공격하고, 그 과정에서 아름답고 낭만적인 사랑도 쟁취한다. 현실에서는 신체를 잃은 그가 다른 시공간에서 건강한 신체뿐 아니라 아름다운 사랑도 찾은 것이다. 영화를 본 우리는 마치 모든 게 가능한 것처럼 상상에서라도 만족하게 된다.

주류 문화가 진행하는 '세뇌'와 '현실 이탈', '환각 제조'에 저항하지 않으면, 우리는 계속해서 착취당할 것이며, 막막하고 마비된 상태에서 벗어날 수 없다. 우리가 직면한 사회적 현실이란, 사회와 기업이 "제도화된 방식으로 노동자를 탈사상화去思想化한다"는 것이다. 탈사상화는 두 가지 공간에서 발생한다. 노동의 장소에서는 공장의 제도와 문화가 노동과 사상 사이에 아무런 연관도 없게 만들고, 여가의 공간에서는 여가를 완전히 오락화한다. 이러한 양면 협공으로 노동자의 사고 능력은 박탈된다.

현상을 바꾸려면 우리의 공간과 능력을 고려해야 한다. 이 과업에는 많은 사람과 조직의 공동 노력이 필요하다. 즉 다른 사람과 조직이 다른 영역에서 다른 역할을 해내야 한다. 그리고 과업의 지향점은 노동자들의 현실적 생활, 현실적 필요와 결합해야 한다. 그렇지 않으면 형식이 아무리 좋아도 원천 없는 물, 뿌리 없는 나무가 될 뿐이다. '북경 노동자의 집' 문화 활동의 첫 번째 지향점은 품팔이 집단 거주 지역이다. 지역 사회는 우리 문화 활동의 공간이자 현장이 되었다. 두 번째 지향점은 신노동자 문화의 창도倡導다. 이때 문화는 사상, 가치관, 도덕을 그 내용으로 하며, 생활과 일로써 우리가 어떤 사람이 될 것인지가 드러난다. 이러한 문화는 각양각색의 문예 형식으로 표현된다. 문화 운동은 결국 문화의 본질에 닿고자 하며, 그럼으로써 우리의 생활 상태를 바꾸고자 한다.

이제부터 손항의 이야기를 풀어 놓을 것이다. '어떤 사람이 될 것인가'는 이 책에 나오는 문화 분석의 핵심이다. 그의 성장 과정을 통해 그가 신노동자 문화 운동을 왜, 어떻게 추동했는지 알 수 있다.

아래는 손항과의 두 차례 인터뷰를 정리한 것이다. 첫 번째 인터뷰는 2012년 5월 2일 북경에서 소주로 가는 고속 철도 안에서, 두 번째는 2013년 7월 1일 북경 피촌에서 진행됐다.

가정 환경

아버지는 1943년 개봉開封 시에서 태어났고, 어머니는 1949년생이에요. 저는 1975년 섬서성 안강安康시 항구恒口진에서 태어났고요. 남동생은 저보다 두 살 어려요. 지금은 부모님, 동생 부부와 함께 '북경 노동자의 집'에서 일하죠. 제 아버지는 이 조직에서 가장 나이가 많은 자원 활동가일 겁니다.

1975~1981년: 섬서성 안강시 항구진에서의 생활

아버지는 임업전문학교를 졸업하고 섬서성 대산大山의 임업장에 배치됐어요. 저는 어릴 적에 대산에서 자랐는데, 이사를 많이 다녀서 한곳에 5년 넘게 머물지 않았죠. 이사할 때마다 무척 즐거웠어요. 물건을 정리하고 새로운 곳으로 옮길 수 있기 때문이죠.

기억나는 첫 이사는 1981년인데, 안강시 항구진에서 향계동香溪洞으로 갔어요. 두 곳 모두 대산에 있어요. 큰 트랙터 한 대가 우리 집의 모든 물건을 끌고 갔어요. 대산에서 살 때는 자연과 접할 뿐 사람과의 왕래는 드물었어요. 매일 아침 창밖의 작은 새가 저를 깨웠죠. 그러면 저는 잠자리채를 들고 나비를 잡으러 다녔어요. 어머니를 도와 산 중턱에서 소와 양을 치기도 했어요. 각종 산새도 잡았고요. 산속에는 다람쥐와 산토끼가 뛰어놀았어요. 우리 부모님은 임업장 단위 안에서 일했는데, 거긴 아이들이 적었어요. 집집이 멀찍이 떨어져 살았죠. 이러한 성장 환경이 구속당하지 않는 성격을 만들어줬어요.

산 위에 있는 학교에서의 유일한 체육 활동은 농구였어요. 하나 있는 농구공이 너무 낡아 찢어진 가죽을 들고 다닐 때도 있었죠. 운동장이 너무 작아서 조심하지 않으면 농구공이 산 아래로 굴러갔어요. 그럴 때마다 체육 선생님이 공을 주워 오게 했는데, 그러면 30분이 훌쩍 지나서 곧 하교 시간이 됐죠.

우리는 나름의 놀이도 개발했어요. 산에는 기류가 있어서 종이비행기를 접어 산 위에서 날리면 기류를 따라 한참을 날아요. 우리는 누구의 비행기가 오래 나는지 보며 놀았어요.

1981~1985년: 섬서성 안강시 향계동에서의 생활

향계동에서 다닌 초등학교는 부모님이 일하던 임업장에서 가장 가까운 편이었는데도 산 2개를 넘어야 했어요. 그때 고난을 두려워하지 않는 성격을 길렀죠. 첫날만 아버지가 데려다주고, 그 뒤로는 저 혼자 다녔어요. 산을 두 번 넘으려면 1시간 넘게 걸어야 하는데, 초등학교 4년 동안 매일 그 길을 왕복했어요.

한어 병음[114] 배울 때가 제일 기뻤어요. 선생님이 보이는 사물마다 발음을 일러줬는데, 등하굣길에 읊으면 기분이 좋았어요. 수학 시간에는 선생님이 교구를 만들게 했어요. 산에서 꿸 수 있는 풀을

---

114 [역주] 중국어 발음을 로마자를 원용해 표기하는 발음 기호다. 예컨대 '中國'은 'Zhōngguó'로 표기한다.

뜯어다 주판처럼 쓰도록 했죠.

향계동 산중의 초등학교는 4학년 과정까지만 있었어요. 낡은 사당 안에 학교가 있었는데, 근처 농촌 아이들이 다녔죠. 학생과 선생님을 합쳐 총 28명이었어요. 교실이 2개 있었는데, 1학년과 3학년이 한 교실에서 등을 맞대고 공부했고, 2학년과 4학년이 함께 썼어요. 교무실도 하나 있었고요.

1985~1987년: 섬서성 안강시에서의 생활

1983년에 산 아래의 안강 시내로 이사했어요. 거기서 부모님은 농림국에서 일하셨고요. 이사하게 된 이유는 제 학업 때문이에요. 저는 그곳에서 5학년에 진학했죠. 갑자기 친구도 여럿 생기고, 많은 변화가 있었어요. 한번은 아버지가 해방 광장에 저를 데려갔어요. 태어나 처음 본 400m 트랙에서 4바퀴를 달렸더니 정말 흥분되더라고요. 시내에서는 자전거도 탈 수 있어서 친구들과 자주 놀러 다녔죠. 처음 도시에 왔을 때는 갑자기 사람이 많아져서 적응이 안 됐어요. 한동안 혼자 큰길에 나서는 게 무서웠죠. 그래도 어려서 그런지 적응력이 강해서 함께 놀 또래만 있으면 즐거웠어요. 지금까지도 저는 구속받지 않는 자유로운 삶이 좋아요.

1987~1988년: 공부가 싫었던 중학교 1학년

안강시에서 중학교 1학년을 다녔어요. 초등학교 성적이 그럭저럭 괜찮아서 안강에서 가장 좋은 학교와 가장 안 좋은 학교에 응시했어요. 가장 안 좋은 학교는 집 바로 옆에 있는 신안新安중학교였는데, 결국 그 학교에만 붙었죠. 흡연, 음주, 연애 등을 일삼는 학교로 유명했어요. 집 담만 넘으면 바로 학교였는데, 중학교 1학년 때는 성적이 안 좋았어요. 반항하고, 패싸움하고, 외박도 했죠. 1983년 중국에 텔레비전이 생겨나기 시작했어요. 〈곽원갑霍元甲〉, 〈진진陳眞〉, 〈상해탄上海灘〉처럼 무술이나 파벌을 다룬 작품이 방영됐죠. 그 영향으로 반마다 패거리를 만들기 시작했어요. 우리도 일고여덟 명이 모여 '람보파'라는 파벌을 조직했어요. 어느 날 산허리쯤의 묘지에서 우물 하나를 발견했는데, 바닥에 탁 트인 커다란 공간이 있었어요. 예전에 식량 저장소로 쓰였던 것 같더라고요. 우리는 거길 점령해서 훈련 기지로 썼어요. 매일 방과 후에 거기서 싸움 훈련을 했죠. 하루는 우리 패거리 중 고학년 하나가 저를 거꾸로 들어 던졌어요. 마침 땅에 다 탄 숯이 있었는데, 거기에 얼굴을 찧었죠. 지금도 얼굴에 흉터가 남아 있어요. 집에 돌아가 이불을 덮어쓰고 잤는데, 아침에 어머니가 제 얼굴을 보고 깜짝 놀라시더라고요. 저는 등굣길에 담을 넘다가 다쳤다고 했죠. 어머니는 아직도 어떻게 생긴 흉터인지 물으세요.

파벌은 지역에 따라 나뉘었어요. 동성東城에서 서성西城까지 다른 파벌의 영역을 지날 때면 패싸움이 벌어졌죠. 그때는 책가방에 책은 없고 마작 패나 흉기를 넣고 다녔어요. 우리는 손도끼를 넣고 다녔고요. 그때는 모두 나름의 무기가 있어야 했어요.

부모님은 이런 식이면 제가 완전히 망가질 거로 판단하셨어요. 그때 같은 반 친구 2명이 감옥에 갔거든요. 하나는 2학년 때 중퇴한 우리 '람보파' 조직원이었는데, 3년 형을 받았죠. 우리 반 여학생 중

하나는 '매화파'를 만들었어요. 그 애도 2학년 때 중퇴했는데, 기차에서 강도질 하다 잡혔어요. 그 학교에 계속 다녔으면 저도 어떻게 됐을지 몰라요.

아버지는 개봉시로 돌아가 할아버지를 모시고 싶어 했어요. 어머니는 안강에서 살고 싶어 했지만, 결국 저 때문에 아버지 뜻에 따르기로 했죠.

1988~1994년: 하남성 개봉시에서 중고등학교 진학

1988년 아버지가 먼저 개봉시로 왔어요. 할아버지를 간호해야 했거든요. 어머니와 동생은 1년 후에 왔고요.

아버지는 개봉에서도 임업 계통에서 일했는데, 북쪽 교외에 있는 임업장에 다녔어요. 저는 주변 농촌 아이들이 다니는 서쪽 교외의 학교에 다녔죠. 첫 학기에는 적응을 못 했어요. 하남 사투리를 알아듣지 못했거든요. 그래서 안강에 돌아가고 싶다는 생각을 자주 했어요. 매일 안강 친구들에게 편지를 쓰고, 답장을 기다렸어요. 설에 연하장도 보내고요. 함께 놀 친구가 없으니 공부를 했고, 결국 영어를 잘하게 됐죠.

한 사건이 저를 바꿔놓았어요. 그해 신년회가 열렸는데, 북 치고 꽃을 나눈 뒤 1명씩 공연하는 거였어요. 제 차례가 돼서 더듬더듬 책 읽듯이 '신천유信天遊'를 한 곡 불렀어요. 음정이 제멋대로여서 전교생이 저를 비웃더라고요. 너무 화가 나서 반드시 노래를 잘하리라 다짐했어요. 아버지에게 영어 공부하려면 카세트가 필요하다고 했더니 무척 기뻐하시면서 라디오와 녹음 기능이 있는 70위안짜리

카세트를 사 주셨어요. 저는 매일 5시쯤 일어나 라디오를 들었고, 자전거로 40분 걸리는 등굣길에도 노래를 들었어요. 카세트테이프도 사서 들으며 따라 부르고요. 당시 유행가로는 '느낌을 따라가跟著感覺走', '겨울의 불꽃冬天裏的一把火', '신천유', '아무것도一無所有' 등이 있었어요. 두 달 후에 저는 반에서 노래를 가장 잘하는 사람이 됐고, 나중에는 학교 대표로 대회에도 나갔어요. 중학교 다닐 때는 쉬는 시간에 모두 모여 노래를 불렀어요. 작은 공책에 노랫말을 수도 없이 베껴 적고, 노점에서 유행가 가사집도 한 권 샀어요. 노래를 통해 타인과 소통하는 법을 배웠고, 선생님도 그런 제 모습을 보고 문예위원으로 뽑아 주셨어요. 수업 후에도 친구들과 함께 노래를 불렀고요. 이렇게 화가 나서 시작한 노래가 취미가 돼서 진심으로 노래를 좋아하게 됐어요.

고등학교 2학년 때 퇴직한 선생님 한 분이 예술 교실을 만들었어요. 서예, 회화, 음악 등을 배우는 제2 교실이었죠. 그때 저는 작곡과 발성을 배우고 싶었는데, 어떻게 해야 할지 몰랐어요. 성적도 중상위권이어서 시험 봐서 대학 들어가기는 쉽지 않았고요. 그런데 예술 특기자라면 가능성이 있을지도 모르겠다는 생각이 들더군요. 당시 아버지는 제 생각에 찬성했지만, 어머니는 그렇지 않았어요. 공부도 못 하면서 시간과 돈 들여 노래 배운다고 불만이셨거든요. 그래서 아버지가 몰래 돈을 쥐여 주곤 하셨죠. 1시간 수업 듣는 데 4위안 정도 들었는데, 가정 형편이 좋지 않아서 힘들었어요. 선생님은 두 분이었는데, 한 분은 음악 이론을, 다른 한 분은 성악을 가르치셨어요.

고등학교 2학년 때 처음으로 작곡을 했는데, 꽤 성공적이었어요. 그땐 공부 스트레스가 굉장해서 기숙사에 사는 학생은 겨우 한 달에 한 번 집에 갈 정도였어요. 당시의 보편적인 정서는 집에 대한 그리움이었어요. 우리 집은 임업장에서 27묘畝를 분배받았는데, 거기에 큰 사과밭이 있었어요. 거기서 달을 보며 깊은 생각에 빠졌죠. 제겐 작은 전자 오르간이 있어서 생각날 때마다 한 마디씩 곡을 만들었죠. 잠이 오지 않던 어느 날 밤에 마침내 한 곡을 완성했어요. 곡명은 '집이 그리울 때'로 붙였죠. 밤을 꼬박 새우고 기쁜 마음으로 등교했어요. 그때 제가 반장이었는데, 반 친구들에게 "오늘 아침 자습은 하지 말자. 내가 노래 한 곡 가르쳐 줄게"라며 노래를 불렀어요. 그러자 많은 친구가 울기 시작했어요. 노래를 들은 옆 반 친구들이 와서 가르쳐 달라고도 했고요. 이 곡은 바로 학교에 널리 퍼졌어요. 일주일도 채 안 돼 매일 밤 기숙사에서 이 노래를 부르며 우는 친구들이 생겨났어요. 훗날 이 곡은 '하늘 아래 품팔이는 한 가족'이라는 유명한 노래의 곡조가 됐어요. 이때부터 작곡을 했어요. 나중에 노래 대회에 참가했는데, 다른 반은 번안곡을 부르고, 우리 반은 제가 작곡한 노래를 불러 1등을 했죠.

1992년 등소평鄧小平의 남순강화南巡講話[115]가 있었어요. 부모님은 퇴직下崗해 형편이 무척 어려웠어요. 여름방학 때는 아침부터 어머니와 함께 채소를 팔았어요. 공무원에게 이리저리 쫓겨 다녔고, 돈을

---

115 [역주] 1992년 1월 말부터 2월 초까지 등소평이 상해, 심천, 주해珠海 등 남방 경제특구를 순시하면서 개혁개방을 더욱 확대할 것을 주장한 담화. 그해 10월에 개최된 제14차 공산당 전국대표대회 보고서에 담화 전문이 수록됐고, 사회주의 시장경제론을 천명하는 기초가 되었다.

받지 못할 때도 있었어요. 저녁에 어머니와 노점에 앉아 있으면, 하루아침에 온 가족이 길바닥에 나앉은 것 같았어요. 하루에 3~5위안을 벌면 괜찮은 편이었어요. 아이 옷이나 신발도 팔았는데, 많이 팔면 10위안이었고요. 그때는 학교를 관두고 돈을 벌거나 군대에 갈까도 생각했어요. 저는 중고등학교 때 늘 학급 위원이나 반장을 맡았는데, 이 경험이 일종의 조직력 훈련이 됐어요. 당시 제 친구들은 공부를 잘하는 쪽과 말썽부리는 쪽 두 부류였고요.

1994~1996년: 하남성 안양시에서 대학 진학

순조롭게 안양사범전문대학(현재의 안양사범학원安陽師範學院) 예술과 예술 교육 전공에 입학했어요. 전문대학大專이어서 2년을 다녔는데, 대학 생활은 무척 고통스럽고 막막했어요. 보수적인 학교라 유행가 부르기도 허락하지 않았고, 기타도 가르쳐주지 않았어요. 그나마 피아노와 아코디언만 가르쳤는데, 성악 선생님이 좋은 분이셨어요. 그분이 제게 등려군鄧麗君[116]의 노래를 알려주셨죠. 저는 자주 수업을 빼먹었어요. 2년 중에 1년 반은 그랬어요. 그러고는 학교 밖에서 로큰롤 밴드 활동을 했죠. 그래도 벼락치기만 하면 시험은 모두 통과할 수 있었어요.

대학 시절은 제가 음악에 주화입마走火入魔하는 단계여서 아무것도 필요하지 않았어요. 대학교 1학년 여름방학 때는 집에 틀어박혀 매

---

116 [역주] 등려군(1953~1995)은 대만의 가수로, 중화권과 일본 등에서 큰 인기를 끌었다. 한국에서도 영화 〈첨밀밀〉 주제가로 잘 알려져 있다.

일 기타 치며 곡을 썼어요. 그리고 나가서 밴드를 만들어 연습하고 술을 마셨죠. 제 인생의 가치와 의의를 찾고 싶었어요. 반항도 하고 싶고, 반란을 일으키고 싶었어요. 하지만 무엇에 어떻게 반항해야 하는지 몰랐죠. 그때는 가족이 없어도 괜찮았어요. 친구들은 매주 주말에 춤을 추러 다녔지만, 저는 가 본 적이 없어요. 그저 집에서 기타나 쳤죠. 인생에서 유일한 게 음악인 것만 같았어요.

1996년 8월~1997년 8월: 대학 졸업 후 첫해

1996년 졸업 후 1년이 가장 고통스러웠어요. 대학 다닐 때는 그나마 자유로워서 현실에 눈뜨지 않을 수 있었지만, 졸업 후에는 현실을 직시해야 했어요. 스스로 먹고살 힘이 필요하게 됐죠. 그래서 졸업 후에 개봉시로 돌아갔어요. 첫해에는 일하지 않고 집에서 기타만 쳤어요. 부모님이 일자리를 알아봐 줬지만, 일하기 싫어서 면접도 대충 봤어요. 부모님도 더는 몰아붙이지 않았어요. 전 매일 8시간씩 기타를 쳤어요. 어머니를 도와 노점에서 옷가지를 팔 때도 기타 연습은 자유롭게 할 수 있었어요. 개봉에서 밴드도 하나 알게 됐고요. 하지만 여전히 주화입마 상태에서 빠져나오지 못했어요. 갈등하고 번민하며 인격 분열 상태에 놓여 있었죠. 매일 밤 일기를 쓰면서 내가 누구인지, 어떻게 살아야 하는지 고민했어요.

1997년 9월~1998년 10월: 중학교 음악 교사가 되다

대학 졸업 후 두 해 동안 정말 막막하고 절망적이었어요. 대학 다닐 땐 그래도 자기 세계에 빠질 수 있었고, 밴드도 있었죠.

1997년 9월에서야 일을 시작했어요. 다른 사람들은 제 일을 하면서 정상적으로 사는데 저만 그렇지 못하니 머리에 문제가 있는 건 아닐까 의심했죠. 그래서 나 자신을 버리기로 했어요. 그리고는 개봉4중학교의 음악 교사가 됐어요. 밴드도 할 수 없었죠. 그래서인지 불면증에 시달리며 밤늦게 큰길에 나가 유령처럼 돌아다녔어요. 말이 통하던 유일한 동료가 있었는데, 오직 그만이 저를 이해했어요. 다른 사람들은 저를 미친 사람이라 여겼고요. 교무실에서 지도를 펴고 그 동료에게 가고 싶은 곳을 말했어요. 하지만 그는 늘 농담으로 여겼죠.

1998년 10월 인민대표대회 대표 선거를 계기로 그곳을 도망쳐 나왔어요. 그 학교엔 교사가 많은 편이라 구區 내에서도 큰 단위에 속해서 선거 결과가 주목되는 곳이었죠. 사실 누가 뽑힐지는 내정되어 있었어요. 전 거기에 반감을 갖고 몇몇 선생님과 함께 한 언어장애인에게 투표했어요. 교장이 이 사건을 조사했고, 전 아무 말 없이 사직서를 냈어요. 그때가 23세였어요.

1998년 10월~2000년 2월: 유랑 가수 생활

1998년 10월 북경에 왔어요. 지하철역, 거리, 지하도, 대학에서 노래했고 가끔 술집에서도 불렀어요. 식당이나 공사장 노동자들에게 노래를 불러 주기도 했고요.

1999년 3월에 동북으로 가서 봄을 지냈어요. 당시 한 밴드를 알게 됐는데, 거기서 리드 보컬로 활동하며 반금盤錦 시에 한동안 머물렀어요. 주로 디스코텍이나 술집에서 노래를 불렀죠. 밴드 해산 후에는 홀로 진황도秦皇島, 산해관山海關으로 가서 거리나 술집, 디스코텍에서 노래했어요.

1999년 6월 북경으로 돌아왔어요. '표 형彪哥'이라는 노래는 이때 만든 거예요. 북경사범대학 근처의 한 공사장에서 일하는 표 형을 만났어요. 공사장 간이 숙소에서 사흘 밤 동안 노동자들에게 노래를 불러 주다가 그를 알게 됐죠. 처음에는 말이 없더니 친해지니까 자기 이야기를 꺼내 놓더라고요. 그 이야기에 감동해 그를 위해 곡을 썼죠. 이후 북경사범대학에서 창작가요제가 열렸는데, 그 자리에 표 형을 초대해 처음으로 이 노래를 불렀어요. 노래를 마치자 모두가 기립해 표 형에게 박수를 보냈어요. 그가 제 손을 잡아 주더라고요. 우린 큰길가에서 한참을 이야기했죠.

1999년 11월까지 북경에 있다가 12월에 다시 동북 반금시로 갔어요. 춘절을 거기서 보내고 섣달그믐에 한 술집에서 노래를 불렀어요. 새벽 2시쯤 일을 마치고 나왔는데, 굵은 눈발이 날리더라고요. 사람들은 무리 지어 눈싸움을 했고, 전 혼자 걸었죠. 그리고는 심양시와 안산鞍山시로 갔어요. 원래는 가장 추운 북쪽까지 가려고 했지만, 안산에서 꽁꽁 얼어서 돌아왔어요.

2000년 2월에 다시 북경으로 왔어요. 북경에 남기로 한 이유는 배움과 교류의 기회가 많아서예요. 대학이 많으니 강좌도 들을 수 있고, 공연도 할 수 있었죠. 북경은 포용적이기도 해요. 예컨대 북경에서는 버스킹賣唱을 문화로 간주하지만, 다른 지역에서는 미친 사람이라 생각하거든요. 당시 버스킹으로 생계를 유지할 수 있었죠. 혼자 가사를 인쇄하고, 노래를 녹음한 테이프를 팔았어요. 그해 북경에서만 제 음반 〈사다리梯子〉가 1000개나 팔렸으니 이것만 봐도 북경의 문화적 다양성과 포용성을 알 수 있어요.

2000년 3월~2002년 8월: 조직 준비와 설립

2000년 3월 북경사범대학에서 학생 동아리 '농민의 자녀'가 조직한 강연을 들었어요. 이날 품팔이 자녀 학교의 장가진(張歌真, 장거전) 교장이 명원학교明圓學校의 경험을 소개했는데, 북경에 품팔이 자녀가 많다는 걸 처음 알았어요. 그리고 그들이 다니는 학교에는 체육, 음악, 미술 교사가 없더라고요. 그래서 자원봉사자로 지원해 이튿날 낡은 자전거를 타고 명원학교에 갔어요. 그날은 유난히 추웠어요. 전 이렇다 할 수입이 없어서 두꺼운 옷을 살 돈도 없었죠. 이후에는 다른 학교에서도 자원봉사자로 음악 수업을 했어요.

2001년 '농민의 자녀'가 찾아와 자원봉사자 대학생들에게 '품팔이 자녀의 노래'를 불러 달라고 하더군요. 한 행사에서 알게 된 '공순이의 집打工妹之家' 활동가들도 노래해 달라고 요청했고요. 그래서 매주 거기서 자원봉사를 했어요. '농민의 자녀'를 통해 위굉(衛宏, 웨이훙)과 유상파(劉湘波, 류샹보)도 알게 됐어요. 유상파는 당시 천진과기대학天津科技大學에서 강의하며 학생들과 '새로운 희망 모임新希望社團'을 만들었어요. 이어서 이창평(李昌平, 리창핑) 선생과 온철군(溫鐵軍, 원톄쥔) 선생도 만났고요. 당시 그들은《중국개혁中國改革》 농촌판 잡지의 편집을 맡고 있었죠.

2001년 12월 '새로운 희망 모임'이 천진과기대학 옆 공사장에서 연 노동자 위문 행사에 저를 불렀어요. 노동자 임시 숙소에서 노래를 불렀는데, 환경은 열악했지만 모두 명절을 보내는 것처럼 기뻐했죠. 그 공연은 제게 '품팔이 청년 공연단'을 만들어야겠다는 결심을 하게 했어요.

북경에 와서 바로 왕덕지, 허다와 상의했더니 이심전심이었어요. 하지만 등록을 어떻게 해야 하는지 몰랐죠. 당시 구성원으로 왕덕지의 상성相聲[117] 파트너인 이용(李勇, 리용)과 바이올리니스트 마馬○○도 있었어요. 그녀는 초가하尙家河[118]의 약국에서 일했어요.

2002년 노동절에 노동자 수십 명을 모아 놓고 '공순이의 집'에서 첫 행사를 열었어요. 그 자리에서 우리 공연단의 창단을 선포했죠. 공연에는 낡은 당고堂鼓[119]가 하나 등장했는데, 공사장 용접공인 오吳○○라는 구성원이 낡은 삼륜차로 끌고 나왔어요. 저와 허다는 자전거를 타고 나갔고요.

2002년 7~8월에는 '품팔이 청년 문화지원센터打工青年文化服務社'를 준비했어요. 서북왕西北旺에서 큰 방 하나를 빌려 두 달 임대료 900위안을 냈어요. 이 센터는 '공순이의 집'의 영향을 받았어요. 그녀들을 통해 처음으로 NGO를 알게 됐죠. 우리는 조직을 어떻게 등록해야 하는지도 몰랐지만, 그저 함께 책 읽고, 공부하고, 노래하고 싶었어요. 책도 많이 준비하고, 기타 몇 대를 기증받기도 했어요. 왕덕지는 퇴근하면 곧장 달려왔어요. 광고지를 뿌리고 그다음

---

117 [역주] 익살스러운 언어를 활용해 풍자와 과장으로 메시지를 전달하는 중국의 설창 예술로, 한국의 만담과 유사한 측면이 있다.

118 [역주] 북경시 해전海澱구, 원명원圓明園 북쪽에 있는 지역이다.

119 [역주] 중국의 현대극에 쓰이는 쇠로 만든 큰북으로, 매달아 놓고 위로 쳐서 울린다.

날 개업하려 했는데, 파출소에서 증빙 서류를 가져오라는 거예요. 당시엔 농민공을 강제로 수용하고 송환하는 제도가 폐지되지 않아서 계획이 무산되고 말았죠. 하지만 그 시도를 통해 노동자들의 요구가 매우 크다는 걸 알게 됐어요. 많은 노동자가 우리 사정을 듣고 지지를 보내 줬거든요. 그때 노동자들에게 매달 10위안을 낼 의향이 있는지 물었는데, 상당수가 동의했어요.

이후 계획을 완수하기 위해 곳곳에서 등록 자금을 모았는데, 한 친구가 통 크게 3만 위안을 빌려줬어요. 그중 3000위안은 기부했고요. 드디어 2002년 11월 '농민 친구의 집農友之家'으로 정식 등록했어요. 그렇게 이름 지은 건 '3농三農' 문제[120]를 고려했기 때문이에요. 2006년에는 '노동자의 집工友之家'으로 개명했고요.

'북경 노동자의 집' 설립

조직 등록 후 자금은 없었지만, 합법적인 신분으로 공연할 수 있게 됐어요. 2002년 10월 추석 공연이 기억에 남아요. 청화대학清華大學 과기원 공사장에서 개최했는데, 이창평 선생을 초청했어요. 그가 데려온 옥스팜Oxfam 활동가가 공연을 보고 크게 감동해 우리를 지원하겠다고 했어요. 그리고 2003년 4월 옥스팜이 공식적으로 우리 공연단에 자금을 지원하기 시작했죠.

사업 자금이 들어온 후 우리는 해전구 금장金莊에 큰 공간을 얻어

---

120 [역주] 농촌, 농업, 농민 문제를 가리킨다. 2000년 당시 호남성 기층 당 서기였던 이창평이 주간지 〈남방주말南方週末〉에 기고한 농촌, 농업, 농민 문제에 관한 호소에서 유래했다. 이 기고는 큰 반향을 일으켜 이후 3농 문제가 공산당의 역점 과제가 되는 데 중요한 역할을 했다.

2002년 4월부터 한 달간 생활했어요. 방 두 칸에 거실 하나로, 월세가 1500위안이었어요. 거실은 연습실로, 방은 남녀 숙소로 썼어요. 애초 우리 사업 중에 남방 순회공연 계획이 있었어요. 그런데 사스SARS 때문에 공연할 수 없게 돼서 연습에 집중했어요. 그때 단원이 7명이었어요. 그렇게 두 달을 지내고 해전구 한가천韓家川으로 이사해 작은 단독주택을 얻었어요. 월세는 1200위안이었고, 2004년 6월까지 그곳에 있었죠.

2002년 11월에는 명원학교에서 공간을 빌려줬어요. 우리는 도서실을 만들어 그곳에서 업무도 보고 회의도 했어요. 2003년 10월에는 컴퓨터 20대를 모아 도서실 옆에 컴퓨터실을 만들었고요. 낮에는 학생들이 쓰게 하고, 밤에는 노동자들에게 컴퓨터 교육을 했어요. 당시는 의식적으로 지역 사회 활동을 할 때가 아니어서 그저 노동자들에게 컴퓨터만 가르쳤죠. 그러다가 나중에 '품팔이 문화 교육협회'로 확장했어요. 이 사업은 주민위원회居民委員會가 협력해 활동 공간을 마련해 줬어요. 유염진(劉艷真, 류옌전)과 강국량이 한동안 그곳 업무를 맡았죠.

2004년 우리는 조직을 나눠 일부를 동패東垻로 보냈어요. 명원학교에 학생이 많아져서 공간이 부족했거든요. 동패 남천학교藍天學校는 설립된 지 얼마 안 돼서 빈 교실이 여럿 있었어요. 교장이 교실 한 열을 쓰게 해 줬어요. 우리는 1년에 1만 위안을 내고 큰 교실 3칸과 작은 사무실 1칸을 얻었어요. 컴퓨터반도 동패로 옮기고요. 하지만 이후에 남천학교 학생 수가 늘어나 다시 새 공간을 찾아야 했어요.

2004년 첫 음반 〈하늘 아래 품팔이는 한 가족〉을 내놨어요. 사회 각계의 지지로 7만4000위안을 벌었죠. 우리는 이 돈으로 피촌의 버려진 학교를 임대해 품팔이 자녀 학교인 '동심실험학교'를 만들었어요.

2005년 7월 14일에 정식으로 피촌에 입주했고, 2005년 8월 21일에는 동심실험학교가 개교했어요.

조직 설립이 준 변화

'노동자의 집'을 만들고 제게 변화가 생겼어요. 하나는 생활과 생명에 대한 인식에 생긴 변화인데요. 예술단과 '노동자의 집'을 설립하기 전에는 늘 부정적이었어요. 막막하고, 고통스럽고, 초조하고, 무력했어요. 억눌린 채 살았고, 미래에 확신이 없었어요. 하지만 이 일을 한 뒤로 긍정적으로 변했죠. 자신감도 생기고, 강고해지고, 방향성이 생기고, 인생의 가치관과 의의를 체득했죠. 내가 세상의 일원이라 느끼니 마음도 편해졌고요. 내 운명을 내 손으로 붙잡을 수 있다고 생각하니 삶에 충실해졌어요. 그리고 내가 독립적이고 자주적인 인간임을 자각했어요. 사회에 대한 인식도 모두 이 과정에서 만들어졌죠. 이전에는 내가 누구인지 몰랐어요. 그저 고독한 개체로 사회와 관계가 없었는데, 조직 활동을 하면서 점점 정체성을 찾고, 노동자 집단의 일원이자 이 사회의 일원임을 깨달았어요.

조직의 발전

예술단의 시작은 소박하고 자연스러웠어요. 자기 노래를 부르는 자기 오락이었죠. 처음에는 깨달음도, 특별히 강렬한 사상이나 가치관도 없었어요. 이 상태가 얼마나 이어졌는지 모르겠어요. 하지만 이후 공연 과정에서 점차 공연 활동과 노래 창작의 중요성을 인식했고, 그제야 노동자 문화의 중요성을 의식하게 됐어요.

현재 우리 예술단의 활동과 창작은 문화와 가치관의 측면에서 자각한 상태예요. 더는 개체의 자기 오락이 아니게 된 거죠. 목표도 분명해요. 노동자 집단의 문화를 담는 것! 우리는 고도의 자각성을 갖고 노동 문화를 창도하며, 자본 문화에 대항합니다. 그 역사적 사명은 노동자를 돕고, 노동 대중이 문화적인 해방을 획득하도록 돕는 데 있죠.

'노동자의 집'이 노동자 문화 영역에서 수행한 활동을 회고하면, 조직 발전을 이룬 몇 가지 이정표적인 사건이 있어요. 2004년 첫 앨범 발매, 2009년 품팔이 문화 예술제 개최, 2010년 폭스콘 노동자 추모 공연, 2012년 품팔이 설 공연 등이죠.

2004년 첫 앨범이 나오기 전에는 자유로웠어요. 곡을 쓰면 노동자 친구들에게 불러 주는 식이었거든요. 이후 첫 앨범이 10만 장이나 팔리면서 예술단의 영향력도 신속히 커졌죠. 수많은 매체가 우리 노래를 퍼뜨렸고, 우리는 예술단의 사회적 성격을 의식하게 됐어요. 첫 음반의 판매 수입으로 우리는 품팔이 자녀 학교를 설립했어요. 이는 우리 조직의 전체 발전에서 하나의 변곡점이 됐어요. 그래서 이 앨범은 예술단에서든, '노동자의 집'에서든, 노동자 문화의 영향력에서든 이정표적인 사건이죠.

2009년 품팔이 문화 예술제는 전국적으로 가장 큰 규모로 품팔이를 위해 개최한 최초의 행사예요. 목표 또한 명확했어요. 우리는 '스스로 무대를 만들고, 스스로 노래한다,' '노동자 문화 건설,' '노동 문화 건설' 등의 구호를 내걸었어요. 2012년까지 세 번 개최했는데, 이는 근대 노동자 문화 건설 과정에서 중요한 역사적인 사건이 됐어요. 또한 사회 각계에 광범한 영향을 만들면서 정부와 학자에게도 영향력을 발휘했어요. 중앙당교中央黨校 [121] 사회과학원社會科學院 등의 고등 교육 기관과 연구 조직 전문가, 학자들이 찾아와 사례를 연구했어요. 또 다른 노동 NGO 단체에도 고무적으로 작용해 여러 단체가 예술제에 참가함으로써 노동자 문화 사업을 강화하는 결과를 낳았어요. 각종 문예팀이나 노동자 밴드를 꾸리고, 지역 사회의 문예 사업을 조직 사업 방식의 하나로 삼았죠.

폭스콘 사건은 중국 사회 전환에서 중대한 역사적 사건이에요. 이 사건은 중국이 노동 착취 공장sweatshop에 의존해 원시 축적을 하던 역사적 단계가 정점에 이르렀음을 상징하죠. 이로써 많은 노동자가 절망하고, 자신을 희생한 대가에 대해 항의했어요. 우리가 보고 들을 수 있는 건 주류 문화뿐이에요. 국가와 자본의 목소리만 들을 수 있죠. 사장은 노동자가 약해서 그렇다고 하거나 풍수風水에서 문제를 찾기도 해요. 정부는 침묵하며 자기 책임이 없다고 여기고요. 그때 우리는 자발적으로 폭스콘 노동자 추모 공연을 열었어요. 몇몇 노동자가 시를 써서 낭독했고, 모두가 비분강개했죠. 그것이 노동자 계급의 감정이에요. 당시에는 제약이 많아서 공연 촬영본을

121 [역주] 중국 공산당의 고급 간부를 양성하는 기관.

공개하지 못했어요. 공연의 영향력이 크지는 않았지만, 계급적 각성을 보인 문화 행사라고 생각해요.

분석

1. 개인의 경험과 사회적 환경

앞 두 부분은 손항 개인의 성장 과정을 분석하고자 한다. 모든 사람의 성장은 개인의 경험과 사회적 환경의 이중 작용으로 이루어진다. 손항도 마찬가지다. 이러한 성장 과정에서 개인이 경험한 역사는 그에게 심원한 영향을 준다. 또한 동년배들이 동일한 역사를 거치며 영향을 받는다 하더라도 그들 각자의 선택 사이에는 굉장한 차이가 있다. 따라서 그들은 서로 다른 유형의 사람이 된다. 이 과정을 분석하기 위해 개별적 성격과 사회적 성격의 분석 틀을 선택했다. 어떤 인재가 자본에 반항하는 사람이 될 수 있는지, 강조점은 여기에 있다.

손항은 '북경 노동자의 집' 총 간사로서 조직 활동 구석구석에 관심을 기울인다. 여기에서 우리가 중점적으로 살펴볼 것은 지역 사회의 문화 활동이다.

[표23] 손항 개인의 경험과 성장

시기 및 지역	성장 경험	평가
출생~10세 (1975~1985년) 취학 전에는 섬서성 안강시 향구현에서, 초등학교 1~4학년 때는 향계동 대산에서 생활	대산에서 성장하며 대자연을 벗삼아 자연과 연결된 놀이를 만들었다. 자유로운 삶을 추구하는 손항의 태도는 여기에서 나온 것이다. 초등학교 4년 동안 산을 두 번 넘어 등교했는데, 이 과정에서 체력을 단련했고, 인내심을 키웠다. 작은 학교였지만, 선생님의 열의로 공부에 흥미를 느낄 수 있었다.	생활이 불편하고, 사교와 오락에도 제한이 있었기 때문에 대산에서 살려는 사람이 거의 없었다. 그러나 기본적인 교육과 생활 조건만 갖춰진다면, 아이들이 건강하게 성장할 수 있다. 어쩌면 난장판인 도시에서보다 더 건강하게 자랄 수 있을 것이다.
12~13세 (1987~1988년) 섬서성 안강시 신안중학교에 진학	신안중학교는 안강에서 가장 안 좋은 학교로, 학생들의 흡연과 음주가 보편적이었다. 손항을 비롯해 많은 학생이 당시 유행한 드라마 《곽원갑》, 《진진》, 《상해탄》 등의 영향으로 조직을 만들어 싸움하고 다녔다.	중학교 1학년 때의 행동은 사회 환경과 학교 환경이 만들어 낸 나쁜 결과다.
13~19세 (1988~1994년) 하남성 개봉시에서 중고등학교에 다님	신년회에서 노래할 때 음정이 틀린 것을 계기로 노래 공부를 열심히 했다. 덕분에 노래를 잘할 수 있게 됐을 뿐만 아니라 노래를 취미로 삼게 되었다. 대학 전공의 방향을 잡게 된 것도 이 때문이다.	노래 취미는 손항의 고집스럽고 지기 싫어하는 성격에서 출발했다. 그러나 이러한 취미는 정상적이고, 관용적이며, 취미 계발을 중시하는 환경에서 가능하다. 그 환경이란, 건강한 학교, 부모의 지지, 음악 과외 등이다.
19~21세 (1994~1996년) 하남성 안양시에서 대학에 다님	막막함과 반항의 시기. 로큰롤이 세상을 바꿀 수 있다고 생각했다. 대부분 정력을 연습과 밴드에 쏟았고, 학교 공부는 뒷전이었다.	막막함과 나이는 관련이 있다. 손항은 인생과 미래를 고민할 연령에 다다랐던 것이다. 로큰롤을 출로로 삼은 것 또한 그 시대와 관련된다. 당시는 중국 사회의 전환기였고, 수많은 로큰롤 스타의 출현이 사회와 개인의 막막함에 물길을 열어 줬다.
22~23세 (1997년 9월~1998년 10월) 대학 졸업 이듬해에 하남성 개봉4중학교에서 음악 교사로 재직	현실에 안주하고, 불의에 무감각한 다른 이들의 상태를 받아들일 수 없었고, 출구도 찾을 수 없었다. 그래서 깊은 고통에 빠져들었다.	고통을 겪는 사람은 병리적인 사회 현상을 받아들이지 못하곤 한다. 그리고 이런 사람은 병든 사회로부터 '비정상'으로 인식된다.

23~25세 (1998년 10월~2000년 2월) 북경시, 동북 지역, 하남성 등지에서 유랑 가수로 활동	유랑 공연 과정에서 수많은 사회 밑바닥 노동자를 접촉할 수 있었다. 로큰롤 스타로서의 개성이 '노동자를 위해 노래'하는 것으로 변화해갔다.	사람마다 자신을 찾고 자기 방향을 찾는 연령은 다를 수 있다. 어쨌든 그것은 성인이 된 이후다. 성인이 되기 전의 개성과 성장 환경, 경험은 상이한 정도로 종합적인 영향을 준다.
'노동자의 집' 창립 (2002년 11월)	조직을 창립하고 자신을 발견했으며, 친구와 동료, 인생의 방향과 목표를 찾았다. 자기 해방과 사회 변혁의 길을 걷고 있다.	

2. 어떤 사람이 될 것인가

에리히 프롬은《건전한 사회》에서 사회적 성격을 이렇게 정의한다.

동일한 문화에 속한 사람들이지만 서로 다르다는 의미에서의 개성과는 대조적으로 나는 이 개념을 동일 문화 속의 대다수 구성원이 공유하는 성격 구조의 핵심이라는 의미로 본다. 사회적 성격의 개념은 어떤 문화의 대다수 사람에게서 찾아볼 수 있는 성격의 특징을 합계했다는 의미에서의 통계적 개념은 아니다. 이것은 여기서 논하려는 사회적 성격의 '기능'과 관련시킬 때 비로소 이해될 수 있다.

사회 성원의 에너지를 형성하는 것은 사회적 성격의 기능이다. 즉 사회 성원의 행동은 사회 양식에 따르느냐 그렇지 않느냐를 의식적으로 결정하는 문제가 아니라 사회 성원이 행동해야 하는 바대로 행동하기를 원하는 것이며, 동시에 문화의 요구에 따라 행동함으로써 만족을 찾도록 하는 것이다. 다시 말해 특정 사회가 지속해서 기능을 수행하도록 이 사회 인간들의 에너지를 형성하고 연결해

주는 것이 그 사회적 성격이 맡은 기능이다.[122]

[표24] 손향의 사례로 분석한 개별적 성격과 사회적 성격

단계	시기	사회적 성격의 기능	개별적 성격의 표현
발육기 사회적 성격이 뚜렷하고 우세임. 개별적 성격이 잠재된 발육기임.	출생부터 고교 졸업까지	취학 전에는 대산에서 자유롭게 살았고, 부모도 그를 구속하지 않았다. 이 시기 대산의 성격이 사회적 성격으로 작용했다. 초등학교 때 교육 환경의 사회적 성격은 상대적으로 관용적이고 즐거웠으며 소박했다.	▫ 산을 넘어 다닐 수 있는 정신과 의지 ▫ 자유 ▫ 상상력과 창조력 충만
막막한 시기 사회적 성격과 개별적 성격 간에 충돌 발생	대학 시기와 대학 졸업 초반	대학 진학은 사회에 복무한다는 본령을 위한 것이 아니라 개인의 입신을 위한 자본을 획득하고, 낭만적인 사랑과 캠퍼스 생활을 위한 것이다. 일은 생계를 위한 것이다.	▫ 고생, 독립 자주, 창조력, 반항 정신
선택기 개별적 성격이 점차 주도적 역할을 함	유랑과 탐색	음악의 기능은 소비자와 청중을 위한 것이다. 문화 산업은 자본을 위해 복무한다. 자본과 권력은 경제적·문화적으로 노동자를 이중으로 착취하며, 이 모두를 합리화한다.	▫ 진정한 정신 해방 ▫ 주류 문화 부정 ▫ 노동자에 대한 긍정 ▫ 의지 ▫ 반항 정신
자주 및 창조기 개별적 성격이 주도적 지위를 차지함. 하나의 자주적인 사람이 됨.	'북경 노동자의 집' 창립부터 지금까지	양호한 물질생활을 추구하기 위해서는 자본과 권력이 구성한 구조에 순종하고 융합되어야 한다.	▫ 하나의 새로운 공간을 창조한다. 이러한 자주와 창조는 어린 시절부터 스스로 육성했다. 전국 최초의 품팔이 문화예술박물관의 구호는 '우리의 문화가 없으면, 우리의 역사는 없다. 우리의 역사가 없으면, 우리의 미래는 없다'이다. ▫ 전국 최초의 품팔이문화예술제의 구호는 '스스로 무대를 만들고, 스스로 노래한다'이다.

▪
122 弗洛姆, 《健全的社会》, 64頁. [역주] 한국어판은 《건전한 사회》, 76~77쪽 참조.

수많은 사람이 인생에서 앞의 두 가지 단계를 경험한다. 그런데 세 번째 단계에 이르면, 개별적 성격이 두드러지는 사람들은 명확한 선택기를 맞는다. 그러한 개별적 성격이 잠재된 사람들은 분명한 선택기를 맞지 않을 수 있으며, 그럼으로써 자연히 사회적 성격에 순응하게 된다. 즉 사회적 성격에 의해 주재되고 만들어지는 사람들에게는 자주와 창조가 존재하지 않고, 순응과 융합이 존재한다. 개별적 성격이 두드러지는 사람은 선택기 혹은 충돌기를 겪는다. 그러나 충돌기의 결과는 다양할 수 있다. 부정적으로는 순응, 타협, 소극적 저항, 무감각, 파괴 등이 있고, 긍정적인 결과로는 주류 문화의 부정적·반동적 요소 저지와 사회·환경·인류 진보에 유익한 생산과 생활 방식의 창조가 있다.

3. 문화의 공간 '북경 노동자의 집'

손항과 창립자들은 '북경 노동자의 집' 설립 초기에 지역 사회에 뿌리를 내린다는 활동 방침을 확립했다. 이는 조직 자체의 능력 평가에 기반을 둔 것이자, 품팔이 집단의 상황과 사회적 상황 인식에 기초한 것이다. 첫째, 품팔이 집단은 도시에 진입하면서 기존의 유효한 사회적 네트워크의 지지를 상실했다. 개체가 사회에서 파편화된 형식으로 존재할 때에는 자신의 권익을 수호하기 어렵다. 기업 문화의 전형적인 표현은 자본 문화인데, 자본 문화의 직접적인 목표란 경제적으로 노동자를 착취하고, 문화적으로 노동자를 억압해 노동자 사이에 상호 부조와 단결을 저지하는 것이다. 이는 사람과 사회의 관계를 밀접하게 하는 지역 사회의 역할 인식에 근거한다. 둘째, 품팔이는 기업에서 피고용 노동자로 취급된다. 그런데 완전한 사람으로서 임금 이외에 품팔이가 갖는 필요는 기업과 사회에 의해 의식적·무의식적으로 무시된다. 반면 지역 사회라는 공간에서 품팔이는 자본이 구매한 노동력이 아니라 부모, 자녀, 부부, 이웃, 친구가 된다. 이 공간에서는 사람이 사람으로 살기 위한 여러 가지 필요에 관해 토론할 수 있고, 정상적이고 건강한 인간관계를 발전시킬 수 있다. 이는 사람의 완전한 사람으로서의 필요를 지역 사회가 충족해야 한다는 사고에서 나온다. 셋째, 우리가 지역 사회에 뿌리를 두는 것은 사회를 어떻게 바꿀 것인지에 관한 이상을 사고한 데에서 연유했다. 사람들은 사회적 이상이 많다. 그러나 현실로 돌아오면 어찌할 바를 모르고, 어찌할 능력도 없다. '북경 노동자의 집' 창립자와 활동가들은 전국 각지에서 온 외지인으로, 일궁이백一窮二白[123]이기도 해서 모두가 생존하기를, 또 사회적 책임을 다하기를 바란다. 이때 도농 경계 지역의 지역 사회는 공간적으로 하나의 가능성을 제공할 수 있다.

4. 지역 사회의 개념

지역 사회社區라는 말에는 두 한자가 있다. '구區'는 일정한 지리적 범위와 물자 조건을 가리키고, '사社'는 한 지역 내에서 연계가 만들어지는 일군의 사람을 지칭한다. 사람과 사람 사이의 연계를 '사社'라고 하는 것이다. 지역 사회 안에는 기본적인 요소가 있다. 첫째는 사람으로, 다른 것들은

---

123 [역주] 모택동이 〈열 가지 관계를 논함論十大關系〉에서 쓴 표현으로, 연설문에서 다음과 같이 표현되었다. "우리는 첫째로 궁窮이요, 둘째로 백白이다. '궁'이란 공업도 농업도 발전하지 않았다는 것이고, '백'이란 한 장의 백지처럼 문화 수준과 과학 수준이 낮다는 것이다." 모택동은 이러한 상태를 오히려 낙관적이고 적극적으로 해석했다. "발전의 관점에서 보자면, 이는 결코 나쁜 것이 아니다. 가난하면 혁명하려 할 텐데, 부유한 자의 혁명은 어렵다. 과학 기술 수준이 높은 국가는 교만해진다. 우리는 백지이니 글씨를 쓰기에 딱 좋다." 이후 일궁이백은 '가난하고 배움이 짧다'는 의미의 관용구가 되기도 했다.

사람의 생계나 사회적 필요를 둘러싸고 전개된다. 예컨대 공공사무를 관리할 조직, 학교, 공공 문화 교류 장소, 병원이나 진료소, 가정, 주택, 생산 및 생산 장소(공장이나 농업 생산), 서비스와 소비 장소(상점) 등이 그렇다. 지역 사회에서는 생산, 소비, 서비스, 사회적 교류 등의 자기 순환이 하나의 체계를 이룰 수 있다.

이상화된 지역 사회에서 서비스, 조직, 관계는 지역 사회의 사람과 공동체社群의 발전을 촉진하기 위한 것이다. 그러나 현실 속 많은 지역 사회가 완전하지 않다. 상당수 지역 사회가 '구區'의 의미는 갖췄지만, '사社'를 갖추지 않았다. 가장 전형적인 예가 바로 도시의 주택 지역이다. 그곳은 주로 주거와 일상생활 기능을 담당하는데, 그 밖의 많은 사회 조직적 기능이 결핍되어 있다.

농촌 지역 사회와 도시 지역 사회의 차이는 다음과 같다. 중국의 일부 농촌 지역에서는 생산과 생활이 여전히 지역 사회에 집중되어 수행되는 편으로, 지역 사회의 전형적인 특징을 보인다. 당연히 현대화, 산업화, 공업화에 따라 농촌 지역의 취업에도 커다란 변화가 있었으며, 농촌에서 생활하는 상당수 노동력이 농업 생산 활동에 국한하지 않고 공업이나 기타 업종에 참여하고 있다. 달리 말하면 농촌 지역 사회의 생산, 생활, 서비스에도 분리剝離가 발생하고 있다. 도시에서는 세 종류의 집단 거주 지역이 출현했다. 즉 도시 인구와 비교적 소득이 높은 인구의 집단 거주지, 품팔이 집단 거주지, 공업 구역이다. 도시 인구와 비교적 소득이 높은 인구의 집단 거주지는 생산과 생활이 기본적으로 완전히 분리되어 있다. 이때 거주지로 돌아가는 주요 목적은 '수면과 휴식'이다. 품팔이 집단 거주지는 다시 두 종류로 나뉜다. 하나는 집단 거주지로, 북경 피촌처

럼 소규모 장사, 거주지 안이나 주변 기업으로의 출근 등 대부분 인구의
생산과 생활이 지역 사회 내에서 이루어진다. 다른 하나는 집단 기숙 지
역이다. 여기에서는 노동자들의 유숙과 생활 서비스만이 제공된다. 공업
구역도 두 가지로 분류된다. 공장 지역을 핵심으로 생산·주거를 종합한
공장 생활 구역과 공장 주변으로 형성된 공업 주거 구역이다.

5. 지역 사회의 유형

[표25] 지역 사회와 집단 거주 지역의 유형[124]

	지역 사회· 집단 거주지	생산과 생활의 상태	설명
농촌 지역	농업 생산이 주체가 되는 지역 사회	생산과 생활은 상대적으로 지역 사회 내에서 집중적으로 이루어진다. 기본적으로 지역 사회의 전형적인 특징을 갖추고 있다.	중국 공업화와 도시화 발전은 향촌 건설을 촉진한 것이 아니라 오히려 향촌의 쇠락을 야기했다. 촌급 기층 선거는 중국같이 큰 지역에서 실천되는 민주 형식으로, 법률적으로 농촌 인구에 도시 인구보다 높은 정치권력을 부여하는 것이다. 농촌 지역 사회의 서비스와 조직화는 매우 약소하며, 불완전한 경우도 있다.
	농업 생산과 비농업 취업이 중첩된 지역 사회	농촌에서 생활하는 많은 노동력은 농업 생산 활동에 국한되지 않으며, 공업이나 다른 업종에도 참여하고 있다. 즉 농촌 지역 사회에서 생산과 생활에 유리가 발생했다.	농촌에서 생활하지만 비농업 업종에 종사하는 인구는 노동 권익을 보호할 조직을 찾지 못하고 있다.
도시 집단 거주지	도시 인구와 소득이 비교적 높은 인구의 집단 거주지	생산과 생활이 완전히 분리되어 있다. 거주 지역에 돌아오는 주된 목적은 '잠과 휴식'이다.	기업 혹은 단위는 도시 인구가 일하는 장소로, 경제적 수입과 직업적 발전은 서로 관련된다. 개인과 국가 간에 단층이 생겨서 개인이 시민 의식을 표출할 공간은 허상적인 공간으로 제한된다.

---

124 이 표는 진일보한 사고와 토론 전개를 위해 사회 현황에 대한 필자의 이해를 정리해 작성한 것이다.

도시 집단 거주지	품팔이 집단 거주지	상당수 사람의 생산과 생 활이 지역 사회 내에서 집 중적으로 이루어진다.	도시에서 품팔이의 역할은 노동력 판매에 불과하며, 다른 경우를 위한 공간은 없다. 자 녀 교육권, 주거권, 정치적 권리 등은 보호받 지 못한다.
공업구역	공장 생활 구역: 집단 기숙 지역	공장 혹은 도시 서비스가 직공職工이나 품팔이를 위 해 제공되는 주거 장소다.	공장의 입장에서 생활 구역을 건설하는 직 접적인 목적은 노동력 수요를 맞추려는 것이 다. 노동자가 기숙사에 거주하면 기본적으 로 잠과 휴식의 필요가 해결되므로, 그밖에 다른 측면은 거의 없다.
	공업 주거 구역	현지 주민이나 정부가 집 중적으로 품팔이들에 주 거 장소를 임대한다.	현지 주민에게 방 임대는 돈을 버는 수단이 다. 지역 사회 서비스와 사회적 서비스에 집 중하는 일부 조직은 품팔이 주거 지역에서 활동하기도 한다.

6. 전형적인 변두리 마을 피촌

'북경 노동자의 집'은 2005년 피촌에 들어왔다. 이후 장기간 지역 사회 활동을 전개했고, 활동의 방향과 의미를 탐색했다. [표25]에서는 서로 다른 유형의 지역 사회와 집단 거주지를 나열했다. 모든 지역과 공간에 는 각기 특수한 역사가 있다. 이는 시대의 각인이기도 하다. 피촌에서의 실천은 품팔이 집단 거주지의 문화적 실천이다.

피촌은 전형적인 변두리 마을城邊村이다. 현지 인구는 약 1400명, 외지 인구는 약 2만 명이다. 북경이 도시 건설을 이어가면서 외지 인구의 주거 지역은 점차 시내에서 교외로 이동했다. 품팔이 거주지는 과거 10년간 3 환에서 4환 바깥, 5환 바깥, 6환 바깥으로 밀려났다. 주변 마을이 철거 됨에 따라 피촌에 모여 살던 인구는 나날이 증가했으며, 이전 보상금을 받아내기 위해 새로 지은 임대 방과 점포도 계속 늘었다. 그러나 몇 명이 이곳에서 사는지 정확하게 추산하기란 어렵다. 2011년 '북경 노동자의 집'

북경 피촌의 위성 사진

지역 공회(지역 노조)는 공장과 점포에 관한 조사로 정보를 얻은 바 있다.

2011년 상반기를 기준으로 피촌에는 크고 작은 공장 및 기업이 205곳 있다. 고용 노동자는 4명에서 200여 명으로 편차가 있었는데, 평균 17명을 고용한 것으로 나타났다. 이렇게 볼 때, 대략 3485명이 피촌의 공장과 기업에 출근한다. 이 가운데 약 70%가 남성, 30%가 여성이다. 피촌의 공장과 기업은 가구, 창호, 주방 기구, 전시 등의 업종이고, 그 밖에 에어컨, 제조업, 철공, 인쇄 등도 있다. 생산 제품은 모두 내수용이고, 상당수가 북경 시장에 공급된다.

또한 피촌에는 식당, 슈퍼마켓, 카센터, 건축, 철물, 컴퓨터, 핸드폰, 미용, 이발, 의약 등 총 215개의 점포가 있다. 이곳에 종사하는 업주 및 종업원은 모두 367명인데, 점주가 304명이고, 114개 점포는 부부가 함께 운영한다(60%). 점주 중 여성이 156명(51%), 남성이 148명(49%)이다. 종업원 63명 중에는 여성이 34명(54%), 남성이 29명(46%)으로 나타났다.

2011년부터 지금까지 피촌에는 상점가가 2곳 더 생겨 점포가 많이 늘었으며, 거주자 및 종사자도 늘었다.

7. 지역 사회 활동

[표26]은 피촌에서 전개한 활동을 간략히 총괄한 것이다. 이러한 활동은 우리의 문화적 상태와 요구를 충분히 반영한다.

[표26] '북경 노동자의 집' 지역 사회 활동

활동 유형	활동 내용	고찰
오락 활동	노래경연대회, 탁구대회, 지역사회활동센터 (무용, 탁구, 영화 상영)	사람들은 저마다 필요한 것이 다르다. 그러나 대다수에게 공통된 필요가 있는데, 오락과 스트레스 해소 등이 여기에 속한다. 노동자들에게 이런 장소를 제공하는 것은 그 필요를 충족시키는 것일 뿐만 아니라 우리와 노동자 사이에 상호 신뢰와 사랑의 관계를 만들 기회를 제공하는 것이기도 하다.
호혜 상점	의류 등의 중고 물품을 저가로 판매. 품팔이의 지출액 절감	사회적 기업은 '북경 노동자의 집'이 자력갱생하고, 고난 속에서 분투할 수 있게 하는 중요한 통로다. 또한 노동자들에게 편의를 제공함으로써 필요를 만족시킨다는 우리 활동의 기본적인 방향으로 나아가는 것이다.
학교	2005년 동심실험학교를 개교해 품팔이 자녀들에게 입학 편의를 제공했다. 각종 취미반을 개설하고, 학부모 교실과 학부모 교류 활동을 진행했다.	도시에 인접해 있으면서 배움의 기회를 놓친 유동 아동들에게 기초 교육의 기회를 제공하는 것이 학교 사업의 이념이다. '잘 배워서 좋은 사람이 되자'는 교훈에 따라 활동을 벌이고 있다. 성적을 중시하는 주류적 요구에 대항할 방안은 없지만, 교실 수업과 과외 활동에 학생의 건강한 성장과 유동 아동의 특징을 겨냥한 교육 내용을 추가했다. 졸업생을 대상으로 한 인터뷰에서 우리의 교육 실천이 상처 입은 잔류 아동과 유동 아동에 '치료와 건강 증진'이라는 긍정적인 역할을 했음을 발견할 수 있었다.
도서관	도서 무료 대여	독서는 시야를 열고, 지식을 얻으며, 사고를 개발하는 중요한 수단이다. 도서관을 개관해 노동자들을 위해 여가용 도서와 사상 교육을 위한 도서를 비치했다. 이는 핵심 노동자를 발견하고 양성할 경로 역할을 한다.

		품팔이 집단의 물질적, 정신적, 조직적 요구에 부응하는 것이 지역 사회 활동과 지역 노조 활동의 목적이다. 물질적 요구 측면에서 우리가 해내는 역할은 제한적이다. 힘이 닿는 한 하는 것 역시 우리의 기능 설정에 부합한다.
교육 훈련 및 교류, 노조 활동	법률 교육, 컴퓨터 교육, 권리 수호 핫라인, 기타반, 여공 동아리, 연극 동아리, 피촌 신문 편집팀, 문학 동아리, 지역 강좌, 노조 건설	중국 사회의 정치적 민주 문제는 민감한 문제이기도 하지만, 정확하게는 손대기 어려운 문제다. 서방의 대의제 민주가 갖는 한계와 거대한 폐단을 반성하지만, 대안을 내놓기란 어렵다. 대만에서 지역 사회 건설에 종사하는 활동가들은 중국의 격언인 '수신, 제가, 치국, 평천하' 가운데 지역 사회라는 층위가 빠져 있어, 공민이 적합한 민주 형식을 통해 치국에 참여할 수 없다고 인식한다. 따라서 '지역 사회 건설'을 추가하라는 것이다. 우리의 피촌에서의 활동과 생활은 철거 전의 어수선함과 충만한 생활의 활력으로 혼란한 상태다. 이는 많은 중국인이 동동 떠다니며 불안한 환경에 생활하는 것과 닮았다. 그러나 우리의 마음은 편안하고 의연하다. 피촌의 지역 사회 실천이 갖는 물질적인 실체가 피촌의 소실로 인해 사라진다고 해도, 우리가 축적한 조직적 경험과 사상적 방법은 상실하지 않을 것이기 때문이다.

8. 도시 변두리 촌락의 비밀[125]

전국 각지의 각 계층에 똑같이 적용되는 정책 방향이 있다. 즉 현대적인 문명 도시를 건설하기 위해 도시 변두리 촌락을 정비하고 척결해야 한다는 것이다. 변두리 마을에는 수많은 품팔이와 그 자녀가 집중적으로 거주한다. 이는 그들이 깨끗하고 정돈된 도시에 살고 싶지 않아서가 아니라 수입이 너무 낮아 방값을 내거나 집을 살 경제적 능력이 없기 때문이다. 따라서 다음과 같은 역설과 논리가 출현했다.

① 생산과 노동(사회적 부 생산, 서비스 제공)의 측면에서 품팔이 집단은 생산 영역의 주력이다. 이러한 생산 공간에서 노동의 가격은 크게 절하되는데, 그것은 낮은 임금과 사회보험의 부재라는 실체로 드러난다.

---

125 이 단락은 전양(戰洋, 잔양)이 2014년 7월 4일 '북경 노동자의 집'에서 발표한 내용의 도움을 받았다. 전양은 뉴욕주립대학교 빙엄턴 캠퍼스에서 인류학 박사 과정 중이며, 피촌은 그녀의 박사 논문 현지 조사 대상 가운데 하나다.

② 재생산 측면에서 노동자는 먹고, 잠자고, 휴식을 취하고, 자녀를 낳아 키울 수 있어야 한다. 그러나 임금이 낮고 사회적 환경이 불리해 이러한 과정은 도시 변두리 촌락이나 도심 촌락에서 이루어질 수밖에 없다.

③ 자본은 생산을 확장하기 위해, 그리고 소수의 부유한 인구는 물질적 조건을 누리며 여유롭게 살기 위해 각각 유리한 지역과 공간을 점령해야 한다. 이는 도시 변두리 촌락과 도심 촌락에 대한 철거를 통해 실현된다.

④ 이는 곧 '일거양득'의 과정이다. 우선 자본이 토지와 공간을 점령하고, 노동자를 더 싼 지역으로 쫓아냄으로써 노동자의 주변화를 유지한다. 나아가 저가로 노동력 재생산 과정을 유지한다. 노동자의 사회보험을 지급하지 않고, 품팔이 자녀의 교육비를 책임지지 않으며, 열악한 주거 환경을 만들어 내는 것 등이 모두 여기에 포함된다. 마지막으로 노동력 재생산 과정을 낮은 비용으로 유지해야만 노동력 비용을 저가로 유지할 수 있다. 이는 저임금을 의미한다.

⑤ 도심 촌락의 비밀은 자본의 확장 논리 안에서 중소 도시 발전과 도심 촌락이 공생할 수밖에 없다는 것이다. 다시 말해 중소 도시 발전은 도심 촌락이 존재해야만 유지될 수 있다.

⑥ 도심 촌락의 비밀이 드러나 비판받지 않는다면, 도시 발전은 시종 도심 촌락에 대한 '오명 씌우기'를 수반할 것이며, 도심 촌락이 사라지지 않는 근본적인 원인에 입을 다물 것이다.

9. 문화의 현장

피촌은 분열되고, 불완전하며, 과도적인 지역 사회다. 피촌 곳곳에 현지인과 외지인의 분열이 있고, 시골과 도시의 분열이 있다. 동시에 그 혼란 속에서 가능성을 발견할 수도 있다. '북경 노동자의 집'이 피촌에 지역 사회활동센터를 설립한 것이 그 예다. 다른 사람들이 보기에 피촌은 불안정하고 유동하고 있다. 철거를 앞두고 외지인끼리도 단결하지 못한다. 이 점에서 지역 사회라고 할 만한 것이 없다고 할지도 모르겠다. 그러나 그런 환경에서 '노동자의 집'이 탄생할 수 있었고, 문화활동센터를 건설해 노동자들이 퇴근 후 책을 읽고, 공부하고, 춤을 추고, 함께 모이는 공간이 될 수 있었다. 이 모두가 가능성이다. 외부 환경과 조건이 다소 개선될 수 있다고 가정해 보자. 예를 들어 향후 정부가 비교적 안정적인 정책을 내놓아 도시에서 급격한 철거가 일어나지 않는다고 해 보자. 이러한 가능성은 곧 긍정적인 요인이 될 것이다. 우리가 꿈꾸는 지역 사회가 당장 생길 것 같은 느낌도 든다. 우리는 이상적인 지역 사회의 가능성을 탐색하고 실천해 왔다. 하지만 일부 공간에 제한될 뿐인데, 외부 환경을 바꾸는 것이 상당히 어렵기 때문이다.

손항은 이렇게 회고한다.

어제(2012년 5월 1일) 개최한 5·1 노동절 지역 행사에서 학부모의 참여가 매우 높았다. 40대인 하북 출신의 경왕(耿)○○은 피촌의 가구 공장 노동자다. 이혼한 그의 유일한 희망은 목숨 걸고 돈을 벌어 딸을 대학에 보내는 것이다. 그는 공장에서 일하며 굉장히 스트레스를 받는다. 공장에선 누구와도 교류하지 않으며, 늘 우울하다. 사흘 동안 아무것도 먹지 않은 적도 있다. 어느 날 퇴근 후 우리 활동센터 앞을 지나가다가 사람들이 춤추는 것을 보게 됐다. 모두 외지 사람인 것에 호기심을 느꼈지만, 옆에서 지켜보기만 했다. 그러다 맨 뒤에서 사람들을 따라 춤을 추게 되었고, 나중에는 매일 저녁 찾아와 가장 늦게까지 춤췄다. 지금은 우리 공연에도 참여한다. 그는 무용팀에 들어온 뒤로 긍정적이고 낙관적으로 변했다. 활동을 통해 사회적 관계를 만들고, 친구도 많이 사귀었다. 이제 그는 혼자 춤추는 것을 넘어 동영상을 보며 춤을 배우고, 다 익힌 후에는 사람들과 함께 춤을 춘다. 지역 사회 활동, 지역 사회 조직, 지역 사회 플랫폼은 응당 사람을 위해 복무해야 한다. 사람이 긍정적이고 건강하게 성장하도록 돕고, 사람이 되도록, 우울한 정신 상태에서 빠져나오도록 해야 한다. 고독한 개체에서 벗어나 사회적으로 교류하고 관계를 새롭게 만들도록 해야 한다.

어제 무대 뒤에서 무용팀 공연에 참여한 여성들의 대화를 들었다. 그녀들은 평소 센터에서 춤을 추는데, 서로 모르는 사이였다. 그러다 공연이 끝나고 무대 뒤에서 서로를 알게 된 것이다. 고향이 어딘지, 집안 상황이 어떤지를 서로 묻고 답했다. 춤은 산만한 것일지도 모른다. 춤을 추고 나면 헤어지니 '팀'이라는 느낌도 없을 것이다. 달리 연락을 주고받지도 않고, 교류도 없다. 어제의 공연은 한 집단으로 함께 공연함으로써 그녀들에게 집단이라는 느낌이 들게 했고, 인간관계를 만들었다. 이후 그녀들이 함께 춤출 때에는 느낌이 전혀 다를 것이라 믿는다.

지역 사회 문화는 하나의 핵심이다. 사람과 사람의 새로운 관계고, 새로운 분위기이며, 새로운 가치 인식이기도 하다. 예컨대 어제 공연에서 우리가 '하늘 아래 품팔이는 한 가족'을 합창했을 때 특별히 기뻐하는 노동자 친구들이 있었다. 우리 자신의 노래라는 것이다. 행사가 끝나고 젊은 노동자 2명이 도서관 숙직실을 찾아와 우리가 만든 노래를 복사해 갔다. 노동자 친구들을 위해 만든 이 노래들은 우리의 문화를 전달하고 응집시킬 통로다. 노래와 함께 전달되는 것은 사람들의 공통된 감정이자 깨달음이며, 그 감정과 깨달음이 점차 공통의 인식을 형성할 것이기 때문이다. 이러한 인식은 근거 없이 생기지 않는다. 어떤 조건을 창조해 내야 한다. 신노동자 극장이 공연하는 문화 현장, 노래나 연극 형식의 전달 경로를 예로 들 수 있다.

문화는 지역 사회의 영혼이다. 지역 사회의 물질적 조건이 사람의 신체라면, 문화는 사람의 영혼이다. 대다수 도시의 지역 사회에는 뼈와 살만 있을 뿐 영혼이 없다. 영혼이 없어도 지역 사회라 부를 수는 있다. 마치 사람에게 영혼이 없어도 사람인 것처럼 말이다. 단지 살아 있는 송장에 불과하지만.

10. 신노동자 문화

'북경 노동자의 집' 활동은 신노동자 문화를 창도한다. 여기에서는 세 가지 측면의 신노동자 문화의 함의를 설명한다. 첫째, 문화적 주체성이다. 신노동자는 주체다. 문화적 주체성이란 어떤 문화가 누구의 생활을 표현하고, 누구의 시각을 대표하는지를 가리킨다. 우리가 말한 신노동자 대표는 농촌에서 도시로 온 2억6300만 품팔이다. 둘째, 문화가 대표하는 가치관이다. 신노동자 문화의 핵심은 노동 가치관으로, 노동과 노동자를 존중하는 것이다. 이것은 각 방면에 체현된다. 노동자는 공평하고 합리적인 임금을 획득해야 한다. 노동관계에 있어서 노동자의 노동력이 손쉽게 일종의 비용으로 치부되어서는 안 된다. 인간은 상품이 아니며, 간단히 노동력과 등호를 그릴 수 없다. 문화가 대표하는 사상과 도덕에 있어서 신노동자 문화는 자본의 문화와 패권에 반대한다. 자본의 문화는 배금주의, 소비주의로 표현된다. 자본의 패권은 자본의 권력 조종, 자원 약탈, 인성 말살을 초래했다. 셋째, 신노동자 문화의 기능이다. 수많은 노동자가 도피나 마비가 아닌 현실에 똑바로 맞서기를 희망한다. 개인, 집단, 사회가 현실에 맞서지 않는다면 희망이 없다. 잔혹한 현실에 맞서는 것은 사람을 고통스럽게 한다. 바꿀 방법이 없다는 것을 알고 있기에 무력해진다. 그러므로 노동자 개인은 무력감 때문에 도피를 선택한다. 피시방으로, 예능 프로그램으로, 한국 드라마로, 가정생활로, 애정관계로 도피한다. 최근 관심을 끈 '스마트' 현상처럼 형식적인 저항으로 도피하기도 한다.

마비의 전형적인 특징으로 응당 반응해야 하는 일에 반응하지 않는 것을 들 수 있다. 사람의 신체가 바깥에 반응하는 것은 민감한 신경 계통이 풍부하기 때문이다. 따라서 우리는 신체에 가해지는 위해를 피할 수 있다. 그러나 사람의 정신이 마비되면, 각종 정신적 시달림에 고통을 느끼지 못한다. 고통이 없으면 반응 능력도 상실되며, 곧 모든 저항 능력을 잃는다. 토론회에서 한 대학생이 손항에게 활동 동기를 물은 적이 있는데, 손항이 곰곰이 생각하다가 이렇게 말했다. "참 막막하고 고통스러웠기 때문입니다. 자주 불면증에 시달릴 정도로 고통스러웠지요. 하지만 이 세계에 반드시 길 하나는 있을 것이라 믿었어요." 노동자들은 모욕을 받은 후에 분노하고, 고생해서 일한 뒤에 피로를 느낀다. 이 때문에 그들은 잘 마비되지 않는다. 그런데 그들은 자발적으로 자신을 마비 상태에 빠트릴 방법을 찾기도 한다. 그 마비 상태가 단기적인 것일지라도 말이다. 즉 고통을 없애기 위한 도피 행위의 결과는 잠깐의 마비 상태에 빠져드는 것이다.

문화에는 매개체와 표현 형식이 필요하다. 우리는 주류 무대를 점령할 재력이 없다. 문화적 정체성 측면에서 우리는 주류 무대에 오르는 것에 흥미도 없다. 그래서 2009년 1월 제1회 품팔이 문화예술제에서 우리는 '스스로 무대를 만들고, 스스로 노래한다'는 구호를 제출했다.

[표27] '북경 노동자의 집'의 문화적 실천

형식	내용	의미와 영향
앨범	▫ 2004년 9월 10일 품팔이 청년예술단(현재의 신노동자 예술단)의 첫 앨범 〈하늘 아래 품팔이는 한 가족〉 ▫ 2007년 5월 1일 제2집 〈노동자를 위한 노래〉 ▫ 2009년 제3집 〈우리의 세계, 우리의 꿈〉 ▫ 2010년 제4집 〈우리 손안에〉 ▫ 2011년 제5집 〈그래! 이렇게〉 ▫ 2012년 제6집 〈집은 어디인가〉, 제7집 〈반대로 꺾기〉	한 노동자의 퇴근길, 몸이 극도로 피곤해 실신 직전이었다. 그때 버스 안에서 누군가의 핸드폰 벨 소리가 울렸다. '노동자 찬가' 노랫소리였다. 그는 온몸에 전율이 일면서 마음이 따뜻해졌다. 2013년 9월 14일 록레코드Rock Records사는 신노동자 예술단의 노래 벨 소리가 40여만 건 다운로드됐다고 집계했다.
신노동자 문화예술제	▫ 2009년 1월 1~3일, 2009년 10월 24~28일, 2010년 9월 11~13일, 2013년 9월 6~8일에 피촌에서는 제1~4회 신노동자문화예술제가 개최됐다. ▫ 예술제는 노래, 연극, 시, 영화 토론, 주제 전시, 논단, 공작실, 연구 토론회, 간담회, 장터 등 풍부하고 다채로웠다. ▫ 제2회 예술제의 주제는 '품팔이의 주거 상황'이다. 제4회 예술제는 '신노동자: 집은 어디인가?'를 주제로 노래, 연극, 콩트로 품팔이의 현상과 사고를 드러냈다.	지역 사회 활동과 문예 활동은 노동 조직의 일상적인 활동 내용이 되었다. 신노동자문화예술제는 노동자의 문화 발전과 성장 무대로, 노동 단체의 문화 교류의 진지가 됐으며, 노동자 의제 토론의 현장이자 노동자 문제를 연구하는 학자들의 현장 역할을 하고 있다. 2013년 9월 8일 피촌 제4회 신노동자 문화예술제에서 젊은 활동가가 "나는 손향, 허다, 강국량의 노래를 들으며 노동 조직에 들어간 사람입니다"라고 말했다.

품팔이 춘절 특집 프로그램	▫ 2012년 1월 8일 오후 2시, 제1회 품팔이 춘절 특집 프로그램이 피촌 신노동자극장에서 열렸다. 전국 각지에서 온 노동 단체가 다채로운 문예 내용을 선보였다. ▫ 2013년 1월 26일 오후 2시, 제2회 품팔이 춘절 특집 프로그램이 공산주의청년단 중앙대강당에서 개최되었다. 사회자는 최영원(崔永元. 추이용위안)[126]과 심금화로, 전국에서 모인 노동 단체, 농민 단체 및 기타 민간 조직 대표들이 다양한 프로그램을 공연했다. 이 행사에는 대만과 홍콩 지역의 노동 예술 단체도 참가했다. ▫ 2014년 1월 12일 저녁 7시, 제3회 품팔이 춘절 특집 프로그램이 조양구 문화관 TNT극장에서 진행했다. 사회자는 양금린(楊錦麟, 양진린)[127]과 심금화로, 전국의 노동 단체가 창작 프로그램을 선보였고, 태국 노동자 밴드도 참여해 〈노동의 존엄〉을 공연했다. ▫ 제3회 예술제의 총감독은 왕덕지다.	CCTV 춘절 특집 프로그램은 전국의 인민이 관심을 두는 오락 프로그램이다. 그러나 품팔이의 소리를 반영하는 내용은 거의 없다. 품팔이를 형상화한 것이 있기는 하지만 왜곡되는 경우가 많으며, 오락과 동정의 대상으로 나타난다. 이 프로그램이 품팔이를 위한 춘절 오락 프로그램이 될 수 있기를 희망한다. 2013년 9월 14일 산동성 치박淄博에서 온 품팔이 2명이 청소 노동자들을 위해 자신이 쓴 노래를 들고 품팔이 춘절 특집 프로그램의 총감독 왕덕지를 찾았다. 그들은 많은 노동자가 앞선 두 프로그램을 관람했으며, 마음이 무척 끓어올랐다고 전했다. 이들은 제2회보다 제1회가 낫다고 생각했는데, 더 소박하고 품팔이에 가까이 있었기 때문이다. 그들은 동력과 희망을 주는 이 프로그램이 지속해서 개최되길 바란다고 했다.
품팔이 문화예술 박물관	▫ 2008년 5월 1일, '북경 노동자의 집'은 중국 최초의 '품팔이 문화예술박물관'을 창립했다. 박물관 주 전시관에서 '품팔이 30년: 유동의 역사'가 장기 전시됐다. ▫ 2009년 10월부터 2011년 7월까지 제2회 품팔이 문화예술제 기간에 '품팔이의 주거 상황'을 주제로 전시를 기획했다. '북경 노동자의 집', '소주 노동자의 집', '심천 작은풀小小草' 등이 연구 및 촬영, 전시를 진행했다. ▫ 2011년 8월부터 2014년 4월까지 제4회 품팔이 문화예술제 기간에는 '신노동자: 집은 어디인가?'를 주제로 전시를 진행했다. ▫ 2014년 5월부터 현재까지 '신노동자의 문화와 실천'을 주제로 전시 중이다. 노동자 문화의 본질을 탐구하고, 전국 각지의 노동 조직이 수행하는 문화 실천을 전시한다. ▫ 개관 때부터 지금까지 전국의 노동 단체 대표, 노동자, 학자, 관료, 대학생이 박물관을 찾았다.	박물관은 역사 설명이 아니라 역사 독해와 역사 변혁 쟁취의 목적을 가지는 살아 있는 박물관이다. 또한 도입주의적 박물관이 아니라 연구형 박물관이며, 우리의 연구를 활용해 역사와 현실을 독해할 것이다. 박물관은 진열장이 아니라 사회 활동의 장소이자 중심이다. 따라서 박물관과 노동자, 사회는 함께 호흡하고 운명을 같이한다. 2011년 10월 사천성 금당金堂현 정부가 박물관의 구조와 내용, 기풍을 본떠 '농민공 박물관'을 건립했다. 이는 우리와 같은 박물관을 정부가 건설한 첫 사례다. 박물관이 개관한 날 금당현 정부는 농업부 대표, 학자, '북경 노동자의 집' 총 간사 손항 등을 초청했다.

---

126 [역주] 최영원(1963~)은 당시 중국 CCTV의 유명 사회자였다.

127 [역주] 양금린(1953~)은 홍콩 봉황TV의 유명 사회자였으며, 2014년 당시 홍콩 위성TV로 자리를 옮겨 부총재 겸 집행위원장을 맡고 있었다.

품팔이의 노동 체험은 노동자로서의 체험이요, 품팔이의 생활 체험은 하층 민중으로서의 체험이다. 이는 이 집단의 문화 형성에 물질적인 기초를 이루었다. 노동자를 대표하며, 노동자의 생활과 노동 체험에 기초한 적극적인 문화를 우리는 '신노동자 문화'라 부른다. 신노동자 문화는 기성품이 아니라 창조 과정 그 자체다. 이 과정은 품팔이의 일상생활과 노동에 뿌리를 두며, 개체와 신노동자 집단을 만들어 낸다.

[부록] 문화 교전의 현장

비비非非 공연 시즌4[128]

'노동하는 자, 노동을 노래하리勞者歌其事,'[129] 신노동자 예술단의 시와 가요가 2011년 3월 26일 저녁 조양구 문화관 9극장에서 공연됐다. 다음은 공연 후 배우와 관객의 대화다.

관객　　　공사장으로 공연하러 다닌다던데, 그곳은 어떤가요?

손항　　　공사장 노동자들은 정말 내키는 대로입니다. 이 극장 안에는 분명 어떤 식으로든 구속이 있겠지요. 그런데 공사장에서는 격식을 따지지 않고 모두 가깝게 둘러앉습니다. 노래가 좋으면, 미친 듯이 손뼉을 치죠. 관리자가 우리를 환영하는 경우는 거의 없지만, 간혹 공연을 허락해 주기도 합니다.

관객　　　더 많은 관심을 끌어내고, 여러분의 이념을 더 잘 선전할, 지금보다 나은 방식이 있습니까? 예를 들어 CCTV에 나간다면 선전 효과가 더 크지 않을까요?

손항　　　매일 궁리하고 있어요. 그런데 CCTV는 시청자를 세뇌하는 것 같아요. 한번은 CCTV가 우리를 찾아와 '그 해를 떠올리며'의 가사를 바꿔 불러 달라고 했어요. 일종의 금의환향 느낌을 넣

---

128 [역주] '비非전문, 비非상업'을 신조로, 북경 9극장에서 2008년부터 매년 열리는 공연 축제다. 북경 연극인협회, 조양구 문화관, 북경 9극장이 공동 개최한다.

129 [역주] "굶주린 자는 음식을 노래하고, 일하는 자는 일을 노래한다餓者歌其食, 勞者歌其事"는 《춘추공양전春秋公羊傳》(하휴何休 주)에 등장하는 표현이다. 예부터 노래가 현실의 삶을 반영해 왔다는 뜻으로 풀이된다.

어 달라고요. 우리는 동의하지 않았어요. CCTV에 나가려면 자기 긍정의 상실을 대가로 요구받는 경우가 많아요. 만약 CCTV가 우리의 노래를 부르도록 허락해 준다면, 당연히 가야죠. 저는 원칙을 지키는 것이 가장 중요하다고 생각합니다. 노동자를 위해 노래한다는 원칙 말이죠. 어느 날 우리가 CCTV에 나오는데, 노동 인민과 유리되어 있다면 우리에게 욕을 퍼부어도 됩니다. 우리 노래를 들으러 오지 않아도 돼요. 우리 예술단이 상업화의 길로 간다면, 그건 우리가 아닙니다. 우리는 주류 예술 단체의 길을 가고자 하지 않습니다. 예술은 절대로 생활과 유리되어서는 안 됩니다. 예술은 보통 사람의 생활 속에 있는 자연스러운 한 부분이어야 해요. 저는 일하다 힘들면 노래를 부릅니다. 음정이 틀려도 괜찮아요. 제가 노래하는 목적은 가장 진실한 감정을 표출하는 겁니다. 제가 가장 하고 싶은 말을 하는 거죠. 이것이 예술입니다. 높은 데 있거나 엘리트적일 필요가 없어요. 우리는 예술이 노동자에게 돌아가기를, 노동 인민의 생활로 돌아가기를 희망합니다. 우리의 생활이 바로 우리의 예술이기 때문입니다. 그래서 모든 사람이 예술가입니다.

관객　　　정말 풍부한 함의를 지닌 공연이었습니다. 그래서 굉장히 기뻤고요. 여러분은 우리를 한편으로 보는 것 같아요. 우리가 받아들여지는 느낌이었습니다. 그래서 앞으로 더 힘을 낼 수 있을 것 같아요. 여러분의 목표는 무엇입니까? 목표를 실현하려면 얼마나 멀리 가야 할까요?

왕덕지　　　우리의 목표는 미래에 이 도시에서 존엄하게 생활하는 것입니다. 그 목표를 위해 우리는 계속할 것이고, 계속할 수 있도록 쟁취할 겁니다. 우리가 죽어도 다른 사람들이 이어서 할 겁니다.

손항　　당신이 스스로 노동자라 생각한다면, 받아들여지고 말고의 문제는 존재하지 않습니다.

관객　　오늘 관객 대다수는 노동자가 아닙니다. 공연의 목적이 무엇입니까?

손항　　오늘 이 현장에 앉아 있는 모두에게 공명이 있었을 것 같습니다. 앞으로 여러분이 일하는 장소가 달라지겠죠. 여러분이 일하는 회사 안에는 청소 노동자도 있을 것이고, 요리사도 있을 겁니다. 오늘의 느낌을 기억하시길 바랍니다.

왕덕지　　한편으론 모금을 위해서죠. 여러분이 돈을 내고 공연을 보러 오는 것이 우리에게는 지지입니다.

관객　　예술단이 연극도 연출했다던데, 연출가의 학력이 어느 정도인지요?

허다　　우리의 학력은 대부분 높지 않습니다. 우리는 창작에 필요한 것이면 무엇이든 가져다 씁니다. '연극'이라는 말을 맹신하지 않는 거죠. 문예는 독점되어 높이 떠 있는 게 아니어야 합니다.

손항　　학력과 지식은 다릅니다. 지식도 지혜와 다릅니다.

관객　　1980년대 이전의 문예 이념을 어떻게 봐야 할까요? 그리고 신노동자 문화가 나아갈 길은 무엇인가요?

왕덕지　　그 시대의 실천이 어떠했든 그 시대에는 예술가가 없었습니다. 문예 활동가만 있었죠. 프랑스 대혁명 시기에 노동자들은 시를 쓰고 문예 창작을 했습니다. 최초의 목적도 혁명이 아니라 존중받고자 했던 겁니다. 문제는 '혁명을 하지 않고 존중을 얻을 수 있는가'였습니다. 문예가 단숨에 무엇을 바꿀 수 있다고 기대할 수는 없습니다. 아마 이 공연장을 나서면 바로 잊게 되겠죠.

손항　　우리의 논리는 문제에서 출발하자는 겁니다. 그런데 지식인의 논리는 이념에서 출발하는 경우가 많습니다. 우리의 실천은 먼저 무언가 하기 시작하고, 그다음에 이야기하자는 겁니다. 자신이 말하고자 하는 것을 대담하게 표현하는 것이 가장 중요합니다.

관객　　예술단에 대학 졸업생도 있다고 들었습니다. 그 사람들이 어떻게 들어갔는지 묻고 싶습니다.

복국(福菊, 푸쥐)　　저는 '노동자의 집'에 먼저 들어갔습니다. 학교 선배인 심금화 언니가 여기서 실습했는데, 2005년 졸업 후에도 계속 남았거든요. 저도 여기 실습을 나왔다가 자원봉사자가 됐고, 결국 눌러앉았죠. 바깥 세계는 무척 가식적인데, 이곳은 가족적인 분위기예요. 서로 칭찬도 하고, 비판도 해요. 이 조직은 저의 성장에 아주 중요한 역할을 하고 있어요.

제13장
심금화의 이야기
— 교육 운동

삶 이야기: 품팔이 자녀 교육을 통해 사회 진보를 꿈꾸다

중국의 교육 이야기를 할 때면 다음의 사실이 떠오른다. 첫째, 중국의 농촌은 쇠퇴하고 있고, 농토는 소실되고 있으며, 마을은 점점 더 많이 버려지고 있다. 둘째, 농촌의 잔류 아동留守兒童은 전국적으로 6102만5500명이다.[130] 그들은 부모의 보살핌 없이 외롭게 자란다. 이들은 학교 기숙사에서 지내거나 조부모에 양육되며, 혼자 생활하기도 한다. 셋째, 농촌 호적을 가진 유동 아동流動兒童은 전국에 2877만 명 있다.[131] 이들 중 상당수는 현지 아이들이 다니는 공립 학교에서 교육받을 수 없다. 넷째, 중국 아이들은 모두 대학에 가기 위해 공부한다. 대학에 가려는 것은 좋은 일자리를 찾기 위함인데, 좋은 일자리의 기준은 임금 수준에 불과하다.

---

130 〈我國農村留守兒童, 城鄕流動兒童狀況硏究報告〉, http://acwf.people.com.cn/n/2013/0510/c99013-21437965.html(검색일: 2014년 4월 28일)
131 같은 글.

이처럼 교육 문제에 있어 중국 인민은 수령에 빠져 있다. 우리의 교육은 도덕을 상실했고, 토대를 잃었다.

우리는 지역 사회를 근거지로 '잘 배워서 좋은 사람이 되자'는 기초 교육을 실험하고 있다.

심금화는 '북경 노동자의 집'이 2005년 설립한 피촌 동심실험학교의 교장이다. 심금화의 이야기는 두 차례의 기록을 정리한 것으로, 첫 번째는 2012년 9월 7일 저녁 북경 해도 리조트蟹島度假村에서 열린 '사회 활동가 연수반'에서의 자기 역사 이야기다. 두 번째는 2013년 10월 1일 오전 필자와 나눈 인터뷰 내용이다.

가정 환경

저는 1982년 9월 13일, 호남성 악양岳陽시 군산君山구 상성翔盛 기와 공장에서 태어났어요. 벽돌이나 기와를 만드는 농촌 공업 기업인 향진 기업鄕鎭企業이었는데, 부모님이 그곳 노동자였거든요. 아빠는 중졸이고, 엄마는 초등학교 3학년까지 다녔어요. 오빠도 하나 있고요.

학창 시절

초등학교 6학년 때 셋째 삼촌과 아빠가 고모 결혼 문제를 이야기하다 다툼이 벌어졌어요. 그러다 삼촌이 엽총을 쏴서 아빠가 다쳤죠. 총알이 복부에 들어간 중상이었어요. 엄마는 병원에서 아빠를 간호하게 됐고요. 여름방학이 지나고 중학교에 가려면 학교에 기부금을 내야 했는데, 수백 위안이나 되는 돈을 감당할 수가 없었어요.

삼촌은 곧 붙잡혔지만, 병원비를 배상할 여력이 없었고요. 그래서 저축해 둔 돈으로 아빠 병원비를 쓰고 나니 바닥이 났죠.

갓 졸업한 중학교 담임은 똑똑하고 예쁜 학생을 좋아했어요. 당시 저는 시커멓고 빼빼 말랐었어요. 여름방학 동안 돈을 벌려고 일을 많이 했거든요. 벽돌 공장에서 오빠가 수레를 끌면 제가 뒤에서 밀었죠. 그래서 검게 그을렸고, 몸이 바싹 마를 정도로 고단했어요. 우리 학교는 중심학교에 속해서 주변 여러 공장에서 온 학생들이 모여 있었어요. 몇몇은 제가 시커멓다고 놀렸어요. 입학 등록할 때는 돈이 없어 우여곡절을 겪었고요. 다른 학생들보다 입학이 늦어서 그런지 처음에는 선생님의 냉대도 받았어요. 성적이 좋아서 나중에는 선생님이 잘해 줬지만, 선생님과 반 친구들이 저를 대하던 태도가 잊히지 않아요. 가진 것만 보고 사람을 대하는 방식에 그때부터 강한 반감이 생겼어요.

둘째 삼촌은 친척 가운데 돈이 제일 많았어요. 식품 가게와 옷 가게를 했거든요. 친척끼리 돈으로 평가하는 게 느껴져서 그 집에 갈 때마다 불편했어요. 그 무렵 부모님을 따라 그 집에 가면 조용히 있었죠. 부모님은 말하는 것조차 조심했고요. 저는 얌전히 앉아 마음속으로 되뇌었어요. 사람과 사람이 왜 이렇게 불평등한가 하고요.

이모에게 들었는데, 엄마가 할머니에게 학대를 당했대요. 삼촌들도 거들었고요. 설에 가족들이 모여 식사할 때면, 엄마는 누구와도 말하지 않고 밥만 먹고 자리를 떴어요. 이런 경험으로 사람 사이에 존재하는 억압을 느낄 수 있었어요. 세상이 공평해야 한다는 생각이 자라나기 시작한 것도 이 때문이고요. 중학교 3년 동안 가정 형편이 매우 어려웠어요. 아빠가 일을 못 해서 엄마 벌이에 의지해야 했거든요. 제가 할 수 있는 일이라곤 그저 열심히 공부하는 것뿐이었죠.

중학교 졸업 후 중등전문학교에 진학하려고 했어요. 그러면 졸업 후 바로 돈을 벌 수 있거든요. 저는 경찰이나 변호사가 되고 싶었어요. 경찰이 되면 권선징악을 할 수 있겠다 싶었죠. 당시에는 협객이 되는 꿈을 자주 꿨어요. 정의가 사악함을 이기는 내용인 신화도 좋아했고요. 중학교 어문 시간에 〈악양루기岳陽樓記〉를 배웠어요. 악양루는 우리 고향인 악양에 있어요. 이런 지방 문화의 자양분이 저의 정신세계에 영향을 줬죠. 그렇게 만들어진 탐색의 정신과 세상을 걱정하는 마음 덕분에 사회를 생각하고, 가정 형편을 다시금 돌아보게 됐어요. 그 시절엔 하루 세 번 반성하곤 했어요. 고등학교 입학시험에서 제가 지역 1등을 해 지역 사법경관학교에 원서를 넣었어요. 경찰학교에 들어가려면 신체검사를 해야 했는데, 근시였던 저는 수백 위안을 들여 콘택트렌즈를 맞춰 시력 검사에 통과했어요. 그런데 신장 요건이 160㎝ 이상인 거예요. 그때 전 154㎝밖에 안 됐거든요. 면접 보던 날 면접관이 "너는 키가 작아서 불합격이지만, 등록 전에 나를 한 번 찾아와"라고 했어요. 성의 표시를 하라는 거였죠. 홧김에 고등학교 진학 후 대학 시험을 보기로 했어요. 저와 같이 시험 본 사람들도 있었는데, 중학교 운동부에 함께 있었던 여학생 하나는 평발이라 불합격했어요. 그런데 이웃집 아이는 연줄을 써서 합격하더라고요. 경찰학교 졸업하고 파출소에 들어가는 것까지 이야기가 끝났대요. 어려서부터 배운 사람됨과는 상반되는 일들이 사회 곳곳에서 벌어지는 걸 그때 알게 됐죠.

운이 좋게도 부모님은 남존여비 관념이 없었어요. 오빠와 제가 서로 괴롭히게 두지 않았고, 문제가 생기면 이치를 따지셨죠. 고등학교 때 일주일에 한 번 집에 돌아올 때면 자전거를 타고 왔어요. 집안 형편이 좋지는 않았지만, 부모님의 관심과 사랑이 지극해 행복했어요. 한번은 아빠가 맛있는 걸 싸 들고 학부모회에 참석하셨어요. 아빠 몸이 아직 회복되지 않아서 집안일을 할 수밖에 없었거든요. 몸이 좀 나아진 뒤로 아빠는 삼륜차에 손님을 태워 돈을 벌었어요.

학창 시절이 제 인생에 준 영향은 이렇게 정리할 수 있어요. 첫째, 부모님의 선량한 사람됨이 제 인격에 큰 영향을 줬어요. 둘째, 어려운 생활이 곧은 심지를 만들어 줬고, 역경에도 포기하지 않게 됐어요. 셋째, 사회 불공평을 못 견디게 됐어요. 그래서 이런 상황을 바꾸고자 무엇이든 하고 싶었어요. 넷째, 엄마에게서 여성의 고난과 강인함을 봤어요. 시어머니에게 학대당했지만, 남편이 아프자 한 가정을 부양했어요. 여성은 인내심이 강하고 힘이 있어요. 그러나 동시에 많은 걸 짊어지고 있죠. 여성은 담배를 피우거나 도박해서도 안 되고, 오로지 일만 해야 해요. 돈을 벌어도 자신에게 쓰지 않고요. 그래서 여성 문제에 관심을 갖게 됐죠.

대학 진학과 사회적 실천

민국民國 시기의 영화를 보고 너무 감동해서 중화여자학원中華女子學院에 지원했어요. 영화를 보니 그 대학에서 배출한 여성이 무척 독립적이었어요. 여성 문제에 관심이 커졌고 엄마의 인생을 보고 많은 고민을 하기도 했거든요. 엄마는 평생 고생만 했어요. 그래서 농촌 여성의 힘든 삶을 이해하고, 그녀들을 위해 뭔가 하고 싶었죠. 그리고 학교가 제 능력을 키워 주기를 바랐어요. 저는 심리학에 흥미가 있어서 심리 분석이 뛰어난 탐정 소설인 《셜록 홈스》를 아주 좋아했어요. 심리학에 흥미를 느낀 건 중고등학교 때 둘째 삼촌네에서 살았던 경험 때문이에요. 그곳 사람들은 너무 속물이었어요. 거기서 살기 위해 늘 눈치를 보고 굽신거려야 했죠. 그래서 대학 전공을 고를 때 1지망으로 심리학을, 2지망으로 법학을 선택했어요. 하지만 학교에서 저를 사회 공작과로 옮겨 버렸어요.

대학 시절 이야기를 해 볼게요. 여자 대학이라 여성학을 접할 수 있어서 농촌 여성 활동에 흥미를 갖게 됐죠. 교육 과정은 좋았어요. 여성이 어떻게 자존自尊, 자립自立, 자강自强할 수 있는지를 다뤘거든요. 전공 수업에선 사회 문제를 어떻게 볼 것인지, 어떻게 개입할 것인지를 배웠어요. 우리는 강의를 통해 앞으로 뭘 할 수 있을지 생각했죠.

대학 신입생들은 순진해 보여도 자기 이익에 관해서는 검은 속내를 보이는 경우가 많았어요. 어떤 친구는 자기 직위를 이용해 취업에 유리한 정보를 얻어 냈고, 또 한 친구는 집안을 이용해 미래를 정해 놓는 경우도 있었어요. 그래도 저는 흔들림 없이 제가 하고자 하는 일을 했어요.

1학년 때 농촌여성연구회를 포함해 여러 동아리 활동에 참여했어요. 처음에는 연구회에서 대외 연락 업무를 맡아 '노동자의 집'을 알게 됐죠. 회장이 된 뒤로는 회원을 조직해 사회 활동을 실천했어요. '노동자의 집'과 접촉하는 일도 훨씬 많아졌고요.

3학년 때는 다른 영역의 실습 경험이 필요해 '노동자의 집' 활동이 뜸해졌어요. 당시에는 전공에 맞는 조직을 찾아야 한다고 생각했거든요.

대학생의 진로 선택에는 과정이 있어요. 처음에는 내가 어떻게 하면 더 잘될지를 생각해요. 개인의 독립을 생각하는 거죠. 저는 몇 가지 길을 생각하고 있었어요. 기업, 정부, NGO, 대학 등이요. 하지만 사회 활동에 참여하는 과정에서 내가 하기 싫은 일이 있다는 걸 알게 됐어요. 사회 활동 경험이 수많은 직업 선택지를 제거하는 데 도움을 준 셈이죠. 기업에서 일하는 걸 생각해 본 적도 있어요. 커리어우먼 같은 거요. 그런데 판매 활동에 참여해 보니 너무 재미가 없는 거예요. 권력이 생기면 큰일을 할 수 있으니 정부에서 일하는 건 어떨까도 생각해 봤죠. 3학년 방학 때 정부 부처에서 인턴을 했는데, 거기 여자 과장이 대인 관계와 처세술이 뛰어났어요. 10년을 분투해 과장이 된 사람이었죠. 상상해 보세요. 매일 같이 상급자 엉덩이 뒤에서 뛰어다니며 발버둥 치는 모습을요. 그야말로 청춘과 열정을 소모하는 것밖에 안 돼요. 전 아부 떨 줄을 몰라요. 그래서 제 성격으로는 버틸 수 없겠다 싶었죠. 기금회에 들어가는 것도 생각해 봤어요. 3학년 때 한 기금회에서 인턴으로 자료 정리를 도왔던 적이 있거든요. 화이트칼라가 된 듯한 느낌이 들었죠. 그런데 종일 사무실에 있자니 그것도 못 할 일이더라고요. 거기는 출발점이 높아 보이긴 하지만, 뿌리가 없는 것 같았어요.

그 뒤로 기층 조직에서 인턴을 해 보고 싶어졌어요. 4학년 때 장기 실습이 시작되자 북경대학교 제6병원[132]에서 실습을 하고 싶었죠. 하지만 선생님이 저를 '노동자의 집'에 파견 보내 실습팀장을 맡게 했어요. 당시 머릿속이 복잡했어요. 저는 물질적인 걸 추구하거나 갈망하지 않아요. 대다수 40대가 자동차와 집을 사려고 바쁘게 사는데, 전 그게 재미없더라고요. 저는 하고 싶은 걸 하며 살고 싶었어요. 한평생 후회하지 않을 일을 하면서요.

실습 기간에 손항 등과 한담을 나눈 적이 있어요. 그들에게 "당신들도 이제 서른이니 결혼하고 자리 잡아야 한다는 스트레스가 크겠어요"라고 했어요. 그러자 손항이 "아뇨, 지금 제가 걷는 길이 잘못됐다고 생각하지 않아요"라고 답하더라고요. 어쩌면 손항은 기억하지 못할 거예요. 하지만 그 한마디가 제게 남긴 영향은 매우 컸어요. 제가 찾던 게 바로 그거라는 생각이 들었거든요. 어디로 가야 할지 안다면, 그걸 위해 치러야 하는 대가는 모두 그럴만한 가치가 있다는 믿음이요. 그때 저 자신에게 1년의 시간을 주기로 했어요. '이 팀과 함께 가 보자!' 하고요.

'노동자의 집' 실습 기간이던 2004년 11월, 저는 노동자 핵심 성원 교육과 산재 노동자 교육, 컴퓨터 교육 등을 담당했어요. 한부모 가정, 산재 노동자 등이 교육에 참여했죠. 당시 저를 떠올려 보면, 여전히 개인이 잘사는 것에 관심을 더 기울였던 것 같아요. 열정을 쏟

---

132 [역주] 북경대학교 의학부 부속 병원에는 북경대학교 제1의원, 북경대학교 인민의원(제2의원), 북경대학교 제3의원, 북경의원(제5의원), 북경대학교 제6의원, 북경종양의원, 북경대학교 구강의원 등이 있다. 여기에서 언급되는 제6의원은 정신과, 마취과, 의학검사과 등에 특화된 전문 병원이다.

긴 했지만, 감정을 쏟진 않았거든요. 교육 과정이 끝날 무렵 많은 노동자가 진심을 담아 우리에게 감사의 인사를 전했어요. 정말 이 상했죠. 한 것도 없는데 감사라니. 전 그저 실습 임무를 끝내기 위 해 교육한 것뿐이었어요. 교육이 끝나고 한 노동자는 제게 문자를 보내기도 했어요. 교육에 대한 감상과 감사 인사를 담아서요. 정말 부끄러웠어요. 그리고 비록 나 한 사람의 역량은 보잘것없지만, 작 은 일이라도 하면 다른 사람들에게 많은 걸 가져다줄지 모른다는 깨달음을 얻었죠. 그래서 더 많을 일을 해야겠다고 생각했어요.

실습 기간에 양정(楊靜, 양징) 선생님도 학생들을 조직해 우리와 함 께했어요. 귀주에서 농촌 여성 활동을 하는 학생이 있어서 그곳에 가 보고 싶었는데, 손항이 제게 계속 머물러 달라고 제안해 왔어 요. 저도 조직에서 하던 일을 놓아 버릴 수 없겠다 싶어 망설여지더 라고요. 양정 선생님이 제가 최종 결정을 내리도록 도와주겠다고 하셨어요.

전 대학 시절에 아주 좋은 선생님을 만난 거예요. 그 분의 수많은 가르침이 제게 큰 영향을 줬어요. 지행합일知行合一한 선생님을 만나 면, 나도 그렇게 되고 싶어지죠. 선생의 말과 행동이 다르면, 학생도 분명히 그렇게 살 거예요. 저의 선생님들은 모두 훌륭하셨어요. 인 상 깊은 분들은 양정, 장정(張靜, 장징), 이홍도(李洪濤, 리훙타오), 이 군(李軍, 리쥔), 유몽(劉夢, 류멍), 이구(李鷗, 리어우), 장리흠(張李歆, 장리시) 선생님이에요. 이분들은 학생들에게 큰 관심을 쏟았어요. 외부에서 오신 선생님들도 좋았어요. 특히 대중매체와 여성에 관 한 강의를 하던 복위(卜衛, 보웨이) 선생님이 기억에 남아요.

졸업 후 진로 선택

졸업할 때 북경시 우수 졸업생으로 선정됐어요. 보통 우수 졸업생에게는 유경지표留京指標[133]를 주지만, '노동자의 집'에는 여기에 맞는 유경지표가 없었어요. 당시 우리 학교 여성학과가 학교에 남을 학생을 뽑고 있어서 제가 남을 수 있었죠. 선생님을 구하는 학교도 있었어요. 대학에서 학생들을 가르치는 일도 생각해 봤는데, 저한테도 좋고 부모님에게도 효도할 수 있으니 좋을 것 같았어요. 방학에는 제가 좋아하는 일을 할 수도 있고, 대학 시절 선생님들처럼 수많은 학생에게 영향을 줄 수도 있으니 얼마나 좋아요? 얼마 뒤에 누가 부추겨 돈을 내고 무한의 인재교류센터로 호적을 옮겼어요. 그러다 작년(2012년) 12월에 아버지가 제 호적을 고향으로 다시 바꿨어요. 그렇게 하지 않으면 뭘 해도 번거로웠거든요. 당시 줄곧 생각한 건 인생을 어떻게 살아야 하나였어요. 우리 부모님은 평생 고생하며 사셨어요. 그래서 자동차도 사고 집도 사는 삶을 추구해야 하나 생각해 봤어요. 하지만 그러면 차의 노예, 집의 노예로 평생 빚을 지고 살 거예요. 평생이 그렇게 지나가 버리는 거죠.

그래서 우선 '노동자의 집'에서 1년 일하고 길을 찾기로 했어요. 청춘의 활력이 가장 왕성한 1년 동안 시험해 보고 싶었죠. '노동자의 집'에서 보낸 첫 1년은 정말로 좌충우돌한 시간이었어요. 다른 많

---

133 [역주] 북경 소재 대학에 다니는 다른 지역 출신 학생에게 성적에 따라 일정 비율로 북경 호적을 가질 기회를 주는 제도로, 졸업 후 북경에서의 취업이 전제 조건이다. 아울러 졸업생은 유경지표와 진경지표(進京指標, 졸업 예정자를 고용할 북경의 회사가 북경시 인사국에 신청해 허가를 받는 제도), 그밖의 관련 조건을 충족해야 북경 호적을 얻을 수 있다.

은 선택지가 있었거든요. 당시 여러 선생님이 제 선택을 아쉬워하셔서 문제에 부딪힐 때마다 마음이 흔들렸어요.

2005년 2월 '노동자의 집'에 왔어요. 처음에는 사무실과 야학, 자원봉사자 관리 업무를 맡았어요. 일주일이 지나자 제가 생각했던 것과 실제로 할 수 있는 일이 상당히 다르다는 걸 깨달았어요. 큰 포부를 안고 들어왔지만, 현실과는 괴리가 있어서 저는 계속해서 활동에 적응하려고 노력했어요. 전공 공부를 부정했다는 게 아니라 어떤 지식이든 실천 속에서 현실과 결합해야 한다는 의미예요. 1년 동안 조직은 제가 해야 할 많은 일을 줬어요. 전 책임감이 강한 편이어서 맡겨진 일은 늘 잘해 내려고 하죠. 이렇게 살다 보니 다른 생각을 할 시간이 줄어들었어요. 매일 피곤해서 저녁이면 곯아떨어졌거든요. 결국 반년의 사무실 생활로 소진되고 말았어요. 열정이 사라지니 뭘 해도 힘이 안 나더라고요.

2005년 7월에 손항이 학교를 만들자고 하면서부터 새로운 생활이 시작됐어요. 강국량이 준 두 번의 일깨움이 인상 깊어요. 개교 전 어느 날 함께 밥을 먹는데, "당신은 지금도 여전히 집단 바깥에 있어요"라고 말하는 거예요. 또 한번은 2005년 개교하고 날이 추워졌을 때 그가 저를 이렇게 평가했어요. "당신은 이미 이 집단의 문 앞까지 다다랐네요." 지금의 길을 계속 갈 수 있는 건 손항의 꿋꿋함이 제게 신념을 찾게 해 줬기 때문이에요. 강국량의 평가 덕에 제 위치를 또렷이 볼 수 있었고요.

'북경 노동자의 집' 활동

2005년 7월부터 11월까지는 너무 바빠서 여러 생각을 하기 어려웠어요. 이 과정에서 수많은 자원봉사자, 학부모, 살아 있는 개체, 하나하나의 완전한 생명과 만났어요. '불이물희, 불이기비不以物喜, 不以己悲'[134]의 태도가 천천히 녹아들었고, '일한다'는 마음가짐에도 변화가 생겼어요. 마음이 부드러워지면서 만나는 사람들과 유대감이 생겼고, 감정도 두터워졌죠. 당시 저는 시간을 내어 학생들의 개별 사례를 다뤘는데, 사회 공작 전공에서 훈련했던 방법이에요. 전 그런 일을 참 좋아해요. 한번은 상당히 긴 시간을 들여 학교에 다니기 싫어하는 아이를 조각장曹各庄[135]으로 보냈고, 그러면서 이 아이와 가정을 이해하게 됐어요. 예전에는 귀찮아서 아이들을 안 좋아했거든요. 아이들과 잠시 놀아 줄 수는 있지만, 오래 데리고 있지는 못하겠더라고요. 하지만 이제는 아이들과 유대감을 쌓아야 그들에게 안전감을 줄 수 있다는 점을 깨달았어요.

1년 뒤에 양정 선생님이 홍콩 대학원에 사회 공작을 공부하러 가지 않겠느냐고 전화를 하셨어요. 하지만 전 이곳을 버릴 수 없었어요.

2006년 외부에서 교장을 초빙하고, 저는 부교장이 됐어요. 그 교장은 반년간 학교에 있었는데, 그때 여러 문제가 생겼어요. 우리는 외부에서 온 교장의 활동 방식이 우리와 맞지 않는다는 걸 알게 됐

---

134 [역주] 외부의 풍족함이나 개인의 이득 때문에 기뻐하지 않고, 외부의 약소함이나 개인의 실패 때문에 슬퍼하지도 않는다. 〈악양루기〉에 등장하는 구절로, 외부나 자아의 어떠한 기복에도 흔들리지 않고 담대한 태도를 유지한다는 도가적 의미를 담고 있다.

135 [역주] 북경시 외곽 문두구門頭溝구 영정永定진에 있는 촌이다. 피촌으로부터 서쪽 시 중심으로 3㎞ 정도 더 들어간 곳에 있다.

죠. 그래서 그해 말에 학교의 전반적인 책임을 제가 맡았는데, 정말 역부족이었어요. 교육도 잘 모르고, 인사 처리할 줄도 몰랐거든요. 저는 이런 복잡한 일이 싫었어요. 너무 골치 아파서 도망치고 싶었죠. 당시 제 파트너인 모(毛, 마오) 선생님이 교무를 맡았어요. 좋은 사람이지만, 다른 사람들이 받아들이기 힘들 정도로 독하게 말하고, 선생님들과도 자주 다퉜어요. 모 선생님이 괴로워할 때마다 제가 위로해 줬는데, 그러다 보니 저도 위안이 되더라고요. 매주 모임이 열릴 때마다 저는 감정이 격해져서 눈물을 훔치며 자리를 떴어요. 그래도 이튿날에는 일상으로 돌아갔죠. 물론 배운 것도 많아요. 아이와 학부모를 많이 만나 유대도 쌓았어요. 학부모들도 저를 신임했고, 그들이 어머니나 이웃처럼 느껴졌어요. 이 때문에 계속해 나갈 수 있었죠.

2007년에도 힘든 정서에서 빠져나오진 못했어요. 어떤 때는 지하철을 타고 멍하니 저를 돌아봤어요. 다른 일자리를 구해서 8시간 일하고 이틀 쉬면 어떨까 상상해 보기도 했죠. 편하기는 하겠지만, 재미는 없겠다 싶더라고요. 따뜻한 가정을 원하는지도 자문해 봤지만, 그런 환상 속에서 살면 평생 고통스러울 것 같았어요. 다채로운 생활을 창조하는 것보다 더 의미 있는 일은 없을 거예요. 꿈은 이야기하는 것보다 실현하는 게 훨씬 중요하니까요.

이후 저는 스스로 책임지는 법을 배우겠다고 다짐했어요. 손항이 고생하는 걸 보니 반드시 제 몫을 해야겠다고 생각했죠. 저는 선생님들과 소통하는 법을 공부하기 시작했어요. 그러니 학부모들과 이야기할 때도 성숙해지더라고요. 더는 아이들을 싫어하지 않고, 아이들과 대화하는 것도 좋아졌어요. 용감하게 분쟁을 대하고, 더는 갈등과 충돌을 두려워하지 않게 됐고요. 그리고 교직원 단결을 위해 선생님들을 교체했어요. '조광윤趙匡胤의 술잔'[136] 같은 느낌도 들어요. 초기부터 학교 활동에 참여해 온 몇몇을 해고하고, 모 선생님과 갈등이 깊은 사람들도 내보냈어요. 다른 방법이 없었어요. 그래도 가장 긍정적인 역량은 지켜야 했거든요. 그때는 정말로 강경했어요. 이 과정에서 사람들에게 진실한 감정이 생겨났고, 더 큰 힘이 만들어졌어요. 조직은 점차 안정을 찾았고, 제 상태도 좋아졌죠. 그 뒤로 별문제가 안 생기니 점차 안심이 돼서 제가 하고자 했던 일을 할 수 있었어요. 책임감도 강해지고, 제가 하는 일이 정말 가치 있다고 생각해 재미있게 일했어요. 생활에 대한 진실한 체험과 인식을 얻으면서 진정한 사상 해방思想解放도 느꼈고요.

지역 사회에서 학교의 역할

우리는 학교를 지역 사회 자원의 일부로 설정했어요. 이는 사회 공작학에서 배운 거예요. 사회 공작은 자원의 통합을 중시하고, 학교라는 자원을 지역 사회 자원의 중요한 구성 요소로 봐요. 처음 학교 일에 참여할 때부터 전공 지식을 활용해 학생 활동을 조직하고

---

136 [역주] '술잔으로 병권을 얻다杯酒釋兵權'는 고사다. 송宋을 건국한 태조 조광윤은 5대10국 시대 후주後周의 장군이었다. 정사에 따르면, 출병 중 술을 많이 마시고 잠든 그를 밤에 부하들이 깨워 황제로 추대했고, 후주 공황제恭皇帝를 몰아낸 뒤 새로운 나라를 세웠다. 조광윤은 건국 초기 정권을 안정시키기 위해 계책을 냈는데, 휘하 장수들을 불러 술에 취하게 하고는 나라가 다시 혼란에 빠질까 두렵다는 이야기를 꺼냈다. 그러면서 장수들이 지금의 자리와 군권을 내놓고 외지로 흩어진다면, 자신과 인척 관계를 맺고 부귀영화를 누리게 해 주겠다고 약속했다. 다음날 대다수 공신이 사직 후 낙향했다.

학생의 참여도를 높였더니, 학생들이 많이 변했어요. 특히 평소 눈에 띄지 않는 아이들이 기회가 주어졌을 때 자기 장점을 발견하고 능력을 키워가는 모습이 인상적이었죠.

사회 공작 이념은 사람의 가치를 신뢰하고, 한 사람의 문제를 개체의 문제나 본성의 나쁨 문제가 아니라 사회적 문제와 연관 지어 인식해요. 이 때문에 사회 공작은 신념을 갖고 사람들에게 관여할 수 있죠. 물론 모든 사회 공작 활동가가 끝까지 사회 공작 이념에 따라 일할 수 있는 건 아니에요.

그런데 시간이 흘러 행정 업무가 많아지면서 사회 공작 활동 시간을 못 내게 됐어요. 학교 전체의 발전도 고려해야 했고, 종합적인 역량을 키워야 했어요. 전체적으로 볼 때 학교는 풍부하고 다채로운 활동을 전개했어요. 그러나 개별 사안을 관리하기 힘들었고, 그렇다고 학생 몇 명의 전형적인 이야기를 그대로 쓸 수도 없었어요. 지금도 가끔 사회 공작학과 후배에게 사례를 맡기곤 해요. 하지만 이 일은 노력하지 않거나 실리적으로만 대하면 잘할 수가 없어요.

오방방(敖芳芳, 아오팡팡)은 동심실험학교 졸업생이에요. 그녀는 학교에서 중요한 대우를 받는다고 생각해요. 누군가 관심을 주고, 자신이 중요하다고 말해 주니 즐겁다더군요. 우리 학교에서는 새로운 친구나 활발하지 않은 아이가 중요한 사람으로 대우받아요. 오방방이 입학했을 때 성적은 별로였지만, 대범했어요. 그래서 선생님들은 그 아이에게 여러 가지 일을 맡기고 격려했죠. 우리는 학생들을 사랑하는 교정(校庭) 문화를 만들었어요. 교실에서 긴장하거나 두려워하던 학생도 교정에서는 자유와 즐거움을 만끽할 수 있어요.

이러한 분위기가 만들어진 데에는 지속적인 교사 교육이 한몫했어요. 선생님들이 다원적으로 아이들을 인식하게 했어요. 예를 들어 각종 과외 활동을 통해 말썽 피우는 아이라 할지라도 각자 장점과 공헌이 있다는 걸 발견하는 식으로요. 자원봉사 선생님들의 개입도 기존 선생님들에게 긍정적인 영향을 줬어요. 이곳에는 '중국을 위해 가르친다爲中國而敎' 등의 프로젝트를 통해 참여한 자원봉사자와 대만에서 온 자원봉사자들이 있어요. 그분들은 자기 학급 학생들에게 마음을 다해 열중하죠.

학생들의 다툼을 처리하는 방식도 달라요. 학생들이 다투면 혼내기도 하지만, 동시에 갈등의 원인을 이해하려고 해요. 학생들을 공평하게 대하고요. 격려하고 관용을 베풀며, 무슨 일이든 간단하게 처리하지 않아요. 문제를 처리하는 기술이 하나의 과제라면, 더 중요한 건 학생을 대하는 태도예요. 성장 단계에 있는 아이를 충분히 이해한다면, 선생님과 학생의 관계는 달라질 거예요.

학교를 지역 사회의 중요한 자원으로 설정하는 건 기본 교육 기능 이외에 학교가 짊어져야 할 것을 결정하기도 해요. 예컨대 학부모의 퇴근 시간이 늦으면, 방과 후 수업을 고려해야 해요. 또 학부모가 주말에 추가 근무를 하면, 주말 수업을 고민해야 하고요. 이때 학교는 여기에 수반되는 리스크를 감당해야 하죠.

학교는 교육을 통해 사회 교육을 실현해요. 학생들에게 가스 중독이나 전염병 예방 교육을 진행한 뒤에 학생이 배운 것을 집과 지역 사회로 가져가는 거죠.

지역 사회 문화와 학교도 연동 관계예요. 가령 학생이 함부로 쓰레기를 버리지 않고, 적극적으로 다른 사람에 관심을 둔다면, 지역 사회의 문화적 분위기도 달라질 거예요. 올림픽 기간에는 학생들이 자원봉사자들과 함께 물 절약 운동을 벌였어요. 수도꼭지가 잠겨 있지 않으면 주인에게 알려 주는 식이죠.

학생들은 지역 사회의 각종 공연에 참여하기도 하는데, 이런 아이들의 적극적인 행동에 어른들이 감화를 받곤 해요. 또 학생들 가정에 어려움이 생기면 취업이나 간병 등의 도움을 주기도 하고요.

자원봉사자의 역할

이렇게 많은 일을 하게 되리라곤 상상도 못 했어요. 아무리 강인해도 혼자서 할 수 있는 일은 제한적일 거예요. 더 큰 변화를 바란다면, 반드시 더 많은 사람의 참여를 이끌어내야 해요. 학교는 많은 사람의 도움이 필요해요. 그래서 자원봉사자의 참여를 중요하게 생각하죠. 자원봉사자가 어떤 기회를 통해 우리 아이들을 만나 감화를 받으면, 그것이 곧 영향을 만들어 내요. 이런 영향은 즉각 발생하든, 시간이 흘러 발생하든 의미가 있어요. 일정 기간 이곳에서 활동한 자원봉사자는 설령 떠나게 되더라도 감동을 갖고 가요. 오랫동안 활동에 참여한 사람은 더 많은 사람을 끌어들일 거예요.

이번 운동회 때 중화교육지원넷中華支敎網에 자원봉사자 모집 공고를 냈어요. 그러자 중국전매대학中國傳媒大學의 묘신(苗新, 먀오신)이라는 졸업생이 우리 학교를 찾아왔어요. 당시 그녀는 대학원 입학을 앞두고 있었어요. 그녀는 한 달 동안 매일 오후에 사회 과목을 가르쳤고, 학생들과 무리를 이뤄 학교 식당에서 밥을 먹었어요. 대학원에 들어간 후에도 그녀는 대학원 동료와 함께 매주 하루 오후 수업을 했고, 운동회 기간에는 7명의 자원봉사자를 데려오기도 했어요. 어제(2013년 9월 30일) 운동회에 참여한 경험도 반드시 그들에게 영향을 줄 거라 생각해요. 많은 사람이 아이들의 찬란하고 천진한 면을 잊어버려요. 선생님들도 마찬가지예요. 힘든 업무 때문에 아이들의 고유한 무언가를 그냥 지나쳐 버리곤 하죠. 그러니 자원봉사자들을 통해 우리도 반성할 수 있지 않을까요?

동력과 곤혹

제게 동력이 생기는 건 어떤 일이 가치 있다고 느낄 때예요. 주변에 공통의 이상을 가진 사람이 점점 많아질 때도 그렇고요. 지향하는 생활이나 사회가 있다면, 그것을 위해 저부터 노력해야죠. 살아 있다는 느낌, 땅에 발을 딛고 있다는 느낌이 들 때도 동력이 생겨요. 지치고 스트레스가 심할 때면 다른 데서 8시간만 일하면 이렇게 힘들지 않겠다 싶기도 해요. 하지만 그런 생활은 뿌리도, 자기 인식도 없어요. 저는 살아 있는 느낌이 좋아요. 주변 사람들과 연결되고, 주변 세계와 사람을 느낄 수 있는 것 말이에요. 평범한 직장에 다니는 삶을 살면 제 살림살이에만 관심 있을 뿐 다른 사람들에게 무슨 일이 일어나는지는 관심 없을 거예요. 저는 아직 자기 속죄나 사명감으로 이 일을 하는 것 같아요. 아마 우리 엄마 때문일 텐데, 엄마의 운명을 통해 여성으로 사는 것, 특히 농촌 여성으로 산다는 게 얼마나 어려운지 알게 됐거든요. 농촌 여성에게 돈과 능력, 주관이 없으면 평생이 쏜살같이 지나가요. 그래서 제게는 일과 성취감이 직접적으로 관련이 없어요. 한 사람의 진정한 동력을 보려면, 성취감이나 표면적인 화려함이 사라지더라도 그 일을 하고 싶은지 따져 봐야 해요.

제가 조직에서 이렇게 오래 버틸 수 있는 게 뜻밖일지도 몰라요. 어떤 이는 제가 이 일에 성취감을 느껴서라고 해요. 저도 그 문제를 생각해 봤죠. 찬란하지도 않고, 성취감이 없어도 이 일을 계속할까? 아무리 생각해도 계속 할 것 같아요. 물론 이 일에 아무런 성과가 없다면 계속해야 할지 의심하겠죠. 진심으로 헌신하면 언젠가 인정받을 거예요. 하지만 그렇게 헌신했음에도 책망만 받는다면 그만둬야겠죠.

분석

1. 기초 교육과 인생의 방향

많은 부모가 생활의 문제가 아이들 공부에 영향을 미치지 않을까 걱정한다. 부모는 아이 인생에 공부가 가장 중요하므로 어떤 일도 공부에 영향을 주지 않아야 한다고 생각한다. 공부가 중요할까? 아니면 인생의 방향이 중요할까? 아이가 무슨 인생의 방향을 알겠냐고 물을지도 모른다. 하지만 인생에 대한 사고는 단숨에 완성되는 게 아니라 조금씩 생활에 쌓이는 것이다. 또 누군가는 아무리 아이의 생각이 깊어도 공부를 못하면 무슨 소용이냐고 물을 수도 있다. 하지만 사고는 아이의 학습에 나쁜 영향을 주는 것이 아니라 오히려 학습을 촉진한다. 반면에 고민이 생겨도 들어줄 사람이 없거나 해소할 방법이 없으면 아이의 공부에 영향을 줄 수 있다.

학생의 상태에 영향을 끼치는 것은 주로 학교와 가정, 친구 등 사회적인 것이지 '공부 열심히 하라'는 설교가 아니다. 가르침은 교과서 내용이 아니라 사상적 내용을 통해 교육하고, 계발해 주는 것이다. 심금화의 경우 〈악양루기〉의 사상에 영향을 받았다. 그녀는 이렇게 말했다.

> 중학교 어문 시간에 〈악양루기〉를 배웠어요. 악양루는 우리 고향인 악양에 있어요. 이런 지방 문화의 자양분이 저의 정신세계에 영향을 줬죠. 그렇게 만들어진 탐색의 정신과 세상을 걱정하는 마음 덕분에 사회를 생각하고, 가정 형편을 다시금 돌아보게 됐어요. 그 시절엔 하루 세 번 삶을 반성하곤 했어요.

2012년 11월 21일 저녁, 중경시 봉절현 토상진중학교에 다니는 잔류아동 몇 명과 좌담회를 가졌다. 이 친구들에게 어문 교과서에 나오는 글 중 무엇을 가장 좋아하는지 물었다. 한 여학생이 답했다.

> 저는 〈아버지의 뒷모습背影〉이 좋아요. 우리 집은 형편이 어려워서 아버지가 외지로 나가 돈을 벌어야 해요. 일도 안정적이지 않을 때가 많고요. 이 글에서 아버지가 외지에서 공부하는 다 큰 아들을 위해 돈을 벌어요. 우리 아버지도 그래요.

한 남학생은 이렇게 말했다.

저는 〈정답은 하나만 있는 것이 아니다〉라는 글을 좋아해요. 논설문인데, 이 글을 읽고 난 뒤로 사물의 정확한 답안은 하나가 아니라 다른 답에도 의의가 있다는 걸 깨달았어요. 물론 정확한 답도, 오류인 답도 있어요. 그건 스스로 판단해야 하죠.

지식 자체를 배우는 것은 어렵지 않다. 지식에 대한 이해력의 차이가 있음을 인정하더라도, 한 사람이 자기 능력을 발휘할 수 있는지는 단순히 학부모와 교사의 바람으로 결정되는 것이 아니라 학생의 생각과 능동성에 달려 있다. 2011년 6월 5일 '소주 노동자의 집'에서 한 노동자를 인터뷰했다. 그는 25세로, 중학교를 중퇴했다.

저는 초등학교부터 중학교까지 꼴찌를 했어요. 다른 아이들은 한 과목에 60점을 받는데, 저는 어문과 수학을 합쳐도 60점이 안 된다고 어머니가 놀리기도 했죠. 요즘은 다들 컴퓨터를 쓰는데, 저는 한어 병음을 몰라서 자판을 칠 수가 없어요. 오필五笔[137]을 배우고 싶었는데, 아는 글자가 너무 적어서 못 배웠죠. 그래도 인터넷을 해야 하니 배워 보기로 결심했어요. 초등학교 7년, 중학교 3년, 총 10년 동안 한어 병음을 못 뗐었는데, 이번에는 일주일도 안 걸려 다 배웠어요.

처음에는 전자 공장에서 품팔이를 했어요. 일이 무척 지루하고, 월

---

137 [역주] 정식 명칭은 '오필자형 입력법五筆字型輸入法'으로, 한자를 필순에 따라 一, 丨, 丿, 丶, 乙의 다섯 가지 구성 요소로 분해해 각 키에 할당하고, 이를 조합해 한자를 입력하는 방식이다. 앞서 나온 '한어 병음'과 함께 중국어 자판 입력 방식으로 자주 활용된다.

급도 적었죠. 앞날이 깜깜했어요. 그래서 주형 일을 배우기로 했어요. 그 일을 하려면 기하학 지식이 필요한데, 저는 고등학교를 안 다녀서 모르겠더라고요. 그래서 고등학교 교과서를 독학해서 지금(2011년)은 기술공이 됐어요. 월급은 3000위안이 넘고요.

심금화의 성적은 늘 좋았다. 하지만 그녀의 미래를 결정한 것은 대학이 아니었다. 그녀의 성장 과정을 보면, 중고등학교 시기가 인생의 방향에 어떤 영향을 주는지 알 수 있다. 이 영향은 교과서의 지식이 아니라 가족 관계, 친구 관계, 사제 관계에서 오는 경우가 많다.

[표28] 심금화 사례로 분석한 기초 교육과 인생의 방향

시기	사건	사회 인식과 인생의 방향에 미친 영향
초등학교 6학년	아빠가 중상을 입어 노동 능력을 상실했다. 가정 형편이 곤경에 빠졌다.	고생스러운 생활 경험이 강인한 성격을 만들었고, 역경 속에서 쉽게 포기하지 않게 되었다.
중학교 입학	까맣고 말랐다는 이유로, 가정 형편이 어렵다는 이유로 담임과 친구들에게 냉대 받았다.	지위나 재산에 따라 사람을 대하는 태도에 강렬한 반감을 품게 되었다.
중학교 시기	부유한 둘째 삼촌 집에 가면 특히 조심했다. 그 집에 얹혀살던 시기에는 눈치를 보며 지내야 했다. 엄마의 고생과 인내를 목도했다.	경제적 격차가 불평등을 만들었음을 알게 됐고, 이에 반감을 품었다. 여성 문제에 깊은 관심을 두게 되었다.
중학교 졸업	경찰학교 시험에 응시했으나 감독관의 뇌물 요구에 진학을 포기했고, 자기 능력으로 대학 시험을 봤다.	사회 문제와 불공평을 그냥 지나치지 않게 되었다. 사회를 바꾸기 위해 무엇이든 하고 싶었다.

공부는 일종의 수단이며, 대학 진학은 일종의 경로다. 즉 둘 다 목적

그 자체는 아니다. 대학에 간다고 해서 인생의 목적이 자동으로 완성되지는 않는다. 심금화의 경우, 초등학교와 중고등학교의 여러 경험과 고민 덕에 일찍부터 의협심을 발휘하고, 여성의 운명을 바꾸거나 사회 공평을 촉진하는 일에 종사하겠다는 꿈이 생겼다.

인류가 자본주의에 의해 경제 동물로 간소화된 것이라면, 그래서 경제적 소득이 모든 선택의 제1 동력이 된다면, 선택은 간단할지도 모르겠다. 그러나 현실은 그리 단순하지 않다. 자본에 소외되지 않은 사람은 언제나 많다. 이들은 돈 버는 것을 가장 중요하게 생각하지 않을 것이다. 대다수가 그저 돈 버는 것만을 가장 중요한 일로 여긴다고 가정해 보자. 그것은 생각 없는 염가 노동력에 대한 자본의 수요를 만족시킬 뿐인데, 자본이란 반드시 사람들의 이런 단견을 이용하므로 대다수가 결국 돈을 벌지 못한다. 그리고 오늘날 중국 사회가 서로 해치며 모두가 공포를 느끼는 상태로 변한 이유는 사회 발전과 인생의 목표가 자본의 포로가 되어 소외됐기 때문이다. 정규 교육(기초 교육과 고등 교육을 포함)은 이 과정에서 책임을 피할 수 없다.

2. 고등 교육과 인생의 선택

심금화는 꿈이 몇 가지 있었다. 중학교 졸업 때에는 경찰이 되어 의협심을 발휘하고 싶었다. 대학 시험을 볼 때는 변호사가 되어 권선징악을 수행하고자 했다. 이제 현실 사회를 보자.

교사가 된다는 것은 어떨까? 중학교 영어 선생님인 친구의 외숙모가 특별 과외반에서 나오는 수입으로 자신이 사는 도시에 집을 사고, 남는 돈으로 삼아三亞에 별장도 한 채 샀다. 일해서 합리적인 수입을 얻는 것은 아무런 문제가 없다. 그러나 중학교 영어 선생님의 이런 소득을 어떻게 평가해야 할까? 이는 근래(2014년 6월) 한 중학생의 투신자살 사건을 연상케 했다. 이 학생은 유서에서 선생님을 몹시 비난했다. 보충 수업비를 벌기 위해 선생님이 수업 시간에 중요한 내용을 설명하지 않은 것이다.

의사가 된다는 것은 어떨까? 현재 의료 현실을 보면, 의사들은 지쳐 있고, 환자와의 관계는 긴장 상태다. 가난한 사람들은 감히 병원에 들어가지 못하며, 뇌물을 쓴다는 이야기도 널리 퍼져 있다. 병을 치료해 사람을 구하는 일에 돈이 개입하는 순간 문제는 너무나 커져 버린다.

법관이나 변호사가 된다는 것은 어떨까? 한 친구의 동창이 법학 전공 후 법원에서 일하는데, 지금은 변호사도 법관도 아닌 서기일 뿐이라고 했다. 분명히 오심인 사건이 그대로 확정되는 것을 보면서, 불쌍하고 무고한 사람들이 법에 의해 괴롭힘을 당하고 집안이 기우는 것을 보면서 굉장히 고통스러워한다고 했다. 그녀의 스트레스는 출산에 영향을 줄 정도로 심각했다. 이 세계에서 인생의 꿈이 물화物化된다면, 인류에게 존재를 이어갈 능력이 남을까? 우리는 스스로 멸망의 길을 걷고 있는 건 아닐까?

심금화의 이야기로 돌아가자. 대학 교육과 사회적 실천은 그녀의 인생 선택지에 핵심적인 단계가 되었다.

[표29] 심금화를 사례로 분석한 고등 교육과 인생의 선택

직업 선택지	실습 전	실습 후
기업	기업에서 슈퍼우먼처럼 일하고 싶다.	영업 활동에 참여해 보니, 그렇게 완전한 이익 지향은 재미없게 느껴졌다.

정부	권력이 생기면 큰일을 할 수 있으니 정부에서 일하고 싶다.	3학년 방학 때 정부 기관에서 인턴으로 일했다. 매일 같이 상급자 엉덩이 뒤에서 뛰어다니며 발버둥 치는 모습을 상상해 보니, 그야말로 청춘과 열정을 소모하는 짓이다. 아부 떨 줄 모르는 내 성격으로는 버틸 수 없을 것이다.
기금회	9시 출근, 5시 퇴근하는 생활이 좋아보인다.	3학년 때 한 기금회에서 인턴으로 자료 정리를 도왔다. 화이트칼라가 된 것 같았지만, 종일 사무실에 있는 것도 못 할 일이었다. 출발점이 높아 보이긴 하지만, '뿌리 없음'의 느낌을 지울 수 없었다.
대학	교수가 되는 것은 여러모로 좋은 출구가 될 것이다. 방학에는 좋아하는 일을 할 수도 있고, 수많은 학생에게 영향을 줄 수도 있다.	경험한 적 없음.
풀뿌리 조직	당시에는 신념의 문제로 머리가 복잡했다. 나는 물질적인 것을 추구하거나 갈망하지 않는다. 차와 집을 사기 위해 바쁘게 사는 40대를 보면 재미없는 인생이라 느껴진다. 평생 후회되지 않을 일을 하고 싶다.	비록 나 한 사람의 역량은 보잘것없지만, 작은 일이라도 다른 사람들에게 많은 것을 줄 수 있음을 깨달았다. 그래서 이 일을 계속하기로 결심했다.

진정한 선택은 간단히 도출되지 않는다. 앞서 손항의 이야기를 통해 개체적 성격과 사회적 성격을 토론한 바 있다. 사회적 성격에 따른 선택이 상대적으로 '간단'했지만, 고민이나 고통이 없었던 것은 아니다. 반면 개체적 성격에 따라 선택한 사람은 더 많은 장애물을 넘어야 할 것이다.

2009년 3월 14일, '노동자의 집' 아동 발달 교육 자원봉사자 대학생들을 위해 '무엇이 자원봉사 정신인가'에 관해 토론했다. 북경 각 대학에서 37명의 대학생이 참여했는데, 그들에게 자원봉사 이유를 물었다.

[표30] 자원봉사 이유와 분석

층위	자원봉사 이유	필자와 교육 강사의 분석
자아	□ 자신을 정화한다. □ 여가를 충실히 하고, 생활을 풍성하게 한다. □ 역경을 이겨 내는 정신을 키운다. □ 아이들을 좋아한다. □ 자아의 가치를 추구한다. □ 자신을 단련하고, 경험을 쌓으며, 사회적 실천 능력을 강화한다.	대학생이 품팔이 집단과 그 자녀를 위해 복무한다는 것은 굉장히 고귀한 선택이다. 설령 그것이 자신을 단련하려는 욕구에서 나온 것이라 해도 다른 일을 선택할 수도 있었기 때문이다. '자아'를 찾는 것은 매우 중요하다. 그러나 '자아'는 사회 속에서만 찾을 수 있다. '자아'를 고양하는 것 또한 중요하다. 하지만 목적이 있어야 고양도 있을 수 있다. 사회적 목표에 따라 요구되는 인품이 다르기 때문이다.
사랑	□ 다른 사람을 위해 복무하는 것은 나를 즐겁게 한다. □ 다른 사람이 행복한 모습을 보는 것이 즐겁다. □ 사랑에서 출발했다. □ 유동 아동을 위해 현실적인 일을 한다. □ 품팔이 자녀들을 이해하고 돕고 싶다. □ 유동 아동을 동정한다.	사랑은 아름다운 행동의 전제다. 그러나 그 층위에 머물며 사회 구조적 문제를 해결하겠다는 것은 한계가 있다. 예를 들어 사회가 잔류 아동과 유동 아동에게 사랑만 준다면, 그것은 사회 구조적 문제를 해결하지 않는 것일 뿐만 아니라 문제의 본질을 은폐하는 것이기도 하다.
책임	□ 학생으로서 사회적 책임과 의무를 행한다. □ 다른 사람들에게 영향을 준다.	어떤 일을 맡은 것이 다른 사람의 요구나 자신의 심리적 욕구·욕망이 아니라 능동적·자발적 선택이라면, 이는 분명 사랑과 책임에 기반을 두고 있다. 테레사 수녀의 명언이 있다. "우리는 사랑 속에서 성장해야 한다. 이를 위해 우리는 멈추지 않고 사랑해야 하고, 베풀어야 하며, 상처받아야 한다." 그러나 사회적 책임으로 어떤 일에 종사할 때 치러야 할 대가는 상처를 입는 것 이상인 경우가 많다.

[표30]은 사회 문제에 대한 대학생의 태도를 대표할지도 모르겠다. 심금화의 사상적 변화 과정에서 볼 수 있듯, 그녀 역시 이 세 단계를 거쳤다. 심금화가 처음 조직에서 실습할 때는 사회적 실천의 태도를 품고 있었다. 그것은 일종의 자기 고양을 목적으로 한 것이다. 나중에 학교 활동에 참여하게 되면서는 아동을 위한 사회 공작만을 생각했고, 인사 업무나 다른 학교 업무는 완강히 배척하거나 거부했다. 그러나 결국 학생, 학

부모, 노동자와의 접촉을 통해 깊은 유대감이 생겼고, 이들을 가족처럼 대하게 되었다. 일을 책임과 사명으로 삼은 것이다.

그렇다면 대학생의 인생 선택이 고등 교육과 얼마나 관련 있을까? 우선 인생 선택과 직업 선택은 구분해야 한다. 즉 같은 직업에 종사하더라도 동기와 행동이 다를 수 있으니 쉽게 일반화해서는 안 된다.

대학 진학이 일자리를 구하기 위함일 뿐이라면, 사회적 책임을 지는 것과 아무런 관련이 없다. 그러면 대학 교육은 직업 교육을 위해 복무하는 것에 지나지 않는다. 대학은 응당 이러한 교육을 제공해야 하지만, 이 층위에만 국한되면 민족, 국가, 사회, 인류의 발전에 큰 문제가 생길 것이다. 사회의 지속가능한 발전은 본질적으로 과학과 기술이 아니라 도덕과 사랑에 달려 있다. 타인에 대한 사랑, 자연에 대한 사랑이 이에 속한다. 물론 과학과 기술도 중요하다. 과학과 기술의 진보는 인류에 공헌하지만, 이것이 잘못 운용되면 인류에 큰 해를 입힐 수도 있다.

자신의 인생 선택은 주류 가치관의 요구가 아니라 현실에 대한 비판과 반성에서 나와야 한다.

3. 피촌 동심실험학교의 의의

공익 조직이 품팔이 자녀 학교를 설립한 의의는 무엇일까? 먼저 피촌과 그 주변 아이들에게는 학교에 다닐 수 있는 조건이 부재하다. 아이들이 배움의 기회를 잃지 않도록 우리는 동심실험학교를 만들었다. 품팔이 자녀가 의무 교육을 누리지 못하는 것은 불합리하므로, 그들에게 교육의 기회를 제공하기 위함이다. 그것은 단순한 선행이 아니다. 불합리한 현상에 대한 반항도 아니다. 가부장제와 권위주의가 성행하는 국가에서 우리는 다음과 같은 주장을 펼쳐야 한다. 교육은 대화와 비판이고, 대화는 학습의 수단이자 과정이며, 비판은 긍정적이고 건설적이다. 수많은 지식은 과거 사람들의 정리와 검증을 거쳤으니 비판이 필요 없다고 할지도 모른다. 하지만 내 주장은 모든 것을 비판하자는 것이 아니라 비판적 사유로 공부하자는 것이다.

학교 운영 자체가 일종의 비판이자 저항이다. 그렇다면 가르치고 배우는 과정에서 진정한 비판적 교육 이념을 체현할 수 있을까? 불합리한 사회 현상을 바꾸기 위해서는 비판 정신이 필요하다. 하지만 '비판'이 '반역'이나 폭력에 함몰되면, 자신을 해방할 수 없을뿐더러 사회 진보에도 무익하다. '대화'는 자신과 타인을 해방하는 가장 좋은 경로다. 학교에서 가장 중요한 대화는 교사와 학생 간의 대화다. 또한 지도자와 교사, 교사와 교사, 교사와 학부모, 자원봉사자와 교사, 자원봉사자와 학생 간의 대화도 있다. 일상적인 교육과 과외 활동을 통해 우리 학교가 담은 내용은 학생을 대상으로 한 지식과 사회 교육에 그치지 않고, 공민에 대한 사회 교육까지 융합했다.

나는 동심실험학교의 일상 활동에 많이 참여하지 않아(두 학기 동안 사회 과목을 강의했을 뿐이다) 학교에 대한 이해가 많지 않다. 2013년 6월 25일 '세계 교육 혁신 회의(WISE)' 촬영 차 방문한 스페인 다큐멘터리 팀을 도와 동심실험학교의 하루를 기록했다. 심금화와 동료들은 마치 온 세계를 교정 안에 녹이려는 듯 보였다.

[표31] 2013년 6월 25일 피촌 동심실험학교의 하루

시간	장소	인물	사건	설명
07:00	학교 정문		학부모가 데려다 주거나 학생 혼자 등교함	많은 학부모가 퇴근이 늦고, 아침 출근이 빠른 편이어서 아이들이 어려서부터 혼자 등하교한다. 아이들이 학교에 가는 것을 좋아해 새벽 6시부터 와 있는 경우도 있다.
07:20	교정		학생들이 교정을 청소함	학생이 교정 관리, 질서 유지, 위생에 참여하는 것은 학교 교육 방식 가운데 하나다.
07:40	6학년 교실		아침 자습	
07:50	1학년 교실		교과서 낭독	교실 입구 벽에 책걸상, 칠판 등을 지원한 기업들의 이름이 걸려 있다.
08:10	대운동장	교사, 학생 전원	아침 체조	
08:30	탁구대		학생 몇 명이 탁구를 침	교정은 협소하지만, 학생들의 활동 장소를 가능한 한 많이 제공하고 있다.
08:40	4학년 2반 교실		영어 수업	팽침령(彭梆玲, 펑천링) 선생님은 호남대학교 컴퓨터과를 졸업했다. 북경사범대학 초월식 교육 과제팀에 참가한 뒤로 현대적 기술 교육을 습득했다. 그는 유연하고 다양한 방식으로 교육을 진행한다. 예를 들면, 짝지어 대화하고 발표하기, 자신의 농장 그림을 그린 뒤 영어로 설명하기 등이다.
08:55	미취학반 소운동장	미취학반과 유치부의 교사와 아이들	미취학반 율동 수업	학생들이 자유롭고 즐겁게 운동할 수 있는 예술 교육이다.
09:10	교정	미취학반과 유치부의 교사와 아이들	여러 반 선생님들이 아이들과 조를 이뤄 화장실에 감	
09:20	미취학반과 유치부의 교실 밖	화단, 창틀의 식물과 채소	식물과 채소 사진 찍기	아이들이 선생님 지도하에 식물과 채소를 심었다. 노동을 사랑하는 마음을 기르고, 자연을 친근하게 느끼며, 매일 먹는 채소를 인식하게 하기 위함이다.
09:25	1학년 2반 교실		수학 수업	

10:10	3학년 1반 교실	우위나(于衛娜, 위웨이나)	인터뷰	▫ 예전에 한 조기교육센터에서 2년간 일했다. 회계를 할 줄 알고, 일하는 과정에서 아동 교육에 대한 인식이 생겼다. ▫ 아이가 둘 있다. 품팔이로서 자신의 아이들이 도시에서 좋은 교육을 받을 방법을 줄곧 고민해 왔다. 또한 어머니로서 아이들을 어떻게 교육할지도 고민이었다. 그래서 동심학교에서 교사로 일하게 되었고, 두 아이도 여기서 공부한다. 교사를 하는 과정에서 교육에 관한 지식이 많이 늘었다. ▫ 그녀는 이곳에서 5년간 일했다. 가장 인상 깊은 것은 아이들을 깊이 사랑하게 된 것이다. 많은 부모가 일이 바빠 아이들에게 관심을 쏟지 못하는데, 그녀는 이 아이들의 엄마라고 생각할 때가 많다. 담임이 된 지 3년째이고, 모든 아이들에게 익숙해졌다.
10:30	3학년 2반 교실	교사, 반 학생 전원	수학 수업 PPT 영상 교육	하춘려(賀春麗, 허춘리) 선생님은 '중국을 위해 가르친다'며 2년간 파견된 교육 지원 자원봉사자다. 남경사범대학 대학원에서 고분자화학을 전공했다. 학생들에게 관심이 많고, 열성적으로 교육한다.
11:10	정문	이지연(李誌娟, 리즈쥐안), 여공합작사 구성원[138]	인터뷰	▫ 고향은 한단邯鄲이고, 2005년에 북경에 왔다. 예전에는 아이를 돌보느라 정식으로 일해 본 적이 없다. ▫ 예전에 재단을 배웠다. 재미있었지만, 기술을 쓸 기회가 없었다. ▫ 작년에 피촌에 왔다. 아이가 이곳 학교를 다니게 되면서 여공합작사를 알게 됐다. ▫ 아이는 현재 초등학교 2학년이다. 학교에는 다양한 활동이 있고, 우리가 실제 문제를 이해하도록 도와준다. 학교에서 아이들 시력 검사를 했는데, 아이가 약시라고 나왔다. 현재는 치료해 다 나았다. ▫ 아이 양육 외에 다른 일을 해 본 적이 없다. 아이가 학교에 들어간 후 여공합작사에 가입했다. 그러자 생활이 충만해졌으며, 식견도 넓어졌다. 예전에는 시간이 많아 무료하다고 생각했는데, 지금은 너무 바쁘다. 매일 수업을 마친 아이를 데리고 집에 돌아갈 때면 합작사를 떠나기 아쉽다.

				□ 남편과 이곳에서 일하는데, 아이도 여기서 학교를 다니니 편하다. 정규 학교를 가려면 구비 서류가 많은데, 아직 갖추지 못했다. 작년에 공립학교에 지원했으나 떨어졌다. 학교가 문을 닫게 되면, 아이를 데리고 고향으로 돌아갈 수밖에 없다.
11:25	운동장		체육 수업	체육을 전공한 선생님이 공립학교에서 수업한다. 다수의 품팔이 자녀 학교에서 체육은 일종의 사치다.
11:40	학교에서 피촌 대로변 빈대떡 가게까지	갈하영 (葛賀英, 거허잉)	인터뷰	□ 하남성 주마점駐馬店시 출신이다. □ 예전에는 고향에서 장사했으나 돈이 벌리지 않아 북경에 왔다. □ 2008년 북경 요가원姚家園에 와서 아침 식사를 팔았다. 올림픽 때라 장사가 잘 안 돼서 고향으로 돌아갔다. □ 다시 고향을 나와 2011년 피촌에 왔다. □ 주위에서 동심실험학교가 좋다고 추천했다. 교훈이 '잘 배워서 좋은 사람이 되자'다. 아이가 대학에 가기를 바라지는 않으며, 그저 좋은 사람이 됐으면 한다. □ 이 학교는 품팔이 집단에 잘해 줘서 아이가 고향에 돌아가고 싶어 하지 않는다. 고향에 돌아가면, 아이는 부모와 함께 있을 수 없다. □ 1년 학비가 수만 위안이나 되는 사립학교를 보낼 형편이 안 된다. 정규 학교에 보내려 해도 증명서를 모두 갖출 수 없다. 학교가 너무 멀어도 아이를 등하교시키기 어렵다. 그래서 이 학교가 우리에게 딱 좋다.
13:00	무용 교실	자원봉사자, 학생들	사회자 교육	□ 중국전매대학교의 자원봉사자가 학생들을 위해 발전형 흥미 활동을 다양하게 선보였다.
13:35	교실	주주 (珠珠, 주주) 선생님, 촬영반 학생들	촬영반 수업	□ 이번 주 촬영 주제는 엄마다. 엄마가 일하는 모습, 웃는 얼굴, 자는 모습, 엄마의 손 등을 촬영한다.
13:50	운동장	이향양(李向陽, 리샹양) 선생님, 합창단 학생들	'품팔이 자녀의 노래' 합창	□ 이 곡은 손항이 품팔이 자녀들을 위해 만든 곡이다. 전국에서 널리 불리며, 동심실험학교 학생들은 모두 부를 줄 안다. 동심소년 합창단은 주로 노래를 좋아하는 학생으로 구성되며, 대외 교류, 사회 선도의 직책을 맡고 있다.

14:15	운동장	오려미(吳麗媚, 우리메이)	6학년 학생 인터뷰	▫ 14세의 광동 출신이며, 북경에 온 지 3년 되었다. 나를 이곳에 데려온 언니는 동심실험학교에서 일한다. 부모님은 심천에서 품팔이를 한다. ▫ 이곳 학교에 다닌 지 3년 됐다. 이 학교는 고향에서 다녀 본 어떤 학교보다 좋다. 고향에서 공부할 때는 매일 수업만 했다. 심천에서 학교 다닐 때는 각종 이유를 대며 부모님께 돈을 내라고 했다. 시험 볼 때 커닝해도 선생님이 신경 쓰지 않았다. ▫ 이곳에서는 무료 과외 활동을 많이 할 수 있다. 그중 촬영반을 가장 좋아해서 3년 동안 촬영반 수업을 들었다. 유명한 영화감독인 진개가(陳凱歌, 천카이거)와 그의 아들이 학교에 방문하기도 했다. 촬영반에 들어간 후로 낯가림도 없어지고 쾌활해졌다. ▫ 이 학교가 문을 닫는다면, 나 같은 아이들이 어디에서 공부할지 모르겠다. 곧 중학교에 가는데, 이 학교가 많이 그리울 것 같다. 이 부근에는 공립학교인 누재장(樓梓莊)중학교가 있어, 계속 북경에서 공부할 생각이다. 현재 입학 시험을 준비 중이다. ▫ 내 꿈은 유랑 촬영가다.
14:50	교정	심금화 교장	인터뷰	▫ 초등학교 6학년 학생이 북경에서 공립중학교를 다니려면, 등록 카드(報到卡)를 만들어야 한다. 이 카드를 발급받으려면 다음의 서류가 필요하다. 호적부, 부모의 반년 이상 임시 거주증, 고향에서 돌봐 줄 사람이 없다는 증명, 부모의 정규 노동 계약, 정규 주택 임차 계약. ▫ 교훈은 '잘 배워서 좋은 사람이 되자'다. 우리는 교양 있고, 노동 가치를 인정하며, 교정 활동 및 단체 건설에 참여하고, 문제 처리에 능하며, 시야가 넓다. 또 사회 진보를 위해 책임감 있는 학생을 육성하고자 한다. ▫ 우리는 가르침을 중시할 뿐 아니라 학생의 종합적인 소질 배양에 힘 쏟는다. 또한 교사의 직업적 성장 훈련과 학부모의 교육도 중시한다. ▫ 교사의 업무 자질을 제고하고 사회 문제에 대한 시각을 육성하기 위해 교사를 훈련한다. 특히 유동 아동 교육 이념과 방식이 중요하다. 또한 단체 건설을 중시하며, 음악, 율동, 야외 활동 등을 통해 응집력을 키운다.

				▫ 학생은 800여 명이다. 우리의 아동 프로젝트는 북경의 40여 개 품팔이 자녀 학교에 보급됐고, 우리의 경험은 광주, 서안, 소주 등지에 확산됐다. ▫ 대학 졸업 전에는 '북경 노동자의 집'에서 자원봉사를 했고, 졸업 후 2005년부터 동심실험학교에서 일했다. 학생과 학부모를 만난 뒤 많은 변화가 생겼다.
16:15	교정의 작은 육묘장	홍림여(洪琳茹, 홍린루), 학생들	육묘장 앞에서 학생들이 실제 채소를 보며 그림을 그림	대만의 대학원을 졸업한 홍림여는 미술 전공 지식과 지역 사회 건설 경험이 있다. 그녀는 미술 교육과 유동 아동이 직면한 사회 문제를 교과 과정에 결합했다. 학생들이 직접 심은 채소를 육묘장에서 그리게 하는데, 이를 통해 아름다움과 선함을 느끼게 한다. 학생들이 그림 속 고추와 자신이 심은 고추를 비교해 본다.
16:45	학교 한켠	'중국을 위해 가르친다' 자원봉사자 장기(張琪, 장치), 학생들	태극 소프트 파워볼太極柔力球[139] 흥미반	'중국을 위해 가르친다'와 동심실험학교는 장기적인 협력 관계다. 산동 태안사범학원泰安師範學院에서 체육을 전공한 장기 선생은 동심실험학교에서 2년째 체육을 가르치고 있다.
17:00	운동장 지휘대	이李 선생님, 무용반 학생	무용 흥미반의 〈붉은 리본〉 공연	무용 흥미반은 북경부녀아동기금회의 지원을 받았다. 한국 CJ그룹이 출자한 무용 회사에서 무용 교사를 초빙해 공연을 기획했다. 덕분에 가정 형편이 어려운 아이들이 무용수의 꿈을 가질 수 있었다. 학교에는 이처럼 사회 각계가 지원하는 무료 계발 활동이 많다.
18:00	품팔이 문화예술박물관	손항	인터뷰	▫ 2002년 손항과 동료들이 '북경 노동자의 집'을 창립했다. '북경 노동자의 집'은 품팔이 집단을 위해 복무하는 수많은 사업으로 활동을 확장해 왔다.

18:30	신노동자극장	뮤지컬 흥미반	학생들의 뮤지컬 공연	뮤지컬은 아이들의 실제 생활에 근거해 제작되고, 동심실험학교 학생들이 공연한다. 유동 아동의 생활에 더 가까이 다가가고, 그들의 마음의 소리를 반영하는 작품을 만든다. 또한 사회 각계에 유동 아동이라는 사회 문제에 대한 고민과 행동을 촉구한다.
18:50	《떠다니는 마음의 소리》아동 발달 교육 프로젝트 사무실		아동 발달 교육 프로젝트	▫ 잡지 《떠다니는 마음의 소리》는 북경 40여 개의 품팔이 자녀 학교에 보급됐지만, 자금이 부족해 정간되었다. ▫ 아동 발달 교육 프로젝트는 음악, 연극, 그림, 촬영, 운동, 게임 등의 형식으로 품팔이 자녀의 수업 외 생활을 풍부하게 하고, 아이들의 종합적인 소질과 사회 인식 능력을 계발한다.
19:10	동심실험학교 유치부 교실	모τε 선생님, 학부모 10여 명, 학생들	학부모 교육 토론 및 사회 문제 토론	학부모 독서회는 두 달간 매주 한 번씩 열린다. 학부모가 아이를 데리고 학교에 와서 부모–자녀 활동, 가정교육 토론, 사회 문제 토론 등에 참여한다. 학부모 독서 교류회는 학교와 학부모를 연결하며, 학부모 간의 상호부조 및 비공식적 사회 지원 네트워크의 일종이다.

4. 학교와 지역 사회

2013년 10월 7일 곤명에서 열린 교육 토론회에서 손항은 사회 건설에 관한 자신의 견해를 발표했다.

수신, 제가, 치국, 평천하라는 중국 옛말이 있습니다. 이 말은 가천하家天下 시대 봉건 왕조에서 나왔습니다. 그래서 모든 것이 통치 계급에 귀속됩니다. 비록 지금도 가천하의 잔재가 남아 있지만, 근본

---

138 동심실험학교는 지역 사회 어머니들을 구성원으로 여공합작사女工合作社를 설립했다.

139 [역주] 태극권 동작을 토대로 만들어진 신종 스포츠.

적으로 시대가 변했습니다. 이때 '제가'와 '치국' 사이에 거대한 단층을 발견할 수 있습니다. 미국식 민주를 흠모하는 많은 사람이 투표권이 있다는 점을 시대 변화의 근거로 듭니다. 그러나 그 투표권은 고작 4년에 한 번이고, 이후 여러분의 권력은 박탈됩니다. 게다가 투표할 때도 여러분에게는 별다른 선택권이 없습니다. 후보자가 그들 몇 명뿐이기 때문입니다. 이렇게 공민 개체로부터 곧장 국가 장치에 도달하는 민주는 직접 관철하기 어렵습니다. 진정한 민주는 일상의 민주여야 하며, 구체적으로 일상에서 참여하는 민주여야 합니다. 이러한 일상 참여의 민주는 어떻게 실현해야 할까요? 여기에는 우리의 사고와 실천이 요구됩니다. 위로부터 아래로의 제도 설계가 아닙니다. 저는 지역 사회 건설이 곧 하나의 가능성이라 생각합니다.

도시 집단 거주 구역은 네 가지 유형으로 나뉜다. 도시 인구와 소득이 비교적 높은 인구의 집단 거주 지역, 품팔이 집단 거주 지역, 공장 생활 구역, 공업 단지 거주 구역(자세한 내용은 12장의 [표25] 참조)이다. 현대성(기술성, 선형 발전 논리, 모델화, 통일화, 일과 생활의 분할 등)과 탈현대성(파편화, 가상화, 문예화, 정신 분열화 등)의 작용으로 더 중요해진 것은, 자본이 주도하는 모든 경제·사회 발전의 구도하에서 인간이 더는 경제와 사회의 핵심이 아니라는 것이다. 이러한 사회에서 형성되는 지리적인 지역 사회는 본질적인 함의, 곧 사람 간의 인격화된 관계를 갖추지 못하는 경우가 많다. 도시의 작은 지역에서도 서로 얼굴을 모르는 상황이 많아지고 있다. 대다수 노동자가 품팔이 집단 거주 지역을 그저 싼 값에 몸을 뉠 곳으로 여기며, 오랫동안 생활할 곳으로 인식할 기회와 공간이 없다.

인간은 주변과 관계를 맺어야 한다. 이것이 생명의 본질이다. 하지만 지금의 우리는 학교에서 공부만 하고, 직장에서 일만 하며, 집에 돌아와서는 먹고 자기만 한다. 우리는 분할되어 있다. 우리는 사회 속에 사는 듯하지만, 사회와의 본질적인 연계를 잃어버렸다. 온라인 네트워크는 현재 가장 인기 있는 도구다. 사람들은 네트워크에서 소통하고, 하고 싶은 말을 마음껏 한다. 네트워크는 활용하기 좋은 도구일 수 있지만, 그곳은 가상의 세계다.

피촌 주변 지역이 철거되고, 피촌 하나만 남았다. 이곳도 철거될 것이라는 소문이 퍼져서 집집마다 더 많은 보상금을 얻기 위해 공사를 하고 있다. 이와 동시에 주변의 노동자 친구들이 피촌에 많이 모여들어 시끌벅적하다. 2012년 8월에는 동심실험학교 폐교 소동으로 곤욕을 치렀다. 다행히 살아남았지만, 이제 남은 날이 길지 않은 듯하다. 피촌은 곧 완전히 부서질 것이다. 그런데도 피촌 지역사회활동센터는 매일 열려 있다. 지역 노조의 일상 활동도 기세등등하고, 피촌동심실험학교의 교육 활동도 왕성하다. 이 모든 것이 함께 소멸하지 않을까? 이 시점에서 우리는 무엇을 하고 있는가? 우리는 피촌이 계속 존재하기를 희망한다. 또한 원주민과 새로운 주민이 함께 노력해 더 잘되기를 바란다. 그러나 현실은 우리의 바람 같지 않을 것이다. 우리가 이런 현실에서도 활동하는 것은 다음과 같은 믿음이 있기 때문이다. 첫째, 인간이 가장 중요하다. 우리의 활동을 통해 조직이 단련·육성됐고, 더 많은 사람에게 영향을 주어 새롭게 합류하게 했다. 둘째, 실천은 모든 것을 검증하는 기준이다. 이상이 아무리 아름다워도 행동이 없으면 탁상공론일 뿐이다. 실천 속에서 거짓을 없애고 진리를 남길 수 있으며, 현실과 미래를 창조할 수 있다. 셋째, 경험은 축적된다. 동심실험학교의 허가가 취소될 수는 있지만, 우리가 학교를 만든 경험은 여전히 남아 있다. 넷째, 물질적 피촌이 소실되더라도, 피촌 정신이 남는다. 피촌은 소실될 수 있지만, 우리의 피촌 생활은 일찍이 존재해 왔다. 이것이 생명의 본질이다.

심금화는 학교와 지역 사회의 관계를 거듭 강조했다. 이는 '북경 노동자의 집'의 지역 사회 활동 이념과 일맥상통하다. 또한 우리의 교육 이념과도 맞아떨어진다. 학교는 지역 사회의 자원이다. 피촌에서 동심실험학교는 다음과 같은 기능을 담당했다. 약 800명이 다니는 학교, 지역 사회 노동자들을 위한 야학, 부모의 퇴근이 늦는 아동의 활동 장소, 학부모 모임 장소(건강 교육, 부모-자녀 교육, 가정 교육, 인터넷 이용 등 지역 사회 강좌가 자주 열렸다) 등이 그것이다.

학생의 집이 지역 사회에 있어서 교사가 학부모와 쉽게 소통할 수 있고, 학생의 가정 상황을 잘 이해할 수 있다. 또한 학부모가 교사와 빈번하게 접촉할 수 있고, 아이가 학교에서 어떤 상태인지 잘 알 수 있다. 학부모 간의 관계 역시 학교라는 플랫폼을 통해 만들어진다. 더불어 학교가 조직한 학부모 작업실, 학부모 독서회는 학부모들의 계획적인 학습과 성장을 가능하게 한다.

교정 문화가 학생의 성장과 지역 사회 문화에 미치는 영향은 다음과 같다. 동심실험학교는 학생을 조직해 지역 사회를 관찰하고, 여러 활동에 능동적으로 참여한다. 이런 내용은 다양한 수업이나 과외 활동에 녹아 있는데, 예를 들어 사회 과목에서 벌인 물 절약 캠페인 등이다. 학교의 합창단과 뮤지컬 극단이 지역 극장에서 공연하면, 많은 노동자와 학부모가 참관한다. 2009년에 학생들이 공연한 뮤지컬 〈떠다니는 마음의 소리〉의 줄거리는 학생 인터뷰를 엮어 쓴 것이다. 많은 학부모가 공연을 보며 눈물을 흘렸고, 아이들의 삶을 돌아봤다. 같은 해 나는 사회 과목을 가르치며 5~6학년 학생들을 '품팔이 주거 상황 조사'에 참여시켰다. 조사 결과는 이후 〈품팔이 주거 현황과 미래 발전 조사 보고〉에 수록됐는데, 그 과정에서 아이들이 단련되고, 학부모 또한 자신의 가정을 돌아보는 계기가 되었다.

현재 대다수 학교가 수용소처럼 학생들을 가둬 놓고 교과서 내용을 주입한다. 교문 밖의 세계와 교정과는 아무런 관계도 맺지 않는다. 이런 교육을 받은 학생을 만나 본 적이 있다. 뉴욕에서 북경으로 오는 비행기 안에서 만난 미국 코넬대학교에 다니는 여학생이다. 그녀의 엄마는 가정주부인데, 예전에는 금융투자업을 했다고 한다. 그녀는 중고등학교부터 기숙학교에 다녔고, 고등학교 졸업 후에 바로 미국으로 갔다. 그런데 그녀는 중국도 미국도 잘 몰랐다. 비행기에서 그녀는 장애령(張愛玲, 장아이링)[140]의 소설을 읽고 있었다. 그녀가 최근의 고민을 이야기했다. "남학생 하나가 제게 호감을 표시했어요. 식당에서 자주 마주치는데, 어떻게 대해야 할지 모르겠어요. 그래서 소설을 읽어요. '느낌'이라는 게 뭔지 몰라서 혹시 책 속의 묘사가 뭔가 알려줄까 싶어서요." 나는 아무 말 없이 그녀를 바라보았다. 토양에서 유리된, 뿌리 없는 한 여성이었다.

---

140 [역주] 장애령(1920~1995)은 중국의 작가로, 1955년에 미국으로 건너가 평생을 살았다. 사랑을 다룬 작품을 많이 썼다.

5. 우리의 뿌리

심금화가 처음 '북경 노동자의 집'에서 활동할 때는 이렇게 오랫동안 버틸 것이라고 예상하지 못했다. 그녀가 조직과 동고동락하며 활동에 전심전력을 기울이게 한 동력에서 그 '뿌리'를 찾을 수 있었다. 진정한 뿌리란, 인간과 인간의 감정이다.

> 실습생 시절에는 열정을 쏟긴 했지만, 감정을 쏟진 않았어요. 그러다 수많은 자원봉사자, 학부모, 살아 있는 개체, 하나하나의 완전한 생명과 만났어요. '불이물희, 불이기비'의 태도가 천천히 녹아들었고, '일한다'는 마음가짐에도 변화가 생겼어요. 마음이 부드러워지면서 만나는 사람들과 유대감이 생겼고, 감정도 점차 두터워졌죠. 학부모가 마치 어머니와 이웃처럼 느껴졌고요. 이런 배움과 감정이 활동을 계속할 수 있게 했어요.

진정한 뿌리는 인간의 책임감이다. 심금화는 다음과 같이 회고한다.

> '노동자의 집'에서 활동한 지 1년 즈음에 양정 선생님이 전화를 하셨어요. 홍콩의 대학원에 사회 공작을 공부하러 가지 않겠느냐고요. 하지만 학교 일을 버릴 수가 없었어요. 처음 이곳에서 일할 때는 사람 관리에 조금도 흥미를 느끼지 못했어요. 일이 너무 복잡했거든요. 아이들과 함께 공부하고 노는 건 순수해요. 그런데 학교일을 맡으니 다른 사람과 의사소통을 해야 했어요. 처음에는 인사 업무를 거부했죠. 하지만 스스로 책임 질 줄 알아야 하고, 선생님

이나 학부모, 학생과 소통해야 한다는 걸 깨달았어요. 그래서 용감하게 분쟁을 대했고, 더는 갈등이나 충돌을 두려워하지 않게 됐어요. 강한 책임감과 진실함을 통해 진정한 사상 해방을 맛봤죠.

진정한 뿌리는 인간에 대한 믿음이다. 심금화는 성장 과정을 회고하며, 조직이 자신을 신뢰해 그녀 스스로 일하고 결정하도록 했으며, 실수를 받아들여 그 결과를 함께 책임졌다고 했다. 이런 믿음이 그녀에게 힘을 주었다. 그녀는 신임받지 못할 때가 가장 힘들었다고 말했다.

올해(2013년)는 정말 재미없었어요. 한 동료와 뜻이 맞지 않았거든요. 그는 어떻게 해야 자신이 돈을 더 가져갈 수 있는지 계산하기 시작했어요. 이런 생각 자체가 문제는 아니에요. 하지만 거기서 느낀 불신이 저를 힘들게 했죠. 저는 책임자이자 동료로서 모두의 이익을 고민해야 해요. 어떻게 하면 모두를 위해 조건을 개선할 수 있을지 고민하죠. 하지만 현실도 고려해야 하잖아요.

뿌리의 본질이 정신적인 것이라 하더라도 여기에는 구체적인 운반체가 필요하다. 그렇지 않으면 공중누각이나 마찬가지다. 심금화에게 이 운반체는 피촌 지역 사회, 동심실험학교, 학생, 학부모, 노동자 친구, 동료다. 한 사람이 뿌리 내리기 위해서는 토양이 필요하며, 시간과 과정도 필요하다. 이 과정에서 인정받고, 역할을 찾고, 감정을 배우고, 신임을 얻으며, 책임을 실천하는 것이다.

[부록] 잔류 아동의 일기

2014년 4월 18일 북경시는 〈2014년 의무 교육 단계 입학에 관한 북경시 교육위원회의 의견〉을 발표했다.

> 북경시 호적이 없는 적령 아동이 부모 혹은 기타 법정 보호자가 북경시에서 노동하거나 거주하는 등의 이유로 북경시에서 의무 교육을 받아야 한다면, 그 부모 혹은 기타 법정 보호자가 북경 노동 취업 증명, 북경 실제 주소 거주 증명, 전 가족 호적부, 북경 임시 거주증, 현지에 보호자가 없다는 호적 소재지 가도街道 사무처 혹은 향진 인민정부 발부 증명 등 관련 자료[141]를 소지하고, 거주지 가도 사무처나 향진 인민정부의 심사 결정을 받아야 한다. 심사 후 학령 인구 정보 수집에 참여하며, 거주지 구·현 교육위원회에서 확정한 학교와 연락해 취학한다.

그러나 실제 운용 과정에서 학부모들은 갖은 방법으로 괴롭힘을 당했다. 북경시 조양구 피촌 동심실험학교 졸업생 70여 명이 현재(2014년 6월 26일)까지 북경 취학 허가를 받지 못했다. '5증' 절차를 마친 학생을 포함해서 말이다. 한 학부모는 이렇게 말했다.

> '5증'을 모두 제출하고, 외지 학생 취학증借讀證을 받았어요. 하지

---

141 [역주] 이 다섯 가지 증명을 '5증五證'이라고도 한다.

만 교육위원회에 수속을 밟으러 갔더니 학적 번호를 요구하더라고요. 할 수 없이 고향으로 내려가 학적 번호를 받아서 갔더니 이번에는 집 주인의 임대 납세 증명을 떼어 오라는 거예요. 제 돈으로 집 주인 세금을 내고 다시 갔어요. 그랬더니 우리 부부가 조양구에서 반년 이상 납부한 사회보험 증명서를 가져오라고 하더군요. 다행히 작년 11월부터 납부해서 제출할 수 있었죠. 다 냈으니 이제 기다려 봐야죠.

대다수 잔류 아동이 까다로운 정책 때문에 부모가 일하는 지역에 입학할 수 없다. 그러나 아이들이 고향에서 학교에 다닌다 해도 북경을 떠나지 않는 학부모가 대부분이다. 즉 이러한 정책은 더 많은 잔류 아동을 만들어 낼 뿐이다. 동심실험학교 6학년 학생이 쓴 일기를 읽고 고통스러웠다. 도시에서 쫓겨나고, 사회에서 주변화되며, 부모와 강제로 떨어진

북경 피촌 동심실험학교 6학년 학생의 일기

내가 사람이 아니라면, 이렇게 슬프진 않았을 거다. 예전에 살던 곳에서 학교를 다니거나 '품팔이 자녀'가 아니라면, 북경에서 공부할 수 있었을까? 다음 생이 있다면, 나는 자유로운 민들레가 되어 멀고 먼 광활한 땅으로 날아가고 싶다. 하지만 인생에 '만약'은 없다. '관용寬仁'이라는 단어를 배웠다. 위기는 차츰 우리를 옥죄고, 부모님은 우리를 위해 동분서주하며 수모를 겪는다. … 우리는 아직 어리지만, 현실의 괴로움을 느끼고, 세상의 잔혹함과 불공평함을 여실히 깨닫는다. 나는 분노한다. 외지 아이들에게, 품팔이 자녀들에게 무슨 잘못이 있지? 우리는 고향도, 부모의 신분도 선택할 수 없었지만, 우리도 북경 사람들처럼 생각과 정서, 재능과 이상이 있다. … 나는 그저 사람들이 우리를 평등하게 대하고, 기회를 주기 바란다. … 나는 분노한다. 그러나 누구도 탓하지 않는다. 새뮤얼 존슨Samuel Johnson은 이렇게 말했다. "서로 양보해야만 삶이 계속될 수 있다."

(교사) "너의 글을 읽고 눈물을 흘리지 않을 수 없었어."

아이들의 미래는 어떨까? 일부는 학교를 중퇴하고 중국이라는 '세계의 공장'에 필요한 염가 노동력 대군에 편입될 것이다. 그리고 《영혼을 위한 닭고기 수프心靈雞湯》나 아Q정신의 도움으로 마음을 다스리며 불평등한 제도를 받아들일 것이다. 다른 일부는 사회에 불만을 품고도 출구를 찾지 못해 자포자기하거나 사회에 보복할 수도 있다. 또 다른 일부는 저항의식을 키워 사회에 맞설지도 모른다.

제14장

왕덕지의 이야기
― 연대 경제[142]

삶 이야기: 사회적 기업은 '노동자의 집'의 희망

20여 년 전부터 중국에 민간 조직이 생겨나기 시작했고, 품팔이를 위해 복무하는 민간 조직 또한 이때 탄생했다. 현재 풀뿌리 노동 조직 대다수가 어려움을 겪고 있는데, 가장 큰 걸림돌이 자금 문제다. 그들은 주로 프로젝트에 의지해 조직을 유지하며, 프로젝트가 끝나면 자금도 끊긴다. 외부 자금 의지의 폐단은 조직의 발전 방향과 활동이 자주성을 잃는다는 것이다.

품팔이 집단이 발전할 길을 탐색하기 위해, 또한 조직의 장기적이고 안정적인 발전을 유지하기 위해 '사회적 기업社會企業'이 중요한 발전 전략이자 활동 내용이 되었다. 현재 사회적 기업의 수입은 '북경 노동자의 집' 운용 자금의 60%다. 왕덕지는 '북경 노동자의 집'이 2005년에 창립한 사

142 [역주] 'solidarity economy'의 번역어다.

회적 기업의 책임자다.

가정 환경[143]

저는 1977년 내몽골 과이심우익전科爾沁右翼前 기旗 약진마장躍進馬場 11련連에서 태어났어요. 그곳은 반半군사 관리 지역이었어요. 원래 사람이 살지 않는 곳인데, 해방 후 노동 개조 장소였다가 나중에 말을 키우는 곳이 됐죠. 북대황北大荒 개간 시기에는 수많은 지식 청년知青[144]이 참여해서 다원적인 문화가 형성됐어요. 주변에 몽골족 자연 촌락도 많았고요.

부모님은 국가 노동자 편제에 속해 농장에서 일했어요. 저는 3형제 중 맏이고요. 우리 형제가 태어날 무렵은 대집체 시기여서 예닐곱 살 이전엔 그런대로 살기 좋았어요. 하지만 농가생산책임제包產到戶[145] 실시 이후 생활이 어려워졌어요. 우리 집은 말 3필과 농지 80무畝를 분배받았는데, 어린 우리를 키우려면 부모님이 농사만 지을 수가 없었어요. 또 세금이 너무 높아서 생활 수준이 수직으로 하락했죠.

학창 시절

1985년 여덟 살에 학교에 들어가 총 5년 반을 다녔어요. 겨울이면 집집마다 학교에 땔감을 내야 해서 한 자루씩 지고 학교에 갔죠. 그때 학비가 한 학기에 10여 위안이었고, 나중엔 수십 위안으로 올

---

143 2013년 6월 24일 북경 피촌에서 왕덕지를 인터뷰한 내용이다.

144 [역주] 문화대혁명 시기 농촌이나 변경 지역에 자원 혹은 파견된 대학생을 가리킨다.

145 [역주] 농촌 집단화가 약화·해체되면서 출현한 생산 방식으로, 개혁·개방 이후인 1980년대부터 본격화됐다. 집체 소유를 유지하면서도 생산 책임을 농가별로 이전하는 것으로 개관할 수 있다.

랐어요. 어떤 땐 학비를 감당 못 할 정도로 집이 어려웠는데, 우리 집만 그런 건 아니었어요. 학비는 외상도 가능했어요. 선생님 말씀은 잘 안 들었지만, 제 성적은 중간 이상이었어요. 그 시절 선생님들은 아이들을 자주 때렸어요. 우리 반 학생은 10명 남짓이었는데, 담임이 엄격한 여자 선생님이었죠. 5년 동안 계속 그분에게 배웠어요. 어문, 수학, 체육, 지리, 역사, 음악까지 다 가르쳤죠.

우리 런은 중학교 진학률이 아주 높았어요. 선생님이 잘 가르쳤거든요. 중학교에 가기 위해선 장부場部에 가야 했어요. 그곳에서 숙식하려면 일주일에 10위안을 내야 했고요. 돈을 아끼려고 월요일에 일주일 치 밀가루 떡과 장아찌를 집에서 갖고 와 먹었어요. 그래도 한 달에 50여 위안이 드는데, 우리 집 형편으론 큰 지출이었죠. 중학교에 가니 완전히 달랐어요. 과목당 선생님이 따로 있고, 통제도 심하지 않아서 마침내 해방된 기분이었어요. 처음엔 너무 흥분한 나머지 공부를 안 하다가 나중엔 열심히 하기 시작했죠. 반년밖에 다니지 않았지만, 큰 영향을 받았어요.

당시 우리 집의 유일한 수입이 농사여서 벌이가 많지 않았어요. 그래서 중퇴할 수밖에 없었죠. 갑자기 학교에 안 가니 적응이 안 되더라고요. 3년 안에 공부할 기회가 다시 주어진다면, 공부를 계속하고 싶었어요. 하지만 동생이 학교에 들어간 뒤 제 환상은 깨져 버렸죠.

고향에서 돈벌이 경험

1991년 중학교를 중퇴했을 때 고작 열세 살이었어요. 그래서 일을 제대로 할 수 없었고, 마음도 안 좋았어요. 하지만 어른들은 개의

치 않았어요. 노동력이 하나 늘었으니까요. 저는 어른들을 도와 농사도 짓고 나무도 했어요. 그때 농사는 돈이 안 되니 앞으로 농사를 지어선 안 되겠다고 깨달았죠. 소나 양치는 일도 하지 않겠다고 결심했어요. 지루할 뿐 아니라 장래성도 없거든요. 어려서부터 저는 순종적이지 않았고, 집을 일으켜야겠다는 야심이 있었어요. 그래서 돈 벌 궁리로 토끼잡이, 새잡이藥鳥, 버섯이나 약재 따기, 채소 장사, 돌 옮기기 등을 했어요.

아버지와 함께 돌 운반을 2년 했지만, 돈을 벌진 못했어요. 겨울에는 돌이 얼어붙어서 잘 움직이지도 않아요. 아버지가 산에서 내려가 농사를 지을 땐, 누가 훔쳐갈까 봐 저 혼자 돌을 지켰어요. 그럴 때면 너무 외롭고 적막했어요. 그래서 날마다 중학교 역사책을 다 닳을 정도로 읽었어요. 신화자전新華字典도 몇 번이나 읽어서 다 외울 정도였고요. 그래도 지루하면 쥐를 키우기도 했어요.

1994년경 북경에 갈 계획을 세웠어요. 상성을 부를 줄도 모르면서 CCTV 춘절 특집 프로그램春晚에 나갈 꿈을 꿨죠.

북경행

1995년 북경행을 실행에 옮겼어요. 집을 떠나려던 무렵 자전거를 타고 가다가 길에서 어릴 때 친구를 마주쳤어요. 그에게 "2년 뒤에는 나를 텔레비전에서 볼 수 있을 거야"라고 했던 게 아직도 기억이 나네요. 그해 우리 집은 양식을 팔아 1500위안을 벌었는데, 그중 700위안을 훔쳐서 편지 한 통 남기고 도망쳤죠. 기차에서 어떤 사람이 제게 북경에 품팔이하러 가냐고 물었어요. 당시엔 품팔이打工

라는 게 무슨 말인지 몰라 답답했어요.

다른 계획도 있었어요. 텔레비전에 나갈 수 없다면, 폭력 조직에 들어가야겠다 싶었죠. 머리를 쓰는 조폭이 되어 돈을 벌고 싶었거든요. 홍콩·대만 영화를 많이 봐서 그런지, 품팔이할 때도 강도나 살인을 생각한 적이 있어요. 어쨌든 어릴 때 만들어진 생각은 오래가더라고요. 다행히 그 길을 가지는 않았지만요. 어떤 일이든 시작하면 되돌아올 수 없어요. 그게 생존 방식이 되면 벗어나기 어렵죠.

만두 가게에서 잡일

그 시절엔 품팔이가 뭔지도 몰랐고, 돈을 벌 방법도 몰랐어요. 그저 먹여 주고 재워 줄 곳이 필요했고, 집에 돌아가는 것만 아니라면 상관없었어요. 우선 일자리를 구하러 호텔에 갔어요. 한 외국인이 밥을 먹고 있었는데, 그 사람은 제가 태어나서 처음 본 외국인이에요. 그런데 거기는 남자를 구하지 않아서 보조를 구한다는 북경서역北京西站 부근의 만두 가게를 찾아갔어요. 사장 아주머니가 바로 승낙해서 다음 날부터 출근했죠.

만두 가게에서 숙식하면서 첫 달엔 300위안, 둘째 달엔 350위안을 받았죠. 반년 정도 일했는데, 제 월급은 가게에서 높은 편이었어요. 일이 힘들어도 게으름은 피우지 않았어요. 월급 받으면 집에 부쳤고요.

고향에 돌아가 머문 두 달

집이 그리워서 만두 가게를 그만두고 고향으로 돌아갔어요. 두 달쯤 고향에 머물렀는데, 그게 집에서 보낸 가장 긴 시간이에요. 채소를 저장하는 구덩이도 파고, 닭장도 만들었어요. 고향에 돌아가긴 했지만, 꿈을 버린 건 아니었어요. 단지 꿈을 실현하기 위해서는 와신상담이 필요하고, 천천히 조건을 만들어야 한다는 걸 깨달았을 뿐이에요. 다른 건 생각하지 말고 도시에 뿌리를 내려 안정된 생활을 해야겠다고 다짐했어요. 저는 유명해져서 큰돈을 벌고 싶었어요. 두 달 후 다시 북경으로 갔어요. 창가曲藝 발원지가 북경과 천진인데, 다른 지역에는 그런 분위기가 없거든요. 오란호특烏蘭浩特 시에서 북경까지 24시간 동안 기차를 탔어요. 그땐 차표를 73위안 주고 샀는데, 몇 년 전에 냉난방 기차로 개조하면서 가격이 올랐더군요.

작은 식당에서 잡일

집에서 나올 때 가진 돈이 15위안뿐이라 바로 일을 구해야 했어요. 가장 싼 여관도 10위안이었으니까요. 미시대가米市大街를 따라 일자리를 찾다가 동東 40로까지 와서야 골목 안 식당에서 구인 광고를 봤죠. 주방 일이었는데, 사장이 싫어할까 봐 월급이 얼마인지 묻지도 못했어요. 열이 나는데도 다음 날부터 묵묵히 일했어요. 그때가 여름이었는데, 오한이 나서 몸이 덜덜 떨렸어요. 사장이 그 모습을 보더니 진통제를 사 주더라고요.

그때가 1996년이었어요. 첫 월급이 300위안이었는데, 월급 타자마자 40위안이나 되는《홍루몽》한 질을 샀어요. 그리고 30위안쯤 하는《홍루몽》해설집도 샀죠. 퇴근하면 주방 뒤편 작은 방에서 책을 읽었어요.

춘절에 고향에 안 갔더니 사장이 요리사가 휴가 갔다고 고기 밀가루떡을 구우라는 거예요. 피가 부드러워야 하고 고기가 흐물대서는 안 되는데, 저는 그 요리를 할 줄 몰랐어요. 손으로 뒤집다가 데어서 온통 물집이 잡혔죠. 그래서 섣달그믐에 사장에게 욕을 진탕 먹었어요. 그 시절엔 갖은 고생을 했어요. 수용·송환 경찰에게 잡힌 적도 있고요.

그렇게 반년간 잡일을 하고 주방 보조가 됐는데, 잡무를 계속 시켜서 그만둬 버렸어요.

샤브샤브 식당에서 냉채 조리

서사西四 양고기 식당 골목에 있는 샤브샤브 식당에 들어갔어요. 직원이 수십 명이고, 홀이 2개인 비교적 큰 식당인데, 인민대표대회 대표들도 거기서 밥을 먹었어요. 저는 거기서 바로 냉채를 만들었어요. 3개월 일했고, 월급은 400위안이었어요.

로마화원 식당에서 요리 보조

혜신서가惠新西街 로마화원 요리사 소개로 거기서 1년간 일했어요. 중급 식당인데, 저는 냉채와 사이드메뉴를 만들었죠. 중간에 직판하러 나갔다가 다시 들어와 요리사로 일했는데, 요리사 월급을 주진 않았어요. 요리사 월급은 800~1000위안이지만, 저는 처음에 500위안 받다가 나중에 700위안 정도 받았어요. 그래서 사장에게 그만두겠다고 했더니 새 요리사를 찾을 때까지만 일해 달라고 해서 2개월 더 있었어요. 그때 어느 회사 구내식당에 새 일자리를 구한 상태였어요. 일도 쉬운 편이고, 월급도 800위안을 받기로 했죠. 하지만 2개월 미뤄지는 바람에 못 가게 됐어요.

대흥 빵 공장에서 품팔이

그 후 2개월간 일자리를 구할 수 없어서 옹화궁雍和宮의 한 중개소에 찾아갔어요. 겨우 찾은 일자리가 대흥에 있는 빵 공장이었죠. 저는 식당에서만 일해 봐서 출퇴근 개념이 없었어요. 식당에선 낮에 일하고 밤엔 테이블을 붙여 놓고 잤어요. 생활이 불규칙적이라 무척 힘들었죠. 그런데 공장에서 일해 보니 신기했어요. 출퇴근 시간도 정해져 있고, 잠자는 공간과 일하는 공간이 분리돼 있더라고요. 그래도 처음 1년은 힘들었어요. 12시간씩 교대 근무에, 일주일에 7일 일하고, 초과근무도 잦았거든요. 그땐 휴가 낼 엄두도 못 냈죠.

처음에는 거기서 박스 칠을 했어요. 월급이 300위안이었고, 들어간 지 2개월 후부터 네 달간 창고 관리를 했어요. 나중에 공장장 눈에 들어서 작업장에서 빵 반죽을 했는데, 월급이 1300위안까지 올랐어요. 하지만 공장이 풍대豐臺구로 이전하면서 새 공장장이 왔는데, 대흥구에서 온 우리를 무시하는 거예요. 그래서 그만뒀죠. 동료들은 10년 넘게 일했는데도 월급이 1300위안이었어요. 모두 산동山東성 운성鄆城현에서 온 사람들이었죠. 그들은 1년 된 제가 1300위안이나 받는데, 왜 그만두는지 이해할 수 없다고 했어요.

상성을 배우다

1999년 봄 상성반에 등록했어요. 그전에 《북경만보》에 실린 예술학교 학생 모집 광고를 봤거든요. 교장이 해정海政[146]에서 퇴직한 선생님이고, 나영수(羅榮壽. 뤼룽서우)의 제자인 이국영(李國英. 리궈잉)이 교사로 있는 학교예요. 이 선생님은 원래 이국승(李國勝. 리궈성)의 공연 파트너이고, 마계(馬季. 마지)와는 동년배예요.[147] 그분의 형은 대만 군관으로, 재능은 있지만 정치적 문제로 기회를 얻지 못한 사람이고요. 저는 주말 초급반에 등록했어요. 빵 공장은 휴일이 거의 없거든요. 그러다가 선생님 권유로 공장을 그만두고 본격적으로 상성을 배웠죠. 학비는 한 달에 400위안이었어요. 북경에 온 지 4년 만에 비로소 상성을 배우게 된 거예요. 일주일에 한나절씩, 3년을 배웠어요.

작은 식당에서 품팔이

빵 공장에서 나와 다시 월급 300위안부터 시작했어요. 한 작은 식당에서 한 달 일했는데, 거기 사장이 대학 졸업자라고 해서 당시엔 참 이상했어요. 대학까지 나와서 왜 식당을 하는지 이해할 수 없었거든요. 하지만 거기도 휴일이 없어서 상성을 배우기 힘들어 그만뒀어요.

물 배달

매주 하루 쉬기로 하고, 물 배달 일을 구했어요. 그때(2001년) '작은

146 '해군 정치부 가무단'의 약칭이다.
147 [역주] 나영수(1918~995), 이국승(1939~), 마계(1934~2006)는 모두 유명한 상성 연기자다.

새(품팔이 집단을 위해 복무하는 조직)'와 '공순이의 집(도시에서 일하는 여성을 위해 복무하는 조직)'을 알게 됐어요.

기타 각종 품팔이

나중에 광고 회사에서 반년 일했어요. 광고 영업 일이고, 하루 8시간 주 5일 근무라 상성 공부하기에 좋았어요. 이후엔 판매 일을 반년 했고요. 종이컵 홀더를 파는 일이었는데, 기본급이 800위안이었어요. 그러다 2002년부터 1년간 호텔 예약 카드를 발급하는 일을 했어요. 출근할 필요도 없고, 기본급이 400위안이라 한 달에 1200위안 정도 벌 수 있었어요.

'북경 노동자의 집' 가입

2002년 '공순이의 집'에서 활동하면서 손항을 알게 됐어요. 그해 손항의 동료들과 함께 서사 풍성豐盛 골목 건설 현장에서 열린 공연을 보러 갔어요. '공순이의 집'과 주민위원회가 개최한 공연인데, 그때 제가 만든 첫 상성인 '떠돌다漂'를 발표했어요. 반응이 참 좋았죠. 손항이 작곡한 '그 해를 떠올리며'를 처음 들었을 때 굉장히 인상 깊어서 그때부터 주말엔 늘 그들과 함께했어요. 그리고 공연단을 만들었죠. 토요일이 기다려졌고, 그들과 함께 있으면 특별히 하는 게 없어도 마음이 편했어요.

'북경 노동자의 집'을 설립할 때부터 사회적 기업을 설립할 때까지 권리 수호나 공연 연락 등 다양한 임무를 맡았어요. 조직 가입 후에 제 가치관에도 많은 변화가 있었죠. 여기에는 손항과 가지위(賈

誌偉. 자즈웨이)의 영향이 컸어요. 처음에 가지위가 모택동과 마르크스주의에 관해 이야기하는데, 천일야화처럼 이상하게 느껴져서 거부감이 들었어요. 하지만 그 후 조직의 영향으로 책을 많이 읽었어요. 문학만 읽던 제가 공산주의, 마르크스주의, 모택동주의 등을 보기 시작했죠.

사회적 기업 활동

2006년에 '북경 노동자의 집'이 중고 물품을 판매하는 사회적 기업을 만들었어요. 여학교를 졸업한 동료가 이쪽 일을 담당했고, 손항을 비롯해 많은 사람이 참여했어요. 그해 피촌에 1호점을 열었는데, 창고까지 합쳐 월세가 400위안이었어요. 기부받은 옷도 점점 늘고, 사람들이 중고 의류를 많이 찾아서 시장성도 있었어요. 하지만 기부자들의 의견도 들어야 했죠. 그들이 기부한 옷을 파는 거니까요. 그러면서 우리는 성장했어요. 지속 가능한 발전을 고민하면서 조직을 위해 이윤을 남기는 것도 고려했죠.

2007년 봄에 강국량과 함께 사회적 기업 업무를 맡게 됐어요. 그해 4호점을 개업했고, 곤강昆江 중고 시장에 450위안짜리 가게를 얻어 중고 가구를 팔았어요. 그리고 관장管莊에도 폐품 수집 가게를 열었죠. 하지만 중고 물품이 많지 않아 수요를 따라가지 못했어요. 가게 한 곳에 점원이 2명이라 비용도 많이 들었고요. 투자는 많고 수입은 적은 맹목적인 확장이었죠. 당시 점원 월급이 700위안이었고, 저는 1000위안이었다가 지금은 2300위안 정도예요.

2008년부터는 가게 한곳에 점원 1명만 뒀어요. 10여 개 대학과 기

부 협약을 맺고, 인터넷에서도 기부자를 모집했어요. 인터넷에서 옷
을 기부하겠다는 사람이 보이면 즉각 댓글을 달았고요.

[표32] 북경 동심호혜공익상점 현황

연도	운영 점포	철수 점포	증설 점포	비고
2006년	피촌점	없음	피촌점	
2007년	▫ 피촌점 ▫ 누재장樓梓庄점 ▫ 조각장점 ▫ 마각장馬各庄점 2곳 (하나는 컴퓨터 가게) ▫ 곤강坤江 중고 시장점 ▫ 관장管庄 폐품 수집점	없음	▫ 누재장점 ▫ 조각장점 ▫ 마각장점 2곳 ▫ 곤강 중고 시장점 ▫ 관장 폐품 수집점	손해 1만여 위안
2008년	▫ 피촌점 ▫ 동요東窯점 ▫ 누재장점 ▫ 조각장점 ▫ 윤각장尹各庄점 ▫ 쌍부두雙阜頭점	▫ 마각장점 2곳 ▫ 곤강 중고 시장점 ▫ 관장 폐품 수집점	▫ 동요점 ▫ 윤각장점 ▫ 쌍부두점	이익 1만4667위안
2009년	▫ 피촌점 ▫ 동요점 ▫ 윤각장점 ▫ 쌍부두점 ▫ 갈거葛渠점 ▫ 부호富豪점	▫ 누재장점 ▫ 조각장점	▫ 갈거점 ▫ 부호점	이익 4만2717위안
2010년	6개(2009년과 동일)	없음	없음	이익 5만4635위안

2011년	□ 피촌 동심학교점 □ 동요점 □ 윤각장점 □ 쌍부두점 □ 갈거점 □ 부호점 □ 여각장黎各庄점 □ 피촌 박물관점 □ 반벽점半壁店 컴퓨터점 □ 반벽점 의류점	없음	□ 5월 여각장점 □ 6월 피촌 박물관점 □ 10월 반벽점 컴퓨터점 □ 11월 반벽점 의류점	이익 12만1560위안
2012년	□ 피촌 동심학교점 □ 동요점 □ 윤각장점 □ 쌍부두점 □ 갈거점 □ 부호점 □ 여각장점 □ 피촌 박물관점 □ 반벽점 컴퓨터점 □ 반벽점 의류점 □ 관두管頭 의류·컴퓨터점	없음	□ 4월 관두 의류점 □ 12월 관두점 컴퓨터점 업무 추가	이익 19만5868위안
2013년	□ 피촌 동심학교 의류점 □ 피촌 박물관 의류점 □ 여각장 의류점 □ 동요 의류점 □ 윤각장 의류점 □ 부호 의류점 □ 서신장徐辛庄 컴퓨터점 □ 갈거 의류점 □ 반벽점 의류점 □ 반벽점 컴퓨터점 □ 송장宋庄 의류점 □ 관두 의류점 및 컴퓨터점 □ 동패 의류점	없음	□ 송장점 □ 서신장점 □ 동패점	이익 30만4000위안
2014년	14개 점포, 30개 대리점	□ 서신장점	□ 10월 동패 컴퓨터점	활동가 41명(관리 4명, 접수 3명, 사무실 1명, 창고 10명, 점원 21명, 인터넷 상점 2명)

사회적 기업의 현황과 전망

저는 사회적 기업이 '노동자의 집'의 희망이라고 생각해요. 사회적 기업에 기대야 자립할 수 있어요. 현재 운용 상태를 보면, 우리 미래는 우리가 책임질 수 있다고 자신해요. 팀을 만들고, 경험을 쌓고, 관리 방법을 만들어가는 게 중요해요. 경험은 실패가 쌓이면서 만들어지는 것이니 힘든 과정이 되겠죠.

지금까지 사회적 기업을 운영하면서 사회적 자원도 쌓고, 사회 신임도 얻었어요. 수십 개 대학 및 기업과 장기 협약도 맺었고, 북경 곳곳에 30개의 기부 물품 모집 장소를 만들었어요.

가장 큰 지출은 운송비예요. 예전에는 기부 물품 모집 장소가 없어서 기부량도 적었어요. 우린 옷 몇 벌이라도 기부받으러 매일 뛰어다녔어요. 그러면서 점차 기부자를 모았고, 그들의 신임도 얻었죠. 입소문의 힘이 크더라고요. 지금은 합리적으로 운영해요. 예컨대 옷이 20벌 이상이면, 비용이 들어도 우리가 직접 찾아가 받아 와요.

현재 점원 수입은 안정적인 편이에요. 기본급이 1600위안이고, 여기에 성과급이 더해지죠. 그래서 보통 2000여 위안이고, 3000위안에 달하는 경우도 있어요. 이제 경험이 쌓여 안정된 직원을 채용할 수도 있고요. 물자 조절, 가격 설정, 물품 유동화 등에서도 경험이 쌓여 인력과 비용을 절약할 수 있게 됐어요. 그리고 계절이 바뀌어도 옷을 떨이로 팔지 않고 창고에 비축해 둬요.

'동심창업훈련센터(노동자 대학)'는 사회적 기업을 지원하는 역량을 키우는 곳이에요. 우리는 갓 졸업한 사람들의 한계를 인정해야 해요. '노동자 대학'을 졸업한 학생들은 공익을 위해 일한 적이 없어서 처음엔 반항적인 편이에요. 하지만 일하다 보면 눈이 트여요. 그러려면 현실에서 받는 공격을 견뎌 내야 하는데, 대다수가 이 시험을 견디지 못하고 도망쳐 버려요.

우리는 장기적으로 단련해서 독립적으로 일을 추진할 수 있는 중간 간부를 육성했어요. 그들은 일도 잘하고, 절제할 줄 알아요.

또 집체주의 정신을 배양하기 위해 정기적인 학습과 회식도 조직해요. 일반 기업은 이윤만을 목적으로 하지만, 우리는 집체주의 정신을 중시해요. 지역 사회 내의 모든 점포는 사영이지만, 우리 사회적 기업은 집체 소유예요. 여기서의 활동은 구성원들의 자각에 의존하고요. 하지만 주체적인 자각이 부족한 사람은 버티지 못해요. 확실히 큰 도전이죠.

'동심농원' 개척

우리는 '차근차근히'를 기조로 사회적 기업을 확장하고 있어요. 이전 2년 동안에는 여공합작사를 설립했고, 올해(2013년 5월)부터는 동심농원을 건설해 운영하기 시작했어요. 북경 평곡平谷구의 동심 창업훈련센터 옆에 있고, 현지 촌민위원회와 농민에게 임차했어요. 동심농원에는 30여 무의 과수원과 농지가 있고, 수령樹齡과 품종이 다른 과수 수백 그루가 있어요. 수입은 주로 과수 재배와 판매, 교외 여가 활동 등에서 나와요. 이 돈은 모두 농원 건설과 노동자 대학 운영에 쓰이고요.

분석

1. 돈벌이의 목표

일과 인생의 목표가 돈벌이인 이유는 다양하다. 왕덕지는 총명해서 공부를 곧잘 했지만, 집안 형편이 어려워 중학교 1학년 2학기에 중퇴할 수밖에 없었다. 그 후 복학하고 싶어도 동생들의 입학으로 무산됐다. 이러한 이유로 돈벌이는 왕덕지의 최고 목표가 되었다. 그는 고향에서 토끼잡이, 새잡이, 버섯 따기, 돌 옮기기, 채소 장사 등 여러 가지 일을 했다. 하지만 이 모든 일에서 돈을 벌지는 못했다.

왕덕지가 집을 떠나 북경에 간 것은 품팔이로 돈을 벌기 위해서가 아니다. 그때 그는 품팔이가 무엇인지도 몰랐다. 그의 한 가지 염원은 춘절 특집 프로그램에 나가 상성을 공연하는 것이었는데, 그가 이를 실현할 수 없음을 깨닫기 전까지 이 꿈 때문에 북경에서 품팔이하며 버틸 수 있었다.

[표33] 왕덕지의 북경에서의 품팔이

시기	업무	임금
1995년	만두 가게 잡일	300위안
1996년	작은 식당 잡일	350위안
1997년	샤브샤브 식당 냉채 조리	400위안
1997~1998년	로마화원 식당 요리 보조	500~700위안
1998~1999년	대흥 빵 공장	300~1300위안
1999년	작은 식당 품팔이	300위안
1999~2000년	물 배달	약 1000위안

| 2001~2002년 | 광고 회사, 판매, 호텔 예약 카드 발급 | 약 1200위안 |
| 2002년~현재 | '북경 노동자의 집' 창립 | 1000~2300위안 |

왕덕지가 임금 조건이 좋은 일자리를 몇 번이고 그만둔 이유는 상성을 배울 시간이 없어서다. 그는 1995년부터 북경에서 품팔이를 시작했고, 3년 만에 월급이 300위안에서 700위안으로 올랐다. 하지만 그는 상성을 배우기 위해 밤낮없이 일하던 식당 생활에서 벗어났고, 10년 차 노동자의 월급과 맞먹는 1300위안까지 받던 빵 공장도 그만뒀다.

그는 1300위안이라는 돈과 자신의 꿈을 맞바꿀 수 없었다. 임금이 그의 인생에서 제일의 목표가 아니게 된 것이다.

2013년 9월 나는 북경 동심창업훈련센터 9기 학생들에게 '지역 사회 조사 방법'을 강의했다. 학생들에게 흥미에 따라 주제를 설정하도록 했는데, 5명으로 구성된 한 팀이 '왜 품팔이를 하는가'라는 주제를 선택했다. 또한 북경 피촌 노동자 6명에게 '품팔이를 계속하게 하는 동력은 무엇인가?'라고 질문했다. 다음은 노동자들의 대답이다.

왕민　두 아이를 위해서요. 그리고 집안 형편에 도움이 되고 싶어요.

이효란　돈을 모아 작은 가게를 열어서 생계를 돕고 싶어요.

견소주　가족들의 더 나은 생활을 위해서요.

공유건　아이들에게 가난을 물려주기 싫어서요.

사염룡　여동생 학비를 벌려고요. 집안의 부담을 덜고 싶어요.

유건　여동생이 하나 있는데, 제가 책임져야 해요.

노동자들은 주로 '가정을 위해' 일한다. 그들은 지금보다 생활이 나아지도록 최선을 다해 품팔이하지만, 자본주의 사회에서는 대다수가 이 목표를 실현할 수 없다. 강대한 자본이 절대적 우세에 있기 때문이다. 자본은 손쉽게 품팔이를 각개 격파하고 착취한다. 그럼으로써 자본은 품팔이가 합법적인 노동을 통해 더 나은 삶을 획득하는 일을 막는다. 즉 품팔이 각자의 노력만으로는 이 목표를 실현할 수 없다.

왕덕지 또한 돈벌이를 제일의 목표로 삼고 노력을 기울인 바 있다. 그러나 그가 다른 품팔이와 달랐던 점은 돈벌이보다 더 중요한 꿈이 생겼다는 것이다. 이 목표를 위해 그는 상대적으로 임금이 높은 일자리를 포기했다. 돈이 없으면 생존할 수도, 가정을 부양할 수도 없다. 그러나 돈벌이보다 높은 목표가 없다면, 자신을 상실할 뿐만 아니라 돈을 벌겠다는 목표도 실현할 수 없는 것이 보편적인 진리다.

2. 현실에 맞서다

왕덕지는 사람들과 자주 언쟁하고, 성격도 급하다. 그러나 현실 문제에서는 융통성이 있고, 서두르지 않는다. 여기서 '성격'과 '품격'을 구별할 수 있다. 사람의 성격은 급할 수 있지만, 그 마음은 선량할 수 있다. 또 성격이 주도면밀하더라도 여기에 다른 꿍꿍이가 있을 수도 있다.

사회적 기업은 이상적이지만, 현실에서의 업무는 반복적이고 지루하다. 기부 물품을 접수하는 활동가들은 오염된 꽉 막힌 도로를 달려 집마다 헌 옷을 수거하고, 마대를 짊어지고 계단을 오르내린다. 창고를 관리하는 활동가들은 매일 산처럼 쌓인 옷을 정리하고, 가격을 매기며, 재고를 조사한다. 상점에서 판매를 담당하는 활동가는 각양각색의 고객을 만나고, 속임수에 당하며, 고객의 다툼을 말리기도 한다. 컴퓨터 가게에서 일하는 활동가는 극심한 시장 경쟁 때문에 손실을 보거나 폐업 위기를 맞기도 한다. 이러한 문제 앞에서 왕덕지와 동료들은 함께 대응하며 정기적으로 토론하고 학습한다. 이 과정을 통해 유능한 중간 간부를 배출하기도 했다. 사회적 기업은 임금이 낮고, 업무 내용도 단조로워서 활동가의 유동이 큰 편이다. 하지만 중간 간부를 육성한 덕분에 일상적인 운용에 큰 영향을 받지 않는다.

왕덕지는 대학 졸업생에게 호의적이지 않다. 그들이 이상과 현실의 격차를 견디지 못하고 떠나는 모습을 봐 왔기 때문이다. 물론 정의감에 충만하고, 사회를 개조하겠다는 희망으로 조직 활동에 뛰어든 학생들도 있다. 그들은 노동자보다 많은 지식과 기술이 있고, 업무 능력도 뛰어나다. 하지만 얼마 안 가 지식인의 욕망이 드러난다. 특히 자기 역할을 찾으려는 사람이 전형적이다. 그들은 자기 역할이 긍정적이더라도 진보를 촉진하는 나사못에 불과하다면 만족하지 않는다. 또한 자신이 적확한 역할을 하더라도 사회를 개조하는 영웅이 되지 못하면 만족하지 않는다. 자본주의 사회에서 대학 졸업생의 역할과 욕망은 충족될 수 없다. 하지만 물질적 만족은 이상이 만족되지 못한 '부족'을 소화할 수 있다. 또 자본주의 사회에서 영웅이 되려는 욕망이 없다면 공허함도 존재하지 않을 것이다.

3. 조직에 대한 갈망

품팔이를 위해 복무하는 민간 조직의 이름이 '집'과 관련되는 경우가 많다. 예를 들어 '노동자의 집'으로 명명된 조직이 전국에 여러 개 있는데, '북경 노동자의 집'을 비롯해 '공순이의 집', '하문 국인 노동자의 집夏門國仁工友之家', '천진 노동자의 집天津工友之家', '소주 별의 집蘇州星星家園(前 '소주 노동자의 집'), '장사 노동자의 친구 집長沙工之友家園', '복주 노동자의 집福州工友之家', '서안 노동자의 집西安工友之家' 등이 그것이다.

왕덕지는 이 조직들을 접했을 때의 느낌을 다음과 같이 회고한다.

> 처음에는 '작은 새'에서 자원봉사자로 일하다가 이후에 '공순이의 집' 활동에 적극적으로 참여했어요. 요즘 우리 조직 활동가들을 보면, 노동자들과 활동하면서 참여만 하고 발언하지 않는 경우가 많아요. 저도 처음엔 그랬어요. 오후 내내 아무 말도 안 할 때가 많았죠. 그래도 기분이 좋아서 그곳에 있고 싶었어요. 손항을 만나 의기투합해 예술단을 만들었어요. 그러고는 주말만 손꼽아 기다렸죠. 그들과 함께 있으면 영혼이 통하는 느낌이 들었어요. 지금 생각해 보면, 그건 조직에 대한 열망이었어요.

왕덕지와 동료들은 12년간 함께 분투하면서 100여 명이 활동하는 규모로 조직을 발전시켰다. 조직에서 중요한 것은 무엇일까? 첫째, 사람이다. 조직의 핵심 구성은 사람이기 때문이다. 둘째, 가치관과 목표다. 생활과 일에 대한 모두의 견해와 태도가 다르면, 함께할 수 없다. 셋째, 조직과 관리다. 각 조직은 가치관과 목표가 다르므로 조직 방식 또한 다르다.

왕덕지는 조직의 가치관과 목표에 대해 다음과 같이 회고했다.

처음에 한 동료가 마르크스와 레닌 학습을 조직했어요. 지금이 어떤 시대인데 아직도 마르크스, 레닌인가 싶어 황당하더라고요. 우리는 애사기(艾思奇, 아이쓰치)[148]의 《대중 철학》을 공부했어요. 저를 다시 태어나게 한 책이에요. 그제야 비로소 다른 이들과 함께 일할 수 있었어요. 뒤를 돌아보지 않고 올바름만 추구했죠.

이것이 바로 마르크스주의의 힘이다. 마르크스·레닌 사상의 지도로 형성된 조직 목표는 다른 조직의 그것과 분명히 다르다. 그 목표는 가난한 사람과 보통 사람을 위해 복무하는 것일 수밖에 없다.

4. 연대 경제와 자본주의 경제

연대 경제는 포용성이 강한 개념이다. 그러나 가치관의 층위에서는 선명한 기치를 내건다. 현재의 역사 단계에서 모든 반(反)자본주의적 경제는 연대 경제의 깃발 아래 수렴된다. 자본주의적 경제를 받아들일 수 없는 이유는 다음과 같다.

(1) 허구성

자본주의 제도, 노예 제도, 봉건 제도는 모두 사람을 착취하고 억압하지만, 자본주의는 억압의 수단과 형식에 큰 변화가 있다. 자본주의적 억압의 가장 큰 특징은 은폐, 즉 '피를 보지 않는 살인'의 과정이다. 이러한

---

148 [역주] 애사기(1910~1966)는 중국 혁명에 참여했고, 중공중앙고급당교 부교장, 중국철학회 부회장 등을 역임한 철학자다. 주요 저서인 《대중 철학》(1936)은 마르크스주의 철학의 대중화와 중국화에 지대한 영향을 끼친 저작으로 평가된다.

은폐는 일련의 허구성을 통해 실현된다. 허구성이 목적을 달성할 수 있는 이유 중 일부는 기만성에 있고, 다른 일부는 '말 속에 칼을 숨긴' 위협과 '경제 패권'의 착취에 있으며, 여기에 더해 '무력간섭'의 강권 정치에 있다.

미국을 예로 들어 보자. 미국의 선거는 가장 허구적인 정치 과정이다. 표면적으로는 민주 선거지만, 보통 사람에게는 다른 선택지가 없다. 그저 정당 게임에서 선출된 후보들 가운데 선택할 수밖에 없기 때문이다. 또한 미국이 벌이는 전쟁은 모두 민주를 핑계 삼고 있다. 이치에 맞는 말 같지만, 사실 기만과 강권으로 가득하다.

대기업 문화의 사례를 보자. 필자가 품팔이한 독일 회사에는 다음과 같은 표어가 붙어 있다.

> **책임감**: 도덕적이고 책임감 있게 행동한다
> **우수성**: 탁월한 실적과 운영 성과를 얻는다
> **혁신성**: 과감하게 혁신하고, 지속 가능한 가치를 창조한다

즉 자본주의적 기업 문화란, 자신도 속이고 남도 속이는 자기 위안이다.

(2) 파괴성

자본주의의 또 한 가지 큰 특징은 파괴성으로, '철거'가 전형적인 예다. 자본은 이윤을 획득하기 위해 자본 및 생산을 확장해야 하는데, 이는 '진보'나 '발전'과는 완전히 다른 개념이다. 이를 실현하기 위해 자본은 현존하는 모든 물질적·정신적 유산을 파괴하고 궤멸해야 한다. '사람을 근

본으로' 하는 발전은 '빠르지도 느리지도 않은' 과정이어야 한다. 반면 자본 확장을 목적으로 하는 발전은 급박하고, 후과를 생각하지 않는 과정일 수밖에 없다.

(3) 이해관계

우리 조직의 활동가는 주로 노동자 출신이며, 일부는 대학 졸업생이다. 한번은 한 대학 졸업생이 실습을 나왔는데, 활동가들은 그가 곧 떠날 사람인 양 대했다. 조직에 남아 계속 활동하고 싶었던 그는 고뇌했다. 나는 그에게 "애정을 쏟았던 대학생들이 모두 떠나서 그런 거니 이해해 줘요"라고 말해 주고, "그런데 조건 좋은 회사에 다녔으면서 왜 이곳에 오려는 거죠?"라고 물었다. 그는 "예전에 판매 일을 해 봤는데, 물건을 팔아치우는 것만 목적인 그런 일을 못 견디겠더라고요. 디자인 회사에서도 일했는데, 사람 사이에 업무 관계 말고는 다른 교류가 없었어요. 업무 관계는 본질적으로 이해관계여서 너무 힘들었어요"라고 말했다.

(4) 소수의 이익 독점

자본이 사회 운영의 규율을 결정할 때 노동의 가치는 크게 폄하된다. 자본주의 제도에서 자본을 장악하는 사람은 극소수다. 따라서 자본주의 발전과 사회적 부를 축적하는 과정에서 소수만이 이익을 얻고, 대다수는 필연적으로 이익을 얻을 수 없다.

자본주의가 전 세계를 통치하지만, 이를 인정하지 않는 많은 사람이 세계 곳곳에서 다른 경제 제도를 실천하고 있다. '북경 노동자의 집'의 사회적 기업인 '동심호혜공익상점' 또한 그렇다.

〈바이두백과百度百科〉는 사회적 기업을 다음과 같이 정의한다.

사회적 기업은 순수한 기업이 아니며, 업무도 일반적인 사회 서비스가 아니다. 사회적 기업은 상업적 수단을 통해 운용되지만, 이윤을 획득해 사회에 공헌하는 데 사용한다. 이들이 얻은 잉여는 취약 계층 지원, 지역 사회 발전 촉진, 사회적 기업 투자에 쓰인다. 이들은 기업의 최대 이윤 추구보다 사회적 가치를 중시한다.

왕덕지는 사회적 기업과 합작사合作社[149]의 차이를 다음과 같이 말했다.

합작사가 사원에게 요구하는 것은 사회적 기업이 활동가에게 요구하는 것보다 훨씬 많다. 합작사의 재산은 사원들이 공동으로 소유하고, 결정권을 갖는다. 그러나 사회적 기업의 활동가는 일반 기업의 직원과 큰 차이가 없다. 그들 역시 월급을 받는 피고용자다. 단지 사회적 기업을 관리하면서 우리가 주동적으로 직원을 조직해 학습하고 교류하는 것이 다를 뿐이다. 언젠가 사회적 기업 일부가 합작사가 되기를 희망한다.

동심호혜공익상점이 연대 경제의 범주에 드는지는 모르겠지만, 이 조직은 자본주의 경제하에서 생존과 조직 발전을 모색하고, 사회적 책임을 진다.

149 [역주] '협동조합'의 의미에 가깝다.

[표34]는 미국의 학자 이선 밀러Ethan Miller가 〈연대 경제: 키워드와 문제〉에서 총결한 '연대 경제와 자본주의 경제의 비교'를 정리한 것이다.[150] 이를 통해 연대 경제의 함의를 명확하게 이해할 수 있다.

[표34] 자본주의 경제와 연대 경제

	자본주의 경제	연대 경제·사회적 경제
목적	이기적인 개인과 집단이 자원이 희소한 세계에서 끝없는 욕망을 만족시키고자 한다.	인민과 지구 생태를 위한 경제로, 경제와 사회의 정의(혹은 공평)를 추구한다.
목표	이윤 지상 추구	사회, 경제, 환경, 공평 등을 위한 책임
수단	착취, 경쟁, 억압, 통제	합작, 연대, 나눔, 참여
결과	소수가 이윤을 획득하고, 다수는 곤경에 빠진다.	상호 이익을 얻는다.
인간관계	인간관계가 분할되고, 소수의 이익이 대중의 복지 위에 놓인다.	협력적이고 호혜적이다. 인간의 교감, 인간관계와 서로를 배려하는 도덕 준칙을 촉진한다.
사회 구조	통제를 목적으로 하는 권력 집중 구조	공동의 책임을 나누어 부담하고, 직접적인 민주 결정에 참여한다.
경로	자본주의를 역사의 최종 단계로 인식	다양성과 다원화를 강조하며, 세상에 '하나의 길'만 있다는 신념이 불가능하다고 인식한다. 폐쇄적이고 최종적인 사상 체계 형성에 급급하지 않고, 정확한 경로를 통해 정확한 목표에 도달한다.
행동 실체	시장과 권력	인민과 지역 사회를 자신의 생활과 성장을 위한 행동의 실체로 삼는다. 하나의 중심선에 다른 가치관을 교직한 것과 같다.

---

150 伊桑·米勒, 王建富譯, "團結經濟: 關鍵概念與問題,"《國外理論動態》, 2012年, 第7期, http://www.cctb.net/llyj/lldt/llqy/201209/t20120906_34521.htm(검색일: 2013년 9월 20일)

실천 형식	사유제 기업	생산, 교환, 소비, 잉여 분배 및 관리에서의 혁신. 노동자·소비자·생산자의 합작사, 공정 무역 운동, 이념적 지역 사회, 대안 화폐, 지역 사회가 운영하는 교류 센터와 도서관, 지역 사회 발전 신용조합, 지역 사회 환원, 무료 소프트웨어 공유 운동, 지역 사회가 지지하는 농업 프로젝트(CSA), 지역 사회 토지 신탁 등

호혜합작가[151]

작사: 손항

손잡고

어깨 걸고

독립 자주와 노동으로 밥 먹는다

평등 단결

호혜합작

함께 노력하며 노동으로 밥 먹는다

나는 모두를 위해

모두는 나를 위해

함께 아름다운 집을 짓는다

---

151 신노동자 예술단 1집 앨범 〈하늘 아래 품팔이는 한 가족〉(2005) 수록곡.

제15장
허다의 이야기
─ 역사 인식

삶 이야기: 문예는 내 생활이자 무기

역사를 망각하면 현실을 똑바로 볼 수 없고, 현실을 분명히 인식하지 못하면 미래의 방향을 찾을 수 없다. 이는 중국 사회뿐 아니라 품팔이 집단에도 적용된다. 조직은 사상 발전에 힘쓰면서도 방향을 찾아야 한다. 큰 방향이 없다면, 일상 활동에 묻혀 조직의 본래 의의를 잃는다. 방향이 있다면, 그것이 잡다하고 고생스러워도 시도해 볼 가치가 있다. 방향에 대한 인식은 역사 인식과 현실 분석에서 나온다.

2008년 5월 1일 품팔이 문화예술박물관이 공개됐다. 박물관은 품팔이 역사를 기록하고, 품팔이의 사회적·경제적 지위를 향상하며, 중국 노동자 집단의 건강한 발전을 촉진하기를 희망한다. 또 단순히 역사를 묘사하지 않고 독해하며, 역사적 변혁을 쟁취하고자 한다. 그럼으로써 살아 있는 박물관이 된다. 박물관은 '외부의 것을 그대로 도입하는拿來主義' 박물관이 아니라 연구형 박물관이며, 우리의 조사 연구를 활용해 역사와 현실을 독해한다. 또한 역사 진열 공간이 아니라 사회 활동의 장소이자 중심이다. 따라서 박물관과 노동자, 사회는 함께 호흡하고 운명을 함께한다.

허다는 품팔이 문화예술박물관의 관장이자 2011년 설립된 '북경 노동자의 집' 지역 노조의 주석이다. 다음은 2012년 11월 5일 신노동자 예술단의 무석無錫시 순회공연 기간에 진행한 허다와의 인터뷰를 정리한 것이다.

가정 환경

저는 1977년 3월 절강성 해녕海寧시 곽점郭店진에서 태어났어요. 아버지는 1949년생이고, 어머니는 1952년생이에요. 저보다 세 살 어린 남동생도 하나 있고요. 부모님은 원래 진의 공급수매합작사供銷社에서 일했는데, 합작사 해산 이후 작은 식당을 열었어요. 할아버지는 해방 전에 작은 쌀가게를 운영했어요. 그러다 해방 이후 쌀가게 사장들이 연합해 양곡보급소糧站로 통합했어요. 할아버지는 올해(2012년) 90세가 넘었죠.

학창 시절

중학교 다닐 때 어문은 잘하고 이과 과목은 못 했는데, 아마 선생님 때문이었던 것 같아요.

저의 고교 입시 성적으로는 중점고등학교에 갈 수 없었어요. 그런데 부모님이 수를 써서 해녕시 고급중학교에 보냈죠. 고등학교에 간 뒤로 공부에 흥미가 떨어져 성적이 정말 안 좋았어요. 그래서 종일 비디오방에 있거나 농구를 했어요. 3학년이 되자 내가 뭐 하고 있나 하는 생각이 들더라고요. 어문 성적은 그나마 좋은 편이었는데, 나중에 문과·이과를 나눌 때 성적이 안 나와서 이과로 가게 됐죠.

어느 날 교실 스피커에서 음악이 흘러나왔어요. 그때 창밖 풍경을 보고 있었는데, 가슴이 막 두근대는 거예요. 갑자기 영상으로 그 느낌을 표현하고 싶다는 생각이 들었어요. 그러고는 영화감독이 되기로 결심했죠. 그때부터 수업을 빼먹고, 도서관에서 관련 서적을 읽기 시작했어요. 예술계 대입 시험에선 일반 교과 성적이 중요하지 않아서 전공 성적에만 신경을 썼어요. 도서관에서 《대중영화》라는 잡지에 실린 북경영화학원北京電影學院 모집 광고를 보고 전화했더니 연출과는 내후년에야 신입생을 모집한다는 거예요.

모든 환경이 저를 도와주지 않는 것 같았어요. 인생의 가치와 목표를 겨우 찾았는데, 다른 대학을 나와 돈을 번다면 인생이 끝이라는 생각이 들었죠. 그래서 독립적인 길을 걷기로 했어요. 집에서는 재수하라고 했는데, 저는 내후년에 연출과 시험을 보겠다고 했어요. 부모님과 선생님이 끈질기게 설득했지만, 전 듣지 않았죠.

고등학교 졸업 후 품팔이 생활

1996년 고등학교 졸업 후에 부모님이 저를 건설 현장에 보냈어요. 고생 좀 해보라면서요. 그러다 외삼촌이 운영하는 주물 공장으로 보냈죠. 예술을 하려면 현실을 알아야겠다 싶어서 부모님 말씀을 따랐어요.

1997년 친척이 고향 부근의 여항余杭시[152] 임평臨平진 단지小區에서 협조관리원協管員[153]으로 일해 보라고 했어요. 그 일이 마음에 들어서 연초에 임평에 가서 파출소 경찰의 협조관리원으로 일했어요. 작은 단지 몇 곳의 치안을 담당했는데, 그때 단지와 물업회사物業公司[154]가 처음 등장했죠.

저녁에 연방대聯防隊[155]로 첫 출근을 했는데, 품팔이 몇 명이 의심스럽다는 이유로 잡혀 왔어요. 그런데 심문하는 경찰들이 그들을 때리더라고요.

1년 반 정도 협조관리원으로 일하면서 사회적 역할이 초래하는 인간 소외를 체험했어요. 제 업무도 의심스러운 사람들을 잡으러 다니는 거였어요. 그래도 계속 일한 건 거기서 만난 친구들 때문이에요. 그들은 대학에서 밴드 활동을 했는데, 자주 가서 로큰롤을 들었죠. 그때부터 제 생각이 바뀌기 시작했어요. 영화감독이 되려면 비용이 많이 들지만, 로큰롤은 기타 하나만 있으면 되니까요.

재수 생활

1998년부터 1년간 여항시 병요瓶窯진에 있는 학교의 문과반에 들어가 재수를 했어요. 거기서 어문 선생님 영향을 많이 받았어요.

---

152 [역주] 2001년 이후 항주시 여항구.
153 [역주] 가도街道와 같은 기층 단위에서 교통, 치안, 행정 단속, 당의 대중 업무(노조, 여성 등) 등 말단 행정을 보조하는 사람을 가리킨다. 활동 범위는 준공무원 성격이지만, 법 집행 권한이 없다.
154 [역주] 주택관리업을 전문으로 하는 회사.
155 [역주] 치안연방대治安聯防隊라고도 한다.

당시에 장초(張楚. 장추)**¹⁵⁶**의 음악을 좋아해서 혼자 시를 쓰곤 했어요. 청춘들의 시시껄렁한 이야기였는데, 어문 선생님이 격려해 주셨죠. 마치 좋은 벗을 만난 것 같았어요. 그해 저는 빠르게 성장했어요. 저에게 시는 매우 중요했어요. 예전에는 영화감독이나 로큰롤을 하겠다는 생각만 했는데, 시는 달랐어요. 행동에 옮겼으니까요. 작문 시험 볼 때도 일반적인 작법을 따르지 않고, 제 방식대로 했어요. 그러다 소설도 쓰면서 글쓰기 과정에서 많이 성장한 걸 느꼈죠. 하지만 1999년에 응시한 대입 시험은 불합격했어요.

미디음악학교 진학

1999년에 북경 미디ᴹᴵᴰᴵ음악학교에 들어갔어요. 부모님도 별수 없어 동의하셨어요. 2년제 민간 학교인데, 학비가 1~2년에 1만 위안이었어요. 당시엔 하고 싶은 말이 많아서 자신을 표현할 방식을 찾고 싶었어요. 그리고 집을 나왔어요. 평생 돈을 벌어야 한다는 부모님 가치관에선 저의 가치를 찾을 수가 없었거든요. 집에서 저는 한 마리 새일 뿐이었어요. 그 숲을, 그 그물을 벗어나 북경으로 날아가고 싶었죠. 공중을 날면 하늘이 텅 빈 곳이라는 걸 발견하게 되는데, 어디든 갈 수 있다는 자유로움을 느꼈어요.

로큰롤은 이 세계를 방관만 하지 개입하지 않아요. 집에 가만히 앉아 외부 세계를 바라보는 것과 같죠. 가령 어느 순간 분노를 표출해도 시간이 지나면 왜 분노했는지조차 몰라요. 하지만 문예적 사고

---

156 [역주] 장초(1968~)는 중국의 음악가다.

는 사변적 사고가 아니에요. 그건 심미감으로 생활을 대하는 것이고, 그 심미감에 도취하는 거예요. 시인처럼 숲을 거닐면서, 혹은 거리를 걸으면서 대화를 상상하죠. 세계에 대한 시인의 이해는 사변적이거나 분석적인 것이 아니라 격정적인 거예요.

1999년 정월 초하루에 신년 문예 공연이 있었어요. 그때 처음으로 작곡을 했는데, 제목이 '세기말의 아이'였어요. 친구들의 호평도 받았죠. 지금의 미디 음악제는 학교 공연을 변형해 들여온 거예요. 최근 학교가 향산香山으로 이사했어요. 우리 1기생은 몇십 명뿐인데, 졸업 후엔 각자 알아서 먹고 살아야 했어요.

버스킹과 자원봉사

2000년 7월부터 지하철역과 고가 도로 등에서 버스킹을 시작했어요. 처음에 정말 난감했던 게 함께 다닐 사람들을 찾는 거였어요. 왠지 구걸하는 느낌이었거든요. 하지만 노래하기 시작하면 아무렇지도 않았어요. 마치 세상을 향해 울부짖는 것 같았죠. 그렇게 가을까지 공연했어요. 당시엔 그것만으로 생계를 유지할 수 있었어요. 한 번 거리에 나가면 50~60위안을 벌었거든요. 경찰에 잡혀가 그날 번 돈을 죄다 빼앗기기도 했어요. 한번은 벌금을 내고 의기소침해 집에 전화했는데, 기분이 이상하더라고요. 제가 경찰 협조관리원으로 일할 때 다른 사람들을 조사하던 기억이 떠올랐거든요.

1년 동안 장안의 모든 지하도를 돌며 노래를 불렀어요. 손항을 만나기 전에는 집에 틀어박혀 창문을 통해 외부의 천태만상을 상상했어요. 그렇게 매몰되어 살았죠. 그러다 기타를 들고 거리, 지하도,

지하철역을 다니며 저의 고뇌와 분노를 노래한 거예요.

2001년 9월 11일 신문에서 미국 세계무역센터가 무너진 걸 봤어요. 세상 물정 모르던 저는 그날도 버스킹을 하러 서직문西直門 지하도로 갔죠. 한참 노래하고 있는데, 한 남자가 경찰에 기타를 빼앗겼다며 뛰어왔어요. 벌금 100위안을 내야 기타를 찾을 수 있지만, 돈이 없다고 사정했더니 20위안만 가져오라고 했대요. 그래서 제게 돈을 빌리러 온 거예요. 그도 저와 같은 처지인지라 그날 번 돈을 모두 줬어요. 20위안 좀 넘었을 거예요. 그는 오吳○○이라는 사람이었는데, 그 후 우린 친구가 됐죠. 한번은 그를 찾아갔더니 손항의 '사다리'라는 노래를 들려줬어요. 우리는 자전거를 타고 손항을 만나러 갔어요. 그는 막 유랑에서 돌아온 참이었는데, 품팔이 자녀 학교에서 아이들에게 음악을 가르쳤대요. 당시 손항이 살던 서이기西二旗에서 그의 친구들도 만났어요. 그 후 제가 살던 마을에도 품팔이 자녀 학교가 있다는 걸 알게 됐어요. 거기서 음악 선생을 구한다기에 한동안 일하기도 했어요. 그때부터 손항과 함께 활동하기 시작했죠.

손항을 따라 공사장을 돌아다닌 경험이 제 인생의 전환점이에요. 그와 함께 공사장 노동자들에게 책과 옷을 선물하기로 했어요. 초라한 임시 건물 안에 철제 이층침대가 들어차 있고, 천장에는 빨래가 널려 있었어요. 노동자들은 더러운 작업복을 입고 있었고요. 선물을 준 뒤 손항은 기타를 치며 직접 작곡한 민요 가곡인 '어느 노동자의 운명—個人的遭遇'을 불렀어요. 이 노래는 오○○의 경험을 바탕으로 만든 곡이에요. 저는 캠코더로 노동자들의 얼굴을 담았어요. 모든 이가 소박함을 담은 눈길로 진지하게 손항을 바라봤어요.
지하철역에서 노래를 듣던 행인들의 눈빛과는 완전히 다르더라고
요. 그 순간 이곳이야말로 내가 노래할 곳이라는 걸 알게 됐죠. 저
는 고매한 예술가가 아니에요. 그저 두 손에 의지해 자신을 부양하
는 노동자이자 품팔이일 뿐이에요. 마치 씨앗이 땅을 만난 기분이
었죠.

'품팔이 청년문화공연단' 설립

2002년 노동절에는 '공순이의 집'이 조직한 행사에 참여했어요. 그
리고 공연 당일 우리 예술단의 설립을 선포했죠. 우리는 중국농업
대학中國農業大學과 북경항공항천대학北京航空航天大學 공사장 등 곳곳
을 누비며 공연했어요. 또 자전거로 드럼, 스피커, 악기를 끌고 가
서 퇴근하는 노동자들과 함께 공연했죠.

창작 동기와 내용의 변화

시간이 흐르면서 나에 관해 쓰기보다 주변 사람들에 대해 창작하
기 시작했어요. 이 과정은 매우 고통스러웠어요. 2003년 상반기에
만든 '품팔이타령打工號子'이 그 첫 곡이에요. 수용·송환 제도에 대
한 증오와 노동자의 억압 상태를 표현한 곡으로, 우리의 외침吶喊이
었죠.

인간은 시시각각 사회화되는 과정에서 살아요. 하지만 이 과정이
변화하고 개조한 결과는 저마다 달라서 서로 다른 사람이 만들어
지죠. 저의 사회화 과정은 자아에 갇힌 사회에서 걸어 나와 마음을

열고 진실한 목소리를 낸 것이었어요. 노동자와의 관계를 통해 그들의 처지에서 생각하게 되고, 진실한 삶의 흥분감을 느꼈어요. 생활에 녹아들며 스펀지처럼 그것을 흡수하는 거죠.

이것이 창작에 반영되면서 생활의 숨결을 느끼게 되고 좀 더 구체적으로 변했어요. '이 낮디 낮은 마을은 이 도시에서의 우리 집這矮矮的村莊是我們在這城市的家'은 2003년 우리 조직이 활동을 시작한 북경 초가하肖家河를 그린 거예요. '북경, 북경北京, 北京'은 교육반의 노동자가 쓴 시를 고쳐 엮은 거고요. 2004년 우리는 일부 업무만 초가하에 남기고 동패東壩로 이사해 법률 교육 수업을 열었어요. 2005년에 피촌으로 왔는데, 그 과정은 새로움으로 가득했어요. 어떤 힘이 느껴지면서 흥분됐죠. 모두 피촌으로 옮긴 뒤에도 저는 초가하를 반년 정도 더 지켰는데, 그때 만난 노동자의 이야기를 토대로 '장씨老張'라는 곡을 썼어요.

도시 변두리에서 생활하는 외지인이 북경에 오면 일종의 강렬한 치욕을 느끼기 마련이에요. 우리는 외곽 지역 마을에 세를 얻어 사는데, 가장 무서운 게 치안연방대의 임시 거주증 검사예요. 집에서 잘 때도 밖에서 문을 잠가 사람이 없는 것처럼 해야 해요. 버스킹을 할 때면 벌금을 물까 봐 두려움에 떨죠. 수용의 두려움은 더 커요. 처음에는 예술적 심미감으로 이 치욕감을 없애 보려고 했어요. 개인적인 분노를 로큰롤로 분출하고, 예술가의 방관자적 시각으로 세계를 바라봤어요. 하지만 그럴수록 심미적 쾌감에 빠질 뿐이었어요. 시간이 흘러 분노마저 희석되자 남은 건 비애와 막막함밖에 없었어요. '예술가'의 환상을 깨고 하나의 진실한 노동자로 회귀

함으로써 삶을 긍정하며 살아 있는 주체가 됐어요. 이 주체가 힘을 갖고 자기 입장을 확립함으로써 토양을 찾아낸 보리알처럼 견실한 흙 속에 뿌리를 내리고, 까끄라기麥芒[157]처럼 날카롭게 하늘을 향해 성장했어요. 우리에게 현실을 대하는 완전히 새로운 인식이 생긴 거죠.

조직과 함께 성장하다

2003년 하반기에 초가하에서 지역 사회 활동을 시작했어요. 명원학교에서 교실을 제공해 매주 주말에 '품팔이 청년문예소극장'('문예소극장'이라고도 하며, 노동자가 생활에서 겪은 일을 현장에서 재연하며 토론한다), '노동자 논단'(노동자가 주체가 되어 자기 인생을 강연한다), 문예 행사 등을 진행했어요. 노동자들은 이런 활동을 하면서 평등과 존중을 느끼고, 용감하게 자신을 표현하기 시작했어요. 또한 집단의 따뜻함과 힘을 체험하고, 자신감을 키웠죠. 그러면서 우리 활동에 대한 지지가 늘었고요. 이후 노동자 상호부조도서관互助圖書館, 노동자 컴퓨터 교실이 설립되고, 신문 〈사구쾌보社區快報〉가 창간됐어요. 얼마 지나지 않아 우리는 3자(주민위원회, 품팔이 자녀 학교, 노동자의 집) 공동으로 '초가하 지역 품팔이 문화교육협회'를 만들어 민정부民政部에 합법적으로 등록했어요. 노동자 활동을 조직할 때는 몇 명이 돌아가며 활동을 이끄는데, 이 과정에서 자기 능력이 향상되죠. 처음 활동을 맡은 사람들은 특히 말을 잘해요. 어쩜 그리 끊임없

157 [역주] '보리 까끄라기'는 중국어에서 '날카로움'을 비유하는 데 쓰이기도 한다.

이 이야기할 수 있는지 신기할 정도예요. 저는 그들의 조리 있는 사유가 부러웠어요. 그러다가 제 성격에도 변화가 있었어요.

여기에는 몇 가지 의미가 있어요. 첫째는 잠재된 것이 발굴되어 나온 것, 둘째는 용감하게 사회와 마주하는 것, 셋째는 장애와 속박을 돌파하는 거예요. 저는 규정적으로 판단하는 걸 싫어해요. 아이의 장래에 대해 왈가왈부하는 식의 이야기 말이에요. 사람은 성장 과정에서 생각부터 행동까지 부단히 구속받아요. 따라서 사람의 자유로운 발전이란 속박을 깨고, 잠재된 능력을 발굴하는 과정이에요.

2004년 하반기에는 명원학교가 제공한 장소가 불안정해져서 동패 남천실험학교藍天實驗學校로 이사했어요. 당시 권리 수호 활동에 저도 참여했고요.

2005년 여름에는 피촌으로 이주했어요. 단체 사업이 진전하면서 저도 많이 성장했죠. 동심실험학교가 건립된 후 저는 피촌으로 넘어와 지역 야간 학교 활동에 참여했어요. 노동자를 대상으로 대중 문예, 법률, 사회 기초 과목 등을 가르쳤죠. 그렇게 학교는 점차 지역 사회의 학습센터가 됐어요.

품팔이 문화예술박물관

2007년 홍콩 옥스팜의 지원을 받아 품팔이 문화예술박물관 건설 준비를 시작했고, 2008년 노동절에 정식으로 개관했어요. 주 전시관에는 국무원 총리 온가보의 "노동을 존중하고, 노동의 가치를 존중한다. 이는 민족의 가장 기본적인 도덕이다"라는 말이 걸렸어요. 아래 진열대에는 전국 각지 노동자가 기증한 임시 거주증, 건강증, 외지 노동증務工證, 업무증, 작업복, 작업 도구, 서신, 사진 등이 전시됐고요.

전시관은 크게 주 전시관, 보조 전시관, 주제 전시관으로 나뉘어 있어요. 주 전시관은 1년 내내 '품팔이 30년 유동의 역사'를 전시하고, 세 곳의 보조 전시관은 아동과 여공, 노동 조직에 관해 전시해요. 주제 전시관은 2년마다 한 번씩 주제를 바꾸는데, 2010~2011년에는 '품팔이 거주 상황과 미래 발전', 2012~2013년에는 '신노동자의 집은 어디인가?', 2014년 5월부터 지금까지는 '신노동자의 문화와 실천'에 관해 전시하고 있어요.

2008년에 박물관을 창립한 이유는 노동자의 시각에서 개혁·개방 30년의 역사를 평가하기 위해서예요. 주류의 언어에서 이 30년은 '경제 발전의 역사'로 간단하게 정리되는 경우가 많아요. 이러한 역사는 경탄스럽기는 하지만, 하나같이 '사람'과 노동자를 언급하지 않아요. 우리 박물관에서는 노동자가 이 역사의 주체이자 창조자이며, 때로는 피해자였음을 이야기해요.

박물관과 지역 사회 활동을 하며 우리는 적극적으로 정부의 인가와 지지를 얻어 냈어요. 설령 암묵적이라도 괜찮았어요. 품팔이 집단 거주 구역이 복잡한 사회 문제에 직면하자 기층 정부도 현실적인 해결 방안을 모색했어요. 특히 새로운 정부[158]는 품팔이 집단의 생존을 중시했어요. 민간 조직과 기층 정부 간에 합작의 여지가 생

---

158 [역주] 습근평(習近平, 시진핑)이 당과 국가의 총서기로 집권한 새로운 지도부를 의미한다.

긴 거죠. 피촌에 품팔이 문화예술박물관을 만들 때도 정부 자원을 적극적으로 활용했어요. 북경시 조양구 문화관의 지지를 얻어 노동자 영화관과 도서관을 건립했거든요. 또 촌민위원회와 협력해 피촌 지역 문화활동센터를 만들어 노동자와 지역 사회 주민에게 풍부하고 다채로운 여가 생활과 학습 공간을 제공했어요.

자원을 모으는 과정에서 기층 정부뿐 아니라 상급 정부와도 협력하는데, 공청단 중앙,[159] 문화부, 사법부 등과 함께 행사를 개최해요. 미디어 자원을 충분히 활용하기도 해요. 미디어의 힘을 빌려 우리의 목소리와 문화적 이상을 전파하는 거죠. 민간 조직의 가장 중요한 문제는 사회 각계로부터 지원자의 참여를 끌어내는 거예요. '노동자의 집'의 성장은 수많은 지원자의 자발적인 참여가 있었기에 가능했어요. 이러한 적극적인 참여는 우리가 이끄는 새로운 문화의 응집력을 드러내는 것이기도 하고요.

분석

1. 로큰롤 비판

많은 사람이 공부에 싫증이 난 적이 있을 것이다. 싫증을 유발하는 원인 중 중요한 하나는 '성적 중심'('학생/아동 중심'이 아니라)의 관점 때문이다. 이때 '성적 중심'과 '경제 건설 중심'은 일맥상통한다. 어쨌든 사회는 다원화되어 있다. 인생은 끊임없는 모색의 과정이며, 인성은 쉽게 말살

---

159 [역주] 정식 명칭은 중국공산주의청년단 중앙위원회中國共産主義青年團中央委員會다.

되지 않는다. 그러나 개인의 인성과 주류 가치관의 기대가 맞아떨어지지 않을 때 개인은 억압을 느낀다. 허다는 중·고등학교 시절에 이러한 느낌을 받았다.

> 고등학교에 간 뒤로 공부에 흥미가 없어서 성적이 안 좋았어요. 모든 환경이 저를 도와주지 않는 것 같았고요. 제 미래가 대학에 가고 취직해 돈 버는 것뿐이라면, 마치 인생이 끝난 것 같아서 자주적인 길을 가야겠다고 생각했죠.

억압된 환경에서 자신을 표현해야겠다는 충동은 허다를 로큰롤로 이끌었다. 로큰롤 세계에 들어가 음악으로 감정을 표현하게 되자 그는 다음과 같이 깨달았다.

> 집에서의 저는 숲속의 한 마리 새였어요. 전 이 숲을 벗어나고 싶었어요. 북경에 오자 공중을 날게 됐죠. 그러면 하늘이 텅 빈 곳이란 걸 발견하게 되는데, 그건 어디든 갈 수 있다는 자유로움이에요.

로큰롤이 전 세계를 휩쓴 것은 주류에 반항하는 속성 때문이다. 그러나 자본의 힘으로 휘황찬란한 무대에 서는 스타가 되면, 로큰롤의 반항 정신은 무기력해지기 마련이다. 가장 우둔한 것은 자본이다. '돈이 있으면 귀신에게 맷돌질도 시킬 수 있다'는 득의양양한 논리가 번번이 승리함에도, 결국 인성을 이길 수 없음을 인식하지 못하기 때문이다. 이는 《해리포터》에서 볼드모트가 세계에서 가장 사악한 마법조차 '사랑의 수호 주문'을 이길 방법이 없다는 것을 시종 이해하지 못한 것과 같다. 그러나 자본은 가장 명석하기도 하다. 자본은 인성의 약점을 어떻게 이용할지 알고, 수단을 목적으로 바꾸는 방법도 안다. 나아가 사람들로 하여금 초심을 버리게 하고, 수단의 노예가 되도록 함으로써 목적 자체를 버리게 한다. 로큰롤 스타 중에는 이러한 사례가 분명 적지 않을 것이다. 사람들의 박수 소리에 길을 잃고, 예술적 창조력을 상실하며, 심지어 마약에 빠지기도 한다. 로큰롤의 꿈이 그저 억압 자체를 발산하며, 이 경로를 따라 자기 처지를 바꾸고, 최종적으로 주류적 기준의 성공을 향한 것일 뿐이라면, 그 길은 극소수에게만 해당할 것이다.

허다는 로큰롤 자체의 문제를 인식했다. "로큰롤은 분노를 표현할 수 있는데, 시간이 길어지면 분노가 희석되어 왜 분노했는지조차 모르게 된다." 허다는 문예라는 꿈이 노동자들에게 주는 영향 또한 인식했다. "지인 중에 주방 환풍기 청소 등 가사 관리 일을 하는 형이 있는데, 그의 취미는 작사다. 유명한 사람의 평가를 받아 처지가 나아지길 바란다." 자기 처지를 조금이라도 바꾸고자 하는 것에는 잘못이 없다. 그러나 이 사람이 가사관리공 생활에 대해 가사를 쓰는 것이 자신들의 권익을 바꾸기 위함이 아니라 단지 문예 소재로 활용해 가사관리공이라는 처지에서 벗어나려는 것이라면, 그것은 역설이자 풍자가 된다. 이에 한 주류 평론가가 가사관리공을 비판한 논리에 맞서 허다의 인식은 더 깊숙이 들어간다.

> 그에 대한 비판에 앞서 우선 사회의 본질적인 문제를 이해해야 한다. 노동자들이 주류가 전달하는 환상의 영향을 받으면, 문예를 통해 자기 처지를 바꿀 수 있다는 환상을 품게 된다. 즉 노동자의 현

재 처지가 열악해 출구가 보이지 않기 때문에 출구인 듯 보이는 것을 통해 상황을 바꿀 수 있다는 환상이 만들어진다는 것이다. 따라서 품팔이에 출구를 주지 않는 사회를 비판하지 않고, 가사관리공의 환상을 비판하는 것은 매우 불공평하다.

다시 말해 문예의 꿈이 주는 부정적인 영향은 엄중하다. 환상을 제공함으로써 노동자들이 차안此岸, 즉 자기 노동에서 출구를 찾지 못하게 하고, 영원히 닿을 수 없는 피안彼岸을 추구하게 하기 때문이다.

허다는 앞선 체험과 인식을 통해 인민문예관人民文藝觀을 발전시켰으며, 그것은 또한 사회적 실천을 기초로 하는 로큰롤 창작으로 이어졌다.

2. 인민문예관

사람은 자신의 신분이나 처지가 바뀜에 따라 생각과 행동도 달라진다. 허다는 경찰 협조관리원 생활을 1년 반 했는데, 그 시기에는 품팔이들을 난폭하게 대했다. 그런데 북경 거리에서 버스킹을 할 때는 자신이 단속을 당했다. 허다는 다음과 같이 회상한다.

1997년부터 1998년까지 협조관리원을 하던 과정에서 사회적 역할이 초래하는 인간 소외를 체험했어요. 협조관리원이 된 뒤로는 제게 주어진 임무를 수행하며 다른 사람들과 함께 의심스러운 사람들을 잡으러 다녔어요. 2000년 7월부터는 지하철역이나 고가도로 아래에서 버스킹을 했어요. 경찰의 단속을 자주 맞닥뜨렸는데, 어느 날 벌금을 맞고서 의기소침해졌죠. 하지만 협조관리원으로 일하면서 다른 사람을 수사하던 경험을 떠올리면 아이러니해요.

자기 운명을 바꾸려면, 우선 자신이 누구인지 알아야 한다. 자신의 사회적 역할을 다할 때 비로소 자기 이익을 쟁취할 수 있기 때문이다. 허다는 자신의 체험을 이렇게 설명한다.

우리처럼 도시 변두리에서 생활하는 타지 사람이 막 북경에 도착했을 때는 모종의 강렬한 치욕감을 느끼기 마련이에요. 처음에는 일종의 예술적 심미감으로 이 치욕감을 없애 보려 했어요. 그러나 '예술가'의 환상을 깨고, 한 사람의 노동자, 한 사람의 품팔이 신분으로 돌아가 그것을 긍정하게 되면서 현실 생활에 살아 있는 주체를 발견할 수 있었고, 진정한 힘을 가질 수 있었어요.

자신의 사회적 역할을 분명히 인식하고 주체성을 찾아야만 생활에 진입할 수 있다. 이는 주류 로큰롤이 방관자나 예술가의 신분으로 생활을 단순하게 예술화하는 것과는 다르다.

인민예술관 수립은 단숨에 해결되는 문제가 아니다. 긴 과정을 거치며 허다는 자신에 관해 쓰는 것에서 타인에 관해 쓰는 것으로, 그리고 품팔이 집단에 관해 쓰는 것으로 나아갔다. '품팔이 타령'은 그의 변화 이후 창작한 첫 곡으로, 2003년 상반기에 발표됐다. 이어서 '이 낮디 낮은 마을은 이 도시에서의 우리 집', '북경, 북경', '장 씨' 등이 만들어졌다.

인민문예관의 전제 조건은 '문예는 명예를 얻기 위한 것이 아니다'이다. 인민문예관의 기초는 '기층 인민 속에서 생활하고 일한다'는 것이다.

인민문예관의 가치관은 노동의 가치를 존중하며, 자본주의의 착취와 억압에 저항하는 것이다. 허다는 말한다. "문예는 내 생활이다. 문예는 내 일이다. 문예는 내 무기다. 그러나 문예는 내 목적이 아니다."

인민문예관에서 생활과 일은 한 몸이다. 주류적 상황에서는 생활과 일이 분리되어 있어서 밖에서는 양복을 입고 구두를 신지만, 집에서는 문을 닫고 로큰롤을 하는 식이다. 이 두 가지 역할은 아무런 관련이 없는 분할된 상태다. 허다는 다음과 같이 회고한다.

> 사회에서 억압받았을 때 그것을 사회화된 방식이 아니라 개인적인 방식으로 해소하려는 것은 옳지 않다. 그러면 인격이 더욱 분리되어 정신병이 심각해질 것이다. 인간은 사회화의 산물이다. 사회에서 받은 억압은 사회화 과정을 통해 해소해야 한다. 인간은 괴리되지 않은 상태에서, 또한 사회화 과정에서 자기 주체성을 견지해야 한다.

3. 품팔이 문화예술박물관의 의의

세계 역사를 배우면서 콜럼버스의 아메리카 대륙 발견 시기를 지나칠 수는 없다. 이 시기에 대한 기록에는 휘황찬란함, 무역, 식민, 광산, 약탈 등과 같은 어휘가 많이 보인다. 그러나 아메리카 대륙 토착민들의 이야기를 아는 경우는 많지 않다. 안다고 하더라도 통치자와 약탈자의 기록에서 나오는 것일 테다. 콜럼버스는 최초 상륙 일지에서 다음과 같이 기록했다.

그들(아라와크족, 남아메리카 인디언의 한 부류로 옷을 입지 않으며, 피부는 갈색이다)은 … 우리에게 앵무새, 솜뭉치, 창 등 여러 가지를 가져다 주고, 유리구슬과 방울로 바꿔 갔다. … 건장하고 체격이 좋으며 용모가 수려하다. … 무기를 휴대하지 않았고, 무엇이 무기인지도 모른다. 내가 칼을 보여 주자 그들은 칼날을 그냥 만져 손을 베었다. … 그들은 잘 부릴 노예가 될 수 있다. … 50명만 있으면 여기 모든 사람을 정복할 수 있다. 그들에게 우리가 시키고 싶은 일은 무엇이든 시킬 수 있다.[160]

많은 기록에서 아메리카 대륙 토착민이 당한 학살과 식민을 단편적으로만 이해한다. 하지만 그들의 이야기와 생각을 이해하기란 어렵다. 콜럼버스 일지를 통해 우리는 토착민의 순박하고 친절하며 경계하지 않는 심리를 볼 수 있다. 물론 이 모두가 콜럼버스의 눈에는 우매해 보이거나 정복하기 쉬운 것으로 비쳤다.

중국 역사를 배울 때 진시황의 중국 통일이나 만리장성 축조를 지나칠 수 없다. 우리는 진시황의 공과를 쉼 없이 토론하며, 여행객으로 만리장성을 방문하지만, 만리장성을 건설한 노동자의 가슴 아픈 이야기는 전혀 기억하지 못한다. 그 인민의 역사는 《사기史記》에 없기 때문이다.

2008년은 중국 개혁·개방 30주년이다. 중국 경제의 신속한 발전은 세계의 시선을 끌었으며, 중국 또한 야심만만하게 경제 대국으로서 국제무대에서 역할을 하기 시작했다. 중국인은 국가가 부강해지기를 희망한다.

160 Howard Zinn, A People's History of the United States(NY: Harper Perennial, 2010).

그러나 사회 발전이 보조를 맞추지 못하면, 국가의 부강과 인민의 복지 증대에 격차가 생길 것이다. 경제 발전은 많은 경우 기층 인민의 경제적 이익과 심신 건강을 대가로 한다. 이제 이에 대해 반성할 때가 되었다. 반성은 역사와 현실에 대한 존중을 전제로 한다. 이 역사는 파노라마식 역사로, 주인공은 기층 인민이어야 한다. 그것이 바로 우리가 건설한 '품팔이 문화예술박물관'의 취지다.

허다는 박물관 관장으로서 박물관 건설이 갖는 의의에 관해 질문받곤 한다. 그럴 때마다 박물관의 구호를 시작으로 답변한다. "우리의 문화가 없으면 우리의 역사가 없고, 우리의 역사가 없으면 우리의 미래가 없다."

[부록] '저항'의 노래[161]

식스토 로드리게스Sixto Rodriguez는 1941년 7월 10일 미국 디트로이트에서 태어났다. 그의 부친은 멕시코 이민자로, 미국 디트로이트의 자동차 제조 공장에서 품팔이를 했다. 로드리게스는 디트로이트에서 자라 대학에서 철학을 배웠다. 그는 이후 가수가 되어 술집에서 공연하면서 건설, 청소 등 육체노동에 종사했다.

1970년 서식스 레코드Sussex Records와 계약하고, 같은 해 〈냉혹한 사실 Cold Fact〉이라는 앨범을 내놓았으며, 1971년에는 〈현실로부터Coming from Reality〉를 발표했다. 그러나 두 장의 앨범이 아무런 반응이 없어 음반사에서 계약 해지를 당했다. 그의 노래는 미국에서 영향력이 없었으며, 아무도 그를 알지 못했고, 그의 노래를 부르는 사람도 없었다.

1970년대 남아프리카공화국은 아파르트헤이트 제도가 절정에 이른 때였다. 고압적인 통치와 정보 봉쇄로 세계와 단절되어 있었다. 그런데 로드리게스의 노래가 전해져 누구나 아는 저항의 상징이 되었다. 많은 아프리카인이 그의 음악과 함께 자랐다. 그의 노래는 억압받는 사람들에게 해방감을 가져다주었고, 종족 독재 정권에 저항하는 성가聖歌가 되었다. 그의 노래는 남아공 현지 가수들의 저항 정신을 일깨움으로써 저항의 길을 발견해 냈다. 1994년까지 지속한 아파르트헤이트는 결국 완전히 폐지됐다.

1996년 남아프리카공화국의 한 음반사가 로드리게스의 앨범을 발매

---

161 이 글은 영화 〈서칭 포 슈가맨Searching for Sugar Man〉의 감상기다.

했다. 음반 소개에 다음과 같은 말이 나온다. "우리는 로드리게스가 누구인지 모른다. 그의 이야기를 찾아 우리에게 알려줄 탐정이 있기를 희망한다." 이것이 한 음악 제작자의 흥미를 끌었다. 그는 로드리게스를 추적해 결국 찾아냈다.

로드리게스에게 남아프리카공화국 사람들이 열렬히 숭배한다고 하자 그는 이렇게 말했다. "내 주된 일은 주택 철거 및 개·보수다. 이는 모두 혈액 순환을 촉진해 신체 건강에 도움이 된다."

로드리게스의 큰딸인 에바Eva는 이렇게 회상했다.

> 엄마의 전남편은 유럽과 미국 원주민의 후예이고, 아빠의 전부인은 멕시코인의 후예입니다. 할아버지는 멕시코에서 이민 와서 디트로이트 자동차 공장에서 일했어요. 어렸을 때 우리는 자주 이사를 했어요. 스물여섯 번으로 기억하는데, 집이라 할 수 없을 때가 많았어요. 그냥 사는 곳이었죠. 침실이나 화장실, 욕실도 없었어요. 하지만 가난하거나 무일푼이라는 것이 위대한 꿈을 가질 수 없다거나 풍성한 정신세계가 없음을 의미하는 건 아니에요.

로드리게스의 둘째 딸 샌드라Sandra는 다음과 같이 말했다.

> (디트로이트라는) 도시는 이곳 사람들에게 비현실적인 꿈을 품지 말라고, 너무 많이 기대하지 말라고 이야기해요. 아빠는 가장 더럽고, 가장 힘들고, 가장 고생스러운 일을 하지만, 저를 상류층만 갈 수 있는 곳에 데려가곤 했어요. 아마도 아빠는 은행 잔액에 상관

없이 어디든 가고 싶은 곳에 갈 수 있다는 걸 가르쳐주고 싶었던 것 같아요. 또 도서관, 박물관, 과학관에도 데려갔어요. 그곳은 우리에게 유치원과도 같았어요. 우리는 책과 그림, 음악에서 이 도시 바깥의 세계를 배웠죠.

로드리게스의 막내딸 리건^{Regan}의 기억은 다음과 같다.

아빠는 실망했다는 말을 한 적이 없어요. 책을 읽고, 정치에 참여하고, 지역 사회 활동에 참여했죠. 민중을 위한 일이라면 언제든 전면에 나섰고, 각종 시위와 집회에 참여했어요. 하지만 아빠는 많은 경험이 있었음에도 노동자와 가난한 사람을 위해 발언할 기회가 없었어요.

로드리게스의 친구인 건설 노동자의 이야기도 들어 보자.

그는 언제나 열심히 일했어요. 마치 일을 성찬^{聖餐}과 같이 여겼어요. 그는 연속으로 8~10시간을 일했는데, 엄청나게 더러운 일이었어요. 그는 이런 일을 하면서도 연미복을 입고 출근하는 사람이었죠. 그는 정말 시인이나 예술가가 가질 법한 신기한 기질을 갖고 있었어요. 평범한 일을 비범한 일로 바꾸고, 일상과 평범함을 뛰어넘었어요. 헛소리하는 사람이나 평범한 사람이 곳곳에 있는데도 말이에요. 그가 가진 음악의 꿈은 실현되지 않았지만, 그 정신은 아직 존재해요. 그는 계속해서 장소와 과정을 찾고, 그렇게 함으로써 자기 인생을 완성해 나가요.

1998년 3월 2일 로드리게스는 남아프리카공화국의 초청을 받아 콘서트를 열었다. 2만 석의 공연장에 빈자리가 없었고, 여섯 차례의 공연 모두 매진이었다. 음악의 힘이 남아공의 몇 세대와 함께 했고, 자살했다고 알려진 가수를 끝내 만날 수 있게 한 것이다. 콘서트가 시작되기도 전에 박수가 끊이지 않고 10분이나 이어졌다. 오래 헤어졌다가 상봉한 기쁨을 보여주는 것이었다. 공연이 끝난 뒤 관중들은 몇 시간이나 줄지어 사인을 받았다. 그렇게 오랜 세월이 지난 뒤에야 로드리게스는 무대로 돌아왔고, 그에게 그렇게 큰 무대와 많은 관중은 처음이었다. 그러나 그의 얼굴에는 황송함이 없었다. 단지 평정과 고요함이 있을 뿐이었다.

로드리게스는 미국에 돌아온 뒤에도 생활을 유지하기 위해 다른 집의 잔디를 정리하고, 청소를 했다. 그의 생활에는 변화가 없었고, 대단해진 것도 없었다. 이후 그는 네 차례 남아프리카공화국에 가서 30여 회의 콘서트를 개최했다. 그는 여기서 번 소득을 대부분 가족과 친구에게 나눠주고, 자신은 여전히 40년간 살던 디트로이트 집에서 산다.

1970년 음반사에 발굴되어 첫 번째 앨범을 내놓았을 때 그는 29세였다. 그리고 두 번째 앨범은 30세에 나왔다. 하지만 미국에서 단 6장의 앨범만 팔렸기 때문에 그는 계속해서 음악을 할 수 없었다. 그의 음악으로부터 영향을 받고 자란 남아프리카공화국 사람들이 1998년에 그를 다시 찾았을 때, 그의 나이 57세였다. 첫 번째 앨범을 낸 지 27년째가 되던 해였다.

시장은 그가 가진 음악의 꿈을 묻어 버렸다. 하지만 음악의 길이 실패함으로써 묻힌 것은 음악의 꿈뿐이며, 그의 인생과 꿈은 결코 묻히지 않았다. 이는 로드리게스가 딸들을 교육하는 방식에서, 일을 대하는 태도에서, 지역과 사회를 위한 행동에 적극적으로 참여하는 것에서 드러난다. 이 모든 것은 한 사람의 정신의 실체를 반영하며, 인생의 본질을 반영한다.

로드리게스가 노래하는 목적은 기층의 미국 인민을 일깨우는 것이었다. 그러나 오랜 세월 동안 미국에서 그의 노래를 아는 사람은 없었다. 하지만 남아프리카공화국에서는 인민이 아파르트헤이트에 저항하는 주제곡이 되었다. 만약 아파르트헤이트에 저항하는 투쟁이 없었다면, 노래의 힘은 발휘될 수 없었을 것이다. 즉 인민을 일깨우려는 노래의 의의는 어쩌면 노래 그 자체에 있는 것이 아니라 노래가 사회적 행동과 결합하는지에 있다. 노래의 역할은 그것이 어떤 사상을 드러내는지가 아니라 그 사상을 실천하는 사람이 있는지에 따라 표현된다. 다시 말해 남아프리카공화국 인민의 아파르트헤이트 저항 투쟁이 로드리게스의 노래를 성취한 것이지, 로드리게스의 음악이 그들의 사상을 일깨운 것은 아니라는 뜻이다. 노래는 듣고 보고 즐기면서 사회 운동을 공명하고 추동하는 기능을 할 수 있다. 이것을 부인할 수는 없다. 당연하지만 무료할 때 흥얼거리는 노래도 어떤 수요를 충족시키는 것이다.

사람들은 "내 평생 과연 무슨 일을 이룰 수 있을까?"라고 한탄한다. 우리 역할의 본질은 우리가 만들어 내는 몸 바깥의 사물이 아니라 우리 인생 그 자체이며, 우리의 생명을 완성하는 방법이다.

제16장

강국량의 이야기

— 노동자의 집 코뮌

삶 이야기: 코뮌 안에서 우리는 모두 존엄해요

인생은 무엇을 위한 것일까? 우리는 어떻게 일생을 보낼 것인가? 무엇이 인생의 의의일까? 재미있으면서 의미 있는 삶이 있을까? 우리 단체가 만들어지고 발전한 최근 12년은 단체 활동가들이 인생과 사회에 대해 사고한 12년이기도 했다. 요 몇 년 사이 '노동자의 집' 코뮌 건설이 단체 발전에 관한 새로운 토론 주제가 되었다. 과거의 발전 여정을 총결하면서 우리는 어쩌면 코뮌이 개인과 조직의 발전을 결합하고, 사회적 책임을 다하는 조직 방식이자 생활 방식일 수 있다는 생각을 하게 되었다.

여기서는 강국량의 이야기를 통해 '노동자의 집' 코뮌을 논의하려 한다. 진정한 코뮌이란 자발적 민주와 직접 민주가 체현되는 것인데, 강국량의 역할과 작용이 그러한 민주의 싹틈을 특히 잘 보여주기 때문이다. 강국량은 조직의 핵심 지도부지만(집단적 결정 기제), 조직 내에서는 어떠한 행정 지위도 담당하지 않는다. 그런데도 그는 조직에서 중요한 인물이다. 이러한 그의 무게감은 그의 마음과 행동에서 나온다.

강국량은 '북경 노동자의 집' 신노동자 예술단의 드러머이자 가수이며, 사회적 기업의 운전기사이기도 하다. 그의 이야기는 두 차례 인터뷰를 종합한 것이다. 첫 번째 인터뷰는 2012년 5월 3일 항주의 유스호스텔에서, 두 번째는 2013년 6월 23일 피촌에서 진행됐다.

가정 환경

저는 1976년에 요녕성 본계本溪시 고관高官향에서 태어났어요. 71세인 아버지는 중학교를 졸업했고, 65세인 어머니는 초등학교를 졸업하셨어요. 누나가 둘, 남동생이 하나 있고요. 동생은 고향에 있는데, 열두 살 때부터 우울증을 앓고 있어요.

저는 중학교까지만 다녔어요. 공부도 하기 싫었고, 반항심도 있었죠. 그때는 집에 있기 싫어서 바깥 세계로 나가고만 싶었어요. 참 멋질 것 같았거든요. 사람은 모두 호기심이 있잖아요. 낙후된 농촌에서 살다 보니 텔레비전이나 영화에 나오는 세계가 너무 다르더라고요. 당시에는 부모님이 늘 학비 몇 푼 때문에 근심했어요. 그래서 공부도 하기 싫고, 외지로 나가 돈을 벌고 싶었죠.

저는 음악을 좋아했어요. 중학교 2학년 때 고종사촌 누나가 기타를 줬는데, 1990년 당시에 기타가 있으면 굉장한 거였어요. 저는 너무 기뻐서 늘 기타를 안고 다니며 독학했어요. 제가 음악에 소질이 좀 있었나 봐요. 노래할 때도 음정이 틀리는 법이 없었거든요. 그때부터 기타를 파고들기 시작했어요.

고향을 떠나다

중학교 3학년 말(1992년)에 학교를 그만두고 고향을 떠났어요. 그리고 우리 현에 있던 극단을 따라 곳곳을 다니며 공연을 했죠. 1990년대 초에는 국가가 극단을 지원할 수 없게 되어 개인에게 도급을 줬어요. 그 개인은 나가서 돈을 벌어야 했고요. 저는 극단을 따라다니며 포스터를 붙이고 박스를 옮기는 등 잡일도 하고 공부도 했어요. 거기서 배운 게 많아요. 극단에서 심부름 값으로 한 달에 200위안을 받았어요. 수입이 매우 높은 배우도 있는데, 1000~2000위안을 벌기도 했어요. 당시에는 큰돈이었죠. 공무원 월급도 100위안이 안됐거든요. 그렇게 몇 년간 극단을 따라다녔어요. 경극京劇으로, 평극評劇[162]으로, 가무극歌舞劇으로 극단을 옮기며, 신강新疆, 서장西藏, 청해青海 등지를 다녔어요. 그러다 드럼이 좋아져서 1997년부터는 극단에서 드러머를 맡았어요.

음악에 정 떨어지다

1998년에 음악에 대한 신뢰를 잃었어요. 그래서 공장에 품을 팔러 갔어요. 그렇게 된 건 음악의 본질을 알아 버렸기 때문이에요. 많은 일을 겪고, 상황도 많이 변했거든요. 그리고 음악을 관두게 된 결정적인 사건도 있었고요.

북경의 한 대형 문화관에서 반년 일했는데, 너무 박봉이라 자원봉사나 마찬가지였어요. 그래서 다른 배우들과 함께 임금 인상을 요

---

162 [역주] 중국 북방 지역의 전통적인 극 형식 중 하나로, 사회와 책에 대한 논평이 주요 내용이다.

구하며 관장과 충돌했죠. 곧 공연을 앞두고 있었기 때문에 우리는 파업에 들어갔고, 월급을 올려주지 않아서 공연을 하지 않기로 했어요. 나중에는 문화국장까지 왔고요. 관장은 공연에 출연하지 않을 사람은 사흘 안에 극단을 떠나라면서 떠나고 싶은 사람은 손을 들라고 했어요. 저는 손을 들었죠. 그런데 주위를 둘러보니 아무도 손을 들지 않는 거예요. 사이좋게 지내던 친구들에게 정말 화가 나고 실망했어요. 저는 남자답게 그만뒀어요. 그땐 정말 음악에 정이 떨어지더라고요.

천진에서 품팔이

1999년에 케이블을 만드는 천진의 한 공장에서 품팔이를 했어요. 정말 고된 일이었어요. 이틀 꼬박 못 자고 일할 때도 있었어요. 사람은 적은데 기계는 많아서 한 사람이 수많은 기계를 맡아야 했거든요. 그곳에서 1년 좀 안 되게 일했어요. 월급은 400위안이었고요.

북경 생활

당시에 친구 두 명이 북경에 있어서 거기서 자리를 잡고 싶었어요. 그래서 천진을 떠나 북경으로 갔죠. 그런데 막상 가 보니 친구들은 저보다 더 가난한 거예요. 그중 한 명이 지금 우리와 앨범을 만든 장풍군(張風群, 장펑췬)이에요. 그들은 둘 다 기타를 쳤는데, 공연할 기회를 찾고 있었어요. 수준은 쓸 만한데 좋은 보컬이 없었거든요. 어쨌든 다른 방법이 없어서 북경에서 인터넷 전화를 팔기 시작했어요. 북경 곳곳을 뛰어다니며 팔았죠. 1년 정도 일했지만, 일은 고된데 벌이는 시원찮았어요.

이곳저곳 떠돌다

동료와 함께 정주 공사장에서 얼마간 일하기도 했어요. 돈이 떨어져서 둘이 며칠을 굶었죠. 잘 곳이 없어 공원에서 지내기도 했고요. 비가 오면 공원 정자에 앉아 있었어요.

친구가 비교적 큰 극단을 갖고 있었어요. 그래서 한두 해 동안 신강이나 서장 등 여기저기 공연을 다녔죠. 공연 한 번에 80위안을 벌었는데, 한 달에 26번 공연했어요. 그러면 한 달에 2000여 위안을 벌었으니 많이 번 건 아니었어요.

그땐 정말 돈이 없었어요. 집에 손을 벌릴 순 없으니 여기저기 돈을 빌리러 다녔죠. 3년을 집에 안 가서 집에서는 제가 죽은 줄 알았대요. 집에 갔더니 어머니가 백발이 되셨더라고요. 제가 떠날 때만 해도 검은 머리였는데 말이죠. 한 번도 눈물을 보이신 적 없던 아버지도 저를 보더니 눈물을 흘리셨어요. 사실 그때 집에 가고 싶지 않았어요. 돈도 못 벌었는데 어떻게 집에 갈 수가 있겠어요.

아내를 만나다

2000년 극단 공연 중에 주추연(朱秋燕, 주추옌)을 만났어요. 그녀는 하남성 예술학교 출신으로, 극단에서 실습을 하고 있었어요. 당시 저는 가진 게 없어서 여자 친구를 사귈 생각이 없었어요. 그저 앞날이 깜깜했거든요. 하지만 2007년에 저는 그녀와 결혼했어요.

그리고 서른한 살에 큰아들 박정(泊庭, 포팅)이 태어났고, 2010년에
는 둘째 아들 박양(泊陽, 포양)이 세상에 나왔어요.

다시 북경으로

2002년에 다시 북경으로 돌아왔어요. 저는 앨범을 내서 유명해지
고 싶었어요. 음악을 하는 사람은 누구나 이런 꿈을 갖고 있죠.
하지만 반년 넘게 일자리를 구하지 못했어요. 중노동을 하고 싶지
는 않고, 큰 회사에 들어가자니 학력 미달이었죠.

'노동자의 집' 가입

손항을 처음 알게 된 건 2003년이에요. 당시 그의 밴드가 신문에
드러며 구인 광고를 냈는데, 제가 지원해 함께하게 된 거죠.
저는 성실하고 부지런한 편이에요. 첫해에는 '노동자의 집'이 신선하
게 느껴져서 엄청 몰입했어요. 그런데 다음 해부터 약간 무신경해
졌고, 3년째가 되자 정말 안 되겠다 싶더라고요. 이 과정은 참 견디
기 힘들었어요. 하지만 10여 년간 이러한 연마가 없었다면 버틸 수
없었을 거예요. 사상적인 깨달음이 있었기에 가능했던 거죠.
사람의 상태는 늘 달라요. 몇 달 좋다가도 다음 몇 달은 안 좋을 수
도 있거든요. 10년 동안 함께 했으니 내 청춘을 '노동자의 집'에 바
친 셈인데, 이곳을 떠나는 건 이제 상상할 수도 없어요. 여기서 계
속하지 않으면 뭘 할 수 있겠나 싶기도 하고요.

수입에 대한 견해

예전에 몇몇 동료가 조직을 떠난 건 수입 때문이에요. 물론 우리는 공동의 이상이 있고, 그것을 함께 해 나간다는 건 아주 중요해요. 하지만 수입 문제도 개선되어야 해요. 앞으로 부모님의 노후도 책임져야 하고, 젊은 사람들은 결혼도 하고 아이도 가져야 하잖아요. 이런 것들을 생각하면 그리 간단한 문제가 아니죠.

사회적 기업은 우리에게 매우 중요해요. 자신을 부양할 수 있어야 하니까요. 힘들 때도 있지만, 그건 당연한 거예요. 제대로 발전했다면 우리와 함께 일하는 사람들이 받는 대우도 좋아졌겠죠. 하지만 지금 우리의 수입은 보잘것없어요. 물가는 무시무시하게 올랐는데, 우리 월급은 겨우 2000위안 정도거든요.

손항과 동료들을 만나지 못했다면, 보통의 일자리에서 지금보다 더 나은 월급을 받고 있을지도 모르죠. 하지만 수입이 높아도 그만큼의 고민이 또 있을 거예요. 친구 중 하나는 1년에 십수 만 위안을 버는데도 행복하지 않아요. 그보다 훨씬 조금 버는 제가 그를 일깨워줘야 해요.

10년을 함께 한 길을 걷는다는 건 정말로 쉽지 않은 일이에요. 우리는 함께 코뮌을 건설하겠다는 이상을 갖고 있어요. 가정은 개인이 구성하고, 사회는 가정이 구성해요. 저는 최선의 사회가 코뮌이라고 생각해요. 미래의 우리 생활이 그리 부유하지 않을 수도 있어요. 아마 큰돈을 펑펑 쓰진 못하겠죠. 하지만 가난한 삶을 살아서도 안 돼요. 저는 달리 큰 욕망이 없어요. 그저 먹는 것과 입는 것을 걱정하지 않고, 병이 나면 치료할 형편이 되기를 바랄 뿐이죠.

월급이 많지 않더라도 쓸 만큼만 있으면 돼요. 1년에 수십만, 수백만 위안을 버는 삶을 살아서는 안 돼요. 한 번 그렇게 살고 나면 사람은 변하기 마련이거든요.

문화에 대한 견해

'노동자의 집'의 문화를 이야기해 볼게요. 우리는 무슨 일을 하라고 강제하지 않아요. 그런데도 구성원들은 책임감을 느끼죠. 누가 시킨 일이 아니어도 응당 잘 끝내야 한다는 마음이 생기면, 그건 조직의 큰 장점이에요. 구성원이 받는 스트레스는 자신에게서 나오는 거니까요. 그 스트레스는 손향이 준 것도, 왕덕지가 준 것도 아니에요. 이건 일종의 책임감이에요. 우리 같은 조직에 존재하는 책임감이요.

'노동자의 집'에 조직 활동이 필요하니 활동가의 소질이 일정한 기준을 충족해야 해요. 예를 들어 강연이나 행사, 공연 등을 조직하는 일은 일반인이 할 수 있는 일이 아니에요. 일정한 능력이 있어야 가능한 일이죠. 그러려면 학습을 해야 해요. 말을 못 하는 사람은 여러 사람이 모인 공개적인 장소에서 자신을 드러내는 방법을 생각해야 해요. 여기에는 용기가 필요하고, 배워야 할 수 있어요. 누구에게나 있는 스트레스를 배움의 동력으로 삼는 거죠. 활동가 중 아동 프로젝트를 하는 역가(易佳, 이자)는 업무 능력이 아주 뛰어나요. 혼자서 글짓기 대회도 성공적으로 해냈고, 몇몇이서 운동회도 잘 치렀어요. 이게 바로 단련이에요. 이런 분위기가 있어야만, 또한 새로운 동료들이 이 분위기를 느껴야만, 활동할 수 있고 배울 수 있어요.

손항은 많은 사람과 활동가, 대학생 자원봉사자들에게 영향을 줬어요. 우리가 제창한 문화는 진정한 선진 문화예요. 중국에는 이를 창도하는 사람이 별로 없거든요. 우리가 복무하는 대상인 신노동자 집단은 중국의 운명을 결정할 수 있는 대규모의 집단이에요. 그러니 우리가 하는 이 일은 정말 문화적이죠.

우리 음악은 유행가와 달라요. 저는 동료들에게 손항은 노래하는 것보다 말하는 게 훨씬 듣기 좋다고 농담처럼 말하곤 해요. 손항은 말을 잘하는 게 큰 장점이에요. 음악에 그의 사상을 삽입할 수 있다면, 사람들을 감화시킬 수 있을 거예요. 그러나 말을 너무 잘하는 것도 단점이 될 수 있더라고요. 사람들이 거짓말이라고 생각하거든요. 그러니 적정선을 지켜야 해요.

문화적 생산물 이야기를 해 볼게요. 우리는 오랫동안 수많은 앨범을 냈어요. 정부도 우리를 눈여겨볼 정도로요. 이런 조직 활동이 잘되면 분명히 성취하는 바가 있겠다고 생각한 거죠. 당교黨校의 유침(劉忱, 류천) 선생님도 우리를 특별히 신뢰해 각급 지도자들이 우리를 참관하기도 했어요. 이런 문화는 정확한 거예요. 사람들은 바보가 아니거든요.

제가 이해하는 문화란 학교에 다니는 거였어요. '무엇을 배운다'는 의미로 '문화를 배운다'고 이해했거든요. 과거엔 많이 배운 사람이 문화가 있는 사람이라고 생각했으니까요.[163] 하지만 지금은 문화란 인간의 행위이며, 인간이 사상적 지도로 보여 주는 일종의 행위라고 생각해요. 이 행위는 인간의 마음속에서 전승되고, 해볼 만한 가치가 있는 좋은 일로 여겨지죠. 이것이 곧 문화예요.

문화는 그것을 행할 사람이 있어야 해요. 말만 하고 행동하지 않는 가식적인 문화도 있고, 반대로 행동만 하고 말하지 않는 문화도 있어요. 그래서는 안 돼요. 말과 행동을 함께 해야죠. 옳게 말하고, 잘 행하며, 방향이 정확하다면, 그 문화는 틀림이 없어요.

옛 친구들과 비교해 보면, 현재 저의 인지 능력은 누구보다 강해요. 과거에도 술자리에서 친구들이 저를 말로는 이기지 못했어요. 10년 간 손항과 함께하면서 사회를 접할 수 있었고, 심오한 이론도 접할 수 있었어요. 실제적인 활동도 할 수 있었고요. 저는 늘 옛 친구들에게 말해요. '노동자의 집'은 유익한 곳이며, 많은 걸 배울 수 있다고요. 과거의 저는 참 저속했지만, 이젠 그렇지 않아요.

코뮌에 대한 견해

손항이 코뮌 개념을 내놓기 전에도 조직 안에 코뮌의 요소가 있었어요. 의식하지 못했을 뿐이죠. 우리는 10여 년간 함께 지내며 한 걸음씩 지금의 상태를 만들었어요. 그 기초 없이 갑자기 코뮌이라는 걸 꺼내면, 불가능해지고 더 막막해지겠죠. 게다가 우리가 사는 사회는 들떠 있는 상태예요. 오늘은 누가 십수만 위안을 벌었다고

---

163 [역주] 중국어에서 '교양 있다'는 말은 '有文化(문화가 있다)'로, '학력 수준'은 '文化水平(문화 수준)'이나 '文化程度(문화 정도)'로 표현한다. 이는 한국어 '문화'의 사전적 정의, 예컨대 '권력이나 형벌보다는 문덕文德으로 백성을 가르쳐 인도하는 일' 혹은 '학문을 통하여 인지人智가 깨어 밝게 되는 것'(이상 국립국어원 표준국어대사전) 등에도 부차적으로는 존재하는 의미나, 중국어의 언어 습관에서는 이러한 의미가 비교적 일상적으로 사용된다. 그러므로 여기에서 "문화가 있는 사람"은 중의적으로 '교양이 있는 사람'을 가리키는 것이기도 하다.

하고, 내일은 다른 누군가 십수만 위안을 벌었다고 하죠.

저는 집단생활이 좋아요. 손항이 코뮌 개념을 이야기하기 전부터 동료들은 어떻게 이 집단을 발전시킬 건지 고민했죠. 늘 우리 집단에 적합한, 실현 가능한 길을 찾고 있었어요.

제도가 잘 만들어진 후에는 그 제도에 잘 따라가는지, 이성적이고 정확한 상태를 유지하는지가 핵심이에요. 중국 공산당은 오랫동안 좋은 제도를 만들어 왔고, 공산주의적 이상도 있어요. 하지만 지금은 인심도 흉흉해지고, 보통 사람들의 원성이 천지를 뒤덮고 있어요. 사람이라는 동물은 너무 복잡한 것 같아요.

코뮌을 건설하려면 사람이 중요해요. 예전에는 조직에 사람이 별로 없어서 함께 술 마시고 대화를 나누면 그게 곧 소통이었어요. 함께 여행 다니는 것도 중요했고요. 그 과정에서 구성원 모두에게 우정과 역량을 보여 줄 수 있었고, 희망을 줄 수 있었거든요.

최근 2년 동안 저는 인간에 크게 실망했어요. 나쁜 근성이 너무 강했거든요. 저 또한 마찬가지여서 자신에게도 실망했어요. 이제 우리 조직은 사람들이 많아졌어요. 그런데 함께 살지만, 이 조직을 생각하는 사람이 대체 얼마나 될까요? 예전에는 조직을 위해 해야 할 일이 생기면 제가 알아서 했어요. 그것이 좋은 영향을 주기도 했지만, 안 좋은 점도 있었죠. 다른 사람들은 제 처지에서 생각하려 하지 않아요. 저는 제 생각을 강조했고요. 그러니 다른 사람도 저도 불편해졌어요. 시간이 흘러 그런 건지, 익숙해져서 그런 건지, 아니면 지쳐서 그런 건지 모르겠지만, 요즘은 제가 긍정했던 것들을 그다지 강조하지 않아요.

동료들 상태를 늘 살피는 것도 중요해요. 어느 날 한 동료가 쓰레기 수레를 끌고 가 비우는 걸 봤어요. 그 모습을 보고 마음이 편안해졌죠. 사실 작은 행동 하나하나가 핵심이에요. 코뮌 제도가 어떻게 뿌리 내리는지는 작은 일에서부터 시작돼요. 조직의 크고 작은 일이 나와 상관없다고 생각할 수 있지만, 결국 모두 나의 일이에요.

아이들이 성장하는 걸 보면서 많은 걸 깨달았어요. 저는 동료 가운데 가장 먼저 아이를 낳았어요. 이곳은 아이를 키우기에 좋은 환경이에요. 아무리 좋은 단지나 별장이라도 우리 마을을 따라올 수는 없어요. 아이도 많고, 형 누나, 삼촌, 이모도 많죠. 이런 환경에서 자라면, 이기적인 사람이 되진 않을 거예요. 매일 집안에 갇혀 보모에게 자란 아이와는 분명 다르겠죠. 우리는 늘 함께 있어요. 사람이 많아지면서 좋은 면도 많아지고, 또 아이들은 그것을 학습해요. 나아가 우리의 의미 있는 활동이 아이들의 장래에 미칠 영향도 클 거예요. 여기서는 아이 키우는 스트레스가 많이 줄어요. 우리 가족만 따로 산다면, 아이 봐 줄 사람을 따로 구해야 했겠죠. 그런데 여기서는 아들이 걸음마를 시작한 후부터 그리 힘들지 않았어요. 급한 일이 생기거나 일이 바빠도 동료에게 이야기하면 되니까요. 말하자면 한 집단이 아이를 기르는 셈이죠. 아이들도 안심하고, 우리도 안심하며 아이를 키워요.

코뮌 건설을 그다지 신뢰하지 않는 사람이 많아서 몇 차례 회의를 열어 논의했어요. 하지만 동료들이 적극적이지 않았어요. 어쩌면 제 느낌이 틀렸거나 저 또한 그런 생각을 하는지도 모르죠.

굳이 코뮌이라 부르지 않더라도, 그게 길이라면 우리는 걸어갈 수 있어요. 무엇이라 부르든 상관없어요. 적어도 지금은 이 개념이 우리의 이념이나 행동과 부합하는 것 같아요.

분석

1. 진정한 예술

[표35] 강국량과 음악

시간	음악과의 관계	음악에 대한 느낌
1990년 (중학교 2학년)	고종사촌 누나가 기타를 선물해 줘 독학으로 배웠다.	사람의 음악에 대한 감각은 천성적이다. 천성적으로 감각이 좋은 사람도 있지만, 그렇지 않은 사람도 있다. 이는 경쟁의 문제가 아니다. 감각이 좋지 않으면 음악을 공부할 수 없다.
1992~1997년	중학교 3학년 2학기에 학교를 그만두고, 현 내 극단을 따라 잡일을 하며 여기저기 다녔다. 이후 경극, 평극, 가무극을 하는 곳으로 극단을 옮기며 신강, 서장, 청해 등지에 가 봤다. 그러다 드럼이 좋아져 1997년부터 극단에서 드러머를 맡았다.	음악의 본질을 꿰뚫었기에 음악에 대한 믿음을 잃어 정이 떨어졌다.
1998년	북경의 한 대형 문화관에서 반년 일했다. 월급이 너무 낮아 배우들과 함께 임금 인상을 요구하며 파업을 예고했다. 이곳을 떠나라는 관장의 말에 나 혼자 손을 들었다. 믿었던 사람들에게 실망해 그만뒀다.	음악이 더 싫어져 품팔이를 시작했다.
2003년~	밴드 드러머로 신노동자 예술단 및 '북경 노동자의 집'에 가입했다. 사회적 기업에서 일하면서 동시에 예술단의 공연 및 창작에 참여했다. 신노동자의 감정을 담은 '이제 막막하지 않아', '집으로', '민들레' 등 다수의 곡을 창작했다.	우리의 음악은 유행가와 다르다. 우리의 음악은 사상적이며, 사람들을 감화시킨다.

자본은 모든 것을 왜곡하며, 예술 또한 왜곡한다. 자본의 입장에서 예술로서 음악의 가치는 예술적 가치 그 자체에 있지 않다. 즉 그 가치는 이윤에 있다. 음악이 단지 생계와 이윤의 수단일 때, 그것은 예술적 의미를 상실한다. 강국량이 현 내 극단에 들어간 때는 1990년대 초였다. 그는 "그때는 국가가 극단을 지원할 수 없게 돼서 개인에게 도급을 했다. 그러면 그 개인은 나가서 돈을 벌어야 했다"라고 당시를 회상했다. 하지만 이는 국가가 극단을 유지할 능력이 없어진 것 때문이 아니라 자본의 여론 공세 때문이었다. 이에 사람들은 자본 탓이 아니라 어쩔 수 없는 조치라 생각했다. 결국 욕망이 팽창하면서 사람들은 무기력해지고 자본을 추종하게 된 것이다.

강국량이 극단에 들어간 것은 음악에 대한 사랑 때문이었다. 그러나 자본의 논리에서 '열정'과 '사랑'은 이용당하는 것일 뿐이며, 교환과 판매의 대상에 지나지 않는다. 이러한 자본화를 거치면서 '열정'과 '사랑' 또한 변질된다. 《공산당선언》에서 언급된 것처럼 말이다.

> 부르주아지는 지금까지 존경과 경건한 경외심으로 받들어졌던 모든 직업으로부터 그 후광을 걷어 냈다. 의사, 법률가, 성직자, 시인, 과학자를 자신이 보수를 주는 임금 노동자로 전화시켜 버린 것이다.[164]

예술이 산업이 되면, 예술가와 예술을 소비하는 예술 소비자는 분리

---

164 [역주] 마르크스·엥겔스, 《공산당선언》, 백산서당, 1989, 57~59쪽 참조

된다. 예술가는 산업 내에 발붙이기 위해, 또한 소비자의 선호에 영합하기 위해 상품 생산의 관점으로 예술 창작을 대한다. 이때 예술은 생활을 벗어날 뿐만 아니라 생활을 왜곡한다. 그럼으로써 예술은 본래의 함의, 즉 생활에 근원을 두고, 생활과 불가분의 관계라는 예술의 의미를 상실하게 된다.

그러나 사람에게는 개성이 있고, 착취되지 않아야 할 어떤 것이 있다. 여기에는 설령 잃는 것이 있더라도 자신의 감정과 사랑을 모욕당해서는 안 된다는 뜻이 포함된다. 강국량은 1998년 음악을 포기한 때를 이렇게 설명한다. "나는 그 일을 완전히 이해하게 되었다. 음악과 일이 연관되어 있기에 음악이 싫어졌다." 그는 음악에 대한 사랑을 그만둔 것이 아니다. 그가 싫어진 것은 음악 산업이 음악을 모욕했기 때문이다.

음악은 충분히 산업이 되지 않을 수 있다. 그럴 때 음악은 매력을 발산하며, 그것이야말로 예술의 근원이자 본질이다. 1846년에 마르크스와 엥겔스는 《독일 이데올로기》에서 공산주의 사회의 풍경을 생동감 있게 그렸다.

> 공산주의 사회에서는 아무도 하나의 배타적인 활동 영역을 갖지 않으며, 모든 사람이 그가 원하는 분야에서 자신을 수양할 수 있다. 그리고 사회가 생산 전반을 통제하게 되므로 각 개인은 자신이 하고 싶은 대로 오늘은 이 일을, 내일은 저 일을, 즉 아침에는 사냥하고, 오후에는 낚시하고, 저녁때는 소를 몰며, 저녁 식사 후에는 비평을 하면서, 그러면서도 사냥꾼으로도, 어부로도, 목동으로도, 비평가로도 되지 않는 일이 가능하게 된다.[165]

나는 자주 그러한 풍경과 가능성을 상상하지만, 어떻게 아침에는 사냥하고 오후에는 낚시할 수 있을지는 잘 떠오르지 않는다. 이번 달에는 사냥을, 다음 달에는 낚시한다고 하면 이해가 되기도 한다. 왜냐하면 우리는 각자의 책임을 져야 하기 때문이다. 물론 마르크스와 엥겔스는 일종의 비유를 한 것이겠지만 말이다. 그런데도 전문 예술가가 존재하지 않고, 모든 사람이 예술가가 될 수 있다는 점은 매우 동의한다. 우리는 노동자이지만 사냥도, 낚시도 할 수 있으며, 동시에 가수일 수도, 화가나 사상가일 수도 있다.

그런 점에서 나는 신노동자 예술단의 모든 구성원을 사랑한다. 그들은 진정한 예술 활동가이며, 동시에 보통의 노동자이기 때문이다. 손항은 조직의 책임자다. 그는 지도자일 뿐만 아니라 우리의 심부름꾼으로서 사소한 일상 업무도 담당한다. 허다는 박물관 관장이자 지역 노조의 주석이다. 무대 위에서는 위풍당당하지만, 무대 아래에서는 각종 사회 활동에 참여한다. 손원(孫元, 쑨위안)은 예술단에서 키보드와 베이스를 치며 노래를 부른다. 평소에는 아동 프로젝트의 책임자로 일하고, 이론과 실천 경험이 풍부한 인물이다. 강국량은 예술단의 드러머이자 가수로, 일상적으로는 사회적 기업의 조직가이자 운전기사다. 그는 큰 박스를 들고 계단을 오르내리며 기부 물품을 받으러 다닌다.

강국량은 2003년에 신노동자 예술단과 '북경 노동자의 집'에 들어왔다. 그는 우연히 가입했지만, 그간 버틴 10여 년은 우연이 아니다. 이곳에서 그의 사나이 정신과 우애는 더는 좌절을 맛보지 않았다. 또한 그의

165 [역주] 칼 마르크스·프리드리히 엥겔스, 《독일 이데올로기》, 청년사, 1988, 64쪽 참조.

음악이 더는 오락과 매매의 대상이 아니었다. 그의 말처럼 그들의 음악은 사상적이며 사람들을 감화시켰다.

2. 마음 따라 움직이다

강국량은 자신의 의지에 따라 자신의 길과 선택을 이끌었다. 때로는 막막함에 빠졌으며, 꽤 긴 시간 동안 조직을 떠날 생각도 했다. 하지만 구체적인 이유가 무엇인지는 아무에게도 알려주지 않아 우리는 무척 우울했다. 그는 우리 조직의 핵심 구성원이기 때문이다. 어린 시절 그의 심로역정心路歷程에는 한 사람의 영향이 특히 컸다.

> 사촌 형이 내게 준 영향은 매우 컸다. 중학교를 졸업할 무렵 형이 들려준 이야기에서 나는 사람에 대한 희망을 느꼈다. 나는 "누군가에게 잘해주는데도 그 사람이 나를 안 좋아하면 어떻게 하지?"라고 물었다. 그는 "그럼 더 잘해줘야지"라고 답했다. 그때부터 나에게 선량한 마음이 생겼다.

사촌 형의 말은 강국량의 마음 깊은 곳에 있던 갈망을 자극했고, 그는 비로소 자신의 속마음을 찾을 수 있었다.

그는 살면서 갖은 고생을 했지만, 그중에서도 극단 동료들의 배신으로 입은 상처를 잊을 수가 없었다. 음악에 대한 사랑은 그의 마음속에서 나온 것이다. 그러나 음악이 보여 준 추한 모습에 깊이 상처받았고, 결국 자신의 동료를 신뢰할 수 없게 되자 음악을 그만뒀다.

강국량은 조직 생활을 좋아한다. 이러한 생활 방식과 분위기는 그의 이상이 추구하는 바와 맞닿는다. 하지만 그는 자신을 비롯해 다른 사람에게 크게 실망했다. 사람의 나쁜 근성이 너무 강하다는 것을 알게 되었기 때문이다. 그가 직접 말한 적은 없지만, 사람의 나쁜 근성이란 집단을 전혀 신경 쓰지 않는 태도일 것이다. 예컨대 공공 재산을 아끼지 않는 것, 공공 위생에 무관심한 것 등 이기적인 행위 말이다. 사람에 대한 실망은 그를 고통스럽게 했다. 하지만 조직을 떠나는 것 또한 내키지 않는다. 그는 이렇게 말했다.

> 10년 동안 이 사람들과 함께 했으니 내 청춘을 '노동자의 집'에 바친 셈인데, 이곳을 떠나는 건 이제 상상할 수도 없어요. 여기서 계속하지 않으면 뭘 할 수 있겠나 싶기도 하고요.

3. 무엇이 문화인가

여러 인터뷰어에게 문화를 어떻게 이해하는지 물었다. 강국량의 답은 내가 이해하던 문화의 본질과 가장 가까웠다.

(1) 문화의 핵심은 가치관과 사상, 도덕이다.[166] 그러나 이러한 정의는 어느 정도 추상적일 수 있다. 반면 강국량의 말은 '노동자의 집'의 문화적

---

166 유영길은 다음과 같이 논한다. "가치관은 인생의 기본 목적, 태도, 그리고 자신과 다른 사람의 행위에 대한 평가를 가리킨다. … 사상은 사회적 모순 및 사회 발전에 대한 이성적인 인식으로, 그 주요 형식은 철학, 종교, 인문사회과학이다. … 도덕은 사람들의 의식과 행위의 또 다른 사회적 규범이며, 가치관 및 사상의 구체화다. 도덕적 사람됨의 규범은 강제적인 성격을 띠지 않고, 주로 사회 여론과 민간의 기제로 개인의 행위를 제약·조정한다. … 도덕과 가치관의 차이는, 가치관이 개인이 자기 행위에 대해 부과하는 제약이라면, 도덕은 자기 가치관으로 타인을 제약한다는 데 있다. …" 劉永佶, 《經濟文化論》, 94~95頁.

특징을 형상화한 것이다. "우리의 활동은 명령과 강압에 의한 것이 아니라 책임감과 자각성에 의한 것이다." 이 상태가 형성되는 것은 결코 쉬운 일이 아니다. 우리의 생활에 조직의 가치관과 사상, 도덕이 뿌리내림으로써 점진적으로 형성되는 것이다.

(2) 문화는 일종의 분위기이자 상태다. 강국량은 말한다. "조직에 새로 들어온 동료들은 관찰과 체험을 통해 학습하며, 조직의 종합적인 문화와 분위기를 느끼게 된다." 이는 곧 서문에 쓴 문화의 정의와 같다. 문화란 일종의 감각 구조다. 문화를 논하면서 우리는 주로 복식, 음식, 가요, 춤 등을 떠올린다. 이들은 문화의 표현 형식이다. 문화의 함의를 인식하기 위해서는 형식을 뚫고 본질을 볼 필요가 있다. 문화의 본질은 일상생활에 '용해'되는 것이며, 각종 문화적 표현 형식에 '용해'되는 것이다. 이것은 '노동자의 집'의 문화적 본질이 강국량이 이야기한 '분위기'와 '상태'에 '용해'되어 있는 것과 같다.

'용해'는 레이먼드 윌리엄스의 《기나긴 혁명》에서 가져온 용어다. 레이먼드는 이렇게 이야기한다.[167]

> 우리가 실질적으로 전반적인 사회 조직을 안다고 할 수 있는 것은 우리 시대, 이곳뿐이다. 우리가 다른 곳, 다른 시대의 삶을 꽤 많이 배울 수는 있지만, 내가 보기에 어떤 요소들은 절대로 복원할 수 없다. 복원할 수 있는 것도 추상적인 상태로 복원할 따름인데, 이 사실은 아주 중요한 것이다. 우리는 각각의 요소들을 하나의 침전

---

167 雷蒙德·威廉斯, 《漫长的革命》, 55~56頁. [역주] 한국어판은 《기나긴 혁명》, 91쪽 참조.

물로서 학습하지만, 그 시대의 살아 있는 경험 속에는 모든 요소들이 용해되어, 복합적인 전체에서 분리할 수 없는 일부가 되어 있다. 과거의 시대를 연구하는 데서 가장 포착하기 어려운 것은 바로 특정한 장소와 시간의 특성을 체감하는 것이다. 즉 특정한 활동들이 하나의 사고방식, 생활 방식과 어떻게 결합되어 있는가를 느끼는 것이다.

지금 이곳을 살아가는 모든 사람은 우리 주위에 '용해'되어 있는 문화적 요소를 감지할 수 있다. 만약 나에게 현재 중국 사회 문화에 대한 감상을 묻는다면, 길 잃음, 조급함, 초조함, 정신 분열 등이 떠오른다. 레이먼드는 '감정 구조'로 사회의 문화적 상태를 묘사했다. "'구조'라는 말이 암시하는 것처럼, 그것은 완고하고 명확하다. 그러나 그것은 우리의 활동 가운데 가장 세밀하고 가장 손대기 어려운 부분에서 역할을 한다. 어떤 의미에서 이러한 감정 구조가 바로 한 시대의 문화다. 그것은 일반적인 조직 내의 모든 요소가 가져온 특수한, 살아 있는 결과다." 즉 막막함과 조급함, 정신 분열이 내가 느끼는 우리 시대의 주류 문화다.

'북경 노동자의 집'에 가입한 핵심 활동가들은 주류 문화를 긍정하지 않고 이에 저항한다. 우리는 이곳의 문화적 분위기를 어떻게 느끼고 있을까? 다음은 2013년 8월 15일 조직 연중 회의에서 조직을 어떻게 이해하는지, 조직이 마음속에서 어떤 위치인지 하나의 단어로 표현한 것이다.(총 30명 참가)

집(12명), 가정, 항만, 연안延安,[168] 곡식, 나무, 차, 배, 아가씨, 집단, 학교, 생활 활동, 우리, 청호두, 중요하다(2명), 안정적이다, 씩씩하다, 생기발랄하다, 젊다, 열렬하다, 아늑하다, 따뜻하다(2명), 흐릿하다, 자유롭다, 항해하다, 넓고 두텁다, 포용적이다, 짙다, 스트레스가 없다, 조화롭다和諧,[169] 아름답다, 행복하다, 근면하다, 발전과 위기

(3) 문화는 행동으로 체화된다. 강국량은 한 문화가 이치에 맞고 실천도 잘된다면, 아무 문제가 없다고 했다. 우리에게는 문화적 실천도 필요하고, 문화적 창도도 필요하다. 우리는 매일의 일상생활과 활동에서 우리가 긍정하는 생활 방식을 실천할 뿐만 아니라 사회와 타인에 관심을 기울인다.

2013년에 '북경 노동자의 집' 코뮌 설립에 관한 토론이 몇 차례 열렸다. 이러한 길은 문화적 실천에 집중적으로 체현되어 있다. 강국량은 다음과 같이 말했다.

> 손항이 코뮌 개념을 내놓기 전에도 조직 안에 코뮌의 요소가 있었어요. 의식하지 못했을 뿐이죠. 우리는 10여 년간 함께 지내며 한 걸음씩 지금의 상태를 만들었어요. 그 기초 없이 갑자기 코뮌이라는 걸 꺼내면, 불가능해지고 더 막막해지겠죠.

---

168 [역주] '연안 시기'는 중국 혁명 과정에서 위기에 몰린 공산당이 정치적·사상적 역량을 크게 축적한 시기로 평가된다.

169 [역주] 2004년 호금도(胡錦濤, 후진타오) 당시 중국 공산당 총서기가 제기한 국정 운영 방침으로, 개혁·개방 이후 지속적으로 확대된 경제적·사회적 격차 해소의 필요성을 최초로 언급한 것이다. 이후 각종 분배 정책의 기초가 된다.

4. 코뮌은 가난한 사람의 출구

코뮌에 대한 왕덕지의 견해는 다음과 같다.

> 우리는 가난한 사람 수만 명이 부자 몇 명을 먹여 살리는 생활 상
> 태를 부정한다. 코뮌이라는 이상과 길은 가난한 사람에게 적합하
> 다. 즉 가난한 사람의 출구다. 코뮌의 생활에서는 우리 모두 존엄하
> 다. 그러나 코뮌은 일종의 이상이기 때문에 실천 속에서 수많은 도
> 전에 직면할 것이다. 코뮌이 사람에게 바라는 요구는 아주 큰데, 너
> 무 이기적이어서는 안 된다는 것이다. 우리 조직의 핵심 구성원이
> 갖는 이상은 일치한다. 우리는 물신 숭배를 내던지고자 한다. 이상
> 을 실천할 조건은 영원히 완비되지 않을 것이다. 따라서 비록 이상
> 일지라도 우리는 실천할 수 있다. 한 집단 내의 모든 사람이 조건을
> 갖출 수는 없다. 나는 우리 그룹 내의 1/3이 동의한다면 구비 조건
> 은 된다고 생각한다. 1/3은 분명 대세를 따를 것이다. 또 다른 1/3
> 은 상황이 어려워지면 본 모습을 드러낼 테지만, 두렵지 않다. 1/3
> 이 뜻을 견지해 나갈 수 있다면 그만이다. 사회적인 목표로서의 우
> 리의 실천이 사회에 하나의 거울이자 탐색의 기초를 제공할 수 있
> 기를 희망한다. 자본주의 체계에서 우리는 안으로는 코뮌을, 밖으
> 로는 시장을 대한다. 우리는 노동자로 이루어진 약자들의 연합을
> 시도하고 있다. 그러나 노동자는 여전히 유랑민의 상태에 놓여 있
> 다. 아무것도 없는 상황에서 무엇을 할 것인가.

왕덕지는 현실적인 측면에서 '북경 노동자의 집'이 코뮌이라는 길을 선

택한 이유를 설명했다. 이때의 현실이란, 코뮌은 약한 연합을 실현할 수 있고, 곧 가난한 사람들의 출구라는 것이다. 가난한 사람 스스로가 이를 인식해야만 한다. 만약 가난한 사람이 부자가 되는 길을 가려 한다면 벽에 부딪힐 수밖에 없다.

5. 코뮌은 자각적인 직접 민주

사람들은 저마다 아름다운 생활에 대한 상상과 지향이 있다. 그러나 대다수가 아름다운 생활이 어떤 모습인지 알지 못한다. 그곳에 도달해 본 적이 없기 때문이다. 이때 아름다운 생활에 대한 우리의 지향은 현재 상태에 대한 비판과 개조로 드러난다. 잘못된 것을 개조하려 한다면, 우리는 곧 이상적인 생활을 향해 한 걸음 내디딘 것이다.

이 과정에서 가장 중요한 것이 민주다. 민주는 골치 아픈 주제다. 민감할뿐더러 혼란스럽기 때문이다. 여기에서는 '북경 노동자의 집'이라는 작은 세계의 민주에 관해 이야기하고 싶다. 나는 민주의 본질이자 이상적인 상태란, 일종의 '자각적인 기층 민주'의 상태라고 생각한다. 외국 문헌에서는 이를 '급진 민주radical democracy'라고 한다. 더글러스 러미스Douglas Lummis는 《급진 민주Radical Democracy》에서 다음과 같이 이야기했다.[170]

> 민주란 인민의 통치를 의미한다. 이를 해내기 위해서는 인민이 자신을 하나의 실체로 결성해야 하며, 그 실체를 통해야만 권력이 원칙적으로 장악될 수 있다. … 민주는 어떤 특수한 정치 혹은 경제

---

170 道格拉斯·拉米斯, 劉元琪譯, 《激進民主》, 中國人民大學出版社, 2008, 12~13頁.

제도가 아니다. … 그것은 어떤 이상을 설명하는 것이지, 이상을 실현하는 방식이 결코 아니다. 그것은 통치의 한 형식이 아니라 통치의 목적이다. 그것은 역사적으로 존재한 제도가 아니라 역사적인 프로젝트다.

내가 이해하는 '자각적인 기층 민주'는 생활과 일, 조직의 상태다. 러미스는 그것을 '근원적 습기^{radical humidity}'로 비유한다. 그것은 자연적이고 보편적이며, 어디에나 존재하는 식물 생명의 기초다. 이러한 이상적인 추구는 단순한 제도에만 의지해서는 안 되고, 마음으로부터 나온 긍정과 자발성에 근거해야 하며, 그 이상을 자기 인생에 대한 인식에 융합함으로써 말 한마디, 행동 하나하나에 녹여 내야 한다.

손항은 코뮌에 대해 다음과 같이 말했다.

내 생각에 집체주의에는 두 가지 형식이 있다. 하나는 하향식 행정 명령의 집체주의이고, 다른 하나는 상향식 자주적 형태다. 우리의 집체주의는 개체 하나하나가 자주적이고 상향식이며 자발적인 집체주의에 더 가깝다. 이는 우리에게 공동의 필요, 공동의 취미, 공동의 추구, 공동의 이상, 공동의 가치관이 있다는 데 기초한다. 우리는 스스로 조직하고 스스로 복무한다. 옛 인민공사를 떠올려 보자. 거기에도 여러 단계가 있었다. 처음에는 그나마 자발적이었는데, 나중에 행정 명령으로 변화했고, 결국 문제가 발생했다. 따라서 우리가 지금 건설하는 코뮌을 인민공사와 단순히 비교할 수는 없다.

코뮌은 일종의 경제적·문화적 공동체이며, 구성원은 모두 주체성을 갖춰야 한다. 이는 곧 코뮌의 착공부터 건설과 발전에 이르기까지 모두 구성원의 공동 행동과 결정임을 의미한다. 이러한 제도적 고려는 자본주의적 억압을 거부하는 일종의 맛보기다. 맛보기라고 한 것은 이 실천이 설계를 마친 청사진에 근거한 것이 아니라 공동체 구성원이 함께 창조하는 것이기 때문이다.

강국량은 여러 차례 '사람에 대한 실망'을 언급하고, 자신에게도 실망했다. 이 안에는 조직의 앞날과 코뮌적 이상에 대한 회의도 있다. 우리가 자신을 믿지 않고, 공동체의 다른 사람들을 믿지 않는다면, 공동체는 존재하지 않았거나 곧 해체될 것이다. 인민이 해방을 얻는 것은 오직 인민에 의지해야 하는 것과 마찬가지로, 코뮌의 건설 역시 구성원에 의존할 수밖에 없다. 조직의 책임자가 어떤 신념과 지도력을 갖추든 그 신념을 다른 이에게 '이식'할 수는 없는 것이다.

협력과 대화는 코뮌 건설의 경로며, 억압된 사람이 해방되는 경로다. 프레이리는 이렇게 말했다.[171]

> 대화적 행동의 특징인 협동——이것은 주체들 사이에서만 가능하다 (하지만 이 주체들은 다양한 차원의 기능과 책무를 지닌다)——은 오직 의사소통을 통해서만 실현될 수 있다. … 대화는 강요나 조작, 사육, '구호화'와 무관하다. 하지만 그렇다고 해서 대화적 행동 이론이 완전히 무방향적이라는 뜻은 아니다. 또한 대화적 인간이 자신의 욕구

---

171 保羅·弗萊雷, 《被壓迫者的教育學》, 193頁. [역주] 한국어판은 《페다고지》, 217쪽 참조.

에 대한 명확한 견해나 자신이 헌신하고 있는 목적이 없다는 뜻도
아니다.

6. 코뮌이 추구하는 세 가지 이상

우리 코뮌에는 세 가지 이상이 있다. 첫 번째는 개인적 이상이다. 우리
는 이 집단의 모든 구성원이 각자의 역할을 하고, 위치를 찾으며, 존중받
아 즐겁고 존엄하게 살기를 희망한다. 동시에 개인과 가정은 우리 공동
의 노력으로 기본적인 생활 조건을 보장받기를 바란다.

두 번째는 조직적 이상이다. 손항은 "사상과 가치관에서 우리는 존엄,
공평, 정의, 평등, 존중을 창도한다. 사상적 정체성의 측면에서 우리의
핵심 문화는 노동자 집단이라는 신분적 정체성이다. 경제적 활동 이념으
로 보자면 우리의 핵심 문화는 독립 자주, 자력갱생, 상호 협력이다"라고
말했다.

세 번째는 사회적 이상이다. 역시 손항의 말을 들어 보자.

우리는 반드시 더 높은 차원의 활동을 전개해야 한다. 예컨대 전체
노동자 집단을 대상으로 하는 문화·사상 활동이 그러하다. 또한
사회적인 책임을 더 많이 져야 한다. 조직 자신의 발전에만 국한되
어서는 안 된다. 그러면 소집단 이기주의에 빠지기 쉽다. 물론 자기
발전도 똑같이 중요하다. 그것이 없으면 기초도 없기 때문이다. 이
는 곧 모순과 통일의 과정이다. 다시 말해 조직 자신도 발전해야 하
지만, 발전의 목적이 '북경 노동자의 집'을 위한 것에만 그쳐서는 안
된다. '노동자의 집'의 역사와 가치의 의미는 노동자를 위해 더 많은

사회적 책임을 지려는 것에 있기 때문이다.

이 세 가지 이상은 유기적으로 연관되어 있다. 강국량은 다음과 같이
말했다.

> 만약 우리 코뮌이 완전한 제도를 만들어 양호하게 운용할 수 있다
> 면, 그것은 가볍게 볼 수 없는 사건일 것이다. 하지만 우리 생각이
> 작은 조직의 생활을 조금 나아지게 하는 것에 그친다면, 그것은 곧
> 이 조직 구성원의 행복일 뿐이다. 이는 충분치 않다. 우리는 주변을
> 챙기는 동시에 사회에도 관심을 기울여야 한다. 우리의 작은 조직
> 과 사회는 유기적으로 연계되어 있기 때문이다. 그러나 관념이 형성
> 되어 있지 않거나 잘 운용되지 않는다면, 그 작은 조직조차 유지할
> 수 없을 것이다. 그런데 어떻게 사회에 영향을 미치겠는가.

7. 신노동자의 긍정적인 정신문화

제2부에서 신노동자의 부정적인 정신문화 상태를 살펴본 바 있다. 여
기에서는 내가 관찰하고 체험한 신노동자 문화의 긍정적인 상태를 이야
기한다.

나는 소호민(제10장)과 왕해군(제11장)에게서 자각적으로 '진정한 사람'
이 되는 모습을 보았다. '진정한 사람'은 어떻게 정의할 것인가. 나는 그
어떠한 정의도 우리가 처한 역사적 단계와 생존 상황을 벗어날 수 없다
고 생각한다. 어쩌면 '존엄을 가진 사람'이 현재 상황에 더 부합할지도 모
르겠다. 여기에는 살 곳이 있고, 병이 나면 치료할 곳이 있으며, 배움에

가르침이 있고, 노후에 부양이 있는 것 등이 포함된다. 소호민은 이러한 생활적인 필요 외에도 도덕적인 타락과 정신적인 무기력까지도 거부했다. 그는 "먼저 자신을 존중해야 타인의 존중을 얻을 수 있다"고 말한다.

장사에서 만난 한 품팔이 노동자는 자신이 일하는 공장의 경영 상태를 추산한 뒤에 노동자 임금을 대비해 자본가의 착취율을 계산했다. 그는 자신 역시 개인이 노력하면 생활이 나아질 것이라 믿었다고 했다. 그러나 10여 년의 품팔이 경험은 결국 그를 일깨웠다. 노동자가 자기 권익을 쟁취해야 한다는 점을 인식한 것이다. 그는 공장 생활과 경영 상황을 관찰한 후 자각적으로 주변 노동자들에게 선전했다.

품팔이를 위해 복무하는 민간 조직이 전국에 약 80여 곳 있다. 이곳의 활동가 상당수가 품팔이 출신이다. 풀뿌리 공익 조직의 자금 문제로 일부는 하루 8시간 주 5일 노동으로 생활비를 벌고, 남는 시간을 공익 활동에 쏟는 경우도 있다.

8. 노동 문화의 이상

신노동자의 긍정적인 문화는 자본 문화와 대립한다. 이를 노동 문화라 부를 수 있으며, 곧 기성의 것이 아니라 창조의 과정이다. 이 과정은 노동자의 일상생활과 노동에 기초하며, 개별적인 삶의 길과 사회적 발전의 길에 대한 노동자의 선택에 기반한다.

(1) 통일된 사람이 된다

앞서 나는 노동자들의 분열 상태에 관해 이야기했다. 이들의 사상과 가치관은 주류적이지만, 하층 노동자로서의 생존 체험이 있다. 개별적으로는 이 곤경을 바꿀 수 없기 때문에 사상적·정신적으로 현실에서 도 피하며 자신을 마비시킨다. 이러한 상태는 개체와 사회를 더 깊은 수렁 에 빠트릴 뿐이다. 통일된 사람이 되기 위해서는 우선 잔혹한 현실을 직 시해야 한다. 그리하여 인식과 현실의 통일, 사상과 체험의 통일, 이상과 행동의 통일이 이루어져야 한다.

이 시대는 돈이 부족하지도, 기술이 부족하지도 않다. 부족한 것은 용 감하게 문제에 맞서고 행동으로써 사회적 책임을 지려는 사람이다. 문 제를 발견하고 인식하는 것은 어려운 일이 아니다. 우리는 가상 세계(인 터넷)에서 천지를 뒤덮은 증오와 분노를 쉽게 듣는다. 하지만 현실 세계 에서는 이 문제의식이 실천되지 않는다. 가장 큰 문제는 이 세계가 정신 이 분열된 사람을 너무 많이 만들어 낸다는 것이다. 한 회의에서 만난 박 사 과정의 여학생은 프로젝트 활동을 통해 품팔이를 위한 일을 체험하 고 그 의의를 찾았다. 그녀는 얻은 것이 무척 많았다고 했다. 그녀가 내 게 "제가 '북경 노동자의 집'에서 활동한다고 하면 받아주시겠어요?"라고 물었다. 나는 "당신이 찾은 의의와 윤택한 생활 사이에 모순이 생기면 뭘 택할 것 같아요?"라고 되물었다. 스스로 옳다고 여기는 일을 하지 않고, 자신이 하고 싶은 일을 하지 않을 때 생각과 행동에 분열이 생긴다. 이러 한 분열은 더욱 심각한 정신적 문제를 초래하기도 한다. 분열은 스스로 정신적인 고통을 주는데, 사람들은 유·무의식적으로 이에 맞는 합리적 인 해석을 찾을 것이기 때문이다. 우리 사회는 정신적으로 정상인 사람 을 필요로 한다. 정신이 정상이라는 것의 중요한 표지는 언어와 행동의 통일, 이론과 현실의 대응, 이상과 행동의 결합이다. 그러나 현실은 너무 나 잔혹하기에 그것이 통일되지 못한 사람도 충분히 이해한다.

(2) 피고용자가 되지 않는다

물론 허황한 이야기일 수 있지만, 그런데도 이것이 바로 우리가 자본 통제에 맞서 승리할 수 있는 유일한 길이다. 노동자를 위해 복무하는 민간 조직 활동가와 대화를 나눈 적이 있다. 그 또한 노동자 출신으로, 조직 책임자로 인해 자신이 피고용자라는 생각이 들었을 때가 가장 곤혹스러웠다. 그는 조직에서 받는 느낌이 공장에서와 다르지 않다면, 차라리 공장으로 돌아가고 싶다고 했다. 공장 월급이 풀뿌리 민간 조직보다는 훨씬 높기 때문이다.

이렇게 자본과 자본 논리의 포로가 되어 버린 사회에서 노동관계를 벗어나자는 것은 무척이나 허무맹랑한 소리다. 나는 시장을 반대하거나 생계를 잇는 노동을 반대하는 것이 아니다. 내가 반대하는 것은 인간을 상품으로 매매하는 노동관계다. 내게는 원대한 이상도, 웅대한 포부도 없다. 그저 내가 상당히 운이 좋다고 느낄 뿐이다. 생존할 수 있고, 일할 수 있고, 행동과 생활 방식 자체로 이상을 실천할 수 있는 일터를 찾았기 때문이다. 이곳에서는 일의 동력이 물질적 인센티브에서 나오지 않으며, 활동가들은 고용−피고용의 관계도 아니다. 생산 수단을 집단적으로 소유하고, 임금의 차이도 적다. 즉 이곳에서는 통일된 사람이 될 수 있다.

근대 역사에서 수많은 이론과 실천이 자본주의를 탐구하고, 저항한 바 있다. 하지만 오늘의 중국 현실을 분명하게 분석하고, 실천에 옮기기는 쉽지 않은 일이다. 고통이 가라앉으면 고통의 원인을 생각해야 한다痛定思痛. 나와 동료들은 '문화란 일종의 총체적인 투쟁 방식'이며, '생활은 곧 전투'라는 마음가짐으로 어떤 사람이 될 것인지, 어떤 일을 할 것인지 선택해 왔다.

꿈은 결국 이뤄질 거야![172]

작사: 손항

원곡: We Shall Overcome

손에 손잡고

어깨 맞대고

단결해 전진한다

오! 안개 뚫고

고난 넘어

꿈은 결국 이뤄질 거야!

길은 험난하겠지

외롭기도 하겠지

그래도 마음이 이어진다면

오! 눈물 닦고

슬퍼하지 마

꿈은 결국 이뤄질 거야!

내일의 자유를 위해

꿈을 위해 싸운다

정의의 노래 전 세계에 울려 퍼지게

---

172 신노동자 예술단 1집 앨범 〈하늘 아래 품팔이는 한 가족〉(2005) 수록곡.

오! 고난 넘어
믿음 굳게
꿈은 결국 이뤄질 거야!

We shall overcome
We shall overcome
We shall overcome, some day
Oh deep in my heart
I do believe that
We shall overcome some day

[부록] 미국 여공 엘리자베스 이야기

미국 뉴욕에서 한 여공을 인터뷰한 것은 단순히 미국의 노동자 상황을 알고 싶어서였다. 엘리자베스의 이야기를 소개하는 데는 다음과 같은 목적이 있다. 첫째, 아메리칸드림과 자본의 꿈을 깨기 위해서다. 미국은 중국의 엘리트와 연구자에게 꿈과 같은 곳이며, 수많은 중국 노동자가 우러러보는 곳이다. 그곳에 민주, 자유, 부를 쌓을 수많은 기회가 있다고 생각하기 때문이다. 하지만 현실은 그렇지 않다. 존재하지 않는 아메리칸드림을 깨는 것은 매우 중요하다. 왜냐하면 수많은 중국인이 근거 없는 환상을 갖고 있기 때문이다. 현재 상황이 아무리 안 좋아도 열심히 하면 언젠가 미국인처럼 좋은 나날을 영유할 수 있을 것이라는 환상 말이다. 사실 미국의 가난한 사람들 또한 집이 없고 차가 없다. 둘째, 나쁜 것은 배우지 말자는 의도다. 미국은 국력이나 개인의 평균적인 생활 수준이 중국보다 앞서지만, 이는 오랜 기간 미국이 국제적 패권, 군사적 침략 그리고 경제적 약탈에 의존한 것과 무관하지 않다. 중국은 오랜 기간 패권주의의 길을 걷지 않고 있다. 또한 세계의 구도가 중국이 다른 국가를 약탈해 이익을 추구하는 것을 용인하지 않는다. 더불어 중국 내에서 권력 귀족 자본의 약탈이 있더라도 인민의 혜택이 되지는 않을 것이다. 셋째, 환각을 깨고 현실을 마주하기 위해서다. 아메리칸드림은 자본이 전 세계를 대상으로 만들어 낸 허구다. 마치 주식이 가치 증식해 돈을 벌 것이라고 믿는 것과 같다. 자본은 노동자를 속여 환상을 믿게 하고 노동자의 피땀을 갈취함으로써 사회를 통제하려는 자본의 목적을 달성한다. 이러한 환상을 깨뜨려야만 우리는 현실을 마주할 수 있다. 이는 우리가 정상적인 사람이 되기 위한 전제다. 넷째, 중국 노동자가 지금 여기에서 진실하게 생활하고 삶을 창조하기를 희망해서다. 외국이 아무리 좋아도 우리는 그곳에 살지 않는다. 또한 자본이 큰 승리를 거둔 시대이므로 어떠한 곳도 그리 좋지는 않다. 전 세계 노동 대중은 극심한 고통 속에 산다. 그리고 나는 해외로 나가 더 나은 삶을 추구하는 것을 비난하지 않는다. 그러나 그렇게 할 수 있는 사람은 결국 소수에 불과하다. 우리의 미래가 현재보다 나아지기를 바란다면, 우리는 반드시 환상과 나르시시즘에서 벗어나야 한다.

품팔이 문화예술박물관은 2011년 7월 10일부터 24일까지 괴테학원 부속 기관인 미국 뉴욕 미술실 'Ludlow38'의 초청으로 뉴욕에서 전시를 했다. 이를 기회로 미국의 몇몇 노동 조직과 공동체 조직을 방문했고, 운 좋게 한 여공을 인터뷰할 수 있었다.

미술실에서 일하는 자원봉사자를 통해 이 여공을 알게 되었고, 7월 16일 토요일 내가 묵는 호텔에서 그녀를 만났다. 그녀는 아주 오랫동안 이토록 풍성한 식사를 하지 못했다며 내가 대접한 간소한 점심 식사에 감동했다.

가정 환경[173]

> 부모님이 쿠바 사람이에요. 그들은 뉴욕에서 만났는데, 서로 다른 시기에 쿠바에서 미국으로 밀입국했어요. 아버지는 쿠바 혁명 7년째 되던 해에 쿠바를 떠났어요. 어머니는 더 일찍 왔고요. 쿠바 혁

---

173 2011년 7월 16일 미국 뉴욕 OFF SOHO SUITES, 11 Rivington Street에서 인터뷰한 내용이다.

명 이전에는 집안이 부유했고, 부모님은 변호사와 의사로 일했대요. 혁명 이후 모든 게 변했어요. 아버지 말에 따르면, 정부가 사진이나 옷과 같은 개인 물품을 몰수했다고 해요. 개인과 개성이 더는 발전할 수 없었고요. 외할머니는 피아니스트였고, 외할아버지는 배우였어요. 그런데 혁명 이후 이런 재능이 그들에게 좋은 삶을 만들어 줄 수 없게 됐죠. 부모님 가정은 타격을 입었어요. 물론 쿠바에는 혁명을 옹호하는 사람도 있고, 그렇지 않은 사람도 있어요.

부모님은 뉴욕에 온 뒤로 사회적 관계도 없고, 생활 수준도 좋지 못해요. 저는 오빠 하나와 여동생 하나가 있어요. 오빠는 결혼해 세 아이가 있어요. 여동생은 열여덟 살인데, 학비가 싼 공립 대학에 다녀요. 장학금도 타고요. 저는 쿠바에 대해 아는 게 별로 없어요.

대학 중퇴

저는 1990년에 뉴욕에서 태어났어요. 이후에 플로리다로 이사했고요. 거기서 고등학교를 졸업하고, 시카고 대학에 입학했어요. 고등학교 때는 반에서 4등을 했고, 우수 졸업생 상을 타기도 했어요. 대학 때도 장학금을 탔고요. 열여덟 살이던 그땐 부자가 되는 아름다운 미래를 상상했어요.

제가 다닌 시카고 대학 예술학원은 사립 학교라 학비가 비쌌어요. 1년에 3만4000달러나 내야 했죠. 입학할 때는 전액 장학금을 받았는데, 이후에 학비가 올랐어요. 첫해에 3만6000달러로 올랐고, 다음 해에 3만8000달러로 올랐어요. 하지만 장학금은 오르지 않았죠. 교재비와 생활비 때문에 결국 대학생 대출을 받을 수밖에 없었어요. 그땐 어려서 대출 신청 시 어떤 조항이 있는지도 몰랐어요. 필요한 문서도 없었고, 그저 대출 심사가 통과된 것에 기뻤죠. 그런데 어느 날 5000달러를 상환하라는 고지서를 받았어요. 전체 대출액은 더 많았고요. 알고 보니 많은 대학생이 저와 비슷한 고충을 겪고 있었어요. 결국 휴학할 수밖에 없었죠. 아르바이트해서 대출을 갚고 계속 공부하려고요.

옷 가게 아르바이트

옷 가게에서 판매원으로 일했어요. 사장을 도와 가게 홍보도 했고요. 사장은 일부러 젊은 여성을 고용했어요. 판매용 옷을 입히고 모델로 쓰고 싶었나 봐요. 하지만 우린 모델로 일하려고 들어간 게 아니에요. 임금을 더 주는 것도 아니었고요. 몇몇은 수입이 적고, 대우도 나쁘지만 그 일을 좋아했어요. 언젠가 진짜 모델이 될 것 같았나 봐요. 고용주는 그런 사람을 좋아하죠. 우리는 가난해서 학교 다닐 돈도 없었기 때문에 저항할 능력이 없었어요.

옷을 파는 일 외에 바닥이나 화장실 청소도 해야 했어요. 이런 일은 추가 근무 시간에 하는데, 그렇다고 수당을 따로 주지는 않았어요. 원래 퇴근 시간은 자정이지만, 청소하느라 새벽 2시까지 일하기도 했어요.

세금 제하고 시간당 7달러를 받았어요. 식사 시간과 휴식 시간은 근무 시간으로 치지 않았고요. 일은 정말 힘들었지만, 그 가치는 인정받지 못했죠. 그렇게 6개월여 동안 거기서 일했어요.

우리를 대하는 매니저 태도도 거의 학대에 가까운 수준이었어요.

한번은 원하는 매출이 안 나오자 옷걸이로 툭툭 치며 소리쳤어요. "넌 도대체 물건을 팔 줄은 아는 거야?" 이 일로 저는 사장을 고소했지만, 사장은 그런 일이 없었다며 발뺌했어요. 그래서 저만 난처해졌죠. 사장은 재빨리 저를 해고했어요.

식당 아르바이트

뉴욕 버클리의 한 식당에서 일한 적도 있어요. 쉬지 않고 12시간을 일해야 해서 식사 시간도 따로 없었어요. 쉼 없이 음식을 나르고, 테이블을 치우고, 설거지를 했는데, 아무리 힘들어도 미소를 지어야 했죠. 어렵지 않은 일 같지만, 배고픔을 참고 일해야 해요. 게다가 최저 임금 수준에도 못 미치는 시간당 2달러를 받았어요. 그리고 팁을 우리에게 나눠줬죠. 그렇게 일했는데, 제가 일주일 휴가를 다녀왔더니 사장이 저를 해고해 버렸어요. 그래서 다른 식당에서 일했는데, 그곳은 2달러의 기본급도 없었어요. 수입은 팁뿐이었죠. 그렇게 반년 좀 넘게 식당에서 일했어요.

베이비시터

지금은 베이비시터로 일해요. 가사 관리 회사에 등록하면 회사가 일을 배정해 줘요. 요즘은 일주일에 1~2회 아이를 돌보러 가죠. 보통 한 번에 5시간 일하고, 시간당 13달러를 받아요.

최근에 몇 번 일하러 간 곳은 변호사 집이었어요. 아이를 맡기니까 부모들이 저한테 잘해 줘요. 식사도 제공하고요. 식당에서 일할 때는 이런 대접을 못 받았어요.

저는 이 일이 좋아요. 하지만 나이가 어려서 일할 기회가 많지는 않아요. 부모들은 경험이 많은 사람이 아이를 봐 주길 원하거든요.

정부 보조금으로 살아가다

몇 개월 동안 월 200달러의 식품권을 받고 있어요. 최근에 수입이 너무 적어서 밥도 잘 못 먹었거든요. 정부 보조금으로 큰 문제는 해결했어요. 이걸 타려면 매달 수많은 서류를 제출해 자격이 있다는 걸 증명해야 해요. 월수입, 월세, 각종 공과금 영수증 등을 내야 하죠. 그리고 부모님과 함께 살지 않는다는 증명도요. 25세 이하가 이 혜택을 받으려면 반드시 부모의 경제적 도움을 받지 않음을 증명해야 하거든요. 이번에는 8시간을 기다려 서류를 냈어요. 아이를 키우는 엄마가 우선이라 이 혜택을 받는 사람들 가운데 싱글맘이 아주 많아요.

제가 번 수입으로 생활이 유지되면 보조금을 받을 필요가 없지만, 몇 개월 동안 수입이 얼마 안 돼서 또 신청했어요. 의료 보험은 당연히 없고요.

누구의 문제인가

려도　　　　빚이 얼마나 되나요?

엘리자베스　아주 많아요. 구체적으로는 말하고 싶지 않아요. 스스로 참 무능하다는 생각이 들어서 부끄럽거든요.

려도　　　　대학 장학금도 받을 정도로 똑똑한 사람인데, 빚을 진 게 정말 무능해서라고 생각해요?

엘리자베스 두 가지 이유가 있겠죠. 첫째, 내가 무능한 것. 둘째, 학비가 너무 비싼 것. 부잣집 아이들을 제외하고는 학비를 감당할 수 있는 친구가 없었어요. 중산층이라도 힘들어요.

려도 친구들도 채무의 덫에 빠졌다고 했는데, 그들도 자신의 문제라고 생각하나요?

엘리자베스 아마 그렇겠죠. 모두 자신이 무능하다고 생각해요. 세상에 공짜는 없는 법이죠.

려도 아르바이트로 돈을 벌어 계속 학교에 다니고 싶었다고 했는데, 지금은 돈을 좀 모았나요?

엘리자베스 아뇨. 밥 먹을 돈 벌기도 쉽지 않네요.

려도 지금도 부자가 되겠다는 꿈이 있나요?

엘리자베스 열여덟 살에는 나중에 부자가 될 수 있을 거로 생각했죠. 지금은 그게 얼마나 유치한 꿈이었는지 알게 됐어요. 이제 그런 꿈이 없어요.

2013년 12월 엘리자베스의 이야기를 정리하면서 그녀에게 전화를 걸어 최근 상황을 물었다. 그녀는 아직도 그때와 비슷해서 스스로 생계를 유지하기도 하고, 어떤 때는 정부 보조금을 신청한다고 했다.

미국인 7분의 1은 보조금으로 생활한다

통계에 따르면, 2012년 12월 '영양 보충 보조 프로그램SNAP'의 보조금을 받은 사람은 4780만 명에 달해서 미국 전체 인구의 15%를 차지한다.[174] 다시 말해 적어도 미국인 7명 중 1명은 정부 보조금으로 생존한다는 것이다. 매월 보조 금액은 133달러다. 달러와 인민폐의 환율과 소비 수준의 차이를 고려하기 위해 차이나타운의 화교 노동자 수입과 월세를 기준으로 추산해 보았다. 뉴욕 차이나타운 노동자의 하루 수입은 약 25달러이며, 차이나타운의 99㎡ 주택 임대료는 2000년 기준 월 1000달러였고, 지금은 약 2000달러로 올랐다. 엘리자베스는 보조금을 타기 위해 매월 한 번씩 많은 자료를 제출해야 했다. 자료를 제출하기 위해 8시간을 기다리기도 했다. 따라서 불가피한 상황이 아니면, 100여 달러를 얻으려고 정부에 손을 내밀지는 않을 것이다. 전 세계 경제 총량에서 가장 큰 규모를 차지하는 국가에 이토록 많은 빈곤층이 존재한다는 것은 사회 제도의 문제라고 해석할 수밖에 없다.

미국인 6분의 1은 의료보험이 없다

미국 통계국에 따르면, 2010년 미국의 4990만 명이 의료보험이 없다. 이는 전체 인구의 16.3%에 달하며, 2009년보다 더 악화한 수치다. 2009년 미국의 의료보험 미가입자는 인구의 16.1%였다.[175]

미국 식당 노동자 노동조합 조직률

2011년 7월 15일 요식업 노동자센터를 찾았다. 이 조직의 설립자는

---

174 "US food stamp use swells to a record 47.8 million", World Socialist Website, http://www.wsws.org/en/articles/2013/03/29/food-m29.html(검색일: 2013년 7월 11일)

175 "Health care in the United States", 4단락, Wikipedia, http://en.wikipedia.org/wiki/Health_care_in_the_United_States(검색일: 2013년 7월 12일)

9·11 생존자다. 당시 세계무역센터 맨 위층에 'Windows'라는 유명한 식당이 있었는데, 9·11 사건으로 식당 종업원 7명이 희생되었다. 이후 사장은 뉴욕에 식당을 다시 열었지만, 예전 노동자들을 고용하기를 거부했다. 'Windows' 노동자들은 노동조합에 가입돼 있어서 불공평한 노동 조건에 이의를 제기할 힘이 있었다. 식당 사장은 노동조합으로 인한 고충을 겪은 이후 옛 노동자를 재고용하지 않기로 했고, 새로운 노동조합 조직도 허락하지 않았다. 그래서 옛 노동자들은 그의 새 식당 앞에서 항의했고, 9·11 생존자에 대한 사람들의 동정심 때문에 사장은 사회적 압박을 견디지 못하고 그들을 불러들일 수밖에 없었다. 그러나 그들이 노동조합을 조직하는 것만은 절대 허락하지 않았다. 조직력이 약해 노조를 조직할 수 없게 된 상황에서 한 노동자가 노동자 활동센터를 창립했다. 미국 전역에는 약 300만 명의 요식업에 종사하는 노동자가 있으며, 노동조합 조직률은 0.01%에 불과하다. 게다가 노동조합 활동에 법적 제약이 있기 때문에 노동자들에게 필요한 서비스를 요식업 노동자센터가 제공하고 있다.

뉴욕 차이나타운 노동자

뉴욕 동남부에 위치한 차이나타운은 큰 규모를 자랑한다. 이곳은 화교들이 운영하는 가게가 많아 마치 중국에 있는 것 같다. 차이나타운은 1950~60년대에 부흥했다. 당시 이곳은 공장 밀집 지역이어서 수많은 방직 공장과 가공 공장이 있었다. 화교 노동자 및 기타 국가에서 온 노동자들도 이곳에 모여들었다. 나중에 동남아시아 각지로 공장이 이전했고, 이곳 노동자들의 실업 문제가 나날이 커졌다. 뉴욕은 이제 세계적인 도시가 되었고, 금융 자본과 예술 활동의 중심지다. 금융가와 예술인 마을은 차이나타운의 위쪽에 있다. 이곳은 땅값도 비교적 싼 편이어서 많은 예술가가 세 들어 산다. 고급 음식점과 상점도 점차 차이나타운으로 들어오기 시작했다. 결국 차이나타운의 땅값이 오르기 시작해 1000달러이던 99㎡ 아파트 월세가 2000달러로 올라 많은 원주민이 외지로 이사할 수밖에 없게 되었다. 2011년 7월 18일 차이나타운 노동자 활동센터 회의에 참석했다. 활동가들은 차이나타운이 얼마나 살기 힘들어졌는지 토로했다. 여성 활동가는 차이나타운 근처 식당에서 한 끼 식사를 하려면 50달러가 든다고 말했다. 이에 한 늙은 노동자가 말했다. "저는 하루에 겨우 25달러를 벌어요!" 또 근처 명품점의 지갑은 350달러라면서 이를 살 능력이 있는 사람이 있는지 물었다. 늙은 노동자가 다시 말했다. "제 지갑은 1달러 주고 산 거예요!"

뉴욕 퀸스 노동자

대다수 화교와 저소득층이 퀸스 지역으로 밀려났다. 2011년 7월 15일 노동자 활동센터를 찾아 남미 출신 활동가에게 그들의 업무를 물었다. 그들은 번화한 상업 지구에서 노동자 권익을 위해 활동한다고 했다. 그곳은 작은 상점과 식당이 밀집한 유명한 거리로, 고용주가 직원에게 80시간 일하게 하고 40시간의 임금만 주는 것이 보편적이었다. 이후 활동센터는 명품점에서 일하는 100여 명의 노동자를 조직해 사장과 담판했다. 결국 명품점에 노동조합이 만들어져 노동자들이 합리적인 임금을 쟁취할 수 있었다. 이에 그 지역의 다른 점포들도 사회적 압박으로 노동자에 대한 대우를 향상했다.

자본 논리의 죄악

엘리자베스의 이야기를 통해 자본 논리의 죄악을 알 수 있었다. 처음에 그녀는 내가 미국인의 상황에 관심을 두는 이유를 전혀 이해하지 못했다. 자신에 관심을 갖는 사람이 전혀 없는 데다 내가 중국인이어서였다. 자본의 논리하에서 인간관계는 이익을 거쳐야만 만들어진다. 그 외다른 형식의 인간관계는 이해하지 못한다. 자본은 인간관계를 이익 관계로 환원함으로써 쉽게 노동력을 착취한다. 사람 간에 상호 부조적이고 우애로운 관계가 만들어지면 자본의 비인간적인 측면이 드러나기 때문이다.

또한 그녀는 현재의 상황이 자신의 무능에서 초래된 것이어서 이야기하기 부끄럽다고 말했다. 나는 그녀에게 두 가지 질문을 했다. 첫째, 다른 친구들도 비슷한 상황인가? 둘째, 성적이 우수했던 당신이 힘들게 아르바이트하는 이유가 정말 자신의 무능 탓인가? 이 질문을 통해 그녀는 자신이 경험한 삶을 처음으로 돌아봤을 것이다. 이 또한 자본 논리의 죄악이다. 이른바 자유 경제는 세상 사람이 모두 평등하다고 믿게 한다. 그래서 빈곤해지면 스스로 책망한다. 소위 자유라는 것은 자본의 자유이자 자본 착취의 자유다. 자본은 전 세계에서 가장 싼 노동력을 찾아 최대의 잉여 가치를 뽑아낸다. 그러나 노동력은 자신이 요구하는 기본적인 대우도 얻어 내기 힘들다. 이는 자본의 자유일 뿐 인간의 자유가 아니다. 그러나 자본의 논리는 기만적인 수단으로 그 논리를 믿게 한다. 그 논리를 믿어야 자신의 무능을 책망하게 되고 저항할 힘을 잃기 때문이다.

엘리자베스가 대학을 중퇴한 이유는 비싼 학비 때문이다. 그녀의 부모는 운영하던 공장이 파산해 노동자가 되었고, 수입이 적어 그녀의 학비를 댈 수 없다. 자녀의 학비를 댈 수 있는 사람들은 변호사, 의사, 사장, 관료뿐이다. 엘리자베스를 소개해 준 자원봉사자(아버지는 영국인, 어머니는 필리핀인이다. 미국에서 대학을 졸업한 후 뉴욕에서 일자리를 찾지 못해 일용직으로 생계를 도모한다)는 이렇게 말했다. "이곳의 빈곤 가정 출신, 즉 무산계급은 계속해서 빈곤하게 살 가능성이 높아요." 이는 자본주의 사회의 자유와 평등이라는 거짓말을 폭로한다. 자유는 자본의 자유이고, 평등은 부자들 사이의 평등일 뿐 부유층과 빈곤층 사이의 평등이 아니다. 빈곤층이 신분을 바꾸려 한다면, 자본의 논리를 맹신해서는 안 된다. 그 논리는 소수의 부자를 위해 기능하기 때문이다.

자본 문화의 죄악

자본주의하에서 우리의 생활은 고통스럽다. 자본의 논리가 아무리 사람들을 넋 나가게 만들어도 결국 자신의 미래가 막막하다는 것을 알게 된다. 자본 문화는 대다수가 자신의 미래를 생각하지 못하고, 냉철한 사고를 늦추는 데 핵심적인 역할을 한다.

자본 문화의 중요한 기능은 환상을 만들어 내는 것이다. 아메리칸드림이나 할리우드 영화가 대표적이다. 가령 미국 영화 〈소스 코드〉는 모든 것에 가능성이 있다는 열광적인 상상에 빠지게 한다.

엘리자베스는 나의 몇 가지 질문을 통해 사고를 환기하고, 자기 생각을 바꾸기도 했다. 이는 미국 사회의 환상이 모든 공간을 가득 메우고 있고, 소수만이 이 환상을 깨고 있기 때문이다. 즉 환상이 얼마나 취약한 것인지 알 수 있다. 엘리자베스의 미래가 어떠할지 예측할 수는 없다. 그러나 이제 그녀는 예전처럼 자신의 무능을 자책하지는 않을 것이다.

자본 문화가 만들어 낸 상품은 개인과 사회 문제에 대한 '도피 통로'를 볼 수 없게 한다. 에리히 프롬은 '도피 통로'라는 개념을 설명하며 다음과 같이 이야기한다. "서구 문화권에서 영화, 라디오, 텔레비전, 스포츠 경기, 신문이 단 4주 동안만 그 기능을 중지한다고 상상해 보자. 이처럼 도피할 길이 막힌다면, 자신이 가진 것에만 의지할 수밖에 없게 된 사람들에게 어떤 일이 벌어질까? 아마 이 짧은 기간에 수천 명이 신경 장애를 일으킬 것이며, 그보다 많은 사람이 노이로제로 진단받을 급성 불안 상태에 빠질 것이 틀림없다."[176] 자본은 여러 수단을 통해 문화 상품을 생산해 환상을 만들어 낸다. 그리고 이러한 환상은 사람들이 초조함에서 도피하는 통로가 된다. 젊은이들은 공포물이나 아이돌 드라마를 볼 뿐 사상적 의의를 담은 영화를 보려 하지 않는다.

자본 문화의 또 다른 중요한 기능은 나르시시즘을 만들어 내는 것이다. 엘리자베스를 만났을 때, 작은 키에 마른 체형인 그녀는 스케이트보드를 들고 있었다. 사진을 찍어도 되는지 묻자 그녀는 외부에 공개하지만 않으면 괜찮다고 했다. 그러고는 자랑스러운 듯 스케이트보드를 들고 포즈를 취했다. "저는 보드를 좋아해요. 키 작은 제가 보드를 탈 때면 마치 남자 못지않게 크고 힘센 느낌이 들거든요. 제게 자신감을 주죠." 물론 스케이트보드가 건강하고 도전적인 운동이지만, 그녀가 그것에 두는 의미에는 아쉬움이 남는다. 예컨대 로큰롤은 원래 억압에 저항하는 흑인들의 음악이었다. 그 후 자본에 의해 저항과 유행의 상품으로 포장되었

---

176 弗洛姆:《健全的社會》, 孫愷祥譯, 上海譯文出版社, 2011年版, 12頁. [역주] 한국어판은 에리히 프롬, 《건전한 사회》, 범우사, 2017, 24~25쪽 참조.

다. 결국 그것에 열광하는 사람들이 로큰롤의 겉면만 보고 그 의의는 알지 못하게 되었다. 스케이트보드를 타는 것은 엘리자베스에게 일종의 저항이지만, 그 형식은 스스로 현실을 망각하고 이탈하게 하는 것이다. 자본은 아랑곳하지 않고 개성을 선전한다. 젊은이들이 거리에서 댄스, 로큰롤, 스케이트보드를 통해 에너지를 쏟아 내며 마음껏 저항하지만, 결국 진실한 사회와 직접 연계된 자신을 찾지는 못한다.

세계에서 중국 노동자의 위치

실버의《노동의 힘》은 자본주의의 발전과 노동 운동 사이의 공생과 투쟁을 회고한다.[177] 자본주의의 발전은 노동자 집단을 형성했고, 자본주의가 노동자를 착취해 더 높은 이윤을 추구한다는 본질은 자본에 대한 노동의 저항을 불러일으킨다. 이러한 모순은 세계 근대사의 주요한 내용을 구성한다.《노동의 힘》연구팀이 수집한 수치의 연원은 다음과 같다.

- 1870년부터 1990년까지의 〈뉴욕타임스〉
- 1906년부터 1990년까지 〈타임스〉
- 1870년부터 1905년까지 팔머 지수Palmer' Index(노동 저항 보도와 관련한 〈타임스〉의 또 다른 정보 연원)

---

177 貝弗里·J.西爾弗, 張璐 譯, 張璐·劉建洲 校,《勞工的力量》, 社會科學文獻出版社, 2012. [역주] 한국어판은 비버리 J. 실버, 백승욱 외 역,《노동의 힘》, 그린비, 2005 참조.

[표36] 세계 자동차 산업 자본과 노동 운동의 각축

	1910년대~1930년대	1930년대~1940년대: 미국의 파업 고조기 / 1950년대~1970년대: 유럽의 확장 고조	1960년대 말~1970년대 초: 유럽의 파업 고조기 / 1968년~1974년: 브라질의 '경제 기적'	1978년~1986년: 브라질의 격렬한 파업 고조기 / 1980년대 초: 한국 자동차산업의 비약적 발전	1987년~1996년: 한국의 파업 물결 절정 / 1991년~2010년: 중국 자동차 생산량의 급증	세계 총 인구[178]. 7,098,200,000명	전 세계의 경제총량[179]. 71,707,302백만 달러
미국	생산 확장	파업 고조				316,252,000	15,684,750
서유럽		생산 확장	파업 고조			500,000,000[180]	16,641,109[181]
브라질 남아프리카			생산 확장	파업 고조		193,946,886 52,981,991	2,395,968 384,315
한국				생산 확장	파업 고조	50,219,669 (0.7%)	1,155,872 (1.6%)
중국					생산 확장	1,354,040,000 (19%)	8,227,037 (11.4%)
이상의 국가 및 지역이 합계가 세계에서 차지하는 비율						27.7%	27.7%

*표의 마지막 두 열은 인터넷에서 수집해 추가했고, 그 외에는 (노동의 힘)에서 재구성했다. 또한, 표에서의 경제총량은 구매력 지수와의 대조를 가치지 않은 명목상 경제총량이다. 경제 체제의 진정한 경제력을 보여주진 않으나 전반적인 추세를 설명할 수는 있다.

자동차 산업의 융성은 대규모의 자동차 산업 노동자군을 형성했고, 자본의 이윤 추구는 노동자에 대한 압박을 초래하여 더 큰 규모의 노동자 저항을 불러일으킬 수밖에 없었다. 한 국가의 파업 열기가 끓어올랐을 때, 자본은 다른 국가로 이동해 또 다른 국가의 산업 발전을 촉진하며, 산업 발전으로 인해 또 다른 공생과 투쟁의 순환을 만들어 낸다. 자동차 산업에 관한 현재의 수치에 근거하면, 자동차 산업이 한 국가에서 흥기하여 최고조에 다다르기까지 10년 정도의 시간이 걸린다. 그리고 최고조에 다다른 후 대규모 노동자 운동이 나타나기까지 대략 10년이 걸린다.

　　중국의 산업 노동자가 저항하면, 자본은 다시 다른 지역이나 국가로 이전할 수 있을까? 중국이 특수한 국가이므로 그것은 불가능하다. 중국의 가장 큰 특수성은 중국 인구가 전 세계 인구의 5분의 1을 차지한다는 점이다. 이창평은 '중국 변곡점'이라는 용어로 이를 설명한 바 있다.[182] "전 지구적 경제가 일체화되는 큰 흐름 속에서 전 세계의 일반 제조업은 줄곧 단계적으로 이전하게 된다. 중국이 전 지구적 제조업의 단계 이전, 즉 공업화에 진입하기 이전에 전 세계 일반 제조업의 구도는 소수가 다

178　http://en.wikipedia.org/wiki/List_of_countries_by_population(검색일: 2013년 7월 15일)

179　http://en.wikipedia.org/wiki/List_of_countries_by_GDP_%28nominal%29(검색일: 2013년 7월 15일)

180　이 수치의 출처는 본 열의 다른 수치들과 다르기 때문에 따로 설명할 필요가 있다. 또한《노동의 힘》에서의 서유럽은 현재의 유럽연합과 다르다. 그러나 여기서의 인구는 현재 유럽연합 국가의 총인구다. (http://en.wikipedia.org/wiki/European_Union)

181　현재 유럽연합 국가의 경제총량이다. 이 수치와《노동의 힘》에 나오는 서유럽 국가의 것은 다르다.

182　李昌平, "'中國拐點'與發展中國家自主性", 第一段, 〈載和訊網〉, http://opinion.hexun.com/2011-09-09/133248510.html(검색일: 2013년 7월 16일)

수를 위해 제조하는 것이었지만, 중국이 진입한 이후 다수가 소수를 위해 제조하는 방향으로 전환함을 의미하는 '중국 변곡점'이 출현하게 되었다."

한발 더 나아가 말하면, 지금까지 제조업은 3개 대륙을 휩쓸었다. 중국을 포함해 제조업으로 거대한 이윤과 산업 노동자를 얻은 나라들은 세계 인구의 3분의 1에 해당한다([표36] 참고). 그리고 이 국가들의 경제 총량은 전 세계의 40%에 달한다. 즉 제조업은 세계 인구의 3분의 2를 차지하는 다른 지역으로 전이할 공간이 있다. 그러나 규모와 속도에서 중국과 같지 않을 것이다. 더욱이 산업 발전은 노동력만 필요로 하는 것이 아니라 교통, 운수 등 기반 시설이 필요하고, 사회 정책, 문화제도 등이 동시에 역할을 해야 한다.

우리는 중국의 산업 이전을 목도했다. 첫째, 가공업이 연해 지역에서 내지로 이전했고, 둘째, 작은 부분의 산업이 베트남, 방글라데시, 파키스탄 등으로 이전했다. 그러나 이는 앞의 판단을 바꾸지 못한다. 산업 규모로 볼 때, 다른 국가들이 중국을 대체할 수 없다.

지금 우리는 세계에서 또 다른 산업 이전을 보게 되었다. 즉 일부 산업이 미국과 유럽으로 되돌아가는 것이다. 세계 노동 운동의 입장에서 볼 때 이러한 이전은 나쁘지 않다. 미국과 유럽이 노동 운동의 세례를 받았던 곳이며, 비록 노동자 조직이 산업 이전과 신자유주의의 파괴를 겪었지만, 노동자 조직 경험이 있고 노동자 운동의 정신이 보존되어 있기 때문이다.

중국 노동자가 갖추어야 할 사상적 인식

중국 노동자는 중국 발전의 역사적 사명뿐만 아니라 세계 노동자의 미래에 관한 역사적 사명 또한 감당하고 있다. 이를 위해 사상적으로 다음과 같은 사유가 필요할 것이다.

첫째, 서방西方 금융 모델과 미국 금융 시장을 배워서는 안 된다. 그것은 2008년과 같은 금융 위기와 유럽의 국가 부채 위기를 낳을 뿐이다. 물론 합리적이고 합법적인 자금 조달과 금융 활동에 반대하지는 않는다. 경제와 산업 발전에는 자금이 필요하기 때문이다. 그러나 공매수/공매도를 핵심으로 하는 금융 행위는 거품을 만들어 낼 뿐이다. 결국 대다수 개미가 투자액을 잃게 되고, 소수의 금융 재벌만 어마어마한 재부를 챙긴다. 이미 그 사례는 많다. 2013년 3월 소주에서 만난 엔지니어 노동자는 중국인이 이토록 열심히 일하는 것이 근본적인 출구가 없기 때문이라며, 미국과 같이 산업 구조 전환과 금융 산업의 길로 가야 한다고 말했다. 그리고 중국 노동자가 미국 디트로이트의 상황을 꼭 보았으면 했다. 그곳은 과거에 세계 자동차 제조의 중심이었다. 그러나 산업 구조 전환과 미국 경제력 증대로 지속적인 번영을 보장받지 못했다. 자본 논리의 포로가 되면, 그저 자본에 이용될 뿐이며, 자본에 의해 폐기되고 황폐해진다. 자본은 일확천금의 논리로 우리를 유혹한다. 물론 극소수의 벼락부자를 만들어 내기는 했지만, 자본은 이러한 예를 통해 더 많은 사람의 탐욕에 불을 지핀다.

둘째, 서방의 민주 모델을 쉽게 학습해서는 안 된다. 나는 필요한 정보를 얻는 수단으로 인터넷을 활용한다. 그러나 내가 인터넷에 발표한 미국 노동자의 열악한 상황과 미국 민주에 대한 비판적 사고에 수많은 악성 댓글이 달리기도 한다. 미국을 비판한 것이 마치 주군의 단점을 들춰내는 것처럼 받아들여지는 것일까? 이 또한 중국인이 품은 아메리칸드림을 깨려는 내 생각을 더 강화했다. 아메리칸드림에는 두 가지 거대한 거짓말이 있다. 미국이 민주 국가라는 것과 자유 시장 논리하에 미국에서는 열심히 노력하면 성공할 수 있다는 것이다. 한번은 북경대학교 철학과 졸업생과 미국의 민주에 대해 논쟁한 적이 있다. 나는 "한 나라 국민 가운데 7명 중 1명이 정부 보조금으로 생활하고, 100명 중 1명이 감옥에 있는데, 이를 민주 국가라 할 수 없지요. 이게 미국의 현재 상황이에요"라고 말했다.

2014년 3월 20일 중국의 학자 왕휘는 독일의 전 총리 슈미트와 대담 중 '정당 정치와 민주의 위기'라는 문제를 토론했다.[183] 왕휘가 물었다. "중국인 중 일부는 정치적으로 … 더욱 철저하게 서방의 제도를 본받고자 합니다. 그러나 일부는 말하죠. 우리에게 기층 선거와 같은 민주가 필요하지만, 꼭 투표하는 방식의 민주일 필요는 없다고요. 이에 대해 어떤 의견이 있으신가요?" 슈미트가 답했다. "민주는 인류의 끝이 아닙니다. 앞으로 수 세기 안에 서로 다른 방향으로 다양한 발전이 있을 수 있습니다. 현대적인 민주가 세상에 나온 지 겨우 200여 년밖에 되지 않았어요. 미국은 프랑스, 네덜란드, 영국 등에서 일련의 이념을 빌려와 〈독립선언문〉에 민주의 탄생을 선포했습니다. 민주에는 심각한 문제가 있습니다. 예를 들어 4년에 한 번 하는 선거에서 정치가들은 듣기 좋은 말만 민중

---

183 "汪暉對話前西德總理施密特: 政黨政治與民主危機", http://news.ifeng.com/exclusive/lecture/dongtai/detail_2014_03/20/34975858_0.shtml(검색일: 2014년 5월 16일)

에게 들려줍니다. 다당제는 정치적 진보의 최고점이 아닙니다. 나는 중국에 이를 추천하지 않습니다. 영국은 이를 인도와 파키스탄에 강매했고, 네덜란드도 이를 인도네시아에 팔고자 한 바 있습니다. 인도의 민주는 사실 효과적이지 못했어요. 나는 이집트, 말레이시아, 이란 그리고 파키스탄에 맹목적인 민주 도입을 추천하지 않습니다. 민주는 공자가 발명한 것도 아니고, 서방의 산물일 뿐이죠. 이를 발명한 것은 몽테스키외, 존 로크, 그리고 네덜란드 사상가들입니다."

인민이 어떠한가에 따라 정치와 국가가 결정된다. 탐관오리는 마음껏 국가 재산을 약탈한다. 관료 체제는 부작위하고 심지어 해서는 안 될 일을 한다. 오늘날 혁명이 일어난다면 이러한 나쁜 세력을 타도할 것인데, 새롭게 무대에 오른 이들은 모두 좋은 사람일까? 이게 내 고민이다. 이는 결코 혁명을 반대하는 것이 아니다. 격렬한 혁명과 기나긴 혁명(스스로 개조하는 일상적인 문화 혁명)은 모두 중요하지만, 서로 잘 조합되어야 한다. 개인적 차원에서 가장 큰 정치는 어떤 사람이 될지, 어떤 삶을 살지, 무슨 일을 어떻게 할지를 선택하는 것이다. 사회적 차원에서 정치 제도가 우월하고 진보적인지를 판단할 수 있는 기준은 평등한 교육과 의료 및 사회 서비스를 누릴 수 있는지, 보통사람의 생활 수준이 어떠한지, 그리고 빈부격차의 정도 등이다.

셋째, 시장을 쉽게 믿어서는 안 된다. 시장은 자유를 앗아간다. 에리히 프롬은 다음과 같이 말했다. "노동 시장에서 그에게 제의된 임금 수준을 수락해야만 하는 노동자는 다른 방법으로는 살아갈 수 없기 때문에 어쩔 수 없이 시장 조건을 받아들여야 한다. 이런 의미에서 개인의 '자유'란 환상이다. 그는 어떤 계약을 맺게끔 자신을 강요하는 외부의 힘이 없는 것으로 인식하며, 또 사실상 그의 배후에 작용하는 시장의 법칙은 더욱 인식하지 못한다. 그래서 사실은 그렇지 않은데도 자신이 자유롭다고 믿는다."[184]《중국 신노동자의 형성》에서 살펴본 바와 같이 중국 노동자의 유동성은 매우 크다. 대만 자본 공장에서는 가장 오래 일한 사람이 2년 좀 넘게 일했으며, 대부분은 몇 개월밖에 일하지 못했다. 노동자의 유동성이 크다는 것이 마치 유동의 자유가 있는 것처럼 보일 수도 있지만, 사실은 '이 일을 하지 않을 자유'만 있을 뿐이다. 즉 바꿔 얻은 것 또한 비슷한 일을 해야만 하는 종속이라는 것이다.

시장은 사회로 하여금 도덕과 인성을 잃게 한다. 자본과 시장은 인간의 선악 관념을 왜곡하고 철저히 박탈한다. 에리히 프롬은 이렇게 말했다. "만약 시장과 계약이 대인 관계를 규정한다면, 어느 것이 옳고 어느 것이 그른지, 무엇이 선善이고 무엇이 악惡인지 알 필요가 없게 된다."[185] 자본은 이른바 자유 시장이라는 미명하에 대대적으로 도덕에 위배되는 일을 하지만, 매우 합리적이고 합법적으로 보인다. 에리히 프롬은 다음과 같이 논평했다. "착취는 더 이상 개인적인 것이 아니라 실제 그대로 익명匿名의 것이 되었다. 어떤 사람이 기아 임금을 받고 일하도록 운명 지워져 있다면 그것은 … 시장의 법칙이었다. 어느 누구도 이에 대해 책임을 지거나 죄의식을 느끼지 않았으며, 어느 누구도 상황을 바꿀 수 없었다."[186] 예를 들어 노동자가 작업장에서 직업병을 얻어 회사에 책임을 물

184 弗洛姆, 《健全的社會》, 上海譯文出版社, 2011年 9月. [역주] 한국어판은 에리히 프롬, 《건전한 사회》, 범우사, 2017, 92쪽 참조.

185 같은 책, 88頁. [역주] 한국어판은 《건전한 사회》, 112쪽 참조.

186 같은 책. [역주] 한국어판은 《건전한 사회》, 97쪽 참조.

으려 하면, 직접 병원에 가서 자신의 질병을 증명해야 한다. 그런 후에도 사장이 인정하지 않으면, 노동 중재 또는 법원을 통해서만 자신의 권리를 주장할 수 있다. 법률의 보호 아래 시장과 계약은 인간의 얼굴을 상실하고 가장 기본적인 도덕도 상실한다.

시장은 개인과 노동자의 힘을 박탈한다. 시장에서 사람은 개체로 조각난 채 개체와 기업의 계약을 통해 노동력으로 분할된다. 사람들은 경쟁을 통해 생존하고, 적응한 자만이 생존한다. 사람들은 성취감에 기대어 만족감을 얻고, 다른 사람보다 강해야만 인정받을 수 있다. 시장은 사람들로 하여금 사람 간의 신뢰와 감정이 아니라 기회와 기능에 기대야 한다고 믿게 한다. 한 사람이 시장에서 권리를 침해당하면, 그가 필요한 것은 법적 소송이다. 법률이 그들을 도울 수 없으면 방법이 없다. 시장의 힘 때문에 정부는 인민 복지를 책임지지 않는다. 사회 또한 사람이 생활하는 세계가 아니며, 상품을 판매하는 장소일 뿐이다. 이 속에서 인간은 노동력과 소비자로 단순화된다. 강력하고 보이지 않는 시장 통제 아래 개체로서의 사람은 단결할 공간을 잃고, 그 힘도 잃어버린다.

넷째, 중국은 독립적이고 자주적인 발전 모델이 필요하다. 이창평은 "'중국 변곡점'과 개발도상국의 자주 관계"를 논한 바 있다.[187] "전 세계 일반 제조업에서 '중국 변곡점'이 출현한 이후 중국뿐만 아니라 일반 제조업의 단계적 이전 과정에 참여하는 거의 모든 개발도상국은 '수출 주도의 공업화 함정'에 빠지지 않을 수 없었다. 그 주요 특징은 '높은 투입,

---

187 李昌平, "'中國拐點'與發展中國家自主性", 第六段和第七段, 載和訊網, http://opinion.hexun. com/2011-09-09/133248510.html(검색일: 2013년 7월 16일)

높은 소모, 높은 오염, 높은 (수출) 의존, 높은 외화 보유, 높은 (외부 유입) 유동성, 높은 인플레이션, 높은 분화(계층 및 지역 등의 양극화), 높은 위험 (경제 위험, 사회 위험), 저곡가(농민공 유출), 낮은 임금, 낮은 보장, 낮은 인권, 낮은 도시화, 낮은 내수, 낮은 안정 등이다. '9개의 높음과 7개의 낮음'은 다음과 같이 요약된다. 첫째, 발전은 자원을 소모해 달러를 얻는 과정이다. 둘째, 경제 발전의 목적은 나날이 증대하는 선진국 인민의 물질문화 요구를 만족시키는 것으로 소외된다. 셋째, 경제 성장은 달러 의존과 선진국 소비(시장)에의 의존이라는 함정에 빠진다. 넷째, 자본의 달러 축적 대가는 국내 민중의 책임으로 돌려진다." 결론은 중국이 반드시 독립 자주적인 산업과 경제 모델을 가져야 한다는 것이다.

전지구화는 자본의 최대한의 지구화다. 만약 노동자의 근본적인 이익을 위한다면, 세계적 범위에서 서로 가진 것을 교환하고, 서로 발전을 촉진하는 것이 바람직하다. 그러나 지구화가 단지 자본이 더 쉽게 염가 노동력과 자원 및 시장을 약탈하는 것일 경우, 자본의 전횡 이후 남는 것은 가난한 사람이 더 가난해지고, 부자가 더 부유해지는 모래성일 뿐이다. 동관과 심천의 공업 지역에서 이미 조짐을 보이고 있다.

다섯째, '사람'이 중심인 발전을 추구해야 한다. 우리는 '어쩔 수 없다'는 소용돌이에 휘말려 있다. 이 소용돌이 속에서 우리는 충분한 돈만 벌면 모든 것이 잘될 것이라는 믿음을 강하게 갖는다. 그러나 우리의 수입이 물가 상승을 영원히 따라잡지 못한다는 것을 곧 알게 된다. 우리의 수입은 상업화가 만들어 낸 소비 욕망을 영원히 따라잡지 못한다. 도시가 발전해도 도시 사람들은 집을 살 수도, 빌릴 수도 없다. 의료가 발전해도 수많은 품팔이가 의료 서비스를 누리지 못하고, 산업 재해를 입어도 적절한 치료와 배상을 받지 못한다. 교육이 발전해도 우리 교육은 목적을 잃었다. 대학에 들어가지 못하면 미래가 없는 것과 같고, 대학을 졸업해도 좋은 직장이 기다리지 않는다. 우리의 생활이 크게 나아지는 것 같지만, 우리의 환경은 나날이 나빠지고 있다. 이 모든 것으로 인해 우리는 길을 잃는다. 동시에 마치 끝없는 길이 우리를 기다리는 것 같기도 하다. 이 모든 것은 자본의 논리가 조장한 것이다. 물론 자본은 스스로 작용하지 않으며, 권력을 통해 그리고 자본에 의해 통제된 정신/육체노동자들을 통해 목적을 달성한다.

아래의 시는 미국 노동자가 쓴 것이다. 2008년 유럽에서 중국으로 가는 비행기에서 옆자리에 앉은 에릭을 알게 되었다. 그는 친구의 초청으로 북경에 영어를 가르치러 가는 중이었다. 나는 '북경 노동자의 집'과 동심실험학교를 소개했다. 그는 동심실험학교 아이들에게 영어를 가르치기로 했다. 북경올림픽 기간에 외국인 관리가 엄격해지면서 그는 미국으로 돌아가야 했다. 이후 그에게 편지로 안부를 물었더니 채소 통조림 공장에서 매일 12시간씩 일한다고 했다. 시간이 날 때면 대학에서 마르크스주의 학습 모임을 조직하는데, 참여자는 몇 명 되지 않는다고 했다. 미국에서 마음 맞는 사람을 찾기가 중국보다 어렵다고도 했다. 그러다 그와 연락이 끊겼다.

시간이 흐르면 상황이 변하기 마련이다. 최근 몇 년간 미국은 월스트리트 점령 운동을 경험했고, 《자본론》이 미국에서 베스트셀러가 되기도 했다. 어제(2014년 7월 8일) '로자 룩셈부르크와 혁명적 민주주의'라는 강좌를 들으러 갔다. 로자 룩셈부르크는 레닌이 지도한 러시아 혁명 이후의 권력 집중적 전제를 비판하면서도, 독일 사회주의 운동의 개량파를 비판했다. 혁명할 것인가, 개량을 선택할 것인가? 혁명은 어떻게, 개량은 어떻게 할 것인가? 미국 인민의 운명, 중국 인민의 운명, 그리고 세계 인민의 운명은 서로 연결되어 있다. 비록 에릭이 지금 어디에서 어떻게 사는지 모르지만, 그가 쓴 시 한 편을 함께 나누고 싶다.

나는 미국인

작사: 에릭(2009년 1월)

나는 미국인

제일가는 부자 나라에서 태어났지

내가 사는 세상은 말하지

확실한 선택만 하면 되고자 하는 사람이 될 수 있고

우리가 하고 싶은 일을 할 수 있다고

나는 생각해

무엇이 확실한 선택일까?

저 부름을 따라야 한다고?

반드시 좋은 날이 나를 기다리고 있다고 무조건 믿으라고?

열심히 노력해서 돈을 벌고

1%의 부자가 되어

가난한 사람의 겉옷을 벗고

왕자와 함께 좋은 술을 맛볼 수 있을까?

나는 미국인

어릴 때부터 들었지

열심히 일하면 원하는 걸 모두 얻을 수 있다고

이런 말도 들었지

주변이 타락으로 가득 차 있어도 가난한 나는 휩쓸리면 안 돼

자유 시장은 내가 규칙을 따를 때만 나의 노동에 보수를 주거든

나는 미국인

조부모가 방금 돌아가셨지

할머니의 사회보험료를 내기 위해

우리는 유일하게 남은 메마른 땅을 팔아 버렸어

이미 팔아버렸어

나는 미국인

어머니는 한평생 열심히 공부하고 일했지

그런데 3년 전 세금을 잘못 냈어

부동산이 몰수돼 더는 돌아갈 집이 없어

그녀는 재정부 장관이 아니야, 대법관도 아니야

그녀는 원금도, 이자도 갚을 수 없어

말년에 그녀는 실패자였지

다른 이는 밀린 세금을 내고 일상생활로 돌아올 수 있지만

그녀는 고개를 돌려 보니

보이는 건 보살펴야 할 아이와 손녀뿐

이것이 은퇴한 미국 여성의 모습

평생을 일했지만 사람답게 살 수조차 없지

나는 미국인

우리 형은 매일 공장에서 일해

집세와 생활비로 쓰지

가족을 먹여 살리려면

전업은 공장 일이지만 부업도 해야 하지
그래야 아이들에게 값싼 쓰레기 미제 식품을 먹일 수 있지
그는 매일 웃어
아이들을 정말 사랑해
사람들은 말해
그의 희생이 유일무이한 미국의 정신이라고
그는 좋은 아버지이자 좋은 남자라고
그래도 나는 이런 세상을 안 믿어

나는 미국인
누나는 대출받아 대학에 다니지
좋은 교육, 좋은 학력이 좋은 미래를 준다고 생각하지
아직 졸업도 안 했는데 빚은 2만 달러
그녀는 힘겨워, 성공으로 향하는 규칙을 따르니까

나는 미국인
세계를 떠돌지
서로 다른 언어로 똑같이 노래해
"열심히 일하면 원하는 걸 모두 얻을 수 있어"
반복되는 멜로디
목적은 단 하나, 그들을 위해 열심히 일하게 하려고
우리를 엿 같이 보는 그들을 위해 열심히 일하게 하려고

나는 미국인

매일 의원들이 개혁하느라 바쁘지

개혁의 결과는 그저 부자가 더 부유해지는 것일 뿐

개혁은 실패했지

생활의 무거운 부담은 우리 가족 같은 무수한 미국 가정에 떨어져

나는 미국인

우리 가족은 선배들과 마찬가지로 끝이 보이지 않는 높은 산을 오르지

내가 본 자유는 소비의 자유일 뿐

고된 노동과 고충은 소비 중독이 초래한 것

나는 미국인

세계에서 제일가는 부자 나라에 사는 가난한 사람

아주 가난하지만

매일 잠들기 전에는 마음이 편안하지

나는 아니까

가장 부유한 사람은 나와 같은 사람

미국의 가난한 한 사람

세계가 이래선 안 된다고 믿는 한 사람

세계가 마땅히 달라야 한다고 믿는 한 사람이라는 걸

[부록] 문화적 전장戰場[188]

《품팔이 소녀》를 읽는 동안 줄곧 저자인 장동화(張彤禾, 장통허)가 말하려는 사상이 무엇인지 생각했다. 그녀의 기록은 성실했으나 책의 의도를 쉽게 파악할 수 없었다. 그러다 저자의 의도를 알게 된 것은 그녀의 TED 강연 영상에서였다. 그녀의 본의는 이런 것이다. 미국과 세계의 아이폰 이용자들은 죄책감을 가질 필요가 없다. 미국인의 상품 추구가 없었더라면, 중국 품팔이에게 농촌을 벗어나 도시에서 살아갈 기회가 주어지지 않았을 것이다. 품팔이의 생활 및 노동 환경이 비참하더라도 이들은 소비주의에 끌려다니는 미국인과 이윤을 추구하는 자본가에 감사해야 한다.

여기에는 많은 모순과 당착이 있다. 이는 사람을 미혹하는 한 가지 논리를 바탕으로 한다. 만약 우리의 생활이 예전보다 나아졌다면, 더 많은 취업 기회가 생겼다면, 우리는 개혁·개방에, 외국의 투자에, 자본가에 감사해야 한다는 것이다.

그제야 문득 《기나긴 혁명》에서 윌리엄스가 '공동체'라는 개념을 사용한 이유를 알게 되었다. 사회는 하나의 공동체다. 한 사회가 부를 축적한 것은 결코 한 사람이나 한 집단의 공헌이 아니라 그 사회에 속한 구성원 공동의 노력으로 이루어진 것이다. 사회에서 인간관계는 본래 상호 협력하고 상호 의존하는 관계다. 그러나 소수가 더 많은 이익을 얻고자 할 때는 사람을 사회 발전 및 부의 증대의 목적으로 보지 않으며, 개인의 목

---

188 이 글은 2013년 4월 4일 《품팔이 소녀打工女孩》를 읽고 쓴 글이다.

적을 이루기 위해 인간관계를 분열하고 사람의 가치를 폄하한다. 그리고 사람의 가치, 특히 평범한 노동자의 가치가 폄하되면, 자본가는 노동자를 먹여 살리는 은인이 된다.

그해 중국 공산당이 어려운 조건에도 신중국을 수립할 수 있었던 이유는 당의 정책이 정의로웠기 때문이다. 그들은 수고하는 대중을 위했기 때문에 민심을 얻을 수 있었다. 오늘날 많은 사람이 그 시절의 역사, 특히 모택동을 매우 부정적으로 평가한다. 그러나 당시 모택동과 공산당이 그렇게 형편없었다면, 신중국도 없었을 것이다. 개혁·개방도 마찬가지다. 개혁·개방이 경제에 활력을 불어넣었다고 해서 노동에 대한 자본의 착취를 비판하지 않을 수는 없다. 개혁·개방이 사회에 더 많은 자유의 공간을 마련했다고 해서 정경유착, 상업도덕 및 직업윤리의 상실이 사회와 인민에 초래한 결과를 비판하지 않을 수는 없다. 개혁·개방 후 30년이 지난 오늘날, 어떤 점이 좋고 나쁜지, 누가 무한한 자유를 얻고 누가 최소한의 권리조차 가질 수 없는지 반드시 되짚어 보아야 한다.

자본의 가장 성공적인 사상 전략은 '개인의 분투'를 마음 깊이 심어 놓은 것이다. 품팔이 세계에서 품팔이는 고독하고 외로운 존재다. 품팔이의 수는 많지만, 공장도, 숙소도, 품팔이 거주 구역도, 모두 '낯선 사람들이 모인 세계'다. 이러한 세계에서 생존하는 방법은 '정글의 법칙'을 따르는 것뿐이다. 이러한 문화 상태가 지속되면, 자본의 논리는 앞으로도 거침없이 나아갈 것이다. 이런 법칙 아래 개인의 개성과 끈기를 고취하는 것은 겉으로는 '인간적'이지만, 매우 잔인한 일이다.

자본의 가장 성공적인 심리 전략은 모두가 가능성을 믿게 한 것이다. 즉 자본은 모든 사람이 "나는 남들과 달라, 남들은 모두 실패했지만 나는 성공할 수 있어"라고 믿게 했다. 이러한 심리 전략은 마약과 흡사하다. 사람을 흥분시키는 것은 틀림없지만, 시간이 지나면 전체적인 유기체의 생명력을 잃고, 결국 영혼을 잃는다. 하지만 이렇게 말하면서도 애석한 마음이 든다. 나는 가능성을 긍정한다. 모든 사람은 일종의 가능성이다. 하지만 자본의 논리가 이 점을 이용해 부추기는 것은 조급한 성공과 이익, 개인주의, 언행 불일치 등이다. 자본의 논리는 모든 수단을 동원해 인간의 존엄과 상생/공영에 이를 수 있다는 사실을 잊게 한다. 우리는 자본의 논리가 언제나 승리했다는 것을 인정할 수밖에 없다.

나는 아이폰에 반대하지 않는다. 하지만 아이폰의 이윤 분배 체계에, 영리를 위해 끊임없이 제조하는 소비 욕망에, 공장 노동자의 건강은 아랑곳하지 않고 이윤을 추구하는 공장 제도와 사회 제도에 반대한다. 신세대 품팔이는 주체적으로 도시에서 일하고 생활하기를 선택했다. 그렇다고 해서 자본가 덕분은 아니다. 우선 자본가에게 노동력이 필요하지 않았더라면, 노동자에게 어떤 은혜도 베풀지 않았을 것이다. 둘째, 국가와 정부는 모든 인민의 물질 및 문화생활의 필요를 만족시킬 책임과 의무가 있으며, 국가와 인민 공동체는 마땅히 한 사람을 위해, 동시에 모든 인민을 위해 숙고해야 한다.

우리는 자유가 없는 것을 두려워한 나머지 모든 것을 제치고 자유를 두둔하다가 무엇이 진정한 자유인지에 대한 판단력을 잃어버리고 말았다. 중국의 현재 상황에 대한 불만 때문에 중국의 대학생과 품팔이는 모두 아메리칸드림을 꿈꾼다. 이러한 폐해로 현실에 발붙이지 못하고 신기루만 좇게 된다.

2011년 7월에 나는 미국 뉴욕에서 일주일 남짓 일했다. 그곳에서 나는 지역 사회 기관을 답사하고, 노동자 단체 및 품팔이를 만났다. 그리고 미국 노동자의 열악한 현황에 말을 잃을 수밖에 없었다. 미국에 머문 짧은 시간 동안 가장 인상 깊었던 것은 '팁' 문화다. 식당에서도, 호텔에서도, 상점에서도, 고객과 노동자의 관계는 '팁' 관계였다. 이러한 관계로 인해 소비자와 노동자의 인격이 지대한 모욕을 당한다는 느낌이 들었다. 그러나 미국의 모든 사람이 이에 익숙해져 있었다. 이는 자본의 논리가 성공했음을 보여 준다. 다른 사람을 모욕하고서도 아무렇지도 않게 여기게 된 것이다. 미국의 '팁' 문화가 아직 중국에 전해지지 않은 것이 기쁘다. 서비스가 오가는 관계를 순전히 돈이 오가는 관계로 깎아내려서는 안 된다. 사람이 살아가는 목표를 오직 돈 버는 것으로 깎아내려서는 안 된다.

저자 후기

2013년 1월에 이 책의 전편인 《중국 신노동자의 형성》이 정식으로 출판됐다. 그 후 약 1년 동안 노동자들이 개최한 수차례의 독서회를 가졌다. 딱 한 번 북경외국어대학교에서 주최한 모임에 초청받아 대학생과 노동자 집단의 관계를 토론할 수 있었다.

전편에서의 문제의식은 다음과 같다. 만약 모두가 여전히 스스로 '농민공'이라 여기고, 언젠가는 도시와 공장에서 벗어날 수 있을 것으로 생각한다면, 행복한 생활은 불가능할 것이며, 사회도 나아지지 않을 것이다. 자신이 누구인지 명확히 알아야만 비로소 그에 맞는 사회적 권리를 쟁취할 수 있다. 우리는 '신노동자'다. 그렇기에 우리는 오라면 오고, 가라면 가는 농민공으로서의 대우를 거부하고, 존엄한 노동자의 권리를 쟁취해야 한다. 만약 고향을 정말로 사랑한다면, 당장 그곳으로 가서 신농촌과 신농업을 건설하면 된다. 그러나 늙어서 고향에 돌아가 여생을 보내겠다는 것이라면, 수십 년 후의 농촌은 노인을 부양할 방법이 없을 뿐만 아니라 더는 가난한 사람의 안식처도 아닐 것이다. 따라서 전편에서는 품팔이 자신의 이야기와 경험을 서술해 도시에 머물 수도, 농촌으로 돌아갈 수도 없는 품팔이 집단의 전반적인 상황을 그리고자 했다. 동시에 신노동자의 주체 의식 형성을 다뤄 품팔이 집단의 출로를 모색하려 했다. 우리의 출로는 오직 자신에 의지해서만 쟁취할 수 있다. 또한 자신이 누구인지 인식하는 것이 그 방향을 찾는 전제다.

　나는 수차례의 독서 모임에서 다양한 의견을 접했는데, 여전히 "도시에서 살 수 없게 되면, 농촌으로 돌아갈 수밖에요. 그나마 농촌에는 머물 곳과 먹을 것이 있으니까요"라는 의견이 대다수였다. 그러나 늙어서 일도 할 수 없는데, 도대체 어디에서 농사를 지어 먹고 산단 말인가? 왜 자신이 마땅히 누릴 권리를 쟁취하려 하지 않고, 자신의 청춘과 피땀을 바치고서도 기꺼이 빈손으로 떠나려 하는가? 2014년 7월 3일 동심창업 훈련센터 주최의 토론회에서 만난 1990년대생 학생도 '늙으면 고향으로 돌아갈 것'이라는 생각을 고수했다. 물론 도시에서 '머물 수 없는' 현실이라는 것에 동의한다. 그러나 이러한 현실의 출로가 무엇인지가 중요하다. 조금만 더 깊이 생각하면, '귀촌'은 결코 출로가 아니며, 늙어 돌아간다는 것은 더더욱 출로가 될 수 없음을 명확하게 인식할 수 있다. 나는 확고한 의지가 있고, 또 여건이 허락하는 상황에서 귀향해 농촌과 농업 발전에 투신하려는 것은 적극적으로 지지한다. 그러나 대다수의 경우 '귀촌'이 의미하는 것은 수십 년 후 늙어서 농촌으로 돌아가겠다는 것이다.

　따라서 이번 책에서의 문제의식은 다음과 같다. 만약 사회에 큰 문제가 있음을 인식하면서도 자신의 이익과 발전만 생각한다면, 사회 문제는 더욱 악화될 것이다. 현대 사회에서 사회적 상황을 결정하는 것은 '어떤 사람이 될 것인가'다.

최근 많은 노동자가 사회보험과 노동 조건, 그리고 노동자의 존엄을 위해 노력하고 있다. 그러나 이러한 움직임은 대부분 심천과 광주 등 광동성 지역에서만 나타나고 있다. '자신이 누구인지 인식하는 것'은 결코 하루아침에 이루어지는 것이 아니다. 심천과 광주 지역의 노동자들은 20년의 경험으로 이러한 과정을 이룩했다. 그러나 이 과정이 일단 완수되면, 그 방향은 명확하다. 즉 노동자들의 찬란한 역량이 분명하게 드러날 것이다. 따라서 나는 광동성 지역 노동자들의 생동감 넘치는 사례를 통해 '신노동자 주체 의식의 굴기'를 설명할 수 있었다. 방향을 알기는 결코 쉽지 않으며, 목표를 실현하는 것은 더욱 어렵다. 행동, 즉 '어떤 사람이 될 것인가?'는 평생 실천해야 할 과제다. 개인의 선택은 개인의 운명뿐 아니라 사회의 운명도 변화시킨다.

심천에서 들었던 손항의 노래는 내 인생관과 삶을 변화시켰다. 소비 욕구 충족이 중심인 사회에서는 다음 생, 아니 그다음 생까지 일하더라도 '좋은 삶'을 영위할 수 없을 것이다. 나는 2004년에 직업전문학교를 마치고 황금의 땅이라 불리던 심천에 왔고, 출세와 인생 대역전을 꿈꿨다. 하지만 돈은 내 청춘과 세월을 앗아갔고, 나는 포효하는 기계에 삼켜졌다. 사상은 컨베이어 벨트 위에서 발악했지만, 몸은 기계에 묶여 있었다. 매일 좀 더 자고 싶었지만, 야근해야 하는 삶이 서글펐다. 여럿이 함께 사는 기숙사에서 줄을 서서 씻고는 각자의 작업장으로 흩어졌다. 현실의 노동 생활은 이전의 열정과 이상을 모두 날려 버렸다. 고향으로 돌아갈 수도, 도시에 남아있을 수도 없다면, 노동자의 출로는 도대체 어디인가! 나는 병든 사람처럼 곳곳의 명의를 찾아다녔다. 그러다 우연히 심천에서 '품팔이 청년예술단'[189]의 공연을 봤다. 그들이 부르는 '품팔이, 품팔이 가장 영광

---

189 [역주] 2002년 5월 1일에 만들어진 '품팔이 청년예술단打工靑年藝術團'은 품팔이 노동자의 정체성을 재확립하면서 '신노동자 예술단新工人藝術團'으로 이름을 바꿔 활동하고 있다. 북경의 노동자들을 중심으로 구성되어 있으며, 노래와 연극, 시 등의 문화예술을 매개로 전국에서 노동자들을 교육하고, 노동자 권익을 위해 활동하는 사회단체다.

스러워'를 듣는데, 불현듯 노동자들이 수많은 가치와 고층빌딩, 생활용품을 만들었으며, 노동은 비천한 게 아니라는 걸 깨달았다. 그날 밤은 내 인생 최고의 밤이었고, 자신감이 생겼다. 노동은 천박한 것이 아니라 존엄한 것이다. 그날 이후 '품팔이 청년예술단'의 노래는 정신적 지주가 되었다. 나는 걸신들린 사람처럼 그들의 노래와 시, 연극, 단막극 등의 신문화를 흡수했다. 또 이 책을 통해 우리의 노동문화를 창조하는 것이야말로 우리의 운명을 주재主宰하는 것임을 알게 되었다.

반성분(盤成芬, 판청펀) | 광둥성 둥관시 남의공익서비스센터藍衣公益服務中心

5년 넘게 공장 노동자로 일하면서 자본의 통제하에 스스로 사유하는 법을 잃어갔다. 그저 본능적으로 일을 반복했고, 수많은 규정과 제도에 속박되었다. 그러면서도 그 상황을 정상적인 것으로 여겼다. 그러나 이 책을 읽은 후 마음이 거세게 요동쳤다. 책에는 수많은 공장 노동자의 삶과 분노, 질문, 그리고 이에 대한 저자의 깊이 있는 논평이 담겨 있다. 무엇보다 노동자 시각에서 집필된, 현실 생활과 밀착된 이야기이기에 더욱 감동적이었다. 또한 노동자가 직면한 문제를 전면에서 지적하며, 이에 대한 독특한 해석을 전개하고 있어 읽는 내내 감탄했다. 이제 더는 나의 '사유'를 잃지 않고, 자기 입장과 관점을 가져야겠다고 다짐했다. 역사는 수많은 사람의 이야기로 구성된다. 이 책은 노동자의 이야기로부터 전개되기에 더욱 생동적이다. 노동자들의 이야기를 통해 그 배후의 비밀과 사유 지점을 알 수 있고, 또 이를 이해함으로써 일련의 사회 문제를 더 쉽게 이해할 수 있다. 또한 노동자가 처한 상황을 제대로 인식하고, 우리의 사유를 전면화하는 데도 큰 도움이 될 것이다. 그렇기에 노동자 삶에 근거한 이 책에 거는 기대가 매우 크다. 모두가 심혈을 기울여 읽을 만한 가치가 있다.

이 책 서문을 읽고, '문화'의 의미를 되새겨 보았다. 문화는 지식인에게만 있는 것이 아니라 모든 사람에게 있다. 저자는 노동자의 감정을 철저하게 분석했으며, 공장 문화도 적확하게 총괄했다. 사실 처음에는 큰 감흥이 없었다. 나와 같은 노동자들의 일상이었기 때문이다. 내가 무감각해서가 아니라 이 보편적이고 비정상적인 현상이 깊은 무력감을 줬기 때문이다. 하지만 이 책을 통해 크게 깨달을 수 있었다. 인간이 기계가 되어 버린 세상에서 '생각'을 갖고 산다는 것은 고통스러운 일이다. 그런데도 여전히 노력해서 바꾸고 싶은 것은 무엇인가? 공장에서 노동자들의 이름이 없다는 것은 그들에 대한 경멸인가, 아니면 이름은 그저 일련번호일 뿐이니 있든 없든 상관없는 것일까? '내막을 모르게 하는 것'이 조성한 위협이 우리의 목소리를 잃게 한 중요한 원인이 아닐까? 도구적 인간은 공장의 도구적 관리가 만든 것일까, 아니면 노동자들끼리의 불신 때문에 완성된 것일까? 그래서 우리에게는 자유도, 선택도 없으니 도대체 어떻게 해야 할까? 계속 기계처럼 살아야 할까, 아니면 저항해야 할까? 더는 나약해지지 않고, 밥그릇을 잃는 것을 겁내지 않으며, 자기 권리를 쟁취하려 할 때 비로소 원하는 변화를 얻을 수 있지 않을까?

사효몽(謝曉夢, 셰샤오멍) | 심천시 마트체인점 판매원

나는 저자와 함께 공장에 들어가 노동자들과 먹고 자며 생활했다. 이를 통해 노동자 내면의 몸부림을 느낄 수 있었다. 이 책에 드러난 저자의 진솔한 언어를 통해 다시금 노동자가 처한 현 상황을 볼 수 있었다. 특히 인상 깊었던 것은 공장 문화의 억압성과 이에 대한 침묵이었다. 비록 다른 사람들의 이야기지만, 우

리 또한 이와 유사한 맥락과 운명에 놓여 있다.

송강호(宋剛虎, 쑹강후) | 동관시 촛불燭光공익기구

전통적인 향토 사회로부터 이탈한 중국 품팔이 집단은 세계 노동 운동 역사상 전례 없는 고도의 조직화 단계에 신속히 진입했다. 이는 전지구화한 자본이 잉여노동을 착취하고, 공장 지역의 집단 거주지로 노동자를 밀집시킴으로써 가능했다. 이로써 일찍이 마르크스가 부르주아는 자신의 무덤을 파는 일꾼들을 만들어 낸다고 한 것처럼, 중국판 '자기 무덤 파는 사람'의 대하드라마가 서막을 열었다.

온철군 | 중국인민대학 교수

이 책에서 인상 깊은 것은 인류 진보의 목표가 자본주의의 발전과 팽창에 수반한 학문적 방식을 타파하는 데 있다는 것이다. 즉 학문 체계 내에 존재하는 지식과 인간의 소외 현상을 극복하고, 노동자 계급 투쟁과 농민 공동체 건설에 용감하게 투신해야 한다. 올바른 (학문적) 방법은 연구 대상 안에서 찾을 수 있다.

장승지(張承志, 장청즈) | 중국 작가

이 책은 신노동자의 이야기를 통해 치밀하게 문화를 분석한 파노라마식 탐구다. 중국 신노동자는 결코 비극적이지만은 않다. 그들은 끊임없이 방황하고 절망하지만, 여전히 자신의 공간과 운명을 개척하고자 노력한다.

량훙(梁鴻, 량훙) | 중국 청년정치학원

중국은 혁명 이후 순조롭게 사회주의적 사회관계를 수립했다. 그러나 이 관계를 단순히 정치적 수단에만 의존해 지속할 수는 없으며, 문화적 역량을 갖춰야한다. 모든 불평등한 사회관계와 생명에 대한 기형적 가치관은 일련의 문화 체계에 의존해 존재하기 때문이다. 또한 사회주의 이념은 정치적 영역과 수단에 의해서만 구현되지 않으며, 더욱이 경제적 토대(예컨대, 소유제)에 기초해 유지될 수는 없기 때문이다. 다시 말해 여성 노동자 주건용(周建容, 저우젠룽)의 자살[190]이나 곤산昆山 폭발 사고[191]와 같은 비극의 근본 원인은 전체로서의 추상적 '사회'가 아니라 (구체적) 인간과 직접 관련되며, 인간이 초래한 참극이다. 사회는 각각의 개인으로 구성되고, 문화는 사회적 인간의 관념과 의식 세계를 조직하는 중요한 원천이기 때문이다.

곽춘림 | 중국 상해대학 문화연구학과

저자는 오랫동안 공업 지대와 도시 외곽의 노동자 밀집 지역, 그리고 황폐해진 농촌을 분주히 돌아다녔다. 그녀는 북방과 남방을 가리지 않고 노동자들이 생활하는 기숙사에까지 들어가 심층 취재했고, 수차례 공장에서 일하기도 했다. 이렇게 노동자의 일과 생활을 몸소 체험한 바를 종합해 정리한 것이 이 책이다. 이 책은 학문적 깨달음과 정감이 충만할 뿐만 아니라 냉철한 사고와 참된 지식으로 가득하다. 무엇보다 개인의 이야기에서 출발해 전체 현실 인식으로 범위를 넓혀 나가는데, 저자는 이러한 연구 방법을 '삶 이야기 분석生命故事分析'과 '문화 체험'이라 부른다. 저자는 노동자 계급의 현실 분석을 통해 그들의 곤혹과 성

---

190 [역주] 중경重慶 출신의 여성 노동자 주건용(당시 50세)이 2014년 7월 17일 새벽 5시 48분에 12년째 일하던 광동성 심천시 신발공장 4층에서 투신, 사망한 사건. 이 공장은 노사 갈등으로 그해 5월부터 109명의 노동자가 파업 중이었다. 투신 전날 그녀는 파업 참가를 이유로 해직됐다.

191 [역주] 2014년 8월 2일 오전 7시 34분경 강소江蘇성 곤산시 개발구에 위치한 중영中榮금속제품유한회사 공장에서 안전 관리 소홀로 발생한 폭발 사고. 총 97명이 사망하고, 163명이 상해를 입었다.

찰을 고찰하며, 노동자 문화의 성장과 발전의 역사를 기록한다. 또한 사회 기층과 풀뿌리의 입장에 기초해 무엇이 진정한 고난이고 진실인지 들여다본다. 그리고 활로를 찾아야 하는 이유와 방법을 이야기한다. 이론은 현실의 요구에 부응하는 것이다. 그러나 이론은 또 다른 이론의 원천이며, 실천의 뒷받침과 검증이 늘 필요하다. 저자가 이 책에 담은 노력은 '학문'의 이치를 증명한다. 참된 지식과 탁월한 견해가 담긴 이 책은 진실한 삶에 관한 직접적인 체험과 분석에 기초한다. 사상이 굴레를 벗어나기 위해서는 현실에서의 실천으로 돌아와 대지의 토양과 물, 공기에 깊이 뿌리내려야 한다. 그래야만 사상의 큰 나무에 생기와 활력이 왕성해진다.

유침ㅣ중국공산당 중앙당교

이 책에 등장하는 신노동자의 시와 노래, 그리고 자신의 노력으로 현실의 속박에서 벗어나려는 모습을 보면서 깊은 울림을 받았다. '깨우침喚醒'은 근대 이후 중국의 장대한 역사적 주제다. 위원(魏源, 웨이위안)의 '서양 오랑캐로부터 장점을 배워야 한다師夷長技', 양계초(梁啓超, 량치차오)의 '민중의 지혜를 연다開民智', 손중산(孫中山, 쑨중산)의 '민중을 일깨운다喚起民衆', 이대교(李大釗, 리다자오)의 '민간으로 들어간다到民間去', 노신의 '쇠로 만든 방 깨뜨리기破壞鐵屋子'[192], 모택동의 '수천만의 노동자와 농민을 일깨우자喚起工農千百萬'까지 민중을 깨우치기 위한 노력은 근대 중국을 관통한다. 또한 양무운동洋務運動, 유신변법維新變法, 입헌공화立憲共和, 민주혁명民主革命, 신문화운동新文化運動에서부터 공산주의 혁명에 이르기까지 중국인의 각성을 위한 노력은 끊임없이 이어져 1980년까지도 계속됐다.

192 [역주] 중국 현대 문학의 아버지로 불리는 노신의 첫 소설집 《외침》 서문에 나오는 비유로, 어떤 절망적인 상황에서도 깨어 있다면 희망이 있음을 의미한다.

선현들은 '깨우침'의 길이 순탄하지 않음을 알았다. 그러나 각성한 개인만이 비로소 참된 주체이며, 진실과 대면한 개체만이 집단의식과 주체성, 문화와 운명을 논할 수 있음도 간파했다. 저자의 주장과 같이 노동자가 일과 생활을 개인의 행복, 집단의 활로, 사회 진보에 연결하도록 해야 한다. 그래야만 개인과 사회의 출로가 열리기 때문이다. 따라서 이 책은 현대 중국 지식인의 책임 의식을 계승하며, 근대 이후부터 이어진 중국인의 자기 각성 역사의 중요한 텍스트로서 지속적인 가치를 지닐 것이다.

호일봉(胡一峰, 후이펑) | 중국문연문예평론센터

이 책은 저자가 신노동자 집단에 관해 쓴 두 번째 책이다. 그녀는 연구자이자 연구 대상의 동반자로서 이 책을 썼다. 이러한 이중 신분은 이 책에 특별한 의미를 부여한다. 저자는 단순히 신노동자 집단의 문화적 실천과 현재 상황을 분석하는 데 그치지 않고, 지식 생산 방식을 통해 이들의 운명으로 직접 들어가 새로운 주체성을 소환해 내며, 노동자들을 세계에 새롭게 위치 지어 '정체성의 정치'를 불러낸다. 이러한 '이론'과 '실천'의 독특한 결합 방식을 이해하면, 각 구절에 분석적 묘사뿐 아니라 곤혹과 울분이 가득한 이유를 이해할 수 있다. 이 책은 신노동자 집단의 가능성을 모색하는 노력의 일환으로, 개방적이고 미완성인 텍스트로 봐야 한다. 마찬가지로 그녀가 탐구하는 신노동자 문화도 개방적인 질문이며, 실천과 탐색의 과정에 있다. '신노동자'라는 개념 자체가 개방적이고 미완성이다. 신노동자 집단의 가능성은 자기의식 확립과 '정체성 정치'의 성공 여부에 달려 있다. 이 책은 바로 이러한 문제를 탐색한다.

전양 | 뉴욕주립대학교 빙엄턴캠퍼스 인류학과 박사과정

만국의 노동자여,
응답하라!

작년 10월에 《중국 신노동자의 형성》이 발간된 이후 10개월 만에 려도의 두 번째 저서인 《중국 신노동자의 미래》를 한국 독자들에게 소개하게 되었다. 지난 번 책이 중국 신노동자가 처한 사회구조적 상황을 분석해 중국에서 '노동'이라는 문제가 갖는 중요성과 복잡성을 보여 줬다면,[193] 이번 책은 신노동자의 일과 생활, 그리고 삶의 선택에 대한 이야기로 채워져 있다. 즉 신노동자의 '삶 이야기'에서는 노동자에 대한 자본의 통제가 공장과 일상생활에 어떻게 침투해 있는지 보여 주며, 신노동자에 대한 '문화 분석'으로 자본주의 패권 시대에 노동자들이 어떻게 순응하고 또는 몸부림치며 저항하는지 생동감 있게 그려 낸다. 저자가 말하듯 그 궁극적 목적은 일종의 '문화 비판'을 통해 신노동자 개인과 집단의 주체성 형성을 촉구하는 것이다. 따라서 려도에게는 이 책의 집필 자체가 신

---

193 《중국 신노동자의 형성》 옮긴이의 말에서 중국에서 '노동'이라는 문제가 갖는 위치와 함의를 중국 노동 체제의 특성(호적 제도의 변형 및 지속, 단위 체제의 해체)과 노동자 정체성의 변화(농민공에서 신노동자로의 변화)를 중심으로 간략하게 정리했다.

노동자들에게 개인의 행복과 집단의 출로, 사회 진보 및 발전을 연결해 사고하고 행동하게 하여 개인과 사회의 활로를 모색하려는 '문화적 투쟁'이다.

《중국 신노동자의 형성》이 국내에서 출간된 이후 과분할 정도의 관심과 주목을 받았다. 다양한 매체에서 이 책을 소개했을 뿐만 아니라 개인적으로도 여러 학회나 학술 모임에 초청받아 중국 노동 문제에 관해 이야기하기도 했다. 그러나 이런 관심과 주목이 고맙고 반가우면서도, 다른 한편으로는 곤혹스러웠다. 아직도 많은 사람이 '중국의 오늘'을 '한국의 어제'로 여기며, 심지어 '한국의 오늘'로서 '중국의 내일'을 훈수 두려는 인식에 매몰된 것처럼 보이기 때문이다. 이는 신노동자를 비롯한 중국 인민의 지난한 역사적 실천 과정을 제대로 보지 못하게 할 뿐 아니라 더 중요하게는 이들의 삶과 투쟁으로부터 우리 사회의 과거와 현재, 그리고 미래를 성찰할 기회마저 빼앗는다. 그렇기에 중국 신노동자의 삶과 문화를 분석하고 사유해 한국 독자들에게 '말 걸기'를 시도한 이 저작의 의미가 더욱 엄중하게 다가온다. 저자의 말처럼 대화는 '사상의 표현이자 충돌'이다. 가깝고도 먼 한국과 중국에서 각자의 삶을 살아가는 모든 '노동하는 사람들'이 이 책을 통해 마주침으로써 새로운 사유와 실천을 위한 도약의 발판이 되기를 기대한다. 이러한 기대가 있기에 이번 번역 작업의 의의는 단순히 중국어 활자를 우리말로 옮기는 것에 머물지 않는다. 그보다는 대화와 마주침의 매개자로서 서로 간에 원활한 소통의 기회를 마련하고, 앞으로 더 많은 지식과 경험의 유통을 촉구하는 일종의 '매개 활동'이라 할 수 있다. 이하에서는 려도의 '말 걸기'가 우리에게 던지는 함의와 사유 지점을 몇 가지 짚어 보는 것으로 옮긴이의 말을 대신하고자 한다.

먼저 려도의 연구 방법 혹은 학문의 태도와 관련된 것이다. 이 책은 신노동자의 '삶 이야기'와 '문화 체험'에 대한 분석을 기본으로 한다. 즉 문화는 개인과 사회의 '총체적 생활 방식'이라는 레이먼드 윌리엄스의 정의에 입각해, 노동자의 실제 삶 이야기로부터 그들의 부정적이고 긍정적인 문화 상태를 동시에 드러낸다. 이를 통해 저자는 상상에 기초해 신노동자를 희망적으로 낙관하거나 절망하는 것을 경계한다. 그리고 일과 생활에 용해된 자본주의 문화와 이를 내면화한 신노동자의 사상적 단절 및 표류를 철저하게 파고든다. 저자의 이러한 학문적 태도는 서로 밀접하게 연관된 두 가지 생각에 기초해 있다. 하나는 비록 오늘날 자본의 헤게모니가 우리의 모든 일상생활에 침투해 있지만, 그럼에도 불구하고 '삶의 장소'는 여전히 '인간 해방'을 위한 가능성의 공간이라는 사유다. 또 다른 하나는 바로 그렇기에 일상적 삶을 살아가는 '보통 사람들'의 지극히 평범한 이야기야말로 중요한 의미가 있으며, 비판과 성찰의 출발점이라는 시각이다. 그래서 저자는 신노동자의 삶 이야기와 문화 체험에 주목하며, 그들로 하여금 끊임없이 이야기하고 되뇌도록 한다. 저자의 말처럼 '이야기하기'와 '되뇌기'는 단순한 반복이 아니라 '구축'과 '성찰'의 과정이기 때문이다.

두 번째로, 앞서 말한 저자의 학문적 태도는 '이론(지식)−실천(윤리)'의 문제를 소환한다. 비판은 구축의 전제이며, 진정한 비판은 행동으로 변화하는 것이다. 따라서 저자는 신노동자 집단의 문화적 실천과 현실을 단순히 객관적으로 분석하는 데 머물지 않고, '지식 생산'이라는 방식을 통해 이들의 운명에 직접 개입하고 진단함으로써 새로운 주체성 형성과 출로를 함께 모색한다. 그렇기에 이 책에는 신노동자 집단의 고난과 처절한 몸부림에 대한 치밀한 분석뿐 아니라 이를 마주한 저자의 곤혹과 울분이 가득하다. 그래서 때로는 지나치다 싶을 만큼 노동자들을 몰아세우고 '계몽'하려는 저자의 시도가 학문의 객관성을 저해한다고 여길지도 모른다. 그러나 에드워드 톰슨의 말처럼, "이 세계는 하나의 '문화적 전장'이며, 이러한 의미에서 문화는 일종의 총체적 투쟁 방식"이기도 하다. 이러한 측면에서 저자의 '이론—실천' 작업은 그 자체로 신노동자들과 함께 길고 치열한 '문화적 전투'를 수행하는 것이다. 그래서 저자는 노동자들에게 어떤 문화적 선택을 할 것인지, 즉 '어떤 사람이 될 것인지'를 집요하게 추궁한다. 호일봉이 이 책 후기에서 말했듯이 "각성한 개인만이 비로소 참된 주체이며, 진실과 대면한 개체만이 집단의식과 주체성, 문화와 운명을 논할 수 있기" 때문이다.

마지막으로, 저자는 북경 교외의 '피촌'이라는 마을에서 전개되는 '북경 노동자의 집' 활동가들의 실천과 고뇌를 통해 '신노동자 집단의 문화적 투쟁'을 보여 준다. 저자 자신도 마을 활동가의 일원으로서 수행한 이 작업은 단체에 대한 단순한 소개가 아니라 업종과 지역, 나아가 국경을 넘어 모든 노동하는 사람에게 연대와 응답을 촉구하는 '외침'으로 읽어야 한다. '북경 노동자의 집'은 2012년 5월에 설립됐으며 "신노동자 집단의 문화 구축, 다양한 교육 활동, 공동체 경제 및 상호 협력적 연합체의 가능성"을 모색하는 일종의 코뮌을 지향한다. 이들은 "우리의 문화가 없으면 우리의 역사가 없고, 우리의 역사가 없으면 우리의 미래가 없다"는 인식하에 노동자들의 현실적 생활과 필요에 기반한 문화 운동을 꾸준히 전개하고 있다. 특히 '지역 사회'를 문화 운동의 근거지로 삼아 신노동자 문화를 창도하고자 한다. 그리고 자신들이 지향하는 코뮌의 이상理想을 개인과 조직, 그리고 사회적 차원 간의 유기적 결합으로 상정한다. 이러한 지향은 '북경 노동자의 집' 총 간사인 손항의 말에서 잘 드러난다.

> 우리는 반드시 더 높은 차원의 활동을 전개해야 한다. 예컨대 전체 노동자 집단을 대상으로 하는 문화·사상 활동이 그러하다. 또한 사회적인 책임을 더 많이 져야 한다. 조직 자신의 발전에만 국한되어서는 안 된다. 그러면 소집단 이기주의에 빠지기 쉽다. 물론 자기 발전도 똑같이 중요하다. 그것이 없으면 기초도 없기 때문이다. 이는 곧 모순과 통일의 과정이다. 다시 말해 조직 자신도 발전해야 하지만, 발전의 목적이 '북경 노동자의 집'을 위한 것에만 그쳐서는 안 된다. '노동자의 집'의 역사와 가치의 의미는 노동자를 위해 더 많은 사회적 책임을 지려는 것에 있기 때문이다.

'북경 노동자의 집'의 코뮌 건설 운동은 공허한 이론이나 구호가 아니며, 모든 활동가의 장기적인 실천과 경험이 응축된 '문화적 전투'다. 물론 이 과정은 결코 순탄하지 않으며, "막막함과 좌절, 고민과 행동"이 뒤엉켜 있다. 저자는 이들의 고난과 도전을 보여주며 "새로운 노동자 계급과 사회 문화 창조"를 갈망하는 모든 노동하는 사람의 참전을 촉구한다. 고통과 불안에 신음하는 목소리만 도처에서 들려올 뿐 이에 대한 응답은 잘 보이지 않는 이 시대에 만국의 노동자는 '피촌 정신'에 과연 어떻게 응답할 것인가? 바로 여기에 세계 노동자의 운명도 결부되어 있을 것이다.

끝으로 이 책을 번역하여 출간하기까지 많은 도움을 주신 모든 분께 감사의 인사를 드린다. 특별히 바쁜 일정 중에도 기꺼이 추천사를 써 주신 백원담, 장정아, 조문영 선생님께 감사드린다. 그리고 나름북스 편집자들께 우정을 담아 감사의 마음을 전한다. 또한 지난했던 번역 작업을 끝까지 함께 완수한 역자들에게도 감사한다. 역자들 모두 번역 작업을 시작했을 때와는 사뭇 다른 환경과 처지에 놓이게 되었다. 어느 곳에서든 빛과 소금의 역할을 잘 감당해 나가기를 기대하고 응원한다. 마지막으로 '삶 이야기'와 노래를 통해 우리에게 깊은 울림을 준 중국 신노동자들과 '북경 노동자의 집' 활동가들에게 진심으로 감사드린다. 지금도 고뇌와 울분 속에서 몸부림치고 있을 그들에게 이번 한국어판 출간이 작은 희망과 용기가 되기를 소망한다.

2018년 7월 11일

익산가는 기차에서

옮긴이를 대표하여 정규식

中国新工人 : 文化与命运
吕途 著
© 2015 吕途

Korean translation copyright © 2018 by Narumbooks. All rights reserved.
This Korean edition published by arrangement with 吕途.

중국 신노동자의 미래

2018년 8월 20일 초판 1쇄 발행

지은이   려도
옮긴이   정규식 연광석 정성조 박다짐
편집   조정민 김삼권 최인희
디자인   이경란
인쇄   도담프린팅
종이   타라유통

펴낸곳   나름북스
펴낸이   임두혁
등록   2010.3.16. 제2014-000024호
주소   서울 마포구 월드컵로 15길 67 (망원동) 2층
전화   (02)6083-8395
팩스   (02)323-8395
이메일   narumbooks@gmail.com
홈페이지   www.narumbooks.com
페이스북   www.facebook.com/narumbooks7

ISBN 979-11-86036-42-6 0330
값 20,000원

이 도서의 국립중앙도서관 출판예정도서목록(CIP)은
서지정보유통지원시스템 홈페이지(http://seoji.nl.go.kr)와
국가자료공동목록시스템(http://www.nl.go.kr/kolisnet)에서 이용하실 수 있습니다.
(CIP제어번호: CIP2018023329)